VERESS D. CSABA

VÁRAK A BALATON KÖRÜL

VERESS D. CSABA

VÁRAK A BALATON KÖRÜL

A balatoni várak hadtörténete

ZRÍNYI KIADÓ · BUDAPEST

Lektorálta:
Dr. V. Molnár László

A kötet kép- és vázlatanyagát a szerző válogatta

A rekonstrukciós rajzokat készítették:
Félegyházy Gyula (Keszthely)
Koppány Tibor (Rezi, Hegyesd)
Sedlmayer János (Vázsonykő, Zádor)

A fotókat készítette: Simon László

ISBN 963 327 274 2

Bevezetés

A Balaton Magyarország és egyúttal Közép-Európa legnagyobb tava napjainkban és a régmúltban egyaránt. Mai hossza 78 km, szélessége változóan 5–13 km, s vízfelülete eléri a 595 négyzetkilométert. Mélysége azonban – nagyságához képest – igen sekély, átlagosan csak 3 m mély.

A Balaton medencéje részét képezi egy viszonylag fiatal, új-pleisztocén kori – kb. 25 ezer éves – süllyedéknek, mely DNy–ÉK-i irányban alakult ki a Dunántúlon. Észak-északkeleti irányban ennek a horpadásnak volt folytatása a Sárrét és Székesfehérvár térségében kialakult mocsárvilág, valamint a Velencei-tó medencéje.

A Balaton vízterülete a régmúltban a mainál jóval nagyobb térséget borított be: mocsaras vízállásai kiterjedtek a mai Tapolcai-medencére, a Kis-Balaton területére, valamint összefüggő vízfelület borította a déli parton az úgynevezett Nagyberek területét, amely öbölként ékelődött be a mai Somogy lapályos síkságaiba.

A legnagyobb folyó, amely a Balatonba torkollik: a Zala, de ezenkívül még kb. 15 kisebb-nagyobb vízfolyás ömlik a tóba. A Balatonnak egyetlen lefolyása van kelet-délkeleti irányba, a Duna felé: a Sió, amely napjainkban – az 1850-es évek óta – kiépített csatornában vezeti el a tó vízfölöslegét.

Ez a vízzel elárasztott horpadássorozat – melynek legnagyobb víztükrét a Balaton képezi – valósággal két részre osztja a Dunántúlt. Ezen a hosszan – közel százötven kilométeres vonalon – elhúzódó, vízzel-mocsarakkal elborított medencén csak helyenként volt átkelési lehetőség.

Már élt az ember ezen a tájon a tó és a tóvidék kialakulásakor (amely feltehetően lassú, évezredes folyamat eredménye, s nem drámai változásoké), s létrejötte befolyással volt az itt élő népek-népcsoportok évtízezredes történetére.

Az északi partvonal hosszan elnyúló magaslatain és a mai Tapolcai-medencét körülvevő bazaltvulkánok kúpjain már a távoli őskorban földvárak és sáncok épültek, de sáncokat emeltek a déli partvidék hegykúpjain és a mocsarak között megbúvó szigeteken. A Balaton és mocsárvilága választóvonal volt az őskor népei között.

Talán először a római impérium vonta hatalma alá a Pelsónak nevezett tó mindkét partvidékét, s építtetett hatalmas erősségeket a vízivilág átjáróinak védelmére.

A hun–germán népvándorlás évszázadainak, az Avar Birodalom korának, illetve az azt követő keleti frank (német) uralom korszakának uralmi viszonyai alig ismertek.

A honfoglalást követően a Balaton sokáig választóvonal volt a magyar törzsek között. Csak a X–XI. század fordulóján kialakuló Magyar Királyság terjesztette ki hatalmát a Balaton mindkét partjára. A korai magyar állam – a királyi várispánságok központi erősségein (Veszprém, Kolon) kívül – várakat nem építtetett. Csak a tatárjárás okozta szörnyű pusztulás késztette az uralkodót arra, hogy a világi és egyházi méltóságokkal várak sokaságát építtesse a Balaton-felvidék erődítésre kiválóan alkalmas hegycsúcsaira.

A Balaton térségének legmozgalmasabb időszaka kétségtelenül a XVI–XVII. század volt, amikor is két világbirodalom – a Habsburg és az Oszmán Birodalmak – végvárai és hadseregei néztek farkasszemet a tó két oldaláról. A történelem során soha nem épült annyi vár és erősség a Balaton két oldalán, mint ekkor: a hajdani kővárak mellett tömegével erődítették meg az elhagyott kolostorokat és templomépületeket, sáncokkal-árkokkal megerősített palánkvárak sokaságát építették magyarok és törökök egyaránt. A Magyar Királyságot kettészelő végvidék legmozgalmasabb szakasza vitathatatlanul a Balaton térsége volt!

A XVIII. századi nagy várrombolás mindörökre véget vetett a balatoni várak körül zajló eseményeknek.

Magyarország legszebb – és egyúttal legmozgalmasabb történeti múltú – tájegysége a Balaton térsége, melynek mozgalmas hadtörténetét tárja fel évezredek-évszázadok távolából e könyv, melyet a Tisztelt Olvasó most kezében tart.

Az őskor évezredei

Az őskor embere már akkor megjelent ezen a tájon, amikor a Balaton víztükre még sehol nem volt, s helyén szélfújta pusztaság terült el. A Würm jégkorszak utolsó szakaszában, a mintegy 75–50 ezer évvel ezelőtt élő Cro-magnon-i ősember kóborló csoportjainak nyomait megtalálták a mai Balaton fölé magasodó dombok között, Lovas község északi határában, a Királykút feletti fennsíkon a dolomit-murvabányában. Mészáros Gyula, majd Vértes László ősrégészek – 1951-ben – a murvabánya gödreiben két üreget tártak fel, melyeket élénkvörös színű, limonitos, hematitos anyag töltött ki. A gödrökről több mint száz darab olyan agancs- és csontkaparó került elő, mely szarvasfajta már több tízezer éve égtájunkon nem élt. Az agancs- és csontszerszámokat a felső paleolitikumban (felső őskőkorban) – a Gravette és Solutre (vagy magyarországi vonatkozásban szeletai) őskőkori kultúrában élő ősemberek használták. A kikotort vörös festékanyagot – kultikus, temetkezési vagy harci – testfestésre használták mintegy 75–50 ezer esztendeje.[1]

A Balaton csak mintegy 25 ezer éve alakult ki egy földtani süllyedés következtében. Ez a süllyedés lassú folyamat lehetett: kezdetben vizenyős, tőzegmocsaras lápok alakultak ki. Ezt a tófenék alatti fúrások által feltárt tőzegtelepek léte bizonyítja. A tó végleges kialakulásakor jóval nagyobb volt a mai nagyságánál, amely napjainkban – 78 km hosszú és 5–12 km szélességben – 595 négyzetkilométeres vízterületet jelent. Ekkor a tó vízszintje – a mai 104-105 méter Adria feletti magassággal szemben – elérte a 106-107 métert. Ez a vízszintmagasság víz alatt tartotta a Tapolcai-medencét, illetve a déli parton a Kis-Balaton és Nagyberek térségét, s szigetté változtatta Tihanyt, Szigligetet, Fonyódot.

A Balaton kialakulása után évtízezredek teltek el, mire mintegy hatezer évvel ezelőtt a Balaton partjain az új kőkor (neolitikum) embercsoportjai megjelentek. Szórványos telephelyeiknek gyér nyomai egyaránt megtalálhatók a Balatontól észak-északnyugatra emelkedő dombokon, valamint a déli partvidék magaslatain és végtelenbe nyúló mocsarainak szigetein.

Az újabb kőkor – 6000–4500 évvel ezelőtt – évezredei viszonylagos nyugalomban teltek el. Az állattenyésztő, növénytermesztő családok-nemzetségek – a fegyverek és megerődített telephelyek szinte teljes hiányának tanúsága szerint – békességben élhettek egymás között az élet alapját képező földek-vizek bősége miatt.

Az újkőkorban a teljes Dunántúlt és ezen belül a Balaton térségét azonos kultúrájú népesség lakta, mely kultúrát az archeológia „dunántúli vonaldíszes kerámia kultúrájának" nevezett el. Ezt a kultúrát – 5000–4500 évvel ezelőtt – egy, a korábbiból továbbfejlődő és kisebb balkáni népcsoporttal gyarapodó, úgynevezett „lengyeli kultúra" követte. Megjegyzendő, hogy a Duna vonalától keletre élő népcsoportok kulturális emlékei (kerámiájuk és más tárgyi emlékeik) jelentősen eltérnek az említett dunántúli lelőhelyek emlékanyagától, ami feltehetően más népességre utal.[2]

A középső neolitikus úgynevezett „zselizi kultúra" és a késő neolitikus „lengyeli kultúra" egyes népcsoportjainál megfigyelhető, hogy a jól védhető magaslatokon, sziklagerinceken építette fel falvait már mintegy 5000–4500 évvel ezelőtt! A Balaton térségének talán legősibb megerődített vagy legalábbis jól védhető „zselizi kultúrához" tartozó lelőhelye a veszprémi Várhegyen épült ki.[3]

Az első, fémet használó kultúra a rézkorban (4500–4000 évvel ezelőtt) az Alpok felől vándorolt népcsoportok jóvoltából jelent meg a Balaton térségében. A rézkor virágzó szakaszában – melyet a régészet „péceli vagy badeni kultúrá"-nak nevez – már megjelentek az erődített telepek. A Dunántúl térségének legkorábbi – már tudatosan erődített települése a Balatontól délre, a Dráva menti Letenye falunál került elő. Egy nagyobb telep egyharmadát széles és mély árok választotta el a település nagyobbik kétharmadától, s az árok partján hatalmas faoszlopok védőfalát állították fel mintegy 4000 évvel ezelőtt.

Ennek a rézkori népcsoportnak emberei már nem a földbe temetkeztek (zsugorított testhelyzetben, mint a korábbi neolitikus és kora rézkori kultúrák népei), hanem halottaikat máglyán elégették, és a hamvak fölé kőhalmokat emeltek.[4]

A régészet által korai bronzkornak nevezett időszakban jelentős népmozgás figyelhető meg az egész Kárpát-medencében. A népcsoportok vándorlása mintegy 3500 évvel ezelőtt lelassult, s a középső bronzkorban a Dunántúl térségében egy jellegzetes kultúra népessége alakult ki. Ezek jellegzetessége az volt, hogy égetéses temetkezéseik sírjaiban elhelyezett – igen szép formai tervezésű és finoman iszapolt, sötét szürkére égetett – edényeiket fehér mészbetét díszítéssel látták el. Ez az úgynevezett „mészbetétes edények népe" két fő csoportot alkotott a Balatontól észak-északnyugatra, illetve dél-délkeletre. Az összefüggő dunántúli népességbe – a mai Fejér és Tolna megyék térségében – egy eltérő kultúrájú népesség ékelődött be, melyet a régészet „vátyai kultúra népé"-nek nevez, mely kultúra átterjedt a Duna–Tisza közének északi felére, míg a térség déli területén egy más kultúrájú nép lakott 3500–3000 esztendővel ezelőtt.[5]

Az „észak-dunántúli mészbetétes edények népének" egyik legjelentősebb területe a Balaton észak-északnyugati térségében alakult ki. Ennek a kultúrának – népcsoportnak – három megerődített hegyi központja épült ki. Az egyik ilyen – talán törzsi központ – a veszprémi Várhegyen volt, melyet e kultúra számos régészeti emléke bizonyít.[6]

A másik ilyen megerődített hegyi település Veszprémtől 6 km-re délre, közvetlenül a Balaton fölé magasodó hegyen – a Szentkirályszabadja és Vörösberény–Balatonalmádi között magasodó Kőhegy (315 m) fennsíkján épült ki. A három oldalról sziklás meredélyekkel határolt hegy – 50 x 100 méteres – lapos tetejét egy földsánc építésével az őskorban földvárrá alakították át. Egy 1934. évi ásatás a hegytetőn „észak-dunántúli mészbetétes edények kultúrájához" tartozó urnatemetőt tárt fel.[7] Minden valószínűség szerint ezen népcsoport harmadik nagy földvára a Tihanyi-félszigeten lévő Óvár egyik része volt. Az Óvár körzetében, az 1920-as években Sági János és Csák Árpád régészek számos mészbetétes edényt gyűjtöttek össze.

Az Óvár legmagasabb pontjáról, a Felsővárból pedig egy mészbetétes edény került a veszprémi Laczkó Dezső Múzeumba.[8]

Fontos megjegyezni, hogy a fentebb említett megerősített magaslatok építményeit a későbbi évszázadokban, sőt évezredekben újabb és újabb népcsoportok szállták meg és építették-erődítették tovább.

A „mészbetétes edények kultúrájának" népessége mintegy 3400 évvel ezelőtt elenyészett, majd eltűnt. Feltehetően egy újabb népcsoport előnyomulása semmisítette meg ezt a kultúrát. Ez a – a mai Ausztria és Csehország felől előnyomuló – népesség jellegzetes temetkezési formájáról kapta régészeti elnevezését. Miután az elégetett holttetem földre szórt maradványai fölé nagy földhalmot raktak, az archeológia „halomsíros kultúra" névvel illette ezt a népet. A dunántúli és Balaton vidéki földvárak egy részét bizonyosan éppen ezen nép támadása miatt építette az őslakosság. Ezeket a földvárakat a támadók sorra elfoglalták, majd tovább építették és kibővítették. Ez a népesség már tömegesen használta a bronzból készített szerszámokat és fegyvereket: rövid és egyenes, kétélű kardokat, harci baltákat, tőröket, lándzsákat, sisakokat és vérteket.

A „halomsíros kultúra" népének – 3300–3100 évvel ezelőtti, mintegy 200-300 éves – uralmát egy újabb nép előrenyomulása követte, melyet a régészet ugyancsak temetkezési szokása miatt „urnamezős kultúra" népe névvel illetett. Ugyanis ez a nép elégetett halottainak maradványait cserépurnába téve temette el, és magas földhalmokat rakott föléje.

A „halomsíros" és az „urnamezős" kultúrák népcsoportjai már nemcsak a Balaton vidéki magaslatokat szállták meg, de a Magas-Bakony hegyei között is számos – állattenyésztő életformájuk miatt – nagy kiterjedésű földvárat építettek.[9]

A „halomsíros" és az azt követő „urnamezős" késő bronzkori kultúrák a 2800–2400 évvel ezelőtti évszázadokban az úgynevezett kora vaskori, „hallstatti" kultúrába nőttek át, amely kultúrára az volt jellemző, hogy a vasat igen kis mértékben már ismerte, viszont a bronzot tömegesen használta szerszám- és fegyveranyagként. A régészet és a történettudomány azon az állásponton van, hogy az említett „halomsíros", majd „urnamezős" és az azokból kibontakozó „hallstatti" kora vaskori kultúrák hordozó népessége az illír volt, amely 3500 és 2000 évvel ezelőtt elözönlötte és uralma alá vetette a mai belső Ausztria (Hallstatt körzete!), DK-Ausztria, Szlovénia, Ny-Magyarország (Dunántúl), Horvátország, Bosznia–Hercegovina, Albánia térségét. Genetikailag napjainkig él az illír nép a fentebb említett területek népességében, elsősorban az úgynevezett „délszlávokban", illetve nemzetiségét és nyelvét napjainkig megtartotta a szkipetárok (albánok) népében.[10]

Az illír törzsek népcsoportjai sűrűn megszállták a Balaton északi és déli partvidékét, elfoglalva a korábbi őslakosság földvárait: a veszprémi Várhegyet; a szentkirályszabadjai Kőhegyet, valamint a tihanyi Óvárat. „... A földvárak vizsgálata a Balaton mentén sajnos még gyermekcipőben jár!" – írta Radnóti Aladár régész. „Így a jövő kutatás feladata lesz annak megállapítása, hogy melyik földvár tartozik a korábbi, melyik a fejlődés későbbi szakaszába!"[11]

A leghatalmasabb – az illírek előtt épült, de általuk elfoglalt és kibővített – földvár a tihanyi Óvár. A földvárat a meredek Balaton-parti rész felől – a víz szintje fölött mintegy 100 méterre – nem védi nagyobb sánc, mert ezen az oldalon erre szükség nem is volt. Miután a földvár alapját képező magaslat a félsziget belseje felé enyhébb lejtőkben folytatódik, ebből az irányból kellett földsáncokat építeni. A lankás lejtőket –

a félsziget belseje felé – három egymást követő szakaszból álló magas és meredek oldalú földsánc védi. A sáncok és a meredek hegyoldal összesen egy 200-250 méter széles és 800-900 méter hosszú fennsíkot határol. A mintegy 900 méter hosszan húzódó sáncon két bejárat nyílik a félsziget belseje felé. Az első bejárat – a mai tihanyi autóparkolóval szemben – a fellegvár és a fővár között nyílik, a másik – hosszan benyúló kapuvédő sáncok között – a fővárat osztja két részre. A fellegvár a fennsík legmagasabb pontján – az úgynevezett Attila-dombon – épült mintegy 200 x 200 méteres területet zárva körül. A fellegvár tövében nyílott – a fentebb említett – első bejárat, amely előtt eredetileg öt hatalmas, feltehetően fejedelmi halomsír magasodott, melyek közül az 1970-es években barbár módon, az autóparkírozó céljából négyet el-

Az őskori tihanyi földvár alaprajza (Radnóti–Gerő nyomán)

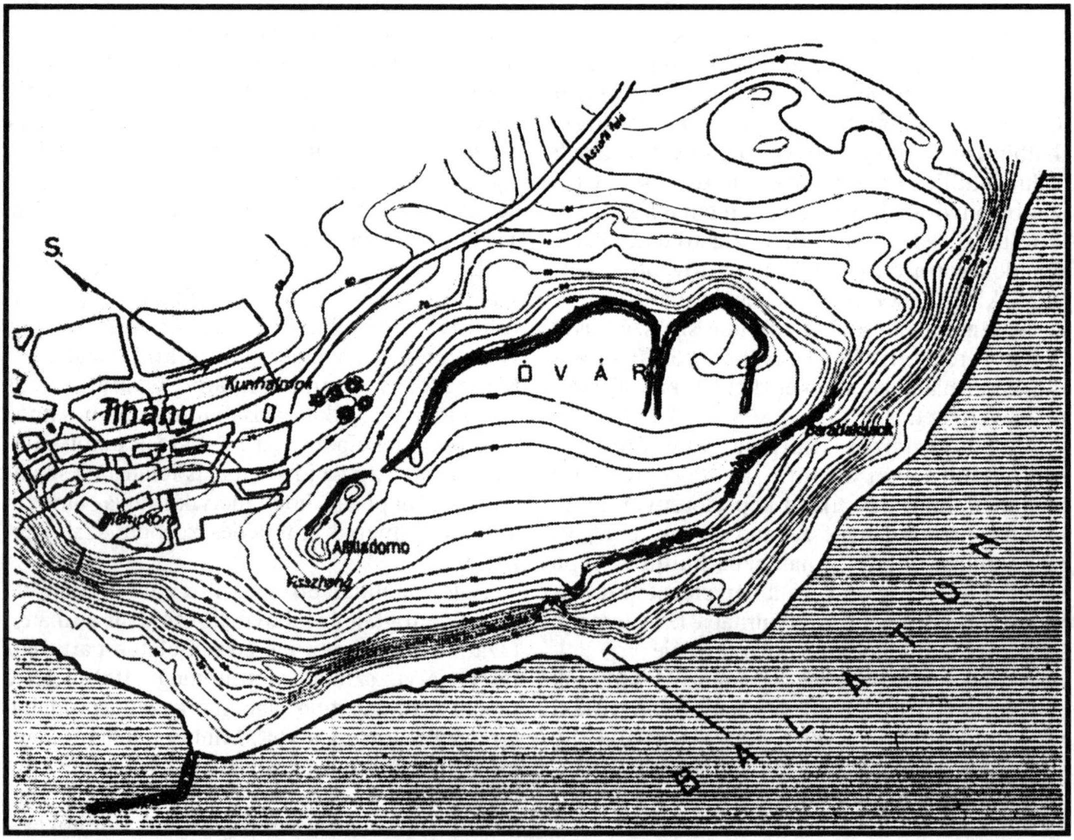

pusztítottak, s csak egy maradt meg eredeti formájában![12]

Az őskorban a mai Tihanyi-félsziget valóságos sziget volt a vízállásváltozások és mocsarak miatt. Az említett mocsarak kiegészítésére erős földsánc védte már az őskorban is a félsziget (sziget) bejárati részét, mely sánc még napjainkban is jól látható. Ezt az őskori védelmi sáncot és árkot már a magyar középkorban is számon tartották, s először az 1211. május 29. után készített tihanyi birtokösszeírásban tettek róla említést: közölve azt, hogy Tihany körül tó terül el („... est lacus..."), illetve, hogy „... régi kezek munkája által készített árok..." („... vallum ab antiquis labore manum operatum et factum...") zárja el a félszigetet. A híres – 1055-ben készített – Tihanyi alapítólevél egy késői, 1416 körüli másolata is említést tett a védműről (szinte szóról szóra ismételve az 1211. évi határösszeírás szövegét): „... est lacus in circuitu et vallum, ab antiquis labore manuum operatum et factum...". Ugyancsak a „... falakon és árkon kívüli..." falvakról (ti. Arácsról, Kékről, Füredről, Örményesről) tett említést egy 1416. évi perirat is („... extra murum et fossatum ...").[13]

A Balaton északnyugati partvonala felett emelkedő dombokon és hegyeken – őskori, elsősorban késő bronzkori-kora vaskori – földvárak épültek több helyen is. Így a mai Vászoly községtől délkeletre található Öreghegy fennsíkjának északi végén, ahol a három oldalról meredek partok által védett domb északi végét földből és kőből vegyesen rakott sánccal földvárrá alakították.[14] A mai Kapolcs községtől délkeletre emelkedő Királykő vagy Attilavár nevű magaslat északnyugati oldalát bazaltoszlopok teszik megközelíthetetlenné. A délkeleti lankás oldalon, valamint az északi oldalon egyes, illetve kettős vonulatú sánc húzódik. Az így kialakított és erődített terület mintegy 80 x 50 méteres területet zár körül.[15] A Káli-medencében lévő Mindszentkálla községtől délkeletre, a mocsaras környezetből mintegy 30-35 méter magasan kiemelkedő Kereki-dombon – melynek három oldala megközelíthetetlenül meredek – a járható déli megközelítési utat kettős sánccal zárták le.[16] A Tapolcai-medencét uraló Csobánc-hegy tetején bronzkor végi-kora vaskori település maradványait tárták fel, melyet erődítések nem vettek körül.[17] Az ugyancsak a Tapolcai-medencében magasodó Szentgyörgy-hegy délnyugati fennsíkján, illetve a hegytető alatt 50 méterrel fekvő kb. egy katasztrális holdas fennsíkon késő bronzkori-kora vaskori magaslati – de erődítés nélküli – település maradványait tárták fel.[18] A Rezi Várhegy 418 méter magaslatán egy középkori vár szintén őskori földvárra épült, melynek maradványa a vár előtti térségben ma is jól érzékelhető.[19] A közeli Tátikahegy kettős vulkáni kitörés eredménye. Az első lávakitörés sáncszerű képződményt hozott létre a hegy peremén. Így bizonytalan, hogy geológiai képződmény vagy őskori földvár a sáncszerű jelenség. Ugyanis körülötte sok az őskori lelet, melyek között kőbaltákat és egy bronz lándzsacsúcsot is találtak.[20]

Van olyan vélemény, hogy a Zala folyó – Kis-Balatonba ömlő – torkolatánál lévő Balatonhídvégpusztán ugyancsak a késő bronzkor és kora vaskor időszakában épült az első erődítmény (amely a későbbi évezredekben is fontos stratégia pont maradt).[21]

A Balaton északi partvidékén épült földvárakkal egyidejűleg – a késő bronzkorban és a kora vaskorban – a Balaton déli partvidékén is létesültek földvárak. A Fonyód községtől délre szélesen elterülő Nagyberek mocsaras-vízállásos területének egyik természetes átkelőpontjánál, a mai Lengyeltóti határában lévő Tatárvár helyén – a késő bronzkorban-kora vaskorban – szintén földvár állott.[22] A Balaton déli partvonala fölé magasodó balatonboglári hegy tetején is földvár épült az őskorban. A hegy keleti oldalán ma is jól megfigyelhető a kettős sánc, amely a lejtőt követi. A sáncon belül a hegy legmagasabb pontján ovális alaprajzú, fellegvárszerű kiemelkedés figyelhető meg. Hogy valóban a kora vaskorból való ez a földvár, azt a hegyen és a földvár körüli terepen található őskori edénytöredékek bizonyítják.[23] A mai Balatonföldvár is egy őskori földvárról kapta nevét. Ma már csak egyes részletei ismerhetők fel mintegy 130 méterrel a Balaton mai vízszintje felett. Ettől délkeletre, a középkorban épült Kereki vár környékén őskori földvár nyomai tűnnek szemünk elé, s Siófok és Balatonszabadi községek között is találhatunk egy kisebb őskori földvár maradványát.[24]

A feltehetően nemzetségi és törzsi központokat alkotó földvárak környékén jelentős belső harcok zajlottak le, illetve számos külső támadás érhette a várak körül élő – állattenyésztő és növénytermesztő – lakosságot. Ezekben a háborúkkal terhes időkben kerülhettek földbe azok a – zömében bronz fegyverekből, ékszerekből és gazdasági eszközökből álló – kincsleletek, melyeket volt gazdájuk már nem áshatott ki. Ezek a kincsleletek szinte kizárólagosan késő bronzkori és kora vaskori anyagot tartalmaznak. Ilyen kincslelet került elő a Badacsony-hegy tetején; Badacsonytördemicen a Pados-féle telken; Cserszegtomajban a Pentelei-kőfejtőben; a Diszel–Koshálás-pusztán; a kisapáti temetőben; a lesenceistvándi új temető területén; Nemesgulácson a Köbölkút–Korkovány-dűlőben; Vállus Bödönkuti-pusztán; Várvölgy Nagylázhelyen.[25] Felsőzsid közelében pedig kora vaskorból származó aranylelet került elő, s Balatongyöröknél egy díszes bronzkorongot találtak, amely valószínűleg egy pajzs díszítése lehetett.[26]

A késő bronzkori „halomsíros" és „urnamezős", valamint kora vaskori „hallstatti" kultúrák illír eredetű népességének – 3300 és 2400 esztendőkkel ezelőtti, mintegy 900 évig tartó – egyeduralmát mintegy 2400 évvel ezelőtt, az Alpok és a mai Cseh-medence felől újabb népvándorlás veszedelme fenyegette. A mai Dunántúl északnyugati térségében harcias kelta törzsek fegyveres csoportjai jelentek meg, akik már vasból kovácsolt – hosszú és egyenes – kardokkal, vashegyű lándzsákkal, vaspengéjű tőrökkel voltak felfegyverkezve. A mai Franciaország, Svájc, Dél-Németország, Csehország és Ausztria területéről kirajzó fegyveres kelta csoportok – egyidejűleg a Római Köztársaság elleni támadásokkal – Krisztus születése előtt 380 körül érték el a mai Dunántúlt. A vasfegyverek fölényével támadó kelták rövid idő alatt elérték és elfoglalták a Balatontól észak-északnyugatra lévő illír földvárakat. Az első hullámokban megjelenő kelták csontvázas sírjai a Balaton-felvidék számos pontján megtalálhatók. Ezek a jellegzetes csontvázas korai kelta sírok azonban csak a Balatontól északra kerülnek elő, a déli partvidéken még egyetlen ilyen temetkezést sem találtak. Egy ilyen táboruk a mai Litér község közelében volt, ahol csontvázas temetőjüket tárták fel. A sírokban harcosok nyugodtak, ugyanis a csontvázak mellett vasból kovácsolt fegyvereket – elsősorban egyenes, kétélű kardokat – találtak.

A kelták jelenlétének szórványos tárgyi emlékei szinte minden korábbi balatoni földvárban megtalálhatók. Különösen sok csontvázas kelta sír került elő a mai Cserszegtomaj község közelében lévő Biked-hegy tövében elterülő, Dobogónak nevezett határrészben, ahol késő bronzkori-kora vaskori földvár volt. Az illír őslakosság hamvasztásos-urnás temetőjében egy kelta nő csontvázas sírját is megtalálták. De csontvázas kelta temetők kerültek elő Tapolcán, a Felsőhatosmalom környékén, Kisapátiban és a Badacsony oldalában, a Tátika-hegyen, a szigligeti Várdombon, valamint a keszthelyi Csórégödörben.[27] A Balatontól délnyugatra, Keszthelytől pedig délre lévő fontos balatoni átjáróig nyomultak előre a kelták, s a későbbi – római kori – Fenékpusztánál ugyancsak megszálltak egy illír földerődítményt. Az őslakosságot elűzhették, mert a régészeti feltárások során – a földsáncokon belül, az őslakosság földbe ásott putrilakásainak omladékai felett – gerendákból ácsolt kelta lakóházak maradványai kerültek elő.

A kelták első támadó hulláma a Balaton vonalát nem lépte át, s így a Balaton déli partvidékén, illetve a Dunántúl kelet-délkeleti térségében feltehetően az illír törzsek uralma tovább élt.

A Balatontól északra élő kelták – talán az illír őslakossággal való együttélés hatására – alig száz év alatt a csontvázas temetkezésről a halotthamvasztás és urnás temetkezés halotti kultuszára tértek át. A korai csontvázas temetkezés és az azt követő hamvasztásos urnatemetkezés közti átmenetet szemlélteti az a balatonfőkajári kelta temető, melynek vegyes temetkezésű harminc sírja 1968-ban került elő.[28]

Az illír őslakossággal való együttélés nemcsak a halotthamvasztás szokásának átvételéből következtethető, hanem abból is, hogy a kelta halotti urnák szinte hasonmásai a korábbi – hallstatt kori – halotti urnáknak.[29]

A Balatontól északra megtelepedett kelta törzsek – illetve az őket követő újonnan érkező fegyveres csoportok – Krisztus születése előtt 350 évvel továbbvonultak a Dunántúlról a Balkán felé, illetve északkeleti irányból betörtek Észak-Itáliába is.

Mintegy 60–70 évi háborúskodás után először a rómaiak verték vissza a keltákat i.e. 283–280 között Észak-Itáliából, majd Krisztus előtt a 279. évben a görögök is visszaszorították a kelta hadakat. A visszavonuló kelták véglegesen megdöntötték a Balatontól délkelet-délre élő illír törzsek hatalmát, s az egész Dunántúl a kelta scordiuscus törzs uralma alá került, míg a tauriscus kelták továbbra is a Balaton és az Alpok közti térség felett uralkodtak.[30] A görögök elleni háborúk emlékét őrzi a keszthely–csórégödöri kelta temető egyik női sírja: a női csontváz mellől apró, görög edényeket utánzó, úgynevezett amphora-gyöngyök kerültek elő. A balatonföldvári földvárból – melyet az őslakosságtól foglaltak el a kelták – görög mintára vert kelta pénzek, ezüst tetradrachmák kerültek elő. Hasonló, de szórványos kelta pénzleletek Siófokon és Ádándon is előfordultak.[31]

A laza törzsszövetségben élő dunántúli kelták a balkáni és itáliai katonai vereségek után újra a dunántúli illír-pannon népcsoportokkal kerültek összetűzésbe. A Római Birodalom – ahol éppen ezekben az évtizedekben alakult ki az eddigi köztársaságból az egységes politikai hatalmat jelentő császárság – egyre inkább tűrhetetlennek tartotta balkáni (Illyricum) és alpesi (Norricum) tartományainak tőszomszédságában, a mai Dunántúlon dúló kelta–illír belháborúkat, melyeket egy újabb nép – a germán kimberek – fegyveres támadásai tettek még veszélyesebbé. Ugyanakkor – a mai Erdély felől – az egyre nagyobb erőt jelentő dák királyság támadásai is fenyegették a dunántúli kelták földjét.[32]

A római impérium és a népvándorlás kora

A Római Köztársaság seregei – Krisztus születése előtt 88-ban – betörtek a mai Horvátországba, a Dráva és a Száva között élő kelta scordisusok földjére, s a keltákat a mai Szerémség keleti részébe szorították vissza. A római hadak elérték a Dravus (Dráva) folyót, s közvetlen érintkezésbe kerültek a dunántúli keltákkal, konkrétan a Dráva és a Balaton között élő kelta Hercuniates törzzsel. Egyidejűleg a rómaiak által már korábban meghódított bécsi medence (Norricum tartomány) felől is előrenyomult a római hadsereg. Érdekes, hogy a mai Északnyugat-Dunántúl térségében – a kelta boi és eraviscus törzsek között – az illír és pannon eredetű Azalus törzs élt.[33] A római csapatok elsősorban ebből az irányból nyomultak előre. A római Plinius Krisztus születése után 41–51 között „ Naturalis Historia" című művében azt írta, hogy „... Norricum tartományhoz tartozik a Peiso-tó (a mai Fertő vidéke), a boiok pusztasága, sőt az isteni Claudius coloniája, Savaria (Szombathely) és a Scarabantia Iulia oppidum (Sopron) is."

Hogyan hatoltak be a római csapatok déli irányból, a Dráva felől, valamint nyugatról a mai Szombathely és Sopron irányából, a Rábán át a Balaton felé, illetve a Duna irányába? Semmiféle írásos anyag erről nem maradt fenn. A régészeti emlékek arra utalnak, hogy az Illyricum-tartományból – a mai Horvátországból – a Pannonia-tartományba (Dunántúlra) vezető egyik legfontosabb útvonal valahol a mai Letenyénél lépte át a Drávát, majd a Mura folyót, valamint a Zala folyó völgyét a mai Zalacsány és Zalaapáti között. A később is jelentős erősség – Szentgyörgyvár – közelében, Felsőmándpusztánál egy római telep alakult ki az őslakosság faluja mellett. Az út a mai Egregy községnél érte el a Keszthely körüli síkságot. Az útvonal Lesencetomaj érintésével megkerülte a Szentgyörgy-hegyet, majd Gyulakeszit, Káptalantótit, átszelte a Káli-medencét Kékkút, Szentbékkálla, Balatonhenye, Balatoncsicsó, Szentjakabfa, Mencshely vonalán, majd a nagyvázsonyi medencében vezetett tovább Nagyvázsony, Tótvázsony és Nemesvámos irányába, ahol aztán Balácapuszta–Veszprémfajsz, Meggyespuszta, Szentkirályszabadja, Litér, Királyszentistván, Berhida érintésével érte el a mai Várpalotát, ezt követően Csákvár körzetén át Óbuda (Aquincum) felé folytatódott. Hasonlóan fontos római út vezetett a Balaton déli partvidékén is. Ez az útvonal Balatonújlaknál közelítette meg a Balatont, majd a mocsaras Nagyberket – Fonyódtól délre – nagy ívben megkerülte, s Lengyeltóti, Szólád, Kőröshegy után Balatonendréden át érte el Ságvárt. Innét a mai Enyinget és Tácot érintve (a később nagyfontosságú Gorsium–Herculiana római településen át) közelítette meg Adonyt, ahol nagy római katonai bázis alakult ki.[34]

Annak ellenére, hogy a két említett útvonal nemcsak a kereskedelem, de a katonai mozgások fontos tényezője is volt, a Balaton északi és déli partvidékén a Krisztus utáni I. évszázadban, a római uralom dunántúli kibontakozásának idején római katonai erők nem állomásoztak. Megfigyelhető viszont az is, hogy az őslakosság hajdani földvárai és megerősített települései elnéptelenedtek, s a Krisztus születése utáni I–V. századok közel 500 éves római uralma alatt mindvégig lakatlanok voltak. A római hatalom ezzel nyilvánvalóan az őslakosság minden ellenállásának igyekezett elejét venni.

A római uralom első évszázadaiban, az I–III. században katonai létesítmények – táborok, erődítmények – a Balaton térségében nem voltak. Ugyanis az I. században – a Duna vonalát követve – kiépült a „limes", a katonai táboroknak és erődítményeknek az a láncolata, amely megakadályozta a Dunától északra és keletre élő germán (markomann és svéb) és iráni (szarmata, jazig) népeknek rabló és pusztító támadásait Pannónia tartomány (provincia Pannonia) belső területei ellen.[35] A „limes" mögött elterülő Balaton-vidéken csak az említett utak mellett épültek – a belső közbiztonságot védelmező – őrtornyok. Ilyen megerősített őrtorony állhatott a mai Zalahidvégnél, a Zala folyónak a Kis-Balatonba ömlő torkolatánál (Salla II.). A következő őrtorony már Keszthely helyén – a jelenlegi Festetics-kastély előtti úgynevezett Toronydombon – állt, melyre 1441-ben gótikus stílusú plébániatemplom épült.[36] A Kis-Balaton és a Balaton közti úgynevezett fenékpusztai átkelési pontnál ebben az időben nem volt még erődítmény, azt csak a IV. század közepe előtt – 340 körül – építették. A későbbi nagy római erődítmény helyén ebben az időben még csak egy római épületegyüttes állt minden erődítés nélkül.[37] A fenékpusztai nagyfontosságú átkelőpont védelmét ebben az időben továbbra is az a korábbi kelta földvár látta el, amelyet a Balaton vize még három oldalról vett körül, s csak északi irányból – a mai Keszthely felől – lehetett szárazföldi úton megközelíteni. Ezt az utat egy kelet–nyugati irányú földsánccal zárták el, s ennek egy darabja még ma is szinte eredeti magasságban áll a vasútvonal és az országút között. A sánc peremén valamikor cölöpsorok közé font mellvéd oltalmazta a védőket a támadók nyilai, parittyakövei és dárdái ellen. A földsáncot északi irányból mély árok is védte.[38]

A mai Keszthely körzetéből a Tapolcai-medence felé húzódó útvonal következő őrtornya a római korban Vonyarcvashegy határában, a Balaton egyik elláposodott öbléből kimagasodó Szentkirálydombon állt. Az épületre a középkorban kis erősség épült. Tovább haladva az úton, a Nemesvita melletti Töreki-pusztánál magasodott a következő római őrtorony. A mai Szentgyörgy-hegyet megkerülő útszakaszt a jelenlegi Gyulakeszi község temetőjében ma is észlelhető – 31 x 21 méteres alapterületű – római katonai őrház oltalmazta, mely épületet széles sánc vett körül.[39] A következő római őrépület Balatonakali–Ságpusztán, a balatoni műút északi oldalán, a Csorsza-patak hídjától délnyugatra, 100 méterre épült. A 10x10 méter alapterületű őrtornyot szögletes árkolás vette körül.[40] Feltételezhető, hogy a XI. században épült tihanyi kolostor helyén is római erőd állt. Erre enged következtetni, hogy a tihanyi vár 1667-ből fennmaradt alaprajzán a várnak csak egyik saroktornya négyzetes alaprajzú – és feltehetően későbbi építmény –, a másik három saroktorony hengeres alakú, s teljesen azonos a fenékpusztai Valcum római erőd alaprajzával. Ennek a római kiserődnek – burgus-nak – részét képezte a Csúcs-hegyen és az óvári-dűlő legmagasabb pontján feltételezhető – nagy távolságok megfigyelésére alkalmas – őrtorony.[41]

A Balaton térségében nemcsak nagyobb katonai létesítmény, de jelentősebb római kori település (császári telepítésű „colonia" vagy önkormányzattal rendelkező korábbi várost jelentő „municipium") sem alakult ki. Csupán az őslakosság kisebb-nagyobb falvai („vicus"), illetve kisebb-nagyobb „villa", tanyaszerű gazdaság alakult ki. Ezek között császári vagy császári főhivatalnoki nagybirtok központok is voltak (mint például a Nemesvámos–Balácapusztán feltárt Cesariana), de a többség kiszolgált római katonák (veteranus) birtokában lévő tanyagazdaság volt.[42] Egy ilyen kiszolgált római katona képét örökítette meg a Paloznak község határában talált sírkő. Míg a férfit a római hadseregben előírt hajviselettel, nyakán a szolgálatban megszokott kendővel ábrázolták, felesége helybeli kelta nő lehetett fejkötőjének és ruházatának tanúsága szerint.[43] Lesencetomajon viszont egy olyan sírkövet találtak, melyen az szerepelt, hogy a Flavius Atticianus nevű veterán a Brigetioban (Ószőny) állomásozó I. segédlégió katonája volt (OM FLAVIUS ATTICIA NUSMI LES LEGI AD V.S.L.M = Deo Optimo Maximo Flavius Atticianus miles legionis primae edjutricis votum solvit. Lubens merito).[44]

A Balaton melléki római sírokból és szórványleletekből több – bronzlapból készített – katonai elbocsátólevél is előkerült. Tótvázsony közelében találták azt a bronzlapot, melyre egykor azt vésték, hogy Sextus Iulius Priscus volt katona kapta az okmányt a maga és Secundus nevű fia számára – Hadrianus császártól – 138. június 16-án. A leszerelt lovaskatona Germánia nyugati területéről, a mai Trier környékéről származott, és 25 évig szolgált a császár hadseregében. Csapatteste eredetileg Germániában állomásozott, ahol őt is besorozták, majd Pannóniába került, a Duna menti védővonalba.[45]

Míg a Balaton vidéki római tanyásgazdaságok („villá"-k) kényelmes és jól megépített kő- és téglaépületek voltak, cseréppel fedve, fűtőberendezéssel és sokszor vízvezetékkel ellátva, az őslakosság rendkívül szegényes módon – favázas vályogházakban, lesározott padlózatú kunyhókban – élt, mint a Balatonaligán feltárt egyik ilyen falucska ezt igazolja. Hasonló falvak maradványai kerültek elő Siófok és Balatonszabadi körzetében, illetve Balatonaligánál.[46]

A Duna vonalát követő erődrendszer sokáig teljes biztonságot nyújtott a Pannónia tartomány belső területein élő római telepeseknek és meghódolt őslakosságnak. Ez a békés állapot azonban a II. század második felében megváltozott. A közel-keleti párthusokkal folytatott háború miatt számos pannóniai római csapattestet elvezényeltek. Ezt kihasználva támadtak Pannóniára a mai Szlovákia területén élt germán markomannok és kvádok, illetve a mai Duna–Tisza közén élt iráni eredetű jazig törzsek fegyveres tömegei. 162-ben az említett népek hadai az egész Pannóniát (Dunántúlt) végigpusztították. Ezzel a háborúk végeláthatatlan sorozata zúdult a Dunántúlra.[47] A germán vandál törzsek hadai 270-ben dúlták fel Pannóniát, majd ezt követően több jazig támadás zajlott le. Az alföldi jazig és raxolán támadásoknak végül is csak Diocletianus császár (284–305) sorozatos ellentámadásai vetettek véget.

A római államvezetés már valamikor a III. század elején elrendelte, hogy a dunai limes vonala mögött építsenek a lakosság védelmére és biztonságára nagy alapterületű erődítményeket. Kezdetben két ilyen erődítés épült fel: a mai Dombóvártól északra, Kapospula–Alsóhetény közelében (Iovia néven), valamint Siófoktól 9 km-re déli irányba, a mai Ságvár község helyén: Tricciana elnevezéssel. Mindkét erődítmény nagyjából négyzetes alaprajzú volt. Iovia erősség északi fala 450, déli fala 500, keleti fala 471 és nyugati fala 458 méter hosszan húzódott. A III. század első periódusában az erődítmény négy sarkán egy-egy legyező alakú saroktorony épült, s a falak mentén patkó alakú tornyok sora húzódott, hasonlók – mint azok közül több is látható – a mai Sopron, a római kori Scarbantia város falai mentén.

A római kori Tricciana erődítmény (ma Ságvár) is hasonlóan nagyjából négyzetes alaprajzú volt, s a III. század folyamán épült, valamivel kisebb méretekkel, mint Iovia erőd. Az északi fala 298, a déli kb. 300, keleti 225, nyugati fala pedig 254 méter hosszú volt. A négy saroktorony, valamint a falak mentén épült védőtornyok itt négyzetes alaprajzúak voltak. Tricciana esetében az erődítmény egy korai I–II. századi településre épült rá.

Miután a IV. században a mai Szlovákia területén élt germán markomannok és kvádok, valamint a Duna–Tisza közén élt iráni szarmaták, valamint a jazigok és roxolánok hadai egyre többször törtek be a római Pannónia tartományba, a 340–350-es években mindkét erődítményt alaposan átépítették. Eredeti alaprajzuk jelentősen nem változott, csak a legyező alakú saroktornyokat, valamint a patkó alakú és négyszögletes védőtornyokat bontották le, és építettek helyükbe hengeres alaprajzú tornyokat.

Iovia erőd esetében az északi falon (a dupla kaputoronnyal együtt) tizenkettő, a déli falon (ugyancsak a dupla kaputoronnyal együtt), valamint a keleti és nyugati fal mentén tizenegy-tizenegy torony magasodott. A tornyok – összesen 49 hengeres alaprajzú torony – 40-40 méterre álltak egymástól. Így a tornyok védői nyíllövésekkel és dárdavetéssel jól tudták egymást támogatni. Az erődítmény négy főfala átlagosan 260 cm vastag volt; jó minőségű édesvízi mészkőből és habarcsból épült, s külső oldalán nagyméretű kváderkő burkolata volt. A tornyok

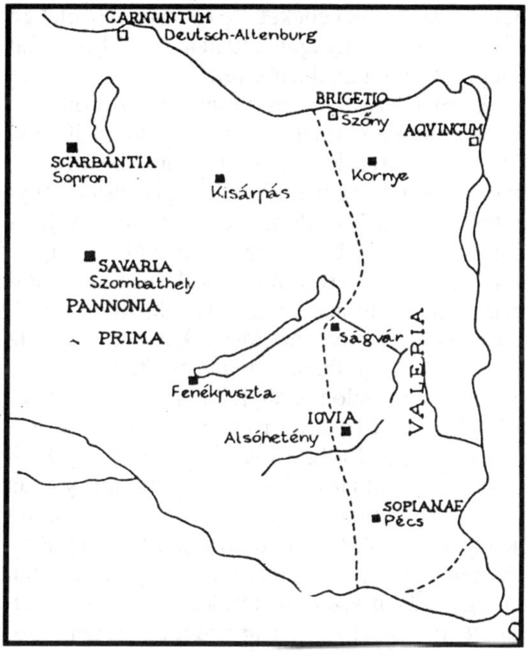

Pannónia tartomány (Iovia, Tricciana, Valcum erődök)

egyenként 14 méter külső átmérővel rendelkeztek, s falaik vastagsága átlagosan 250 cm volt. A hatalmas erődítménynek két kapuja volt: északon és délen, s mindkét kapunyílás – két torony között – hat méter szélességben nyílott. Az erődítményt minden oldalról – a falak tövétől 18 méter távolságra – viszonylag keskeny (5,20 méter széles) és 3,50 méter mély árok vette körül. Az ásatásoknál megállapították, hogy az árkokat a talajvíz lepte el.

Az erődítmény belsejében épületek alig voltak, s miután az erőd észak–déli főtengelyében egy patak folyt keresztül, a nagy és üres belső térség nyilvánvalóan az erődbe menekülő lakosságnak és állatállományának nyújtott veszedelem esetén menedéket. Iovia erőd közelében – annak déli és nyugati oldalán – kisebb római település nyomai lelhetők fel.[48]

A római Tricciana erőd esetében az erődfalak és az erőd alapterülete az átépítés során itt sem változott, s csak a négyzetes alaprajzú saroktornyokat és a falak mentén álló ugyancsak négyzetes alaprajzú védőtornyokat bontották le, s építettek helyükbe hengeres alaprajzú tornyokat. Miután az erődítmény keleti és délkeleti maradványai teljesen elpusztultak, az ásatások csak északi és nyugati tornyokat észleltek: az északi falon – a dupla kaputornyokkal együtt – hét, a nyugati falon pedig hat hengeres alaprajzú védőtorony állt; a délnyugati falnál pedig – ugyancsak a dupla kaputornyokkal együtt – csak öt tornyot tártak fel. A keleti fal tornyainak száma ismeretlen (feltehetően ugyancsak hat lehetett itt is). Miután az erődítmény egy nyugatról kelet felé lejtő domboldalban épült, a keleti fal egy erősen vizenyős területen húzódott. Feltehetően ez a III–V. században még annyira mocsaras terület volt, hogy bizonyos védelmet is nyújtott keleti irányból. Így az erőd körül – annak északi, déli és nyugati oldalán – legfeljebb szárazárok húzódhatott. Az erődnek szintén két kapuja volt. Az egyik – két torony között nyíló – kapu nézett északi irányba, a másik – ugyancsak két torony között nyíló – kapu pedig déli irányba, illetve innét vezetett tovább egy út a völgyben. Ebben az erődben is alig voltak épületek, s védőfalak által körülvett nagy üres térség – akárcsak Iovia erőd esetében – a veszedelem alkalmával az ide menekülő lakosságnak és állatállományának nyújtott menedéket. Az erődnek csak az északkeleti negyedében állott egy nagyobb méretű épület, melynek romjai alól olyan maradványok kerültek elő, melyek palotaszerű, reprezentatív jelleget mutattak.

Miután Tricciana erőd egy korábbi római kori településre épült rá, az erődítmény felépítését követően, az új település az erősségtől délre, illetve attól északkeletre épült fel.[49]

A harmadik – fentiekhez hasonló – nagy római erődítmény a Balaton déli végében, a mai Keszthelytől délre, Fenékpuszta körzetében – a fenékpusztai major és a vasúti megálló között – található. Római kori nevéről hosszan és sokáig folyt a vita. Egy időben – a római kori itineráriumokban emlegetett – Mogentiana településnek-erődnek vélték. A jelenlegi álláspont az, hogy az ugyancsak a római kori forrásokban emlegetett Valcum településsel-erődítménnyel azonos.

Az a terület, amelyen az erődítmény épült, félszigetszerűen magasodik a Balaton vize és a környező láprét fölé. Itt volt a Balaton egyik – Tihany és Zalahidvég mellett – fontos átkelőhelye, ahol Vörs község irányába, az ottani Máriaasszony-szigethez és Balatonberényhez lehetett átkelni. Az átkelés kompokon történt, állandó vagy hajókra épített híd használata valószínűtlen.

Valcum római erődnek nem volt III. századi előzménye. Az erőd építése előtt itt egy nagyobb méretű római kori épület állt. Valcum erődöt – 330–340 körül – már eleve kerek sarok- és védőtornyokkal építették. Alaprajzát tekintve Valcum erőd a másik két – Iovia és Tricciana – erődökre emlékeztetett, valamivel kisebb volt, mint Iovia, de nagyobb, mint Tricciana. Miután Valcum erőd északkeleti sarkával szinte a Balatonba épült, a tó partváltozásai – és a XIX. századi vasútépítés – a négyzetes alaprajzú erődítmény északkeleti sarkát szinte teljesen megsemmisítette. A régészeti ásatások alkalmával jól felmérhető csak a 348 méteres déli fal, valamint a 392 méter hosszú nyugati fal volt.

Valcum erőd falai átlagosan ugyancsak elérték a 260 cm vastagságot. Az erőd négy sarkán egy-egy henger alakú torony magasodott. A

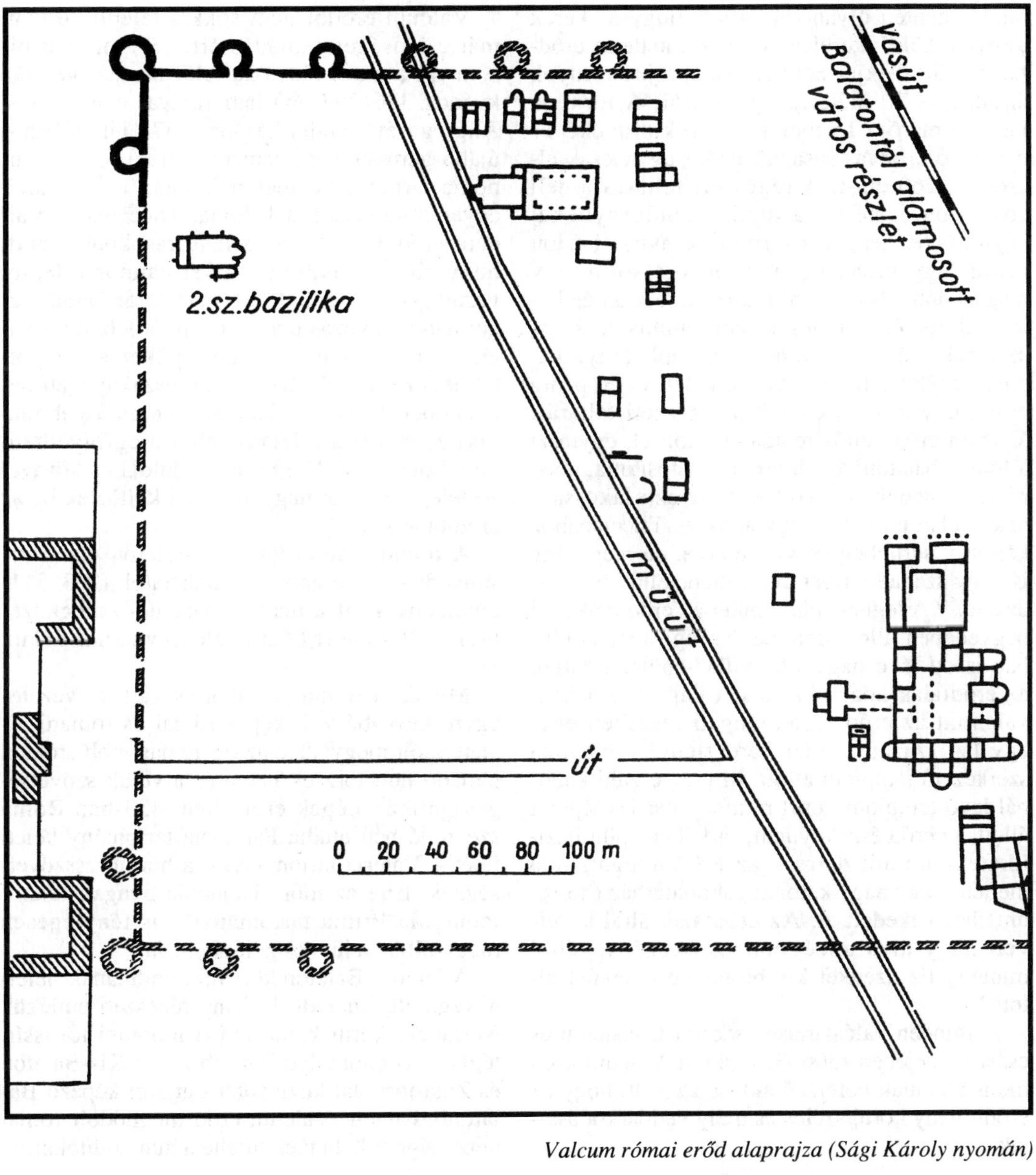

Valcum római erőd alaprajza (Sági Károly nyomán)

falak mentén olyan formában, hogy a kerek tornyok külső kerülete csak érintette az erődfal külső falsíkját hengeres alaprajzú tornyok álltak 20--20 méterre egymástól. A tornyok külső átmérője 15 méter, a saroktornyoké 17 méter volt, falvastagságuk pedig ugyancsak elérte a 260 cm-t. A régészeti feltárás a déli erődfalon észlelt – a dupla kaputornyokkal együtt – tíz hengeres tornyot; a nyugati falon pedig ugyancsak tíz hengeres testű torony magasodott. Mint említettük, az északi és keleti fal zömében teljesen megsemmisült, s így az északi falon – ugyancsak a duplatornyú kapuval együtt – hat tornyot, a keleti falon pedig csak négy tornyot észlelt a régészeti feltárás. Valcum erőd kettős feladatot látott el, egyrészt a fontos balatoni átkelőpontot biztosította, másrészt menedékvára volt a környező lakosságnak. Belső területe – Ioviához és Tricciánához képest – sűrűbben be volt építve, de mégis így is nagy szabad terület állt a menekülők befogadására.[50] A legnagyobb épület az erőd délkeleti negyedében állott: feltehetően egy már korábban is ott lévő nagyobb „villa"-épületet zártak az erődfalak közé. Az északi kapu közelében, valamint az erőd északnyugati részében egy-egy IV. századi – már keresztény! – bazilika szerkezetű templom állott. Míg az északi kapunál lévő templom körül mintegy hat lakóépület állott, az erőd északnyugati sarkában épült bazilikatemplomtól délre – az erőd nyugati fala mellett – egy nagy katonai gabonatárház (horreum) helyezkedett el. Az erődfalak által körülvett nagy üres térségben szerteszét további mintegy tíz-tizenkét kisebb-nagyobb épület állott.[51]

A minden valószínűség szerint Constantinus császár idejében (306–337) épült Valcum erőd munkálatainak befejező aktusa az volt, hogy az erődítmény körül széles és mély védőárkot ásattak.

Valcum erődöt nem sokkal felépítése után már ellenséges támadás érte. Ez minden bizonnyal a mai Szlovákia felől támadó germán kvádok 356–357. évi háborújával volt azonos. Alig egy évtizeddel később – 374 júliusában – újabb germán–kvád támadás érte a római Pannónia tartományt, melynek során a germánok egyaránt elpusztították Iovia, Tricciana és Valcum erődöket. A korabeli forrásokból ismert, hogy ebben a háborúban két pannónia légiót vertek szét a támadó germán kvád hadak. A germánok távozás után Valcum erődöt a rómaiak helyreállították, sőt újabb építkezések zajlottak le: ekkor épült fel az erőd északnyugati negyedében lévő bazilikatemplom és a gabonaraktár, mivel a leletanyagból megfigyelhető volt, hogy a IV–V. század fordulóján a környező településekről nagyon sokan költöztek be az erőd falai közé.[52]

A római uralom idején a Balaton vízszintje süllyedt – a lecsapolási munkálatok (293–311) eredményeként a maihoz hasonló–, megközelítőleg 104 méter (Adria feletti) vízszint alakult ki.

Miután a római politikai és katonai vezetés egyre kevésbé volt képes római és romanizált alattvalóit megvédeni az egyre nagyobb erőkkel támadó hun törzsek hadai és a velük szövetséges germán népek erői ellen, 433-ban Róma szerződésben átadta Pannónia tartomány keleti felét – Valeria tartományt – a hun törzsszövetségnek. Erre az időre Pannónia nyugati felét – Pannonia Prima tartományt – is ténylegesen megszállták a hun és germán hadak.

A hunok Balaton környéki uralmának leletanyaga alig maradt. Néhány régészeti emlékük Keszthely körül került elő (gátidombi lovassír; téglagyári padmalyos-sír stb.) és a Kis-Balaton és Zala-torkolat közti fontos átjárót képező Balatonhidvégen. Valcum erőd meghódolt római népessége feltehetően túlélte a hun hódítókat.

A Hun Birodalom összeomlása – Attila halála (453) és a fellázadt germán szövetségesektől elszenvedett hun vereség (454) – után a római hadsereg megkísérelte, hogy Pannónia tartományt visszafoglalja. Avitus római császár már a következő évben légióival benyomult Pannonia Prima tartományba és annak nagy részét visszafoglalta. Valcum erőd múltjának egyik legkiválóbb ismerője, Sági Károly régész azt állítja a feltárt régészeti anyagok alapos elemzésére támaszkodva, hogy Avitus császár csapatai – többek között – Valcum erődöt is visszafoglalták és megszállták, illetve további hadműveleteik egyik legjelentősebb bázisává szervezték meg. Különösen nagy tömegű gabonát tároltak az erőd falain belül. Ugyanakkor a volt katonai gabonatárház északi oldalán tizenhat nagy kenyérsütő kemencét építettek. A rómaiak már újra berendezkedtek Valcum erődben, amikor 455 októberének a végén – a hun birodalmat szétzúzó germán szövetség egyik népe – a keleti gótok csapatai váratlan rajtaütéssel az erődöt elfoglalták. A leégett és elpusztult erődben tömegesen hevertek a lemészárolt rómaiak (katonák és polgári lakosok). A felperzselt erőd 456 tavaszáig elhagyatott volt. Valamikor 456 tavaszán a keleti gótok újra visszatértek, s a rothadó holttestek tömegét és az állati hullákat a rómaiak által épített kemencék tüzelőgödreibe, az ép kemencékbe, nyitott szemétgödrökbe és hombárokba hajigálták, aztán elföldelték. Ezt követően a romokat eltakarítva, az erődöt és épületeit, köztük a bazilikatemplomot helyreállították. Sági Károly azon a véleményen van, hogy Thiudimer keleti gót király itt, a Valcum erődben rendezte be székhelyét, és itt tartotta 468-ig udvartartását is. Sőt a kutató azt is feltételezi, hogy Thiudimer király és Erelieva asszony nászából itt született gyermekük, a későbbi „Nagy Theoderich" is.

A gepida Ardarich király uralma alatt álló germán népek szövetsége időnként egymással is háborúba keveredett. A keleti gót Jordanes történetíró szerint ezeknek a háborúskodásoknak egyik epizódja a Balaton vidékén zajlott le. A mai Szlovákia területén élő germán szvébek királya, Hunimund és hadai a Bakonyon át a Balaton mentén a gazdag Dalmácia kirablására indítottak hadjáratot. A sikeres portya után a zsákmánnyal megrakodott szvébek ugyanezen az útvonalon igyekeztek hazafelé. Azonban a keleti gót hadak – Thiudimer királlyal az élen – Jordanes leírása szerint a „Pelsois-tónál"(ami a rómaiak idején egyaránt jelentette a Fertőt és a Balatont is) megtámadták a hazafelé vonuló szvébeket. A keleti gótok harci dühét fokozta az is, hogy a szvébek elhajtották a keleti gótoknak a mezőkön legelő marhát is! Ez utóbbit is figyelembe véve az említett tó feltétlenül a Balatont jelentette. Jordanes szerint egy „viharos éjszaka" támadták meg a keleti gótok a szvébeket, akik a tónál éppen alkalmas átkelésre vártak. Sági Károly régész-történész – számos lehetőséget mérlegelve – arra az álláspontra jutott, hogy ez a harc a mai zamárdi-szántódi révnél történt. Míg a szvéb sereg részben megsemmisült, részben szétszóródott, Hunimund király megmenekült a csatából, s rövidesen az ugyancsak germán szkirekkel szövetkezve a keleti gótokra támadt. A harcok során Valamer, a keleti gótok főkirálya is elesett. Ezt követően Thiudimer vette át a főkirályi méltóságot, majd elhagyva a Balaton melletti Valcum erődöt, a Száva menti Sirmiumba helyezte át székhelyét. Ez 468-ban történt, s két évvel később – 470–471-ben – a keleti gótok véglegesen elvonultak a Dunántúlról, s Észak-Itáliában telepedtek meg.[53]

A keleti gótok távozását követő mintegy fél évszázadban – 471 és 526 között – a volt Pannonia Prima római tartomány (a Dunántúl nyugati fele) névlegesen Odoaker királyságának névleges része volt. Csupán annyi ismert ebből az időből, hogy 487-ben Odoaker király bátyja és helytartója – Hunvulf – elrendelte Norricum (a mai Ausztria) és a volt Pannonia Prima (Nyugat-Dunántúl) megmaradt – és az előző másfél évszázadot túlélő – római lakosságának Itáliába való kitelepítését. Ezzel a Balaton vidék római népessége Itáliába vonult, gazdátlanul hagyva tanyásgazdaságait és kisebb településeit, illetve Valcum és Tricciana erődített városait. A romanizálódott őslakosság bizonyos részei maradtak, s a latin nyelv talán még évszázadokig tovább élt a következő népek uralma alatt is.[54]

A germán keleti gótok elvonulása után mintegy 50 esztendővel egy újabb germán népcsoport – az Elba völgye és a Cseh-medence felől közeledő – langobard törzsek nyomultak be a Dunántúlra. Megfigyelhető, hogy elsősorban az elhagyottan álló római tanyásgazdaságok épületeit szállták meg, mint például a mai Kádárta környékén, valamint a Balaton közelében lévő Kékkúton.[55] Feltehetően megszállták az elhagyott Valcum erődöt is, ugyanis a Keszthely környéki, valamint a Valcum erőddel szembeni – az átkelőpont déli oldalán fekvő – Vörs falu közelében nagyméretű temetőjük került elő.[56] A langobardok még fél évszázadot sem töltöttek el a Dunántúlon. Mivel szakadatlan háborúkat vívtak a mai Szerémségben és Kelet-Magyarország területén élő – szintén germán – gepidákkal, a háborúskodás során kapcsolatba kerültek egy, a mai román síkság felől előnyomuló erős és harcias néppel: az avar törzsszövetséggel. A langobardok és az avarok (567-ben) szövetségben egymással legyőzték a gepidákat.

Az avarok félelmetes katonai ereje a szövetséges langobardokat is megrettentette, s a következő évben – 568. április hónapjában – gyors ütemben kiürítették a Dunántúlt, s ők is Itáliába vonultak.

Az 568. tavaszi első avar benyomulást a következő évszázadokban több avar néphullám követte a Kárpát-medencébe, illetve a Dunántúlra. Az első hullám számos népcsoportja telepedett meg a Balaton mellett. Így Balatonfűzfő–Szalmássy telepen, valamint Mezőszilas körzetében, ahol egyik törzsi fejedelmi szállásuk volt (a feltárt fejedelmi sír tanúbizonysága szerint). A Balatontól délre lévő hajdani Valcum római erődben lévő népesség – továbbélő romanizált lakosságként, avagy germán népelemek maradványaként – behódolt az avaroknak. A régészeti adatok alapján a szakemberek arra a következtetésre jutottak, hogy 630 körül Valcum erőd súlyos harcok színhelyévé vált és elpusztult. Feltehető, hogy az erőd pusztulása 630 körül az avarok által leigázott, majd fellázadt (s a mai ausztriai Karintia területén élt) karantán szlávok támadásával függhetett össze. Ebben a háborúban a Valcum erődben lévő keresztény bazilikatemplom is elpusztult, a támadók a templomban lévő korábbi sírokat feldúlták és kirabolták. A régészeti feltárások azt is megfigyelték, hogy az erődöt rövidesen újjáépítették: a megsérült védőtornyokat és más, az erődön belül lévő épületeket (köztük az említett bazilikát is) helyreállították.[57] A korai avarságot ért nagyerejű szláv támadás után – 670 körül – újabb, a korábbiaknál is nagyobb létszámú avar népesség (a griffes-indás kultúra népe) nyomult be a Kárpát-medencébe, ezen belül a Dunántúlra. Azonban erre a korra vonatkozó adatok a Valcum erőd régészeti anyagából hiányoznak. Ez a második avar néphullám még az előzőnél is nagyobb tömegben szállta meg a Balaton vidékét. Talán egyik törzsi központjuk volt a veszprémi Várhegyen kialakított erősségük (a vártól északra feltárt nagy avar temetők bizonysága szerint). Jelentős szállásuk volt a mai Balatonszőllős helyén. Ezt bizonyítja az itt feltárt gazdag temető. A mai Balatonszőllős és Balatonfüred között magasodó Győri-hegyet a magyar középkorban „Horvátgyűrű" („Huruatdyru") néven emlegették, s egy 1309. évi birtoklevél szerint a másfél jugerum (kb. 2,2 katasztrális hold) nagyságú hegytető régi árkokkal volt körülvéve. Már régóta felmerült az a gondolat, hogy netán nem az avarok által épített sáncokról van-e szó?[58]

Az avar törzsszövetség létére katasztrofális hatással volt a VIII. század második felében – a germán frank törzs vezetésével és fegyveres erejével – kibontakozó nyugati germán egység, a Német Királyság, illetve a Frank Birodalom kialakulása. A frankok és az avarokkal közvetlenül szomszédos bajorok 795 és 810 között sorozatos katonai támadásokkal törték meg a nyugati avarok dunántúli uralmát. (Egyidejűleg a keleti avarokat a Kárpát-medence keleti felében a Bolgár Kánság igázta le.)

A nyugati avarok fejedelme (a „tudun") 804 körül a Frank Birodalom fővárosában, Achenben meghódolt I. (Nagy) Károly római császár előtt, s ennek fejében a császártól hercegi címet kapott és megkeresztelkedett. Az első avar „herceg" Theodor, utóda pedig Ábrahám volt, s őt követte Izsák herceg. A frankok az első időben (807–828 között) a meghódított Dunántúlt Avaria néven nevezték, majd 828-tól a tartomány új – Regio Pannonia – nevet kapott.

Ebben a frank–bajor uralom alá került Avaria, majd Regio Pannonia tartományban, mely a Balaton vidékére is kiterjedt (s csak a Balatontól keletre elterülő térséget nevezték „Pannon pusztaságnak"!), továbbra is jelentős szerepe volt a hajdani Valcum római erődítménynek. A frankok–bajorok helyreállították a korábbi erődítményeket, valamint az erődfalakon belül álló régi épületeket (a bazilika oldalkápolnát és északi falán támpilléreket kapott). A frank–bajor és szláv etnikummal kibővült lakosság temetője a IX–X. században a déli erődfalak tövében és a közeli Dobogó-dombon volt. A frank–bajor uralom idején – a IX. században – a hajdani római kori erődítménytől északra, mintegy 700 méterre hatalmas, kelet–nyugati irányú földsáncot építettek, amely lezárta a Balatonba nyúló félsziget nyakát. Ez a kb. 1200 méter hosszú földsánc (melynek a mai vasútvonal és országút közti szakasza szinte teljesen épen áll napjainkban is!) a hajdani római kori erődítményt minden közvetlen támadástól megvédelmezte.[59]

A VII–IX. századokban a mai Vörs és Fenékpuszta közti kb. két kilométer széles víztükrön való átkelőhely fokozatosan használaton kívülre került. Egyre többet használták a Kis-Balatonba torkolló Zala folyónak a mai Balatonhidvégnél lévő átkelőjét. A délkelet-Dunántúlról északnyugat-Dunántúlra irányuló forgalom szinte teljesen ide összpontosult. Ennek a fontos új átkelőpontnak a biztosítására épült ki – nyilvánvalóan valamiféle korábbi, római kori előzményre – a mai Balatonhidvég helyén egy kis erődítmény, melynek neve – Simonyi Dezső véleménye szerint – „Curtinacum" lehetett. Ezt az erődöt nevezték a IX. században, a frank–bajor uralom idején Kvartinaha (Quartinaha) néven, mint azt egy 879. évi irat említi: „... quam habuit ad Quartinaha iuxta Bilisaseo... ad fluvium Salam." Tehát ez az erősség a Balaton (Bilisaseo) mellett, s a Zala (Sala) folyónál volt abban az időben.[60]

A IX. századi Quartinaha erődítménynél a Zala folyót átlépő útvonal Keszthelytől északra római kori útvonalba csatlakozott. Ennek a Balatontól északra húzódó útvonalnak a védelmére a IX. században is építettek erősségeket. Feltehetően ekkor épült a vállusi Váradtetőn lévő erősség, melynek falai és sáncolásai napjainkig észlelhetőek; a monoszlói határban álló – és, sajnos, napjainkban félig lebányászott – Hegyestetőn lévő 70 méter átmérőjű és 2 méter

Zalavár IX. századi kapujának rekonstrukciója (Cs. Soós Ágnes nyomán)

vastag habarcsba rakott kőfallal kerített vár; valamint a szigligeti Óvár.[61]

Annak ellenére, hogy például a veszprémi Várhegyet is megerősítették – Orcabu néven – a frank–bajor uralom alatt, s ott is kialakult valamiféle körzeti központ, a mai Zalahidvégnél kialakuló átkelési központ és az azon átvezető fontos útvonal volt a fontosabb, s a IX. században itt alakult ki „Regio Pannonia" hatalmi központja.

A Frank Birodalom keleti felét képező Német Királyság a 820–830-es évektől egyre feszültebb viszonyba került a szomszédos Morva Fejedelemséggel. A frankokkal barátságos viszonyban lévő Pribina nyitrai herceg – összekülönbözve Mojmir morva fejedelemmel – a németek földjére menekült, s „Német" Lajos keleti frank királynak meghódolt. Néhány évvel később (840 körül) „Német" Lajos király a Zala folyó vidékén, pontosan a Zala kanyarulatában („Salapiugin") kiterjedt birtokot, beneficiumot ajándékozott Pribinának. A már korábban ott lévő Quartinaha (Zalahidvég) környéke került Pribina birtokába (feltehetően a fontos Zala-átkelővel együtt), akinek uralma alatt – a mai Zalavár község körzetében – egy településcsoport épült ki. Ennek központja a mai Zalavár községtől néhány kilométerre, a Zala folyó két oldalán szélesen elterülő árterület mocsarai között – a mai Várszigeten – épült fel. Erről a „Bajorok és karantánok megtérése" („Conversio Bagvariorum et Carantanorum") az alábbiakat írta: „... Az említett (Lutovic) király híveinek a kérésére, a király hűbérbirtokul Priwinának adta Alsó-Pannóniának egy részét a Sala nevezetű folyó környékén. Itt kezdett akkor lakni, és egy erődítményt („munimen") kezdett építeni a Sala folyó egy mocsaras berkében („... in quodam nemore et palude Salae fluminis..."), és elkezdte körös-körül összegyűjteni a népeket, és elkezdett terjeszkedni azon a földön... De miután az említett erődítményt felépítette, ebben először is egy templomot rakatott, amelyet Liupram érsek, minthogy azon a vidéken a papi tevékenységet joghatóságánál fogva ő gyakorolta, elmenvén abba a várba, felszentelt Isten szent anyjának, Máriának a tiszteletére, a 850. esztendőben."[62]

Tizenöt év elteltével Liupram utóda, Adalwin salzburgi érsek látogatott el 865 karácsonyán az időközben (860 februárjában) meghalt Pribina fiához: Kocel herceghez, hogy újabb két templomot szenteljen fel. Mindkét templomot még Pribina kérésére Liupram érsek építette. A fentebb idézett bajor leírás az alábbiakat írta az eseményről: „... Utóbb pedig Priwina kérésére Liupram érsek Salzburgból mesterembereket küldött neki, kőműveseket meg festőket, kovácsokat és ácsokat, akik Priwina városában egy tiszteletre méltó templomot építettek, amelyet maga Liupram érsek építtetett... Ebben a templomban Adrianus vértanú pihen eltemetve. Ugyanebben a városban van Keresztelő Szent János temploma..."[63]

A Pribina által építtetett várat sövényfonásos falak vették körül, s belterületén csak az első-

Zalavár sáncának rekonstrukciója (Cs. Soós Ágnes nyomán)

nek felszentelt Szűz Mária templom állott, feltehetően ugyancsak fából ácsolva. A másik két templom már nem fért el a kicsiny erősségben. A Szent Adorján vértanú ereklyéjével felszentelt templom a Várszigettől északra lévő úgynevezett Récéskuti-szigeten épült fel négyszögletesre faragott és a laza talajba mélyen levert tölgyfa cölöpökre. Ezeket Radnóti Aladár régész – az 1948. évi ásatáskor – viszonylag jó tartásban megtalált.

Pribina várának a nevét a fentebb idézett bajor „Convesio"-ból ismerjük: „... Az Úrnak tehát a 865. esztendejében Adalwinus, a tiszteletre méltó salzburgi érsek Krisztus születését Chezilónak (ti. Pribina fiának, Kocelnek) a várában ünnepelte, amelyet újabban Mosaburcnak hívnak, amely atyjának, Priwinának a halálával őreá szállt. Priwinát a morvák ölték meg..."[64] Tehát a vár neve Mosaburg – azaz Mocsárvár – volt német nyelven, de latinul nevezték Urbs Paludarumnak is, illetve a szlávok Blatenski Grad néven is emlegették.

A vár elnevezése találó volt, ugyanis „... 1829 előtt – midőn a Zala Vízszabályozó Társulat alakult – a Zala egész völgye a Kis-Balatontól a kehidai töltésig náddal, sással, éger- és kőrisfákkal benőtt mocsár volt. Csak pár sziget magaslott ki ebből, s a partok mentén 50–100 méter széles sávon rét- és legelőgazdálkodás folyt. Az egész berek csak a téli fagyok alkalmával volt megközelíthető. A Zala nyílt folyása 30–50 méter között változó szélességgel, sok helyt több ágra szakadva tekervényes volt. Néhol, különösen a zalavári és esztergályi határban nyílt folyását veszítve, a folyó egész vize kilométeres szakaszon a láp alá bújt. Ártere 8000–8500 hold lehetett."[65]

A Fehér Géza régész által 1946–1954-ig tartó ásatási anyagból kiderült, hogy a Zalavár–Várszigeten lévő több rétegű lelőhely legmélyebb, 100 cm-es mélységében a IX. századi szintjét égett, hamus réteg alkotta. Ebben a rétegben kőépületek nyomai nem kerültek elő, csak cölöplyukrendszer. Az erődítési vonal – egy keskeny bejárattal megszakított – kettős cölöpsoros fal volt, melyet a kapu mögött a belső vár területén még egy, az előbbivel párhuzamos, kettős cölöpsoros fal követett. Így valóságos falszorost alakítottak ki a bejárat mögött. E cölöprendszeren kívül még számos cölöplyuk került elő az erődítési vonal belső oldalán, ahol két nagyobb foltban égésnyomok voltak megfigyelhetők. A IX. századi réteghez egy temető is tartozott. A sírok egy elpusztult fatemplom körüli keresztény temető maradványai voltak, melyeknek csak keleti szélét tárták fel. A temető északkeleti részén – Fehér Géza véleménye szerint – feltárt sírok Kocel herceg Moráviából jött kíséretének porait takarták. A sírokból előkerült fegyverek frank eredetűek, s feltehetően ezek frank harcosok sírjai lehettek. Ilyen volt a jellegzetes frank sarkantyú, a rövid díszkard (scaramasaxok), szárnyas lándzsák stb. A népesség zöme azonban egyértelműen szláv származásúnak bizonyult. Ezek egyik vezetője nyugodott a 269. számú sírban, sarkantyúval a lábain.[66]

A Várszigeten lévő erősséget – a mai Zalavár község nyugati részéből (Kiskanizsa) – a mocsaras terepviszonyok miatt dorongút kötötte össze a magasabb és szárazabb földhátakkal. Ugyanúgy dorongút vezetett a Várszigetről délnyugati irányba, a Zala folyóhoz, valamint a Várszigettől (Mosaburgtól) a mai zalahídvégi átkelőhöz, ahol Quartinaha vára állt. Hasonlóan dorongutat építettek a mai Zalavár község északi részétől, Kiskanizsa felől a Récés-szigetre, ahol Szent Adorján bazilikája állott. Mint azt Csalog József régész 1953. évi ásatásai során megállapította, mintegy 6,5 km hosszan húzódtak dorongutak Mosaburg vára körül.[67]

A Keleti Frank (német) Királyság IX. századi uralma alatt a Mosaburgtól (Zalavártól) mintegy 10 km-re északkeletre fekvő hajdani római erőd és a fenékpusztai átkelőpont elsődleges szerepét elvesztette. Olyannyira, hogy a bajor „Conversio" már meg sem emlékezett róla. A régészeti ásatások azonban arra a megállapításra jutottak, hogy az elhagyottan álló romos erődítmény körül még volt lakosság, ha kis számban is.[68]

A IX. században a Keleti Frank (német) Királyság elhúzódó harcokat vívott a Dunától északra kibontakozó Morva Fejedelemséggel. Ezekben a harcokban jelent meg – 862-ben – egy eddig ismeretlen nép a Kárpát-medence keleti felében, melyet a német Hincmar nevű pap „ungri"-knak („... qui Ungri vocantur...") nevezett.[69]

Ettől kezdve egyre gyakrabban jelentek meg a Duna vidékén ezek az eddig ismeretlen harcosok, hol a morvák, hol a németek szövetségében. A 881. évi háborúban a morvák szövetségében jelentek meg Pannónia északi részében magyar csapatok, majd tíz évvel később, 892-ben Arnulf keleti frank király szövetségében dúlták fel a morvák országát a magyar hadak. A Fuldai Évkönyv feljegyzései szerint 894-ben „... az avarok, akiket ungarusoknak is neveznek („... avari, qui dicuntur ungari..."), a Dunán túl kóborolva sok borzalmas dolgot vittek végbe. Mert a férfiakat és az öreg nőket legyilkolva, a fiatal nőket kéjvágyuk kielégítésére mint a barmokat, magukkal hurcolva, egész Pannónia lakosságát mind egy szálig kiirtották!"[70] A következő két évben a Kárpát-medence keleti felében zajlottak az események: a magyarok a bolgárokkal vívott háborúkban fokozatosan megszállták ezt a térséget. Miután a magyarok elérték a Duna vonalát, s a Keleti Frank Királyság részét képező Dunántúllal közvetlen szomszédságba kerültek, Arnulf német király egyik megbízható hívére, Brazlav hercegre bízta „... Pannónia védelmét a Mocsárvárral együtt." („... Pannoniam cum urbe Paludarum tuendam commendavit...") – mint arról a Fuldai Évkönyv megemlékezett. Ez a feljegyzés is egyértelművé tette, hogy Mosaburg (Zalavár) változatlanul a német uralom egyik legfontosabb bázisa volt a Dunántúlon.

Annak ellenére, hogy még mindig fennállott a magyarok és a németek közti – 892-ben kötött – szövetség, 898-ban a magyarok átkeltek a Dunán, és benyomultak a német uralom alatt álló Pannóniába, a Dunántúlra. A részletek ismeretlenek. Csak annyi ismert, hogy a németek tárgyalásokat kezdtek a magyarokkal. A németek pénzt és ruhaneműt adtak a magyaroknak, s rábeszélték őket, hogy vonuljanak inkább a gazdag Itália felé.

A magyar középkor évszázadai

A MAGYAR HONFOGLALÁS ÉS ÁLLAMALAPÍTÁS KORA

A 898. évben a Dunántúlra – a német királyság részét képező „Regio Pannoniá"-ba – benyomuló türköket (magyarokat) a németeknek sikerült visszavonulásra rábeszélni. Egyúttal Arnulf német király és római császár azt is elérte, hogy a magyar hadak folytatva útjukat, betörtek a gazdag Itáliába. A magyar hadak még Itáliát dúlták, amikor a következő évben – 899. december 8-án – Arnulf meghalt. Ennek hírére a magyarok – a korábbi magyar–német szövetséget felrúgva – 900 nyarán, részben Itália felől visszatérve, részben a Duna–Tisza közti területekről, több irányból a Dunántúlra támadtak.

A Pannóniában (Dunántúlon) lezajlott harcok részletei ismeretlenek. A sokat emlegetett Fuldai Évkönyv is csak annyit írt, hogy „... Azok (ti. a magyarok) pedig ugyanazon az úton tértek vissza, amelyen jöttek (ti. Itáliából), elpusztítván Pannónia nagy részét!"[71]

A magyarok dunántúli támadásáról – magyar részről – csak a „Névtelen" (Anonymus) gestaíró munkája maradt fenn (Gesta Hungarorum). A vitatott hitelességű leírás szerint az „Ecilburgnál" (Óbudánál) a Dunán átkelő magyar hadak három fő irányba támadtak Pannóniára. Az északi jobb szárnyon – magának Árpád fejedelemnek vezérletével – Bodajk hegyéig nyomultak előre a főhadak, s onnét Szent Márton hegyéig (Pannonhalmáig) törtek előre, majd elérték a Rábát és a Rábcát. „... A szlovének és a pannonok nemzeteit meg országait feldúlták, s tartományaikat elfoglalták." A magyar hadak déli bal szárnyán – Ete és Boyta vezérek seregei – a Duna nyugati partvidékén nyomultak előre Szekcsőig. A két szárny között a hadsereg centrumát Ősbő és Őse hadai képezték, akik az északi jobb szárnyon előnyomuló fősereggel vonultak Pákozd hegyéig (a Velencei-tó északi partvidékéig), majd onnét Pét mezejéig (... in campo Peytu...). Itt három napig táboroztak, „... a negyedik nap pedig Veszprém váráig nyomultak". Anonymus szerint a Dunántúl (Pannónia) legsúlyosabb harcai itt – Veszprém várának ostrománál – zajlottak le: „... Ekkor Ősbő meg Őse seregüket elrendezve heves támadást intéztek a római katonák ellen, akik Veszprém várát őrizték. És állt a harc köztük egy héten át. Ám végül is a második hét szerdáján, midőn mind a két fél serege a harci küzdelemben szörnyen kifáradt már, akkor Ősbő meg Őse sok római katonát karddal pusztítottak el, másokat pedig agyonnyilaztak. A még megmaradt rómaiak most már a magyarok merészségének láttára Veszprém várát odahagyva futásnak eredtek, s életüket mentve a németek földjére siettek. Ősbő és Őse egészen a németek határáig üldözte őket..."[72]

Kik voltak azok a római katonák, akiket Anonymus háromszor is megemlített ebben a fejezetben? Nem tudjuk. Netán maradt volna valamiféle „római" – neolatin nyelvű – néptöredék a népvándorlás V–IX. század közti közel ötszáz esztendeje után a Balaton északnyugati térségében? Egyelőre a kérdés megoldhatatlan!

Ősbő és Őse hadai – Veszprém elfoglalása után – egész Vasvárig nyomultak előre, majd (valahol a mai Sümegi- és Tapolcai-medencéken át) elérték a Balatont. „... Aztán tovább lovagolva a Balaton vize mentén, Tihanyhoz értek. Majd miután a népeket ott meghódították, tizennegyed napra bevonultak Veszprém várába."

A leírásban mennyi a hagyomány és mennyi a valóság? – ma már eldönthetetlen.

Anonymus a Balaton délnyugati térségének elfoglalásáról nem emlékezett meg. Azonban egyértelműen a Dunántúl délnyugati térségének elfoglalásáról írt az 50. fejezetben, amely „Pannónia elpusztítása" (De deuastatione Pannoniae) címet viseli, s a Mura folyó vidéki szláv karantánok földjének feldúlásáról emlékezett meg: „... De a murai karantánok határait ugyancsak sűrű betörésekkel rohanták meg. Közülük sok ezer embert karddal leöltek, őrhelyeiket felforgatták, tartományaikat birtokukba vették..." A további szövegből egyértelműen kiderül, hogy a Dunántúl délnyugati térségének feldúlását-elfoglalását is a fentebb említett Ősbő és Őse hadai hajtották végre.

A támadó magyar hadak minden bizonnyal feldúlták és elfoglalták a fenékpusztai, római eredetű frank–bajor–szláv erődített települést is. Ezt bizonyítja az ásatások során előkerült IX. századi rétegsoron talált hatalmas égésréteg, s a megerődített város belterületén talált jellegzetes honfoglalás kori magyar nyílhegyek. A régészeti nyomokból az is megállapítható volt, hogy az erődben magyarok telepedtek le. Temetőjük sírjait a délkeleti erődfal tövében tárták fel. A meghódolt őslakosság – mint az egész környéken – itt is nagy tömegekben élt a magyarok uralma alatt.[73]

A fenékpusztai volt római erőddel egyidejűleg Mosaburgot (Zalavárt) is elfoglalták a magyarok. Az itt feltárt X. századi sírokban egy pogányosodási folyamat jelei mutatkoztak: tűzégetés nyomai, edénymellékletek, állati maradványok (vaddisznó-, sőt kutyacsontok) kerültek elő.[74]

A Balaton térségének magyar megszállása csak nagy vonalakban ismert. A Balaton északkeleti-északi térségét – nagyjából a későbbi történelmi veszprémi királyi várispánság, illetve vármegye területét – az első megszállás jogán Ősbő és Őse vezérek nemzetsége: a Szalók nemzetség kapta meg. Azonban a 950 körüli években, a stratégiailag nagy fontosságú Veszprém várát a nagyfejedelmi Turul nemzetség szerezte meg a vár körüli területekkel együtt. A Szalók nemzetség a későbbi veszprémi királyi várispánság nyugati térségében lévő karakói királyi várispánság területén kapott szállásbirtokaiért kárpótlást.

A Balatonalmádi–Káptalanfüredtől Keszthelyig húzódó partvidék a Lád nemzetség kezére került. A XIV. század közepén összeállított Bécsi Képes Krónika erről a következőket írta: „... Vérbulcsú volt a hatodik kapitány neve; hír szerint ez a Balaton táján ütötte fel sátorfáját." Ez nyilvánvaló anakronizmus, ugyanis Vérbulcsú a honfoglaláskor talán még nem is élt, s 955 augusztus első napjaiban végezték ki őt Regensburgban, az augsburgi nagy csatavesztés után. Róla tett említést 948-ban Konsztantinosz Porphürogennétosz bizánci császár: „... Tudnivaló, hogy Teveli meghalt, s az ő fia – barátunk – Termacsu, aki a minap jött fel (ti. Konstantinápolyba) Bulcsúval, Turkia harmadik fejedelmével és horkájával." Ezt követően így folytatta a bizánci császár: „...Tudnivaló, hogy Bulcsú, a horka, Kalinak, a horkának a fia, és hogy a Kali tulajdonnév, a horka meg méltóság, valamint a jila is, amely nagyobb a horkánál." Majd a császár megmagyarázta, hogy a türköknél a nép „... Első feje az Árpád nemzetségből sorba következő fejedelem, és van két másik is, a jila és a horka, akik bírói tisztséget viselnek."[75] Minden valószínűség szerint a honfoglalás évtizedeiben volt „horka" – Vérbulcsú atyja vagy nagyatyja – az a Kali nevű személy, akinek nevét viseli napjainkban is a Balaton északnyugati partvidékén az a 10-12 km hosszú és 3-4 km széles völgy, amely mint Kál-völgy ismert. Ez az elnevezés (Kál-völgy = „valea Kaal") a XIII–XIV. századtól ismert, s az ott lévő falvak – középkortól napjainkig – megőrizték a „Kál" megkülönböztető nevet. A honfoglaló és hódító nemzetség központja feltehetőleg az a Káliföldvár volt, amely Mindszentkáltól keletre, a Kereki-dombon található. Oldalai ma is meredeken emelkednek, s csak déli irányból közelíthető meg, ott viszont ma is kétszeres sáncolás nyomai figyelhetők meg. Hogy ez lehetett a nemzetség központja, alátámasztja az is, hogy ennek a – bizonyára őskori eredetű – földvárnak a közelében Mindszentkáltól északra, az ún. Pogány-dűlőben tárták fel 1903-ban Sági János vezetésével a Zala megyében szinte egyedülálló X. századi temető 49 sírját. 1905-ben a Szentbékkállától keletre lévő töttöskáli középkori templomrom mellett, szőlőforgatáskor egy X. század végi, XI. század eleji lovassír is előkerült. A lovassírt, amely nyilvánvalóan még a nemzetség keresztény hitre térése előtt került a földbe, egy ritka lelet datálta. A sírban egyenes, kétélű – német típusú – kardot találtak, melynek markolatát 10-15 fokkal megdöntve a kardot, a magyar kézhez jobban idomuló szablyához hasonló súlypontúvá tették.[76]

Hogy a Balaton déli térsége melyik nemzetség birtokába került, teljességgel ismeretlen. Csak feltételezhető, hogy ott is a Lád nemzetség volt az úr, s hogy a harmadik legmagasabb méltóságnak, a „horkák"-nak volt ez a terület is uralma alatt. Sokáig feltételezték, hogy Somogyvár volt a központjuk. Azonban az 1972-től – a somogyvári Kupavárhegyen – meginduló régészeti ásatások arra a megállapításra jutottak, hogy a várhegyen a késő bronzkorban valóban volt földvár, ennek lakógödrei, sírjai tömegesen kerültek elő a későbbi középkori apátság épületei alól, azonban IX. századi építkezéseknek-erődítéseknek nyomát sem találták.[77]

A második fejedelmi méltóságot – a „jila" (vagy gyula) rangot – viselő Turul nemzetség, Árpád fejedelem nemzetsége már 904-től, a főkirályi, „kündü"-i méltóságot viselő Kurszán erőszakos halála óta viszonylagos központi hatalomra törekedett. A nemzetségnek ez a törekvése erősödött a 955. augusztus 10-én Augsburgnál a németektől elszenvedett nagy katonai vereség után, Falicsi (Fajsz) nagyfejedelem 948–955 közti, majd Taksony 955–972 közti uralma időszakában. Feltehetően Falicsi nagyfejedelem idején került a család birtokába a Balatontól északnyugatra lévő stratégiai fontosságú Veszprém vára és annak környéke.

Györffy György feltételezi, hogy a X. század közepétől a Balaton választóvonal lehetett két nagy törzsi szállásterület között. Ezek közül az egyik – a Balatontól észak-északnyugatra elterülő – térség a nagyfejedelmi nemzetség birtokában lehetett. Ugyanakkor a Balatontól déldélkeletre lévő terület egy másik nemzetségé – talán a harmadik királyi méltóságot viselő „horkák" területe – volt. A két terület – illetve azok urai – között hosszabb feszültség állott fenn. Ezt látszik igazolni az a tény, hogy a két terület között húzódó mocsaras ingoványon a természetes átjárókat földvárakkal zárták el, illetve katonáskodó kiváltságos népekkel telepítették be. A Balatontól északkelet-keletre – a Tolna és a későbbi Székesfehérvár közti térségben – a Taksony nagyfejedelem (955–972) által betelepített besenyők ispánsága helyezkedett el. A katonáskodó besenyők szállásaitól északnyugatra épült ki Urhida vára. Papkeszitől keletre – a Séd folyó síksága fölé magasodó dombperemen – volt Körmösd vára, melyről egy 1352. évi határjárás tett említést: "... várhely, melyet hajdan és most Körmösdnek neveztek..."[78] Itt a Balaton északi partvidéke, a Sárrét járhatatlan ingoványai és a Bakony délkeleti magaslatai között a katonáskodásra letelepített Kér, Keszi, Berény, Jenő törzsek népei tanyáztak.

A Balatontól délnyugatra lévő átkelőpontokat felújított régi és új földvárak reteszelték el. A hajdani Mosaburg is újjáépült Zalavár elnevezéssel. Ennek közelében, az egykori Quartinaha – a mai Zalahidvég – helyén épült fel Kolon vára, amely a nagy fontosságú átkelőhelyet zárta le a Zala folyó torkolata és a Balaton között (ugyanis ekkoriban a Kis-Balaton még nem létezett, hanem része volt a nagy Balatonnak). A hajdani Kolon vár emlékét őrzi a későbbi Kolonpuszta nevű hely.[79] Itt, a Balaton délnyugati végénél is megtalálhatók voltak a Kér, Keszi, Oszlár törzsbeli katonáskodó népek szállásai a X–XI. században.[80]

974-ben megkeresztelkedett Géza-István nagyfejedelem halálát követően – 997 szeptemberében – az ugyancsak a latin-kereszténység szellemében és a német barátság jegyében elkötelezett Vajk (István) herceg ragadta magához a nagyfejedelmi trónust. Rövidesen belháború tört ki a magyarok földjén. Egyik oldalon egyértelműen a nagyfejedelem híveinek hadai álltak, a másik félről a legkorábbi források: a „Nagy- és Kis-legenda" adatai szerint csak annyit tudunk, hogy azok pogányok voltak. A magyarokkal jó viszonyban álló Német-római Birodalom uralkodó köreiben aggodalommal figyelték a magyar földön kibontakozó eseményeket. Gerbert, a későbbi II. Szilveszter pápa leveleiből tudjuk, hogy 997 októberében még mennyire aggódva várta III. Ottó német-római császár követeit: milyen híreket hoznak e távoli földről! „... Ha a szkítákat (azaz a magyarokat) cserbenhagyjuk, félelem fog el!" – írta a császárnak. Azonban a német császár és III. Henrik, az új bajor herceg Vajk (István) fejedelem oldalán beavatkozott a magyar belháborúba, és eldöntötte a háború sorsát! Novemberben már István nagyfejedelem katonai győzelméről szóló hírek érkeztek Aachenbe, a császári udvarba, s ezekből olyan következtetéseket vontak le, hogy a „szkíta népek" (gentes), illetve „igen erős országaik" készek arra, hogy a Német-római Birodalom kötelékébe térjenek![81]

997 októberében a belháború a Balaton észak-északnyugati térségében zajlott le.[82] A legkorábbi magyar források közül a „Nagyobbik legenda" csak elnagyoltan magyarázta a belháború okát: „... Minden jónak ellensége, az irigységgel és gonoszsággal teljes ördög, hogy Krisztus apródjának (ti. István nagyfejedelemnek) szent szándékát szétzilálja, belháborút támasztott ellene..." A „Kisebbik legenda" már részletekbe bocsátkozott: „... Bizonyos nemesek pedig... ördögi sugallatra.... fegyvert ragadtak ellene (ti. István ellen). Ezek e napokban éppen, a köznyelven Veszprémnek mondott várost ostromolták, hogy ezt az ő gyalázatára fordítsák: ott tanyáztak le ugyanis, ahol a király szokott megszállni és tartózkodni, hogy könnyebben nyíljon út más erősségek elfoglalásához. Az isteni kegyelemtől vezérelt király rajtuk ütött; ezek hitükben, azok bizony csak a fegyverekben bizakodtak, s mindkét részről küzdöttek. Végül, hogy az ellenséget legyőzték, s részint leölték, részint foglyul ejtették és megkötözték, a győztes király híveivel hazavitte a győzelmi jeleket." Hasonlóan írt a két legenda alapján Hartvicus győri püspök is legendacompillációjában, ugyancsak Veszprémnél jelölve meg István nagyfejedelem győztes csatáját. A lázadás vezetőjéről a fentiek semmit nem írtak,

erről először csak az 1283-ban Kézai Simon által összeállított „Gesta Hungarorum" tett említést: „...Szent István király... végül leverte Koppány vezért." A XIV. században írott Képes Krónika ismeretlen szerzője az alábbiakat közölte: „... Szent István király még előbb, ifjú korában dicső háborút vívott a vitéz és nagy hatalmú Kupán vezér ellen. Kupán pedig Tar Zirind fia volt, aki Szent István király apjának, Géza fejedelemnek az életében a hercegi méltóságot viselte... Ez somogyi herceg volt." Ezt követően röviden leírta a krónikás a háború menetét, kihangsúlyozva, hogy a keresztény hadak főparancsnoka német, Weczelin gróf volt.[83]

A veszprémi csata győzelme után a Balaton mindkét partvidéke nagyfejedelmi, majd István királlyá koronázása után királyi és királynéi birtokba került. Ugyanis István nagyfejedelem nemcsak Koppány somogyi herceg földjeit ragadta magához, de a Lád nemzetségnek a Balatontól északnyugatra, a zalai partokon fekvő szállásbirtokai is királyi tulajdonba kerültek. Talán ekkor jutott Géza nagyfejedelem testvéröccsének, Mihály herceg fiának, Vászoly hercegnek birtokába az a Balatontól északnyugatra lévő terület, melynek központja az az őskori eredetű földvár volt, amely Vászoly nevét viselte és viseli – a mellette lévő faluval együtt – a mai napig.[84]

I. István király (997–1001–1038) államalapító tevékenységének egyik sarkalatos feladata volt a királyi várispánságok megszervezése. A Balaton körül három királyi várispánság alakult, mindegyiknek középpontjában egy-egy királyi várral, benne pedig a király egy-egy megbízható emberével: a királyi várispánnal, aki teljhatalmú ura volt a várispánságnak és a várispánság szabad és katonáskodásra kötelezett úgynevezett „várjobbágyainak". Veszprém királyi várispánság központja Veszprém vára volt; Kolon, majd Zala várispánságnak a Balaton délnyugati végénél lévő Kolon vára; Somogy várispánságnak pedig Somogyvár erőssége. Kolon említése 1009-ből való, amikor is I. István király a veszprémi püspökség alá rendelte Veszprém, Kolon, Fehérvár és Visegrád királyi várispánságokat („... quator civitates nominibus Wesperen... atque Albam civitates, Colon et Wyssegrad civitates...").[85]

Simonyi Gyula véleménye szerint Zala vármegye XI. századi „Colon" megye elnevezése valójában – egy 1257-re datált, de hamis oklevél szerint – „civitas Corten", ami a római Curtinacum, illetve a frank–bajor Quartinaha név továbbélése lenne, s ez a mai Zalahidvégnél lévő kis erősség lett volna a XI. századi Zala várispánság központja és nem Kolon vára.[86]

A Balaton délnyugati részében volt még egy – Balaton közeli – negyedik királyi várispánság is, melynek központja Segesd vára volt, a mai római katolikus templom melletti Várhegyen épült földvárban.[87]

I. (Szent) István királyi államalapító tevékenységétől (997–1038) egészen a tatárjárást követő évtizedekig (1241–1242) magántulajdonban lévő várak a Balaton térségében, de az ország más részein sem voltak. Erődítmények építésére legfeljebb egyes kolostorok kaptak engedélyt. A Balaton térségében ilyen csak egy volt: a hajdani Mosaburg helyén – I. (Szent) István király uralkodásának kezdeti évtizedeiben, 1019 körül – felépült zalavári bencés rendi apátság annak a Szent Adorjánnak a tiszteletére, akinek ereklyéit már a IX. századi Mosaburg templomában is őrizték. A XI. század elején épített megerődített kolostor a korábbi, IX. századi bajor–frank korban épült ötszögletű föld-fa palánkvárnak csak egy kis (délkeleti részét), a hajdani templomot foglalta magába. A XI. századi kolostor zöme a régi vártól kelet-délkeletre épült fel. Az építkezések csak a XI–XII. század fordulójára készültek el, mikor Zala vármegye székhelyét – az eddigi rejtélyes – Kolon várából Zalavár várába helyezték át.[88]

Zalavár első okleveles említése III. István magyar király korából, 1164-ből maradt fenn. A következő említése 1222-ből való, amikor is Róbert veszprémi püspök „Zala várában" íratott meg egy oklevelet.[89] A vár feltehetőleg nem sokat változott Giulio Turco császári-királyi hadmérnök 1569. évi felméréséig. A kolostor egy – egyhajós, félköríves szentélyzáródású, torony nélküli – templomépületből állt, melynek déli oldalához csatlakozott egy zárt, négyzetes épület, középütt udvarral. A kolostorépületet egy négyzetes erődítmény fal vette körül, négy sarkán kerek rondellákkal. Az erődített kolostor kapuja nyugati irányba nyílott, a kapuból hosszú híd vezetett át a kolostorerődöt szélesen körülvevő vízállásos-mocsaras árkon. A vizesárkon kívüli földsáncok feltehetően majd csak a XVI. században épültek.

Az 1050–1051. évi nagy német támadások sikeres visszaverésének emlékére Árpád-házi I. András király 1055-ben megalapította és felépíttette a tihanyi bencés rendi monostort. Egy XVII. századi távlati rajz szerint a tihanyi építmény – hasonlóan a zalavári monostorhoz – magas védőfallal és négy sarkán három kerek és egy négyzetes alaprajzú toronnyal volt megerősítve. Egyébként a tihanyi monostort a félsziget bejáratánál húzódó ősi földvár sáncai is védelmezték, melyeket egy 1211. évi oklevél szerint még régen építettek az emberek („... est lacus in circuitu et vallum, ab antiquis labore manuum operatum et factum...").[90]

I. (Szent) István király egyszülött fiának, Imre hercegnek talán merénylet okozta 1031. évi halálát követően, illetve Orseolo Péternek trónörökösi beiktatása után, a hajdani Taksony nagyfejedelem unokái – Géza fia István és Mihály fia Vászoly hercegek között – véres trónviszály robbant ki. Vászoly herceg gyilkos merénylete I. István király ellen kudarccal végződött, mire I. István király Vászoly herceget kegyetlenül megölette, s fiait (András, Béla és Levente hercegeket) az országból kiűzette. A feltehetően Vászoly herceg birtokában lévő Balaton-felvidéki gazdag szőlővidék is I. (Szent) István és Gizella tulajdonába került, s ezek a területek – a teljes balatoni partvidék – a XIV. századig királyi, királynéi és hercegi tulajdonba kerültek. A Balaton északnyugati partvidékén – a fenti birtokok mellett – jelentős várbirtokokkal és várnépekkel (rabszolgasorban élő szőlő- és földművelőkkel, állattenyésztőkkel) rendelkezett Veszprém vára, illetve Kolon, majd Zalavára. Voltak itt várbirtokai távolabbi királyi váraknak is, mint például Pécsely egyes részei, melyek a távoli Szolgagyőr várának voltak tulajdonában.

A Balaton vidék ősi földvárai a magyar középkorban teljesen lakatlanul álltak. De eltűnt az ókori fenékpusztai erőd is, valamint a mai zalahidvégi átkelőt védő bajor–frank Quartinaha erősség is. Az erőd maradványain épült Hidvég falut 1024-ben említették először, mint a zalavári apátság birtokát. Valamikor a XII–XIII. században kőtemplom épült a faluban, s 1330-ban már említést tettek arról, hogy kőhíd ível át a Zalán, és a híd mellett vámszedőhely működik. Erről az útvonalról tért le Keszthely után az az útvonal, amely már a római korban is működött, s mely ma is létezik, mint a balatoni felső út (vagy éppenséggel „római út" néven!). Ezt az utat a középkorban „hadi útnak" („hodut") is nevezték.

A XI–XIII. századokban azonban ezt a hadi utat – de az egész Balaton vidéket – ellenséges hadak nem taposták, s háború ezt a tájat nem pusztította.

A TATÁRJÁRÁS ÉS AZ AZT KÖVETŐ NAGY VÁRÉPÍTÉSI KORSZAK

Hosszú éveken át várható volt, hogy a Kárpátoktól keletre rohamosan kibontakozó mongol–tatár birodalom előbb-utóbb a Magyar Királyságra is csapást mér. Ez a szörnyű veszedelem 1241 márciusában zúdult az országra. A magyar királyi hadak – 1241. április 11-én – a Miskolctól délre elterülő Muhi-mezőn elszenvedett szörnyű vereség után a Duna vonala mögé vonultak vissza. A tatár–mongol hadak – 1241. március végétől 1242. február elejéig – a Duna mentén várakoztak, miközben Kelet-Magyarországot kíméletlenül feldúlták. Miután a Duna befagyott, s már mindennap várható volt a mongol–tatár hadak dunántúli támadása, a Székesfehérvár várába menekült magyar urak és papok levélben kértek katonai segítséget a római pápától. Ebben a levélben felsorolták azokat a már meglévő várakat és erődítményeket, ahol a menekülő lakosság menedéket találhatott. Megdöbbentő tény, hogy a Balaton térségében – Veszprém és Zala vármegyékben – mindössze Veszprém, Tihany (feltehetően az őskori földvár) és Zalavár erősségei jöhettek számításba.

A mongol–tatár hadak 1242. február első napjaiban Esztergom körzetében átkeltek a befagyott Dunán. Miután Árpád-házi IV. Béla király családjával és hadseregének megmaradt részeivel a Dalmát tengerpartra menekült, a tatárok gyors ütemben átrohantak a Dunántúlon, üldözve a királyt: „... A Dunán inneni rész nem volt olyannyira pusztasággá téve, mivel itt nem ütötték fel sátraikat, hanem csupán átvonulva pusztították, amit csak találtak" – írta Rogerius mester „Siralmas ének" című munkájában.[91] A fentebb említett várak közül Veszprém várának sorsa ismeretlen. Tihanyt sem foglalhatták el, mivel már a következő évben (1243) a tihanyi bencés apátság 17 márka ezüstöt volt képes kifizetni Arács faluban három szőlőműves háznépért, kilenc szőlőért, 57 hold földért és egy erdőért. Súlyosabb volt a helyzet a Balaton déli partvidékén, különösen az ott húzódó „nagyút" környékén.[92] A háború után 1268-ban Lőrinc nádor somogyi ispán a somogyi nemesekből választott öt társával a tatárjárás idején elhaltak és fogságba esettek birtokainak tulajdonjogi kérdéseiben ítélkeztek. A falvak elnéptelenedésére különösen sok adatot gyűjtöttek össze Somogyvár környékéről.[93] A tatárjárás alatt és az azt követő években nagyon sok nemes a Dunántúlon is, kihasználva a felfordulást és a háború okozta zűrzavart, fegyveres embereivel szintén fosztogatott és erőszakoskodott. Egy Tátika nevű zalai „nemes úr" (nobilis vir) közvetlenül a tatárjárást követően, 1242–1248 között építtette a Keszthelyi-hegységben a saját nevéről – Tátikának – elnevezett várát. Gazságai miatt Zala vármegyei nemesi csapatok executióra vonultak fel ellene. Tátika nemesúr azonban szembeszegült velük, s fegyvereseivel a megyei csapatokat vára alatt szétverte és megfutamította.[94]

A mongol–tatár hadak elvonulása után – 1242 nyarán – hazatérő Árpád-házi IV. Béla király elsősorban azt a tanulságot vonta le a háborúból, hogy a lakosság nagy veszteségeit a menedékvárak csekély száma okozta. Ezért azt a határozatot hozta, hogy menedékvárak sokaságát kell az országban építtetni, mivel fennállt a mongol–tatár hadak visszatérésének veszélye Magyarországra: „...Mivel a barbár népek és a tatárok vadsága országomat majdnem egészen elpusztították, attól félek, hogy az ország végső veszedelemre jut, s óhajom, hogy a megmaradt nép, mely isteni rendelés szerint uralmam alatt áll, gondoskodásom révén épségben maradjon. Miért is országom báróinak tanácsára elrendelem, hogy a koronám alá tartozó alkalmas helyeken mindenféle erősségek és várak épüljenek, ahová a nép veszedelem idején menekülhessen. Ezen cél könnyebb elérése végett elrendelem, hogy ha valamely magánembernek vagy magának a királynak birtokában megerődítésre alkalmas hely van, ezt vagy többeknek vagy valamely egyháznak kell adományozni, akik aztán itt majd várakat építenek!”[95]

A Balaton térségében különösen az északnyugati partvidék – a Balaton-felvidék dombos-hegyes területe – volt alkalmas várak építésére. A Balaton-felvidék valamennyi várát főúri nemzetségek építették, közvetlen királyi alapítású vár ezen a vidéken nem épült.

Időben a legkorábban közvetlenül a tatárjárás utáni években, 1242–1248 között, a 413 méter magas Várad-hegy alatt *Tátika várának* ún. alsóvára készült el. A várat alapította és magáról elnevezte a Tátika nembéli Tádé nevű nemesúr. A Tátika nembéli Tédé harcban állt mindenkivel. Többek között (1246-ban) fegyvereseivel megtámadta és elpusztította a Kaplony nembéli Zlaudus veszprémi püspök (1244–1262) tulajdonában lévő Szántó (Zalaszántó) birtokot, valamint Erek falut, ahol a püspök udvarházát is felperzselték. Miután a károk elérték a 80 ezüstmárka összeget, Zlaudus püspök pert indított a garázda főúr ellen. Türje nembéli Dénes nádor hosszú pereskedés után Zlaudus püspöknek ítélte kártérítésül a Tátika nembéli Tádé nemesúr tulajdonában lévő Tátika alsóvárat és a felette emelkedő Várad-hegyét. Miután a püspök a pert megnyerte, azonnal tovább építtette a már meglévő várat. A püspök ugyanis egy várható újabb mongol–tatár támadás esetére Veszprém várát nem tartotta eléggé biztonságosnak, s ezért két menedékvár építését rendelte el. Egyik volt Sümeg vára, a másik pedig Tátika. Az 1248–1257 közti munkálatok során megerősítette a már meglévő alsóvárat, majd pedig a Várad-hegy ormán egy felsővárat is építtetett. Ekkor épült a Várad-hegy 413 méter magas, meredek, erdős kúpján kelet–nyugati irányban elnyúló, szabálytalan alaprajzú, belsőtornyos vár, melynek romjai Zalaszántó község felett ma is láthatóak. A vár központi épülete a kb. 9 x 11 méteres alaprajzú, két méteres falvastagságú öregtorony volt, melyhez nyugat felől különböző rendeltetésű helyiségek sora csatlakozott. Az alsó és felső vár között felvezető utat falszoros védelmezte. Az 1257-ben elkészült Tátika várát Zlaudus veszprémi püspök két testvérére – Márton és Kázmér ispánokra – bízta. Később a két testvér magának sajátította ki a várat, s csak IV. Béla király parancsára voltak hajlandók püspök bátyjuknak visszaadni. Zlaudus püspök 1262-ben Tátika felső várában halt meg. Halálos ágyán írott végrendeletében Tátika várát – nehogy az hűtlen testvéreinek birtokába kerüljön újra! – mint saját szerzeményű vagyonát, amelyre még rokonsága sem formálhat semmiféle jogot, a veszprémi puspokségnek adományozta. A hűtlen testvérek azonban – a püspök halálát követően – meglopták bátyjukat: Tátika várából ellopták azt a három és negyed márka súlyú színarany kelyhet, amelyet korábban IV. Béla király adományozott a veszprémi egyháznak, nemkülönben elloptak még a várból 120 márka súlyú ezüstpénzt is, amit Zlaudus szintén a veszprémi püspökségre hagyott. IV. Béla király a tolvaj testvéreket perbe fogatta, s Zlaudus püspök végrendeletét megerősítve, Tátika várát a veszprémi püspökségnek ítélte. Annak ellenére, hogy Tátika vára 1342-ig a veszprémi püspökség tulajdonában maradt, a későbbiekben is többször volt erőszakos cselekmények színtere. A fenti események után mintegy harminc évvel később (1291-ben) Benedek veszprémi püspök panaszt tett III. András királynál, hogy Opour és Lukács zalai ispánok

Tátika vára (Giulio Turco rajza, 1569)

fegyveresen megtámadták és elfoglalták Tátika várát.[96]

Ugyancsak rövid idővel a tatárjárás után – 1255-ben – kezdődött el *Csobánc várának* az építése is. A 376 méter magas bazalthegy kb. 10 katasztrális holdnyi fennsíkjának délnyugati sarkában építették fel az erősséget a szabad és katonáskodó keszi várjobbágyok. A vár helyén 1255-ben már egy kőház állt, feltehetően ezt bővítették várrá, mely vár 1272-ben már készen állott. A vár legkorábbi magja a lakótorony volt és körülötte néhány más épület. A szabálytalan alaprajzú, belsőtornyos vár viszonylag kis méretekkel rendelkezett. A nagyjából kör alaprajzú várfalak falgyűrűje mintegy 35 méter átmérőjű épületcsoportot zárt körül. A várat délnyugati oldalán meredek bazaltszikla, északon és keleten széles, mély árok védte. A kicsiny várat 1491 körül jelentősen kibővítették.

Csobánc vára 1272-ben még a keszi és diszeli nemesek – hajdani várjobbágyok – közös tulajdona volt. Két évvel később, 1274-ben V. István király a keszi várjobbágyok (nemesek) közül kiemelkedő Rátold nembéli Balduin fiának, Gyula mesternek adományozta vitézi szolgálataiért a Keszi faluban lévő volt királyi földeket. Néhány évvel később már Csobánc vára is a Rátold nembéli Gyulaffy Demeter nemesúr tulajdonába került. A Gyulaffy család azonban nem lakott Csobánc várában, hanem egy Csaba nevű castellánus (várnagy) tanyázott ott néhány fegyveresével. Ennek a castellánusnak a nevét is egy erőszakos cselekménye örökítette meg. Az 1300. évi tapolcai törvénynapon ugyanis törvény elé került, mivel a tihanyi várnagy – a király hűtlen alattvalói ellen! – fegyverbe szólította Csaba csobánci castellánust is. Azonban az összegyűlt tihanyi és csobáni fegyveresek Kál, Berend, Fajsz, Deáki és Vámos falukat dúlták fel.[97]

Csobánc vára és vártartománya 1300-tól 1669-ig volt a Gyulaffy család birtokában.

A várépítkezések sorrendjében *Szigliget vára* a következő, amely 1260-tól kezdődően épült. Korábban Hegymagas és Szigliget területe a zalavári vár birtoka volt, s „Kilián görög ispán szigetének" nevezték. A Szigliget-hegyet korábban a lápokon át egyetlen út és öt híd kötötte össze a Szentgyörgy-heggyel.[98]

Árpád-házi IV. Béla király 1260-ban Szigligetet, a „Balaton egyik szigetét" a győrszentmártoni (pannonhalmi) bencés rendi főapátságnak adta azzal a céllal, hogy ott várat építhessen. Az adománylevél az alábbiakat tartalmazta: „... Mivel ezelőtt országunkat barbár népek és a zsarnoki tatárok elpusztították, elrendeljük, hogy koronánk egész területén megfelelő helyeken erődítések legyenek és várak emelkedjenek,

Tátika alaprajza (G. Turco rajza, 1569)

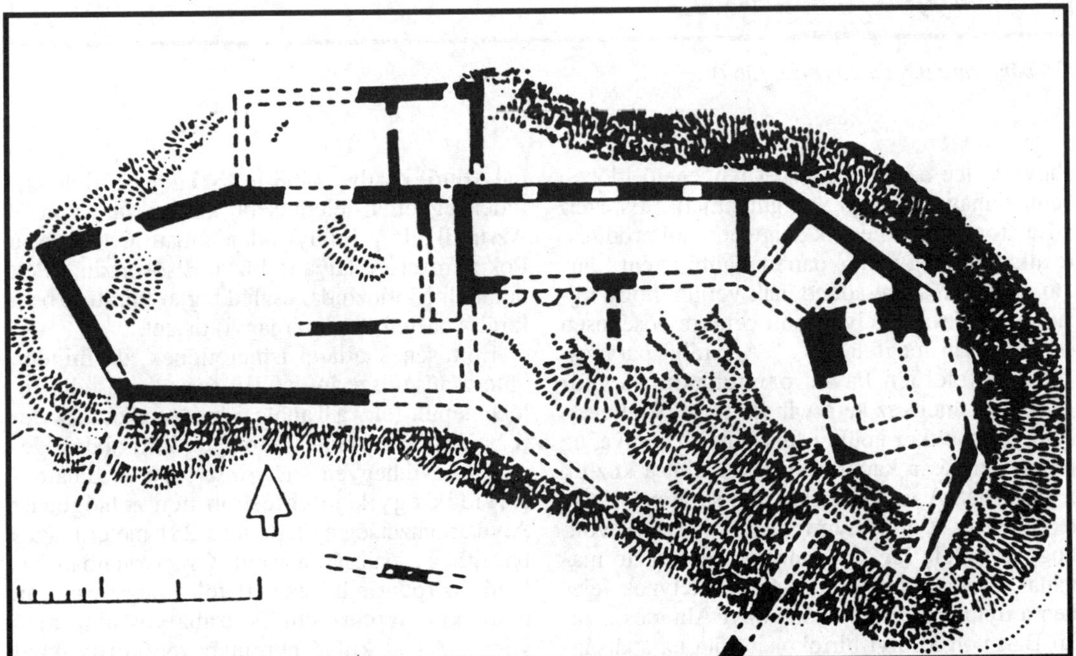

Csobánc vára (G. Turco rajza, 1569)

ahová a nép az üldöztetéssel fenyegető időben behúzódhatik és magát megmentheti... És ezért a Balatonban lévő egyik szigetet, ahol erődítésre alkalmas hegy áll, a pannonhalmi Szent Márton egyház részére adandónak véljük, hogy rajta várat építsen, mely a fenti célokra bőségesen és hatásosan megfeleljen..." A királyi parancsnak megfelelően Favus pannonhalmi apátúr 1260-ban megkezdte a vár építését. Feltételezhető, hogy ekkor épült a felsővár két tornya, az öregtorony és a kaputorony, valamint a köztük lévő épület. A vár példátlan gyorsasággal 1262-re elkészült, s olyannyira szép és tetszetős volt, hogy IV. Béla király azonnal megszerezte magának a pannonhalmi apátságtól, melynek fejében a nyitrai Debréte, a somogyi Alma és a zalai Bak volt királyi birtokokat adta az apátságnak. Ettől kezdve 1408-ig Szigliget a Balaton-vidék egyetlen jelentősebb királyi vára volt.[99] Az uralkodó a királyi tulajdonban lévő várat a Pok nemzetség tagjaira bízta. Elsősorban a Pok nembéli Móriczhidai család tagjai töltötték be a királyi castellánus (várnagyi) tisztet.

Építésének adatai ismeretlenek, de minden valószínűség szerint a XIII. század második felében épült fel – a Tapolcai-medence északkeleti bejáratánál szinte szabályos kúp alakú Hegyesd nevű hegyen – *Hegyesd vára*. A Balaton-felvidék egyik jelentősebb nemzetsége: az Atyuz nemzetség építette fel a 281 méter magas bazalthegy csúcsán a várat. Csigavonalban haladó szerpentinút vezetett fel a hegy csúcsán épült kis alapterületű és szabályos alaprajzú várba. Az út külső peremén védőtornyokkal erősített fal húzódott, amelyet feltehetően több kaputorony szakított meg. Miután az Atyuz nemzetség 1276 körül kihalt, Hegyesd vára királyi tulajdonba került.[100]

Hasonlóan a XIII. század második felében épült *Rezi vára*. A Pécz nemzetség Marczal ága építette a 427 méter magas Meleg-hegy előreugró szirtfokán. Az észak–déli irányban hosszan elnyúló, szabálytalan alaprajzú, belsőtornyos vár egy szűkebb északi lakrészre, valamint egy dél felé mind jobban kitáguló, falakkal körülvett udvari részre oszlott. A vár legrégebbi része a lakótorony volt, amely előtt egy kb. 2 méter széles sziklaárok tátongott. A lakótoronyba déli irányból lehetett bejutni, a bejárati ajtó előtt kifalazott farkasverem mélyedt a sziklába. A bejárat a lakótorony földszintjére vezetett, melynek kb. 10 x 10 méter alapterületű termében, annak közepén egy pillér állott, erre támaszkodtak a zárófalak közepéből kiinduló boltívek, négy szakaszra osztva a terem mennyezetét. A lakótorony keleti falán egy, nyugati falán pedig két lőrés látható. A torony első emelete gerendafedésű lehetett, a második emelet viszont napjainkra teljesen elpusztult. A lakótorony alatt vízgyűjtő és börtön volt.[101] A Giulio Turco-féle 1569. évi felmérési rajz szerint a várba keleti irányból, a Várvölgyből vezetett fel az út – a várárkon keresztül – a vár legjobban védett részéhez, ahol egy kerek és egy négyszögletes saroktorony emelkedett. E két torony között nyílott a vár külső bejárata, amely előtt a híd utolsó szakasza hiányzott, és csak egy billenő csapóhídon lehetett az árkon átjutni.

Valamikor a XIV. század elején Rezi vára ugyancsak királyi birtokba került.

Miután a 1211. évi tihanyi birtokösszeírás még semmiféle várat nem említett, biztosra vehető, hogy *Tihany vára* is a tatárjárás után épült. Az erősség a már korábbi – 1055 után épült – bencés rendi monostor körül épült fel.

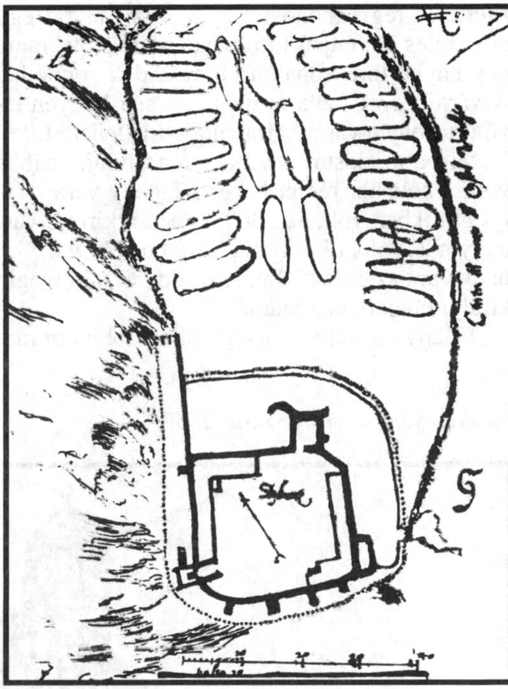

Csobánc alaprajza (G. Turco rajza, 1569)

Ezt igazolja a várat első ízben megemlítő, 1267. január 11-én datált oklevél, amely az alábbiakat írta: „... Castrum ipsius monasterii", azaz „ugyanezen monostor vára''. Az erődítmény legkorábbi alaprajza azonban csak 1667-ből való. A vár belső magját az egyhajós, tornyos templom és a hozzá dél-délnyugatra csatlakozó négyzetes udvar köré épült monostor képezte. Ezt vette körül az új erődítés. A Balatonra néző meredély szélén egyenes fal épült, két sarkán egy-egy hengeres rondellával. A templom mögötti rondellától futó várfal párhuzamosan épült a templom északi falával, majd a fal a templom tornyához csatlakozva fordult, és nyugatról kerítette a régi monostort. A nyugati fal egy négyzetes alaprajzú toronyban végződött, majd egy enyhe törésvonallal elérte a déli rondellát. A vártól távoli 295 m magas Csúcshegyen lévő őrtorony a vár megfigyelőpontja lehetett.[102]

Míg a monostor a bencés rend tulajdonában volt, a kolostor részét képező Tihany vára királyi birtokban volt, az 1300. évben a királyi várnagyot Tapolcai Lőrincfia Lőrincnek hívták. Tihany vára az egész XIV. században át mindvégig királyi tulajdonban maradt.[103]

Tihany királyi vár őrségéről adatok nem maradtak fenn. Viszont tudjuk, hogy 1267 decemberében a tihanyi apátságnak 130 háznépe szabadként lovas katonai szolgálatra volt kötelezve. Feladatuk volt az apát és a szerzetesek biztonságán őrködni, s fegyveres kíséretet adni nekik utazásaik során és a hadjáratokban. Az említett 1267. év decemberében IV. Béla király elrendelte, hogy a jövőben az apátság csak tizenkét szabad jobbágyot tarthat fegyverben és szolgálatában, a többit a szolgáltató népek (dondicionarii) közé kell sorolni! Az eddig kiváltságos 130 jobbágycsalád között kitört a riadalom.

Szigliget vára (G. Turco rajza, 1569)

Esedezve kérték a nádorispánt, s rajta keresztül a királyt, hogy ne alázza meg őket ily csúfosan, s ne kényszerítse őket a közönséges szolgáló nép közé. Inkább fizetnek valamennyi évi összeget apáturuknak: házanként fél „fertót" vagy „egy régi penzát" (azaz 30 dénárt), továbbá fizetnek még 15 dénárt Szent György napján, s újabb 15 dénárt fizetnek Szent Márton ünnepén. Mindez összesen „egy teljes fertó" vagy 60 dénár – három részletben. A király beleegyezett az alkuba, s hozzájárult ahhoz, hogy a fizetés mellett megtarthatták a „jobbágy" nevet és harcos szolgálatukat. Az egyezményt (Balatonfő) Kajáron kötötték meg 1267. december 6-án. A tizenkét lovasjobbágy között voltak: Győsze (Guze) gamászi ispán fiai: a hűséges Péter ispán és Póka. Egy 1269. január 21-én kelt oklevélből a tihanyi „lovasjobbágyok" tisztjeinek neveit is ismerjük: a gamási Guza fia Pétert, valamint az örményesi (vagy örvényesi) Jólegény fiát Pált. („filio Jolegen de Eurminus...")[104]

Míg a Balaton-felvidéken sorra épültek a hegyi várak, a Balaton déli partvidékén csak néhány erősség építéséről értesülhetünk. Valamikor a XIV. század elején épült a mai Balatonföldvártól délre, Kereki községtől délnyugatra, a 283 méter magas Várhegyen Katona vagy Fehérkővár. A vár legnagyobb része téglából épült, követ csak egyes falrészek alapozásánál, a bejáratok, ablakok keretezésénél, párkányoknál és a kaputorony alapjainál használtak. A vár bejárata a déli oldalon nyílik, ahol fahíd ívelte át az 5-6 méter mély és 6-8 méter széles várárkot. A felvonóhidas kapun, majd a kaputornyon át vezetett be az út az épületbe, amely eredetileg kétemeletes volt. A vár építésének idejét és körülményeit a történelemtudomány nem ismeri. Az viszont oklevelekkel igazolható, hogy még a vár építése előtt – 1193-ban – „Querequi" birtok a Johanita lovagok tulajdonában volt.[105]

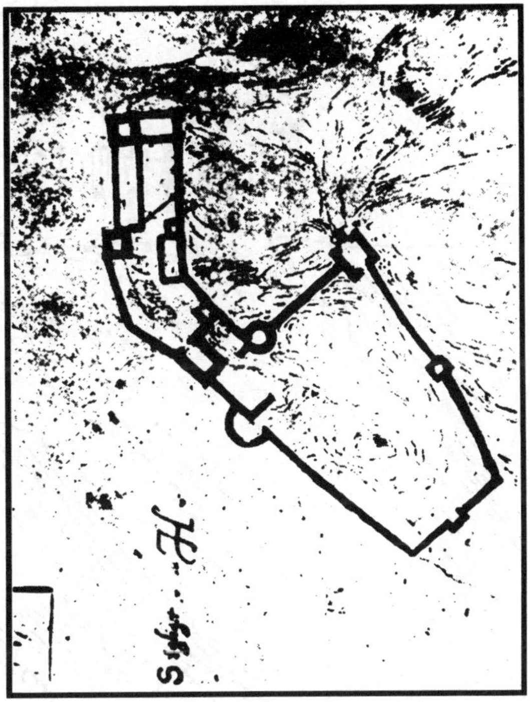

Szigliget alaprajza (G. Turco rajza, 1569)

Ugyancsak a Balatontól délre, Marcali község határában lévő Várdombon is állt a középkorban valamiféle kisebb erődítmény, amely az itt birtokos Marczali család tulajdonában lehetett. Az erősségnek ma már nyoma sincs.[106] Hasonlóan ismeretlen Lak vára is („Castellum Lak"), mely a Bő nembéli Laki-Thuz családé lehetett a középkorban. Csak a későbbi évszázadokból – a XVI–XVII. századi török háborúk korából – vannak a várról ismereteink.[107]

A IV. Béla király parancsára épített várak azonban rövidesen, az 1270–1290-es évekre, véres belháború színhelyeivé váltak.

Rezi vára (G. Turco rajza, 1569)

A háborúskodás alapját az képezte, hogy 1262 decemberében IV. Béla király fia, István királyfi kikényszerítette magának az „ifjabb király” („rex iunior”) címet, s valósággal uralkodott az ország keleti felében. Az állandó vitákból, amely apa és fia között dúlt, rövidesen belháború bontakozott ki, amely megosztotta, s főúri csoportokra bontotta a nemzetet. Az egyre hatalmasabban kibontakozó főúri csoportok egyre kuszább ellentétekbe keveredtek egymással, s a kialakuló feudális anarchia évtizedes

Rezi alaprajza (G. Turco rajza, 1569)

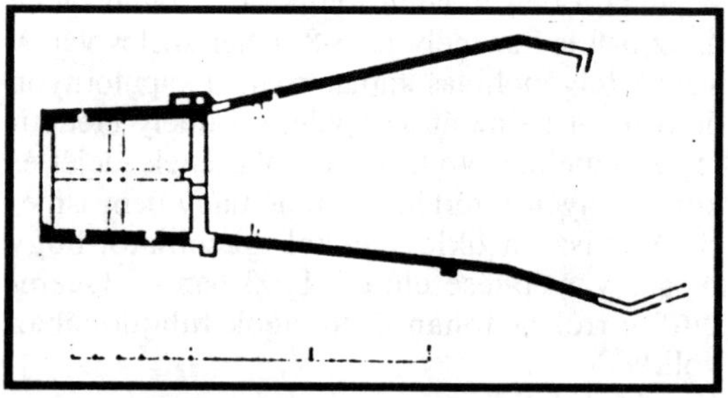

belháborúba taszította a Magyar Királyságot. A belháború az 1270-es évek közepére érte el tetőfokát, amikor a Csák nembéli Péter (IV. Kun László királyt támogató csoportja), valamint a Héder nembéli Kőszegi Henrik horvát-szlavón bán csapatai 1274. szeptember 26–29-én a Balatontól északkeletre lévő Polgárdi falu mellett összecsaptak. A kibontakozó közelharcban Csák Péter az arcán kapott irtózatos sebet, viszont a Héder nembéli Henrik bán elesett a harcban. A belháború azonban tovább tombolt, s két évvel később – 1276 márciusában – a Csák nembéli Péter nádor hadaival a Héder nembéli Péter püspök székhelyére, Veszprém várára támadt, azt rohammal bevette és teljesen elpusztította. „... Ennél szörnyűbb dolog az én országomban emberemlékezet óta nem történt!" – írta IV. Kun László király egy oklevelében.[108]

Még tíz évvel később is Veszprém elpusztítása miatt csaptak össze az ellenfelek. Éppen 1285-ben – amikor 43 év eltelte után a mongol–tatár hadak újból betörtek Magyarországra, s a Dunáig felprédálták a fél országot! – tört ki újra a Balaton vidéken a belháború. A Héder nembéli Kőszegi Péter veszprémi püspök fegyveres emberei megrohanták és elfoglalták Szigliget királyi várat, s többek között elrabolták a poki monostor ott őrzött értékeit. A püspök azt állította, hogy a kincseket megtorlásul vitte el Veszprém várába. Ugyanis Szigliget várának castellánus családja Pok nemzetség tagjai (Miklós, Mauriciusz, István és Domokos) részt vettek 1276 márciusában a Veszprém vára elleni támadásban és a vár feldúlásában, illetve azt követően a tapolcai Szűz Mária egyház kirablásában. A király – IV. Kun László – miután Szigliget esetében egy királyi vár elleni támadásról és annak kirablásáról volt szó, kellő eréllyel lépett fel. Arra kényszerítette a Héder nembéli Kőszegi Péter veszprémi püspököt, hogy jelenjen meg a győri káptalan előtt, s adja vissza az elrabolt kincseket: 15 db selyem és bársony aranyhímes miseruhát, 10 db ugyanilyen oltárterítőt, valamint 80 db kristály, elefántcsont ereklyetartót, és sok más egyéb értéktárgyat.[109]

A belháború 1289 őszén újra fellángolt: I. Albert osztrák és stajer herceg hadjáratot vezetett a Héder nembéli Kőszegi testvérek ellen. A magyar hadak felvonultak, és 1289. november 5-én a Somló-hegy közelében – Berénd falunál – gyülekeztek. November 9-én IV. Kun László és a magyar hadak a Balatonhoz vonultak vissza: Káptalantóti mellett és a Balaton közelében táboroztak egészen 1289. december 2-ig.[110]

Az Árpád-ház kihaltát követő Anjou-dinasztia uralkodása idején – 1308 és 1386 között – viszonylagos nyugalom honolt az országban, és ezen belül a Balaton térségében is.

A BÉKÉS XIV–XV. SZÁZAD

A hosszas belharcok után – 1308 novemberében – a magyar koronát véglegesen megszerző Anjou I. Károly Róbert király erélyes eszközökkel szilárdította meg a királyi hatalmat. Hatalmát támogatta a római pápa és a magyar katolikus egyház. Egyik híve volt István veszprémi püspök, akit – és minden utódát! – Anjou I. Károly király Veszprém vármegye „örökös főispánjává" („comes perpetuus") nevezett ki 1313. október 26-án kelt okiratában.[111] Ez az Ákos nembéli Ernye bán fia István megbízható támogatója volt a királynak a nagyhatalmú oligarchák elleni harcban. Ettől kezdve a Balaton vidék legnagyobb erőssége Veszprém vára, valamint a püspök kezében lévő Tátika és Sümeg vára szilárd bázisai voltak a királyi hadaknak. Az 1310-es években szakadatlanul dúlt az országban a belháború, s a király és híveinek hadai sorra verték le a nagy hatalmú bárókat. Heves harcok dúltak 1319 nyarán a Dunántúlon is a Héder nembéli Kőszegi család csapataival. A királyi hadak Zalafőnél győzelmet arattak a Kőszegiek csapatai felett, akik kénytelenek voltak számos várukat, köztük a Balaton térségében lévő Döbrököz, Dombó (Dombóvár), Pölöske, Kamocsa és Kanizsa erősségeket a király hadainak átadni. Ezekben a harcokban említették először a Kis-Balatontól délre lévő Komár várát, amely – többek között – a Csák nembéli Ugod fia II. Demeter bakonyi ispán tulajdonában volt, s castellanusát (várnagyát) Nagy János mesternek hívták. A várat a későbbiekben az Anjou-királyok az általuk megbízhatóbbnak vélt egyháznak, az óbudai káptalannak adományozták.[112]

A király győzelmével végződő belháborúk után Anjou I. Károly Tolna vármegye ispánjává nevezte ki László mester nevű tihanyi várnagyát, majd 1327 őszén a tihanyi várat visszaadta a tihanyi bencés rendi apátságnak a teljes váruradalommal – kilenc faluval – együtt.[113] Az apátság ezzel egy másik ügyben is győzelmet ért el. Ugyanis az előző években – 1320 körül – közvetlenül a Tihanyi-félszigetet elzáró külső sánc előtt, a mai Aszófő falu nyugati határában a Kövesdi nemesi család – a tihanyi apátság tiltakozása ellenére – erődített lakótornyot építtetett. A tihanyi vár visszajuttatása után a tihanyi apátság pert indított a Kövesdi család ellen, s a kőtornyot megszerezte, majd azonnal leromboltatta.[114]

Anjou I. Károly király életének utolsó előtti évében olyan határozatot hozott, hogy a Balaton délnyugati térségében lévő királyi várakat – Szigligetet, Rezit, Hegyesdet – kibővíti egy következő várral: a veszprémi püspökség kezében lévő Tátika várával. Ennek érdekében – 1341. április 15-én – felajánlotta Meskó veszprémi püspöknek és királynéi kancellárnak egy csere lehetőségét. Cserébe kérte a Zala vármegyei Felső-Tádika várát és alsó erődítményét, melyért ő hajlandó volt a veszprémi püspökségnek átadni a Kaal-völgyében fekvő Köveskál, Szentbenedek-Kál, Mindszent-Kál falukban és más ottani kis falvacskákban élő királyi és királynéi népeket, ezek között boradó conditionariusokat és udvarnokokat, földestől és birtokostól együtt. Gondot csupán az jelentett, hogy az ügy kezdetén jelentkezett egy Péthi Lukács nevű személy fiaival együtt, s közölték, hogy a „várban és tartozékaiban részük van, s ezt oklevelekkel bizonyították”. Az 1341. április 22-i birtokszemlénél újabb gondok jelentkeztek, ugyanis számos, Köveskálon, Szentbenedek-Kálon, Mindszent-Kálon és Kerekiben lakó személy bejelentette, hogy ők nemesek, volt királyi népek, akik nem hajlandók a veszprémi püspökség alattvalói lenni! A per ideje alatt, 1342. július 16-án Anjou I. Károly király meghalt, s az ügyet már fia – I. (Nagy) Lajos király – zárta le 1342. szeptember 18-án. Átvetette Tátika (Tadewka) várát, s volt kaal-völgyi „... hospeseinek és jobbágyainak meghagyta, hogy a püspököt tekintsék uruknak és a püspöki officiálisoknak engedelmeskedjenek!”[115]

A fenti eseményekkel egyidejűleg, valamikor az 1340-es évek elején Tihany várát újra elvették a tihanyi bencés rendi szerzetesektől. Tihany várát a királyné kapta meg adományul, s 1346-ban Magyar István, majd 1349-ben a nemesi renden lévő Kilián fia András mester volt Tihany várában a királyné castellanusa (várnagya), s 1370-ben már Egyed fia Benedek töltötte be ezt a tisztet.[116] György tihanyi apátúr még 1382-ben is kárhoztatta elődeit, hogy Tihany várát veszni hagyták, s hozzájárultak ahhoz, hogy az királyi birtok legyen. Perrel is próbálkoztak, de sikertelenül![117]

Ezt követően a Balaton vidéki királyi várakban jelentősebb események nélkül teltek az évtizedek. Legjelentősebb szerepe Hegyesd várának volt, mert onnét vigyázták a Tapolca és Diszel között húzódó „hadi utat".[118] Hegyesd királyi vár castellanusa (várnagya) az 1335–1359 közti években az Ajka nembéli Vörös Bánd ispán volt, akinek István nevű fia örökölte – 1359 után – a castellanusi hivatalt.[119] Vörös István 1359-ben a keszthelyi királyi népeket és vendégeket (hospeseket) megakadályozta abban a régi szokásban, hogy a Vállus-erődben száraz fát és füvet szedjenek. A keszthelyiek erről panaszt tettek I. Lajos királynál. Annak ellenére, hogy a király figyelmeztette ezért az ispánt, az nem engedett a parancsnak. Így 1359. augusztus 31-én a király újra figyelmeztette, hogy hagyjon fel kegyetlenkedéseivel, és ezt parancsolja meg az alvárnagynak is![120]

1342 augusztusában Anjou I. Lajos király utasította a vármegyéket, hogy a megyegyűlésen rendezzék a hatalmaskodók, rablók és tolvajok ügyeit. Hegyesd várnagyának is vissza kellett adni az almádi monostornak Attak falut, s a királyi utasítás közölte, hogy Hegyesd várához csak Apáti, Győr (Monostorapáti), Felső- és Alsó-Attak, valamint a Győr faluban lévő négy malom tartozik.[121]

A zalahidvégi Zala-átkelőnél ebben az időben erődítmény már nem volt. A hajdani erősség helyén felépült faluban – egy 1330. évi adat szerint – kőtemplom állott és a Zala folyót híd ívelte át. A vámot a közeli zalavári apátság szedte.[122] A közeli kolostorerőd életében egyetlen jelentős esemény volt ebben az időben. 1341-ben tűzvész pusztított, és az egész erődépületegyüttes leégett. Az 1341. évi nagyböjt idején – február 21. és április 8. között – lezajlott tűzvészben a monostorban őrzött oklevelek, bullák és iratok elpusztultak. Ekkor került földbe az a nagy éremlelet, amelyet 1854-ben találtak meg. A 7889 darab pénzérme két edényben volt elhelyezve. A legkorábbi veretek II. Frigyes császár (1236–1250) pénzei, a legkésőbbiek pedig II. Albert osztrák herceg (1330–1358) veretei voltak.[123]

A Balaton vidéki királynéi szolgáló népek officiálisa (vezetője) a Vezseny család volt. A XIII–XIV. században a család lakóhelye Barnag falu mellett – a mai sárvári rét melletti kis dombon – állt, s mindössze egy árkokkal-sáncokkal védett, megerősített udvarház volt.[124] A család egyik tagja – Vezsenyi Domonkos fia László királynéi étekfogómester – I. (Nagy) Lajos király leányának, Anjou I. Mária királynőnek kedves embere volt. Vezsenyi László kérésére – 1384. december 6-án – I. Mária királynő oklevélben adott engedélyt arra, hogy a királynéi étekfogómester a Barnag feletti Szabadhegynek nevezett birtokán hivatalához méltó lakóhelyet (várat) építhessen. A később „Hem váraként" emlegetett várat Vezsenyi László azonban nem az engedélyezett Szabadhegyre, hanem a veszprémi káptalan Péczelhegy nevű birtokára építtette. Eredetileg ez a hegy is a Vezsenyi családé volt, de a család egy korábbi tagja (1318-ban) ezt a hegyet a veszprémi káptalannak adományozta. Erről azonban a család már elfeledkezett! A veszprémi káptalan azonnal tiltakozott a birtokán megkezdett várépítés ellen. Az ügy kivizsgálásával megbízott székesfehérvári káptalan is elismerte a veszprémi káptalan igazát, s 1386. július 1-jén az ítélőszék Vezsenyi Lászlót a vár építésének félbehagyására utasította. A per közel tíz évig elhúzódott, s közben a vár nagy része felépült. A nagyjából négyzet alakú várat északi és keleti oldalról meredek szakadékok védték. A leginkább veszélyeztetett délnyugati sarkot védte a négyzetes alaprajzú öregtorony, illetve a veszélyeztetett nyugati falat egy falkiugrás lőrései oldalazhatták. Az öregtorony romjai még napjainkban is két emelet magasan állnak. A kaputorony a déli fal síkjából ugrott előre. A palotának csak egy része épült fel a délkeleti sarokban, itt volt a lovagterem és egy abból nyíló kápolna. „Hem vára" – ma Zádorvár néven ismert – mai napig félbehagyva áll, s kőfalait növényzet borítja napjainkban is. Mint torzóépületnek a későbbiekben semmiféle szerepe nem volt.[125]

Anjou I. (Nagy) Lajos – 1382. szeptember 10-én bekövetkezett – halála után, illetve leányának: Anjou I. Mária királynőnek megkoronázását követően országos zavargások bontakoztak ki. A fegyveres harcok a Balaton vidékére is kiterjedtek. Egy Bajkai Péter nevű nemesember fegyveres csapatai a zalavári kolostorerődöt is elfoglalták.

Anjou I. (Nagy) Lajos király uralkodásának utolsó éveiben számos volt királyi várat a várbirtokkal együtt eladományozott. Így 1378-ban Tátika és Rezi várakat a csáktornyai Laczkfi István nádornak adományozta. Miután bebizo-

Hem (Zádor) vára. Rekonstrukció (Sedlmayer János rajza)

Zádorvár romjai (Fotó: Simon László)

nyosodott, hogy István nádor részt vett 1386–1387-ben az Anjou I. Mária királynő elleni lázadásban, Mária királynő férje: Luxemburgi Zsigmond eltávolította Laczkfi Istvánt a nádori méltóságból, majd a király hívei 1397. február 27-én a volt nádort megölték. Természetesen minden vagyonát is elkobozták csáktornyai Laczkfi Istvánnak. Tátika és Rezi vára újra királyi kézbe került.

Zsigmond király Tátika várát az 1397–1399 közti időre Kónya bán fiainak adományozta, majd 1399-től a vár újra királyi tulajdonba került. Néhány év múlva Zsigmond király – 8020 aranyforintért – Tátika várát és Keszthely mezővárost Sárfeneki Frigyesnek adta zálogba, aki viszont 1403. január 10-én mindezeket továbbadta (szintén zálogba) Marczali István fiainak: Miklós erdélyi vajdának, Dénesnek a székelyek ispánjának, és Péter mesternek. A következő évben Zsigmond visszaváltotta Tátika várát és Keszthelyt, majd 1406. november 19-én a várat és összes tartozékait Eberhard váradi püspöknek és királyi kancellárnak, valamint János veszprémi püspöknek adományozta. A további részletek ismeretlenek, csak annyit tudunk, hogy 1423-ban Tátika vára már gersei Pethő Jánosnak, Zala vármegye főispánjának a birtoka. A várnagy egy Tamás nevű ember volt. Ezt követően – a XVI. század végéig, a vár teljes pusztulásáig – a várat és vártartományát a gersei Pethő család birtokolta.[126]

Tátika várával majdnem egyidejűleg – 1401-ben – a szomszédos *Rezi várat* (amely 1397–1401 között szintén királyi tulajdonba került vissza) Zsigmond király ugyancsak Eberhard váradi püspöknek adományozta teljes vártartományával együtt. Néhány évvel később, 1421-ben Zsigmond király a püspök halálával visszakapta a várat. Ezt követően a várat és vártartományát (Rezi, Zsid, Tomaj, Falud falukat) és Keszthely mezővárosát 10 000 aranyforintért Medvei János zágrábi püspöknek adta zálogba. A püspök rezi várnagyát Bothka Péternek hívták. A várnagy ellen sok panasz merült fel 1423-ban: állandóan zaklatta a zalaszántói királyi polgárokat, azoknak disznait a Rezi várához tartozó közös erdőben embereivel leölette. Az erőszakoskodások miatt Zsigmond király Rezi várát a Medvei családtól elkobozta, s a gersei Pethő családnak: Péternek és Lászlónak adományozta. Ettől kezdve ez a vár is – XVI. század végi teljes pusztulásáig – a gersei Pethő család tulajdonát képezte.[127]

Hegyesd várát – ugyancsak az 1370-es években – I. (Nagy) Lajos király eladományozta. Először a Peleskei családé volt a teljes vártartománnyal együtt, majd 1389-ben már Prodaviczi Ákos mester birtokolta, 1396 után pedig Mikse mester özvegye és leánya uralta a várat és vártartományát. A vár és tartománya sűrűn cserélt gazdát: Zsigmond király 1426-ban Perényi Péter özvegyét – Herczegh Annát – iktatta a birtokba; 1431-ben már Széchenyi László volt a birtokos, aki viszont 1433-ban a várat és tartományát – 1500 forintért – Rozgonyi Simon veszprémi püspöknek adta zálogba.[128]

Szigliget volt királyi várát I. (Nagy) Lajos király 1348 körül a Móriczhidai családnak adományozta a vár tartományával együtt. Mintegy száz évig volt a vár a család birtokában, majd 1441-ben Némai Kolos Jeromos tulajdonába került.[129]

Tihany királyi várát Zsigmond király 1389-ben – 2500 aranyforintért – Prodavizi Istvánnak zálogosította el. Miután a király a zálogból a várat visszaváltotta, 1392. november 22-én Tihany várát és a hozzá tartozó kilenc falut a tihanyi bencés rendi monostornak adományozta. Ez a helyzet állt fenn egészen a XVI. századig, a török háborúkig.[130]

Csobánc vára és vártartománya (Kesző, Diszel, Sáska, Apáti, Kapolcs, Pula, Tálod, Sásdikál, Monoszló, Zánka, Ábrahám, Lád, Fajsz és Rátót faluk) minden változás nélkül és folyamatosan a Rátold nemzetséghez tartozó Gyulaffy család birtokában voltak, egészen 1669-ig.

A Balaton déli partvidékén fekvő Fehérkő királyi várnak 1396-ban még Cikó nevű királyi várnagya volt. Zsigmond király azonban még ebben az esztendőben a várat és vártartományát Marczali Miklós temesi ispánnak és rokonainak adományozta a török elleni harcokban szerzett érdemeikért. Marczali Miklós azonban 1401 áprilisában a Zsigmond király ellen felkelt főúri összeesküvők soraiba lépett. Miután a felkelő urak Zsigmond ellenében László nápolyi trónkövetelő mellé álltak, 1403 augusztus–szeptemberében belháború tört ki a két főúri csoport között. A harcok során Fehérkő vára is ostrom alá került. Az ostrom nyomai – vastag törmelékréteg (és benne 2 db számszeríj-nyílhegy) – az 1961–1963. évi ásatásoknál is jól megfigyelhető volt. Nyílhegyek kerültek elő a várudvar északi részéből is; nyilván az ostromlók lőtték be idáig. A harcokat követően a várat helyreállították és kibővítették, majd 1408 után Marczali Miklós a várat Zsigmond királytól visszakapta.[131]

A Pethő család keszthelyi kastélya. Rekonstrukció (Félegyházy Gyula rajza)

Luxemburgi Zsigmond király1437. december 9-i halála után Erzsébet nevű leánya és annak férje: Habsburg Albert került a magyar királyi trónra. Miután Albert 1439. október 27-én meghalt, a magyar főurak egyik csoportja az özvegy királyné mellé állt, másik részük viszont ellenkirályt választott Jagelló I. Ulászló személyében. A két főúri csoport között 1440 márciusától belháború tört ki, mely háború a Balaton vidéket is érintette.

Szigliget várának urai – a gersei Pethő család – Jagelló I. Ulászló pártjára álltak. Azonban 1440. július–december között a Dunántúlon az Erzsébet-párti urak fegyveres csapatai kerekedtek felül. A Csabi család – amely Erzsébet pártján állott – 1440. december 7-én megrohanta és elfoglalta Szigliget várát. Erzsébet hűtlenséggel vádolta a gersei Pethőket, s ezért elkobozta tőlük Szigliget várát, s azt egyik megbízható hívének, Zágorhidai Demeternek adományozta.[132] 1441. január elején Jagelló I. Ulászló hívei – Hunyadi János szörényi és Ujlaki Miklós macsói bánok – a Bátaszéknél vívott csatában győzelmet arattak Erzsébet királyné csapatai felett. A győzelmet követően az I. Ulászló-párti csapatok sorra foglalták vissza az Erzsébet-pártiak kezére került dunántúli várakat, többek között Szigliget várát is. Jagelló I. Ulászló Szigligetet újra királyi várrá minősítette, s egyik párthívének, Némai Kolos Jeromosnak, valamint Barócz Balázsnak és Mihálynak adományozta. Az új tulajdonosok várnagya Szigligeten Berki Flóris volt, aki fegyvereseivel 1442. január 30-án megrohanta és feldúlta az almádi monostort. Az Erzsébet-párti Pál apátot elfogták, s a szigligeti vár börtönébe hurcolták. Az eset akkora botrányt kavart, hogy IV. Jenő pápa a várnagyot kiátkozta az egyházból, s kötelezte, hogy a monostorból elrabolt iratokat, edényeket, bort, lisztet, húst, sózott halat, fegyvereket, könyveket és arany-ezüst holmit azonnal adja vissza a monostornak![133]

Az Erzsébet-párti Szilveszter prior, a leveldi (városlődi) karthausi monostor vezetője 1442-ben megerődíttette a birtokukban lévő tapolcai plébániatemplomot, és annak védelmére zsol-

Vázsonykő a XV. század elején. Rekonstrukció (Sedlmayer János rajza)

dosokat fogadott. Ezekben az években – 1442–1443-ban – az ugyancsak Erzsébet királyné pártján álló Rozgonyi család a Balatontól délnyugatra lévő Kis-Komárom falutól délre felépíttette Komár várát egy korábbi kis erődítmény kibővítésével. A kb. 60 x 20 lépés nagyságú kis erősséget három oldalról mocsár vette körül. A belső várat egy korábbi – L alakú – kőépület alkotta, mely épületet cölöpkerítés vett körül, négy sarkán ugyancsak cölöpökből épített bástyákkal. A belső és külső várat vizesárok választotta el. A külső várat is sáncárkok és cölöpkerítés védelmezte. Alig készült el a kis Komár vára, az Erzsébet-párti Marczali család azt – 4000 forintért – birtokai védelmére megvásárolta Rozgonyi Rajnáldtól.[134]

Egyidejűleg a Marczali család – Marczali Dénes fiai: György és István – felépíttette a Balatontól nyugatra Szentgyörgy várát is, melyet Békavárnak is neveztek. A vár első ismert castellanusa Csapy András volt 1445-ben.[135]

Az Erzsébet királyné pártján álló Szilveszter leveldi prior, valamint a Marczali család birtokában lévő Komár várának kapitánya, egy Marwa nevű vitéz 1444-ben fegyvereseikkel megrohanták az I. Ulászló-párti gersei Pethő család tulajdonában lévő Keszthely mezővárost. Az Erzsébet-párti fegyveresek a mezővárost feldúlták, lakosságát kifosztották, a zsákmányolt lovakat és marhákat magukkal hajtották. Betörtek a Boldogságos Szűzről elnevezett kolostorba és plébániatemplomba is, onnan egyházi kincseket hurcoltak magukkal. Egyidejűleg a gersei Pethő család keszthelyi udvarházát is feldúlták. A támadók a szerzett zsákmánnyal Tapolcára vonultak vissza.[136] Annak ellenére, hogy Erzsébet királyné már 1442. december 17-én meghalt, pártjának vezérei – elsősorban a Cillei grófok – 1448 áprilisában újra kirobbantották a belháborút. A Balaton vidéken is fellángoltak a harcok. Az Erzsébet-párti Marczali család szentgyörgyvári castellanusa: Csapy András fegyvereseivel újra megtámadta Keszthely mezővárost, amely változatlanul az ellenpárti gersei Pethő család tulajdonában volt. A támadók kifosztották a mezővárost, most is feldúlták a Pethők udvarházát, majd a rezi mezőkről 400 ökröt, 300 tehenet és tinót, valamint 170 lovat hajtottak el. Mivel a támadásban a városlődi karthausiak is részt vállaltak, a gersei Pethő család fegyveresei rövidesen a karthausiak birtokában lévő Tapolca mezővárosra támadtak, s elpusztították a Boldogságos Szűz Mária temploma köré épített erősséget a templommal együtt.[137] A Tapolca elleni támadás megtorlására – ugyancsak 1448-ban – a Marczzali család fegyveresei megtámadták és elfoglalták (Nyári László castellanus és emberei által védett) Zalavár bencés rendi kolostorerődöt, amely Hunyadi János kormányzó pártján állott. A hírre Hunyadi János kormányzó utasította Temesközy János szlavóniai alkormányzót, hogy ha kell, fegyveres erővel is foglalja vissza Zalavárt az apátság számára. Temesközy János fegyveresei megtámadták Zalavárt, azonban a Marczaliak emberei ellentálltak, s megfutamították a támadókat. A támadók egész Rada faluig vonultak vissza, mire a Marczali család fegyveresei – lovas és gyalogos hadinép – üldözőbe vették, s Rada faluból ki is verték őket.[138]

A két főúri csoport küzdelme még 1449-ben is zajlott. A Hunyadi-pártiak 1449. augusztus 28-án felszólították a Cillei–Giskra-párti Rozgonyi Györgyöt, hogy adja át Hegyesd várát. Rozgonyi azonban a felszólításnak nem tett eleget. Ekkor Rozgonyi hegyesdi várnagya, Uzsai Miklós ellopta a vár kulcsait és átadta Hunyadi János kormányzó embereinek.[139]

1450 márciusában a Hunyadi János és Giskra János vezette főúri csoportok békét kötöttek, s a békekötés rövidesen a Balaton vidéken is éreztette hatását. A lövöldi (városlődi) karthausi konvent 1450-ben – 20 köböl mész és 20 kocsi fa felhasználásával – helyreállította a tapolcai egyházat és erődtemplomot. Szécsi Dénes érsek felszólította a gersei Pethő családot – mint Tapolca elpusztítóit! –, hogy fizessék meg a lövöldi konvent kiadásait. A gersei Pethő család fogadott bírák alapján a fenti károk megtérítésére kötelezte magát.[140]

A több mint tíz éven át viaskodó két főúri csoport megbékélését siettette, hogy 1425. szeptember 4-én Habsburg III. Frigyes német-római császár udvarából hazatért Magyarországra Luxemburgi Erzsébet és Habsburg Albert király tizenkét éves fia: V. László magyar király. Néhány hónappal később pedig Hunyadi János lemondott az addig viselt kormányzói rangról. A hatalmi erőviszonyok átrendeződése újabb változásokat eredményezett a Balaton vidéken is a várak és vártartományok birtoklási viszonyaiban. Az Erzsébet királyné pártján álló és V. László király egyik fő támaszát képező – valamint Hunyadi Jánossal szemben álló – Ujlaki Miklós erdélyi vajda és országos főkapitány 1453-ban jelentős vagyonokhoz jutott a Balaton vidéken is. Elsőként megkapta V. László királytól Szigliget várát és Felső-Tomaj, Hegymagas, Nagyfalú, Sziget és Ujfalú birtokokat. Ezzel egyidejűleg – 1453. szeptember 14-én – V. László király Ujlaki Miklósnak adományozta Hegyesd várát is Vállus, Almád, Kisalmád falukkal egyetemben. Ujlaki a hegyesdi várát egyik hívére, Olaszi Lászlóra bízta.[141] A két volt főúri csoport közti békesség kedvéért Tátika és Rezi vára továbbra is (és véglegesen) a gersei Pethő család tulajdonában maradt. Tihany vára is megmaradt végérvényesen a tihanyi bencés rendi apátság kezén. Hasonlóan véglegesen a Gyulaffy család birtokolta Csobánc várát. Zalavárat is a bencés rendi apátság birtokolta, s Komár és Szentgyörgyvár (vagy más néven: Békavár) a Marczali család tulajdonában maradt.

A Hunyadi-család nagy politikai győzelme – Hunyadi Mátyás 1458. január 24-i királlyá választása – jelentősebb birtokváltozásokat a Balaton vidéken nem eredményezett. Hunyadi Mátyás és családja megbékélt a volt ellenségekkel, elsősorban az Ujlaki családdal. Kizárólag Hegyesd várát koboztatta el Hunyadi Mátyás Ujlaki Miklóstól, s a korábbi várnagyot – Poczmani János fia Tamás mestert – iktatta be a vár és vártartomány birtokába 1460. február 17-én. Szigliget vára és vártartománya azonban érintetlenül Ujlaki Miklós birtokában maradt.

A korábbi nagy háborúskodás véget ért, de kisebb rablások-fosztogatások Hunyadi Mátyás királysága alatt is folytatódtak. A legjelentősebb ilyen erőszakos cselekedetre 1459 februárjában került sor. Mátyás király 1459. február 25-én kiadott parancsában felszólította a veszprémi püspök embereit, Csernavodai Domonkos és Maróti János veszprémi várnagyokat, hogy a kővágóörsi (ma: Felsőörs) prépostságtól és a plébános jobbágyaitól elrabolt javakat azonnal juttassák vissza, s az okozott károkat térítsék meg. A király László tihanyi apátot is felszólította 1460-ban, hogy fegyvereseit – akik a veszprémi káptalan nagyberényi birtokán fosztogattak és az ottani jobbágyok marháit elhajtották – fenyítse meg, s az okozott károkat térítsék meg![142] A zalavári apátság körül is gondok voltak. Ugyanis 1463-ban a Rozgonyi család erőszakkal elfoglalta a megerődített monostort, az apátság azonban rövidesen visszaszerezte a monostorerődöt. Az apátság és a szomszédos nagyurak között állandó volt a harc. Többek kö-

Vázsonykő lakótornyának metszeti rajza (Sedlmayer János rajza)

zött – 1482-ben – a zalavári apátúr a szomszédos Báthori István országbíró embereinek tizenöt rendbéli hatalmaskodásáról tett panaszt Mátyás királynál. Báthori István országbíró szentgyörgyvári (békavári) várnagyai a zalavári apátság embereit elhurcolták, s az elfogott embereket csak váltságdíj fejében engedték szabadon. Két nagyapáti embert a békavári várnagy csak hét aranyforintért bocsátott szabadon. A következő évben a békavári Darabos Balázs fegyveresei mindenéből kifosztották a Zalavárba tartó Kurják Mihályt és még két jobbágyot.

Ugyancsak 1482-ben erőszakoskodással vádolták meg Kismányai Bese Lukács és Só-

Vázsonykő a XV. század végén (Sedlmayer János rajza)

lyághy Nagy János békavári várnagyokat is, akik a zalavári apátság halászainak 200 aranyforint kárt okoztak. Ugyanezen békavári várnagyokat a következő évben is erőszakkal vádolták meg. Az történt, hogy a Keszthelyen birtokos gersei Pethő János és György hajósai Szentföldre igyekvő zarándokokat akartak a Balatonon (feltehetően a fenékpusztai révnél) átszállítani, mikor a fentebb említett békavári várnagyok és embereik a zarándokokkal megrakott hajókra támadtak. A hajókra és a hajókban lévőkre köveket dobáltak, s arra kötelezték a zarándokokat, hogy az ő hajóikon – természetesen jó fizetségért – keljenek át a Balatonon.[143]

Ezekben az évtizedekben két új erősség készült el a Balaton vidéken. Ekkor – 1464-ben – tettek említést a Balatontól délre épített Lak váráról, amely Thuz János birtokában volt.

Ugyancsak ebben az időben – 1469-ben – tettek először említést a Balatontól északra található Vázsonykő váráról. Miután Vázsonykő az 1437. évi várösszeírásban még nem szerepelt, az erődítmény építése 1437 és 1469 között történhetett. A várat az a Vezsenyi nemzetség építtette, amely még 1384-ben Anjou I. Mária királynőtől kapott engedélyt arra, hogy a Barnag feletti Szabadhegyen várat építhessen. Mint korábban említettük, a Vezsenyiek azonban nem az engedélyezett Szabadhegyen, hanem a veszprémi káptalan tulajdonában lévő területen építették fel várukat. A veszprémi káptalan ez ellen tiltakozott és pert indított, s sikerült az építkezést leállíttatnia. Az 1390-es években leállított építkezés helyett a Vezsenyi család birtokainak egy másik részén, a Vázsony nevű falu feletti domboldalban kezdett új építkezésbe. A Vázsonykő („castrum Wasonkew") nevű vár legrégebbi része az a 10 x 12 méter alapterületű, alul 2,0–2,5 méter, felül 1 méter vastag falú, eredetileg 25 méter magas lakótorony volt, amely ma is uralja az egész építményt. A lakótoronyba az első emeleten található, leereszthető csapóhídon lehetett – és lehet ma is – bejutni. Innét kezdődik az a szűk csigalépcső, amely egész a harmadik emeletig vezet. Az első emeleti bejáróból vezet le aknalejárat a torony földszintjére, ahol a vár kútja volt. A lakótorony második emeletén helyezkedett el a lovagterem, a harmadik emeleten volt a női lakosztály két helyisége. A torony tetején – a jelenlegi ágyúterasz helyén – eredetileg faszerkezetű védőfolyosó lehetett, magasba nyúló sátortetővel. A lakótornyot és az előtte elterülő várudvart kőfalak vették körül. A várárokban fakadó bővizű forrás látta el a várárkot és az udvaron épült vízgyűjtőmedencét vízzel.

Vázsonykő felépülte után – 1469–1472 között – Udvary Pál volt a Vezsenyi család megbízott várnagya. A vár és a vártartomány birtokosa Vezsenyi László, Hunyadi Mátyás király bizalmi embere volt, aki diplomáciai küldetéseket hajtott végre Rómában és Velencében. Éppen Velencében tartózkodott 1472-ben, mikor utolérte a halál. Miután Vezsenyi Lászlónak csak leánygyermekei voltak, a nemzetségi birtokok a királyi kincstárra szálltak vissza.

Hunyadi Mátyás a volt Vezsenyi-vagyont, köztük Vázsonykő várát és vártartományát Kinizsi Pálnak adományozta 1472. augusztus 22-én datált adománylevelében. Ekkor a vártartomány Barnag, Csepel, Kerta, Kisszőllős, Herend, Szőllős falvakból és birtokokból állott. Kinizsi Pál feltehetően már 1472 után bővítéseket hajtott végre Vázsonykő várán. Az építkezések során a lakótorony körül átlagosan 20-30 méteres körzetben észak felé kitermelték a talajt, és az innen kiemelt földből a vár nyugati oldalán 10-15 méter magas földsáncot emeltek, mely sáncnak belső oldalát rézsűs támfallal erősítették meg. Ezt követte az északi, majd a déli külső fal felépítése, melyeket ugyancsak támpillérekkel biztosítottak, s végül felépült a keleti várfal is. Az így kialakított 48 x 65 méter alapterületű váron belül megépült a lakótoronyhoz L alakban csatlakozó kétemeletes palotaépület. A lakótornyot és a palotát a várároktól többszintű, 4-5 méter szélességű védőfolyosó választotta el, amelynek külső falában lőréssorok húzódtak egymás fölött. E folyosórendszer négy sarkán kerek alaprajzú, karcsú tornyok emelkedtek, amelyeknek lőrésein át elsősorban a várárokba betört támadókra lehetett tüzelni. Az egész várépület-együttest egy 8-10 méter széles és legalább ugyanilyen mély árokrendszer vette körül. A vár bővítésének legutolsó időszakában – feltehetően 1491 körül – épült fel az eredeti kapubejárat előtti árkon túl egy patkó alakú, két emelet magasságú kapuvédő erőd (barbakán), amelynek szintjei lőrésekkel, valamint védőfolyosókkal voltak ellátva. A kapuvédő erődbe vezető bejáratot még egy keskeny, előreugró, szintén kétemeletes kapuszoros védte, amely előtt mély, félhold alakú árok húzódott, amelyen egy 10-12 méter hosszúságú, keskeny fahíd vezetett át. Valószínűleg még folytak az építkezések, amikor a Száva menti végvidéken – Szávaszentkelemen városában – Kinizsi Pál hideglelésben meghalt. Tetemét Vázsonykő várába hozták, majd a vártól alig egy kilométerre, az általa épített pálos rendi kolostor templomának padozatába eltemették.[144]

Mátyás király – 1458–1490 közti – uralma idején Rezi és Tátika várai továbbra is a gersei Pethő család, Csobánc vára pedig a Gyulaffy család tulajdonában maradtak. Tihany vára szintén maradt a tihanyi bencés rendi monostor birtokában. Komár várát a Marczali, Békavárt a Báthori család birtokolta, Zalavár pedig úgyszintén a bencés rendi apátság birtokában volt.

Hegyesd és Szigliget várai változatlanul a nagyhatalmú Ujlaki család tulajdonában voltak. Ujlaki Lőrinc – aki apjától, Ujlaki Miklóstól a bosnyák királyi méltóságot is örökölte – várnagyaival uralta Balaton vidéki várait és birtokait. Hegyesd várát és vártartományát Paczmani János fia Tamás várnagy, Szigliget várát és várbirtokait pedig Szentgyörgyi László castellanus kormányozta. Ez utóbbi vitéz ember volt, mivel katonáival részt vett – 1479. október 13-án – az Erdélybe betört török hadakat megsemmisítő kenyérmezei csatában.

Ujlaki Lőrinc hercegnek és bosnyák királynak Szigliget vára és vártartománya csak egy volt a sok közül. Így előfordult, hogy hosszabbrövidebb időre azt zálogba adta. Például – 1475-ben – Szigliget vára és vártartománya Csomai István kezére jutott zálogbirtok formájában. Sok esetben olyan bizonytalan volt a szigligeti vártartomány gazdája, hogy Essegvári Tamás, Zala vármegye alispánja Tapolcán kiállított oklevélben tiltotta meg, hogy a Szigliget várához tartozó birtokokat bárki is elfoglalja! Ennek a bizonytalanságnak volt egyik megtörtént esete, hogy 1486. február 7-én Medgyesaljai László fia Móric a várat 11 éve zálog címén birtokló Csomai Istvántól „egy zacskó pénzért” meg akarta váltani. A hírre Ujlaki Lőrinc herceg tiltakozását jelentette be, de a per során beismerte, hogy valójában azt sem tudja (mivel atyjától oklevelet sem örökölt ezen ügyben!), hogy Szigliget vára és vártartománya őt örökjogon vagy zálogjogon illeti-e?![145]

Az 1486. esztendő sokáig emlékezetes maradt az emberek számára, ugyanis ebben az évben olyan súlyos pestisjárvány dühöngött a Balaton vidékén, hogy a lakosságnak több mint egynegyedét elpusztította.

A fel-fellángoló belháborúk után külországbeli ellenséges hadak jelentek meg 1490 októberétől a Dunántúlon, valamint ezen belül is a Balaton vidékén. Mátyás 1490. április 6-án bekövetkezett halála után a magyar trónt igénylő Habsburg Miksa római király csapatai Szombathelynél betörtek Magyarországra. A trónkövetelő hadai november 8-án – harc nélkül – bevonultak Veszprém várába. Vitéz János veszprémi püspök parancsára Sümeg, Veszprém és Tihany várai kaput nyitottak. A Kinizsi Pál birtokában lévő és castellánusa által védett Vázsonykő, valamint a gersei Pethő család birtokában lévő Tátika és Rezi várak ellenálltak. Az Ujlaki család birtokában lévő Szigliget és Tapolca a háborúban semleges maradt.

Habsburg Miksa római király csapatai 1490. november 19-én Székesfehérvárt is elfoglalták. Ezzel egyidejűleg a trónkövetelő egyik csapatteste – a Balatontól délre – Fehérkő várát is ostrommal birtokba vette. Az 1961–1963. évi ásatáskor a vár lakóépületének déli zárófala előtti talajból több nyílhegy került elő: kis, háromszög alakú heggyel és zárt köpűvel. Az egyikben a nyílvessző berozsdásodott darabja is benne volt. A kaputorony előtti szemétgödörből 19 db sérült hegyű nyílhegy, 3 db számszeríj-hegy és 2 db dárdatöredék került elő. Minden valószínűség szerint az 1490. novemberi ostrom után Fehérkő várát már nem állították helyre. Ugyanis egy 1494. szeptember 14-én keltezett irat már mint „...dirutum castrum Feyerkew...”-ről tett említést. A vár egészen a török háborúkig – az 1540-es évekig – lakatlanul állt.

Egyes vélemények szerint Rezi vára is német ostrom alá került 1490 novemberében: „... Ha figyelmesen megnézzük a ma is álló (párhuzamos keleti és nyugati) védőfalmaradványokat, azt látjuk, hogy ez a vastag, alacsony fal sok helyen sérült, néhol szinte a földig le van rombolva, másutt meg eredeti magasságban áll még ma is. Ezt a rombolást egy olyan várostromnak tulajdonítjuk, aminek sajnos nem maradt nyoma az irodalmi feljegyzésekben. Nagyon valószínűnek látszik, hogy Miksa németjei elfoglalták Rezi várát is... Az ezekben az eseményekben megrongálódott Rezi várát a tulajdonosok csakhamar kijavíthatták. A Rezi vár kijavításakor szerencsére nem bontották le a megsérült régi falakat, hanem valamivel vékonyabb, újabb falat raktak a sérült falfelületekre. Az új fal felhúzása után már körülbelül 6 m magas védőfal keretezte a vár udvarát. Úgy látszik, a korábbi ostrom megmutatta, hogy alacsony 3 m-es fal nem nyújt kellő védelmet a távolból jövő nyíllövések ellen, az udvarban tartózkodók élete nincs biztonságban az alacsony falak árnyékában. Az új, felmagasított falat már úgy képezték ki, hogy a fal koronáján egy méter magas és 85 cm széles védőoromzatokat hagytak a védők számára. A vár védői a föld felett körülbelül 350 cm magasban húzódó ácsolt védőfolyosón helyezkedhettek el.”[146]

Az 1490–1491. évi háború ideje alatt a tihanyi kolostor egyik „frater”-e, laikus testvére, aki a monostor gondnoka volt korábban, levetette papi ruháját, fegyvert öltött, és csavargó bűnözőkből szervezett bandájával Tihany környékét rabolta és fosztogatta. Amikor 1491 tavaszán Miksa római király hadai a Dunántúlról visszavonultak, Jagelló II. Ulászló magyar király Vázsonykő várának urát, Kinizsi Pált bízta meg a Dunántúlon rendcsinálással. Kinizsi Pál és Báthori István erdélyi vajda csapatai Veszprém, Sümeg és Vázsonykő várait sorra visszafoglalták. Kinizsi Pál lovas csapatai üldözőbe fogták a volt tihanyi „fráter” bandáit is, s azok zömét megsemmisítették. Talán ennek emléke az a Rómer Flóris és Petshy Frigyes által a múlt század közepén feljegyzett népi hagyomány, hogy a Zádor-vár „... a csehek vára volt, honnan a vidéket pusztították”. Ugyancsak ennek emléke lehetett az ugyancsak Nemespécselytől északra említett „Csehek temetése” nevű – 50 ölnyi területű – földdel fedett csonthalom, tömegsír. A kortárs Tubero Lajos (1455–1527)

„Commentarii” című művében leírta, hogy az említett tihanyi barát is Kinizsi Pál fogságába esett, kit aztán elevenen megégettek. A barát – kínjai közepette – beismerte bűneit, s „...buzgó fohászok között lehelte ki a lelkét!”[147]

Ennek a fegyverzajos időnek egyik érdekes dokumentuma az a levél, melyet a Gyulaffy család Csobánc várának castellánusa írt 1491. január 24-én a szomszédos Tátika várába, annak urához, Gersei „Pethewfy” Jánosnak. Találkozóra hívta a nemesurat a közeli Bazsi faluba. Hit alatt ígérte, hogy az ő urának – Rátóti Gyulaffy Lászlónak – emberei és szolgái nem bántják és nem zaklatják, ha elhagyja Tátika várát.[148]

Még ezen esztendőben Csobánc ura, Rátóti Gyulaffy László meghalt. Özvegye, Katalin asszony és János nevű fia – mint Csobánc várának urai – 1491. július 22-én meghívták Kinizsi Pál temesi gróf és közeli nagyúr bizalmas emberét, Leányfalusi Ágoston somlyai várnagyot, s azt kérték tőle, hogy a továbbiakban védelmezze meg őket. Leányfalusi a kérésnek eleget tett, s 1491 nyarán Csobánc „...vára körül igen hasznos épületeket emelt!”. Feltehetően ekkor épültek a vár külső falai, valamint a sáncok, az új délnyugati kaputorony az előtte tátongó farkasveremmel, ekkor vágták a sziklába a vár udvarán lévő ciszternát, s valószínűleg ekkor ásták a várhegy fennsíkján azokat a ma is jól látható gödröket, árkokat, amelyek akadályul szolgáltak arra, nehogy az ellenség a várhoz tudja tolni ostromgépeit. Az erődítések építését vezető Leányfalusi Ágoston – távoztakor és Kinizsi Pál hozzájárulásával – Csobánc várát átadta az özvegy Katalin asszony testvérének, Gersei „Pethewfy” Jánosnak, Tátika és Rezi várak urának.[149]

Miksa római király visszavonulása után a német csapatok visszamaradt részei – 1491. június 21-ig – elszántan védelmezték Székesfehérvárt Jagelló II. Ulászló magyar hadai ellen. Miközben az ostrom zajlott, Kinizsi Pál temesi gróf az ostromseregnek „... elvivé egy részét, s visszavevé Vásson várasát, melyet a németek elfoglaltak vala...”, s a rablott prédával menekülő német katonákat kegyetlenül megölette. Ezután Kinizsi Vázsonykő várát feleségének, Magyar Benignának adományozta. Ő maga pedig visszatért a Száva menti török hadszíntérre, ahol 1494. november 24-én hideglelésben meghalt. Kinizsi özvegye, Magyar Benigna már a következő évben férjhez ment Miszlenovics Horváth Márkhoz. Annak ellenére, hogy Horváth Márk 1508-ban meghalt – és Magyar Benigna 1509-ben újra férjhez ment egy Kereki Gergely nevű nemesemberhez (akit 1519-ben Magyar Benigna megöletett) –, Vázsonykő vára és vártartománya hosszú időn át, egészen 1649-ig a Horváth család birtokában maradt.

Ugyancsak viszontagságos sorsa volt a Balatontól délre lévő Lak várának is. Valamikor 1490 körül a vár az építtető Laki-Thuz családtól Poki Antal és Ferenc tulajdonába került. Azonban az 1490. június 17-i farkashidai egyezség értelmében Lak várát Hunyadi Mátyás király törvénytelen fiának, Corvin János hercegnek kellett volna átadni. Azonban Poki Antal és Péter a várat és a vártartományát csak csere útján voltak hajlandók a hercegnek átadni. Corvin János herceg 1504. október 12-i halála után Lak vára és vártartománya a nagyhatalmú Hédervány Ferenc birtokába került. Néhány év elteltével a vár egy feltörekvő – és hamarosan országos jelentőségű – család tagjának, enyingi Török Imrének tulajdonába került.[150]

Közvetlenül a török háborúk előtti negyedszázadban – 1500 és 1526 között – a Balaton vidéki várak és várbirtokok történetében jelentősebb változások nem történtek.

Ujlaki Lőrinc herceg 1524. évi halálával a nagyhatalmú család véglegesen kihalt. Balaton vidéki várai és vártartományai visszaszálltak a királyi koronára. Jagelló II. Lajos király Hegyesd várát és várbirtokait (Almád, Bács, Györök, Vállus, Törek, Vindornyaszőllős, Csáford és Karmacs falvakat) 1525-ben ákosházi Sárkány Ambrus nándorfehérvári bánnak adományozta. Szigliget vára és vártartománya ugyancsak a királyi kincstárra szállt vissza, majd 1526. június 9-én Jagelló II. Lajos király ezt a vagyont Lengyeltóthy Lengyel Lászlónak és fiainak: Jánosnak, Gáspárnak és Boldizsárnak adományozta.[151]

Az enyingi Török család tulajdonába került Lak várát és vártartományait hűtlenség miatt a királyi kincstár elkobozta, majd Bucsányi Korláthkőy Péter udvarmesternek és komáromi főispánnak adományozta 1521-ben. Rövidesen új tulajdonosa lett az említett birtoknak és várnak: Jagelló II. Lajos király azt Bakith Pálnak adományozta.[152]

Ez az időszak már közvetlenül megelőzi a török háborúk korát: 1521. augusztus 28-án – huszonnyolc napi ostrom után – a török hadsereg elfoglalta a Magyar Királyság legnagyobb déli végvárát, „Magyarország kapuját", Nándorfehérvárt. A déli végvidéken folyamatossá váltak a harcok a támadó török csapatokkal. Az 1525. május 7-én megnyílt budai országgyűlés szabályozta a katonaállítás és a hadba vonulás módját, s a főúri várak védelmének megszervezését. A magántulajdonban lévő várak védelme a tulajdonosokra hárult, nekik kellett a várvédő katonaságot megszervezniük. A Balaton vidék legnagyobb várának, Veszprémnek a védelmét a püspökség egyházi (prediális) nemesei látták el. A németvölgyi uradalomból 25, a kálvölgyi uradalomból 5 család, Szepezd faluból 10 és Ősiből 14 család volt kötelezve a vár védelmére az 1524. évi püspöki urbárium adatai szerint. Ugyanakkor a vártartomány 17 faluja adózott a várnak, s a püspökséghez tartozó veszprémi és sümegi vártartományoknak száz lovas katonát kellett készenlétben tartani.[153]

A török háborúk korszaka

A KÉT KIRÁLY HÁBORÚJA (1527–1541)

A török hadsereg Szulejmán szultán személyes részvételével 1526. április 23-án addig sohasem látott nagy erejű támadást indított a Magyar Királyság ellen. A döntő csatára 1526. augusztus 29-én Mohács mezővárosánál került sor, mely ütközetben a magyar hadak katasztrofális vereséget szenvedtek el. A súlyos csatavesztést fokozta, hogy az ütközet zűrzavarában Jagelló II. Lajos magyar és cseh király nyomtalanul eltűnt.

Miután a török sereg 1526 októberében elvonult az országból, novemberre a magyar fő- és köznemesség két pártra szakadt: az egyik csoport 1526. november 10-én Székesfehérvárott Szapolyai János erdélyi vajdát választotta és koronázta meg magyar királlyá; a másik csoport pedig 1526. december 17-én Pozsonyban Habsburg Ferdinánd ausztriai főherceget és cseh királyt választotta meg magyar királlyá. Az 1526-ról 1527-re forduló téli hónapok vihar előtti csendje után, 1527. július 31-én – Habsburg I. Ferdinánd király hadseregének támadásával – megkezdődött a két magyar király között a tizennégy évig elhúzódó belháború, amely végül is utat nyitott 1541 nyarán az ország nagyobbik részét megszálló török uralomnak.

Szalaházy Tamás veszprémi püspök és Veszprém vármegye főispánja, valamint szervitora, Devecseri Csóron András, Veszprém vármegye alispánja Habsburg I. Ferdinánd párthívei közé tartozott. Ugyanakkor Tandalló János tihanyi apát Szapolyai I. János király híve volt. Miközben a Habsburg-párti fősereg Győrön és Esztergomon át vonult Székesfehérvár és Buda felé, Devecseri Csóron András csapataival elfoglalta Veszprém várát és Tihanyt. Jelentősebb harcokra azonban sehol sem került sor, mert Szapolyai I. János király hívei – sorra feladva a kezükön lévő erősségeket – gyors ütemben vonultak visz-sza Észak-Magyarország térségébe, ahol 1527. szeptember 27-én Tokajnál megsemmisítő vereséget szenvedtek el a Habsburg-párt hadaitól.[154] Szapolyai I. János Lengyelországba menekült, s majd onnan kért katonai segítséget Szulejmán török szultántól trónja visszaszerzésére.

A beígért török katonai segítség 1529 augusztusára vált valóra. A török sereg immár másodszor tört be Magyarországra, s a Duna mentén előrenyomulva Bécsig jutott, ahol azonban a Habsburg-seregtől súlyos vereséget szenvedett. Az 1529. augusztus–szeptemberi török hadjárat során a Balaton vidéket katonai események nem érték. Csak Palota és Veszprém váraknál zajlottak le jelentéktelen harcok.

A Bécs alól visszavonuló török hadakat üldöző Habsburg-seregek Győrön át Budáig törtek előre. A főseregtől délre támadó Ferdinánd-párti csapatokat Szalaházy Tamás és Devecseri Csóron András vezényelte. Jöttükre a Szapolyai-párti katonaság Veszprém várából elmenekült. Mivel a tihanyi apát ismét „... Zápolya Jánoshoz és vele a törökhöz, a keresztény hit legádázabb ellenségéhez csatlakozott..." – a Ferdinánd-párti csapatok Tihany vára ellen is támadást intéztek, és elűzték onnét a Szapolyai-pártiakat.

A Hegyesd várát birtokló ákosházi Sárkány János, a Csobánc várában lakó Gyulaffy János, a Rezi és Tátika várait uraló gersei Pethő család, a Vázsonykő várát tulajdonában tartó Horváth testvérek valamennyien Habsburg I. Ferdinánd király pártján álltak, s ezért a felsorolt várakban semmiféle jelentősebb esemény nem zajlott le. Zalavár várnagya, Ivánczy János is kitartott Ferdinánd király hűségén.[155]

Egyetlen Balaton vidéki várúri család, a Szigliget várát birtokló Lengyeltóthy Lengyel család maradt 1529 után is Szapolyai I. János király hűségén. Habsburg I. Ferdinánd ezért 1529 után Szigliget várát és vártartományát elkobozta a családtól, s azt – az 1527 augusztusában a Ferdinánd-pártiak oldalára álló – enyingi Török Bálintnak adományozta. Azonban Szigliget várnagya – Kulcsár István porkoláb – nem volt hajlandó azt átadni enyingi Török Bálint bizalmi emberének, Martonfalvay Imre deáknak. Ezért Török Bálint „... meghagyá Fáncsy Jánosnak, Nagy Gergelynek és Keresztury Imrének, hogy Szigliget várát megszállnák [megostromolják – Sz.]". Martonfalvay Imre deák feljegyzései szerint – 1530 nyarán – enyingi Török Bálint fegyveres emberei Somogyvár alatt gyülekeztek, onnét vonultak Fonyód faluig, a Balaton partjára. A fegyveresek dereglyéken áteveztek a Balatonon, hogy megtámadják az északi parton álló Szigligetet. Török Bálint hű emberét, Martonfalvay Imre deákot nevezte ki a támadó csapat vezetőjévé, aki nem szívesen fogadta el a megbízást: „... parancsolá nekem, hogy én is hozzájok sietnék segítségül, eleget mentém magamat gyógyulásban voltommal, nem is illik nekem atyám fiai háza megvételére mennem, de enmagam mentése őnagyságánál semmit nem használa..." Szigliget várának védői látták, hogy „... több nép lött volna ellenök Szigligetbe, nem kezdének olyan igen lőni mint azelőtt!". A támadók az első éjszaka folyamán „... a csonkatorony ellenében az kősziklán fönt két kast tölték...", azaz két elsáncolt ágyút állítottak fel, mire „... megijede az porkoláb Kulcsár István, nem sok idő múlva szót ada és megadá Szigliget várát!".[156] Enyingi Török Bálint Szigliget elfoglalása után a támadó csapat vezetőjét, Martonfalvay Imre deákot nevezte ki az elfoglalt vár parancsnokának. A rossz állapotban lévő várat azonnal helyreállíttatta és korszerűsíttette: „... Az csonkatornyot az falu felől legelőször megépíttetém – írta emlékirataiban –, azután két vagy három bástyát és két nagy öreg pincéket csináltaték az külső várban... és egy öreg kutat is csináltattam az várban, mely az előtt vizet nem tartott, etcetera..." A leírás szerint Martonfalvay Imre elsőnek a külső várat erődíttette meg, a kutat viszont a belső várban építtette meg (mely kutat az 1953. évi feltárások alkalmával megtalálták, s megál-lapítható volt, hogy a kút fenekét ólomlemezekkel zárták le, nehogy a víz megszökjék belőle).[157]

Amikor Martonfalvay Imre deák fegyveresei megszállták Szigliget várát, ott élelmet nem találtak. Viszont néhány nap múlva Szigliget várába érkezett enyingi Török Bálint, aki „... nagy vígan lakék (benne) egy nap, másik nap Keszthelyre evezének az Balaton vizein" – írta Martonfalvay Imre deák. Enyingi Török Bálint Keszthelyről kocsikon Somogyvárba akart visszatérni, amikor Szapolyai-párti ellenfelei Lak várától nem messze, lesben állva rájuk törtek. A támadók között volt Dely Pál, Bereczk deák és Rácz Mikola. Amikor a támadók a kocsikra ütöttek, Dely Pál az „én uramnak kicsibe, hogy fejébe nem vágta a csákányt!" – közölte Martonfalvay Imre deák. Azonban „... Uraim kocsikról az mi kevesen voltak, leszökdöstek, ott volt az Nagy Simon is az én urammal, ki azelőtt Bakith Pál szolgája volt, nagyhamar egybe verik az kocsikat, semmit Isten segitségébül nekik nem árthatnak, elváltak aztán egymástól. Az én uram Somogyvárra ment békével az uraimmal egyetemben. Aztul fogva ő Nagysága őrizet alatt tartatta Lak várát. Mindenütt foglaltatta Bakyth Pál jószágát, miért hogy meg akarta az én uramat mordáltatni [gyilkoltatni – Sz.], nekem is megparancsolta Ő Nagysága, hogy szolgáit [ti. Bakits Pál szolgáit – Sz.] fogdostassam, és jószágát foglaljam... Az Bakyth szolgáiba Brizló Ferencet és Konovity Mihályt megfogattam, és jó falka ideig vasban tartottam Szigligetbe, kiket azután az én Uram elbocsátata..."

Miközben enyingi Török Bálint és a Jánospárti Bakits Pál megkezdték a maguk kis háborúját, Martonfalvay Imre deák Szigliget várának fenntartásáról gondoskodott: „... Miért hogy Szegligethöz igen kevés jószág vala, nem volt az nagy puszta várat honnét építenöm, az én uram akaratjából az Kaál völgyet, az Német völgyet és az Dergicséket [Dörgicse falukat – Sz.] Szegligethöz foglalám szolgálatra, az Tomay Ferenc részjószágát azonképpen, melyet Ferdinánd Ő Felsége per defectum seminis (magvaszakadás folytán) az én uramnak condált (ajándékozott) volt, ezökből és az vár tartományából, Somogyvárbul is (kit én bírtam) kezdtem Szegligetet építenem és mindenféle éléssel megtakarnom!"

A Szapolyai-pártiaknak Lak váránál végrehajtott támadása után enyingi Török Bálint támadást intézett a Bakits Pál birtokában lévő Lak vára ellen. Elsőnek Ráró várát támadta meg, de „... Ő magát (ti. Bakits Pált) nem találhatta, de Rárót mind elrontá, pusztítatta". A Bakits Pál elleni támadásra szinte minden emberét magával vitte. „... Magamat penig – írta Martonfalvay Imre deák – az gyalogokkal az vár őrzésére hagyta Szegligetben, de huszonöt lovon való szolgáimat elvivé Ő Nagysága..."

„... Azután megszállá ugyan valójában Lakvárat, sok ideig vitatta – írta Martonfalvay –, mert erős és megtakart ház vala. Nekem is parancsolá Ő Nagysága, hogy jó őrizet alatt hagyjam Szegligetet és Lakvára megvételére menjek lovagimmal sietséggel; én soha semmi parancsolatját el nem hallgattam, oda menek, és amit szolgálhattam, nem kiméllettem erőmet... Egyszer híre jöve, hogy Bakits Pál meg akarja segíteni házát, várát. És az én Uraim minden lovagjával eleibe mene, és engem hagya az gyalogokkal az sánc őrizésére, az várbeliek ellen. Isten kegyelméből épen megmaradánk, Ő Nagysága megérkezék, azonban immár az bányászok az kőfal alá raktak vala az puskaport. Elijednek az várbeliek, szót adnak az várból, hogy megadják, csak békével bocsássák el őket. Az én Uram megkegyelmeze nekik, azután megadták az várat Ő Nagyságának."

Ilyen módon jutott enyingi Török Bálint Lak várának birtokába, mely birtoklást Habsburg I. Ferdinánd rövidesen megerősített.

Mint az emlékiratból kitűnik, a Balaton déli térségének egyik legjelentősebb erőssége, Somogyvár erődített monostora a Szigliget vára elleni támadáskor már szintén enyingi Török Bálint tulajdonában volt. A bencés rendi apátság ekkor még a várban volt, s mint István somogyvári apátnak – 1530. szeptember 8-án – a zalavári konvent előtt tett jelentése szerint az apátság nagy költségekkel erődítette a monostort, a várható török támadások elhárítására.[158]

Az 1531–1532. évekre a magyar nemességen kétségtelenül úrrá lett a fásultság a két király meddő – és a törökök állandó beavatkozására ürügyül szolgáló – háborúja miatt. Ezért a ne-

Fosztogató török lovas katonák (XVI. századi rajz)

mesi rendek 1532. január 1-jén a Balaton északi partján, (Balaton) Kenesén, majd március 12-én Berhidán tartottak – mindkét királytól független – részgyűlést. A részgyűlések célja: a rend és a béke helyreállítása volt, még azon az áron is, hogy mindkét királyt lemondatják a trónról, s egy harmadikat hívnak meg a magyar trónra. A kenesei és berhidai rendi részgyűlések hatására Habsburg I. Ferdinánd 1532 május 1-jén békeajánlatot tett a török udvarnál. A Porta az ajánlatot visszautasította, sőt 1532. augusztusában hadat üzent Bécsnek. A török sereg – ismét Szapolyai I. János király támogatásának ürügyén – most Eszéktől a Dráva és a Balaton közti szélességben nyomult előre Bécs felé. A török sereggel tartó Szulejmán szultán hadinaplója szerint a Dráva mentén támadó török csapatok 1532. július 25-én hagyták el Babócsa várát, majd Bélavár, Csicsova, Zákány, Szentmihály, Kapornak, Pölöske, Zalabér útvonalon vonultak Körmend felé.[159] A török lovascsapatok csak érintették a Balaton délnyugati térségében lévő magyar várakat, azonban egyiket sem vették ostrom alá, csak a környező falvakat dúlták fel. Kürtössy János zalavári várnagy és provisor 1532. augusztus 8-án írott jelentése szerint Zalavárt és a közeli Bárándot támadás nem érte, viszont a török lovasság Zalavár összes tartozékait és falvait felégette. Tíz nappal később, 1532. augusztus 19-én jelentette Nádasdy Tamás nádor, hogy Zalavár – a kanizsai vár oltalma alatt – még sértetlen, de környéke elpusztult.[160]

A török hadak előrevetett osztagai Bécsújhelynél beleütköztek a felvonuló Habsburg-seregbe. Szulejmán szultán nem akarta kockáztatni egy újabb – 1529-hez hasonló – nagy vereség veszélyét, s ezért a török hadak visszafordultak, s Szlovénián és Horvátországon át a Török Birodalom területére visszatértek.

A török sereg elvonulása után a két király párthíveinek háborúja tovább folytatódott. Különösen heves harcok dúltak 1533 novemberétől. János király hívei – török segédcsapatok segítségével – 1533. november 11-én rajtaütésszerű támadásokkal elfoglalták a Ferdinánd-pártiaktól Veszprém, Sümeg és Tihany várakat.[161] Egy évvel később – 1534. november elején – a veszprémi püspök Ferdinánd-párti szervitorai: Devecseri Csóron András és Nagy Ferenc csapataikkal Tihany várát ostrom alá fogták. November 10-én a két János-párti tihanyi várnagy („... castellani castri Thikoniensis") – Szörnyéi Mihály és Csemperdi Miklós közölték az ostromló csapatok parancsnokaival, hogy Tihany várát („castri Thikoniensis") 200 arany forintért átadják. Feltételük csupán az volt, hogy az őrség fegyverzetével és vagyonával szabadon elvonulhasson. Devecseri Csóron András az ajánlatot elfogadta, a szerződést Tihany vára alatt aláírták, s a kért 100 aranyforintot Devecseri Csóron András saját pénzéből kifizette.[162] Az őrség elvonulása után Tihany várát Devecseri Csóron András emberei – 24 lovas és 16 gyalogos – szállták meg, akiket a későbbiekben a tihanyi apátság jövedelmeiből fizettek.[163]

Veszprém vára az ekkor Ferdinánd-párti enyingi Török Bálint kezére került. „... Mikor Veszprém várát megszállotta volt az én Uram – írta Martonfalvay Imre deák emlékirataiban –, költsége el fogyott volt. Nekem parancsolta Szegligetbe, hogy költséget küldjek Ő Nagyságának. Én megírtam, hogy innét, ez puszta helyről nem küldhetek, mert Isten tudja az házat is mint tartom és miként építém. De ugyan azt parancsolta, hogy abban egyéb ne legyen, azután uraimat és barátaimat meglelem, ötszáz magyar forintot szerzék, és Veszprim alá én magam megvittem és Ő Nagyságának megadám, kit nagy jónévvel vő tőlem és egy ebéden jól tartott Ő Nagysága érette és haza bocsáta azután." Miután Martonfalvay Imre deáknak Somogyvárban is voltak feladatai, enyingi Török Bálint Sándor Mihályt nevezte ki porkolábul Szigliget várába.[164]

1534 novembere és 1536 júniusa között elcsendesedtek a hadakozások a két király között, sőt hivatalosan fegyverszünetet is kötöttek. 1536 júniusában enyingi Török Bálint (miután a Habsburg-párt legjelentősebb családjával: gróf Zrínyi Miklóssal mindvégig súlyos ellentétben volt) elhagyta Ferdinánd pártját, és Szapolyai I. János király oldalára állt át. „... Soha nem gondoltuk volna – írta egy 1536. július 9-i levelében Habsburg I. Ferdinánd király –, hogy miután annyi jótéteményt kapott tőlünk (ti. enyingi Török Bálint), hálátlan lelkű lesz és minket meggyaláz!"

Szapolyai I. János király nagy örömmel fogadta a Dunántúl egyik legnagyobb urának pálfordulását. Minden korábbi hűtlenségét megbocsátotta, s megerősítette az összes azóta szerzett vagyonában: Veszprém, Szigliget, Lak, Somogyvár birtoklásában, s újabb adományok sorát juttatta neki.

A Ferdinánd-pártiak még ezen az őszön ellentámadásba kezdtek. Az új veszprémi püspök – Kecsethy Márton – változatlanul Habsburg I. Ferdinánd híve volt, s 1537. október 14-én Veszprém vára ellen vonult csapataival. Enyingi Török Bálint, veszprémi várnagya jelentéktelen harc után Veszprém várát a Ferdinánd-pártiaknak átadta.[165]

Veszprém visszafoglalása után Kecsethy Márton 1538. január 21-én éjszaka embereivel rajtaütésszerűen megrohanta az időközben János király pártjára átállt gersei Pethő Antal kezén lévő Tátika várát. A püspök jelentése szerint: „Ezen az éjszakán Tátikát az enyéim elfoglalták!” A rajtaütéskor gersei Pethő Antal a támadók fogságába esett, felesége viszont elmenekült. A veszprémi püspök fegyveresei elrabolták a család és a rokonság Tátika várában őrzött arany- és ezüsttárgyait, ruháit, pénzét, s elrabolták számos zalai nemes, valamint a szentléleki, keszthelyi, segesdi és örvényesi kolostorok itt őrzött értékeit és kincseit. A kár összesen mintegy 100 ezer magyar forintot tett ki.[166]

Tihany várának 1534. november 10-i elfoglalásakor Devecseri Csóron András fizette ki a János-párti várnagyok árulásának pénzét, 200 aranyforintokat. Ezért Devecseri Csóron András az elfoglalt Tihany várát magának követelte. Néhány évi huzavona után – 1539. december 1-jén – a király Devecseri Csóron András kiskorú fiát: Jánost nevezte ki az apátság és a vár élére katonai kormányzónak és commendátornak. Az apátság jövedelméből Devecseri Csóron András zalai főispán tartott – Ferdinánd király pártján – katonaságot Tihany várában.[167]

A két király háborúskodásának az 1538. február 24-én Nagyváradon megkötött béke vetett véget. A békekötés a Dunántúlon teljesen formális volt, Szapolyai I. János király két dunántúli főura: enyingi Török Bálint (Pápa, Szigliget, Lak, Somogyvár ura), valamint a Podmaniczky testvérek (Palota, Öskü, Bakonyújvár ura) szakadatlan harcban állt a Ferdinánd-párti Kecsethy Márton veszprémi püspökkel (Veszprém, Sümeg várak urával) és Devecseri Csóron Andrással (Tihany, Devecser várak urával). Kecsethy Márton veszprémi püspök 1538. augusztus 7-én írott levelében arról panaszkodott Habsburg I. Ferdinánd királynak, hogy már ki sem tud menni Veszprém várából a szerteszét kóborló János-párti fegyveresek miatt.[168]

A BALATON KELETI-DÉLKELETI TÉRSÉGÉNEK TÖRÖK MEGSZÁLLÁSA (1541–1551)

A török hatalom megtorlása miatti félelemből a nagyváradi békét a két király még 1540 nyarára sem merte nyilvánosságra hozni. A békekötés ténye akkor derült ki, amikor 1540. július 21-én Szapolyai I. János király meghalt, s párthívei nem teljesítették a békében előírt legfontosabb követelményt: nem adták át a hatalmat Habsburg I. Ferdinándnak. A békeszegés azzal folytatódott, hogy a volt Szapolyai-pártiak 1540. szeptember 13-án királlyá választották Szapolyai I. János néhány hónapos kisfiát: Szapolyai János Zsigmondot, akinek gyámjául Martinuzzi Fráter Györgyöt és enyingi Török Bálintot, a dunántúli főkapitányt választották. Alig egy hónappal később a két király pártja között újra kirobbant a nyílt háború. A rövidesen beálló téli időjárási viszonyok miatt a hadakozásokra csak a következő év tavaszán kerülhetett sor. Mivel a török hatalom katonai beavatkozást ígért, enyingi Török Bálint igyekezett szabaddá tenni a Balaton és a Duna közti felvonulási útvonalakat. Ezért 1541. április végén enyingi Török Bálint csapataival a Ferdinánd-pártiak által megszállt Dombóvár ostromára vonult.

Miután a Ferdinánd-párti hadak 1541. május 4-én ostrom alá vették a János-pártiak kezén lévő Buda várát, június 19-én Szulejmán szultán személyes vezetésével a török sereg megkezdte támadását a Magyar Királyság ellen, a

János-pártiak támogatására. A török sereg 1541. augusztus 21–23-án szétverte a Budát ostromló Ferdinánd-párti csapatokat, majd szeptember 2-án a törökök megszállták szövetségesük fővárosát, Buda várát, melyet 1686. szeptember 2-áig szilárdan a kezükben tartottak. Buda elfoglalásának napján Szulejmán szultán – a korábbi állhatatlansága miatt – enyingi Török Bálint dunántúli főkapitányt elfogatta, és holta napjáig Isztambulban fogságban tartotta. A török politika durva lépése valóságos földcsuszamlást idézett elő a korábbi Szapolyai-párt soraiban. Enyingi Török Bálint felesége és fiai, valamint a Podmaniczky testvérek azonnal Habsburg I. Ferdinánd oldalára álltak váraikkal és fegyveres erőikkel egyetemben.

Ezek után a magyar közvélemény szinte egyöntetűen a Habsburg-háztól várta a török elleni segítséget. Az 1541 végén Speyerben ülésező német birodalmi gyűlésen Frangepán Ferenc egri püspök a magyarság vágyait kifejező beszédében a következőket mondta: „... Nem akörül forog most a kérdés már, hogy bennünket idegeneket segítsétek, hanem Németországot mentsétek meg Magyarországon!"

1542 júniusában újabb török csapatok indultak el Magyarország felé, hogy segítséget vigyenek a Budán összpontosított török erőknek. Ekkor történt, hogy enyingi Török Bálint felesége a család kezében lévő Szigliget várának tiszttartóját: Martonfalvay Imre deákot rendelte magához Pápára, hogy szervezze meg annak védelmét. Míg Martonfalvay Pápán tevékenykedett, Somogy vármegyei birtokát és lakóhelyét még a török csapatok beérkezése előtt a Dersffy család fegyveres emberei kirabolták.

Miután a török csapatok 1542 őszén a Dombai nevű nemesi család birtokában lévő Dombóvárt elfoglalták, északnyugat-északi irányokban a Balaton felé nyomultak előre. A magyar lakosság – elsősorban a nemesség – tömegesen menekült a Balaton mögé, vagy a Balaton környéki várakba. „... Feleségem is csak alig szaladhatott volt Lak (Öreglak) várába az török előtt!" – írta emlékiratában Martonfalvay Imre deák.[169]

Az esztergomi káptalan Kamondi Bálint nevű főesperesét küldte somogyi birtokainak központjába, a Nagybajomtól északnyugatra lévő Szenyér várkastélyába. A főesperes 1542. november 16-án feletteseihez írott levele szerint a vár leromlott állapotban, fegyverek és élelem nélkül állt. Ezért összehívta a vártartományhoz tartozó 109 jobbágytelek parasztjait, s közölte velük, hogy a káptalan a várat le akarja romboltatni, mivel annak védelmére költeni nem tud! A jobbágyok könyörögtek, hogy ezt ne tegyék, mert a török ellenség már a közelben van, s nincs más hely, ahová menekülhetnének. Ekkor a főesperes Szenyér várának élére kinevezte Várdai Tamást és két alvárnagyot, s tíz gyalogos katonát fogadott a vár védelmére. A fegyverzet és az élelmezés azonban továbbra is megoldatlan maradt.[170]

Az 1542. őszi török felvonulást követően a következő évben, 1543. április 23-tól került sor a legnagyobb török támadásra. A török csapatok 1543. június végén Eszéknél átkeltek a Dráván, majd elfoglalták Siklós várát, Pécset, számos Tolna vármegyei erősséget. Ezt követően Esztergom és Tata várakat, s végül – 1543. szeptember 3-án – Székesfehérvárt. A következő évben a törökök folytatták támadásukat, s az 1544 nyarán az isztolni-belgrádi Ahmed szandzsákbég sikertelen támadást hajtott végre Ozora vára ellen. Azonban a Balaton déli partján – a Tihanyi-félszigettel szembeni – Endréd (Balatonendréd) várát sikeresen elfoglalta. A vár és a birtok tulajdonosa, Baranyai Mátyás, egy tóthi Lengyel-leány férje a törökök közeledtének hírére elmenekült Endrédből. A török Kjatib Mehmed Záim krónikája szerint: „... A 951. évben (1544. március 25 – 1545. március 14.) a

Török janicsár (Korabeli rajz)

budai beglerbég, Mehmed pasa Visegrád várát, testvére, Isztolni-Belgrád bégje, a föntebb említett Ahmed bég Csóka (Csókakő) és Endrik (Endréd) várakat foglalta el."[171]

A török csapatok azonnal megerősítették az endrédi várkastélyt, palánkokkal és vizesárkokkal vették körül, mivel pontosan szemben volt velük a Balaton túlsó partján Tihany vára, amely állandó veszélyt jelentett a törökök számára.

Endréd török várnak 1544–1545-ben első parancsnoka (dizdárja) Mohammed aga volt (napi 30 akcse zsolddal), helyettese (kiája) pedig egy Ahmed nevű török katona volt (napi 11 akcse zsolddal).

Endrik (Endrőd) török vár teljes őrsége 130 katonából állott.[172]

Endrőd vára a mai Várhegyen állott; egyik megmaradt falát 1772-ben a mai római katolikus templom építésénél használták fel, s a templomnál a hajdani száraz árok helye még napjainkban is jól kivehető.[173]

Az Endréd várától mintegy 8 km-re délnyugatra lévő Fehérkő várát – amely ekkoriban Perneszi Ferenc nemesúr tulajdonában volt – vagy a tulajdonosa, vagy a magyar katonaság 1543–1544-ben felrobbantotta. A vár ugyan a lőfegyverek korában már védhetetlen volt (a terep a vár felé lejtett, és a tüzérség belőhetett a várba), ennek ellenére félő volt, hogy a török katonaság esetleg befészkeli magát az erősségbe. Az 1961–1963. évi feltárásnál megállapítható volt, hogy a robbantáskor a lőport a pincékben helyezték el, s a robbanás ereje elszakította és kifelé nyomta az alapfalakat, melynek következtében a lakóépület részei a pincére zuhantak.[174]

Törökkoppányt (Koppányt) a török csapatok már 1543-ban megszállták, de komolyabb erődítésére csak az 1550-es években került sor. Az ettől északra – a Balaton felé eső – Karád falunál viszont egy palánkerődöt építettek 1543–1544-ben a török csapatok, azonban részletesebb adatok ebből az időből ismeretlenek. Ugyancsak megerődített palánkot építettek a török csapatok a mai Balatonszemesnél, amely várat a későbbiekben Bolondvárnak neveztek, s amely egy 1900-ban épített üdülő helyén állott.[175]

A török sereg – Endrédtől (Balatonendrédtől) Balatonszemesig (Bolondvár) – kijutott a Balaton déli partvidékére, mikor 1545 tavaszán sor került a török várvonal mögött lévő Ozora és Simontornya magyar várak elfoglalására.[176] Ahmed szandzsákbég 1544 tavaszán sikertelen kísérletet tett Ozora várának elfoglalására. A kudarc miatt 1545 legelején le is váltották szandzsákbégi rangjáról. A szultáni tanács jegyzőkönyve szerint Isztambulból 1545. április 4-i dátummal küldtek parancsot a budai pasának és a mohácsi szandzsákbégnek, hogy a fehérvári szandzsákbéggel együttműködésben indítsanak támadást Ozora és Simontornya bevételére: „... a budai beglerbégnek az (adatik) parancsba: most a nyomorult gyaurok várai közül az Azor (Ozora) és Simontor (Simontornya) nevű várak gyaurjai nem nyugszanak, és állandóan lemennek a Tuna (Duna) irányába, elvágják az utakat, és nem szűnnek meg gonoszságot és rosszat tenni. Tudomásomra jutott, hogy pillanatnyilag azon az úton nem lehet átmenni gyülekezésre. Mivel kártevésük és gazságaik megakadályozása a legfontosabb ügyek közül való, ezért ebben az ügyben parancsot küldtem a kegyes emírek példaképének, a mohácsi és isztolni-belgrádi (székesfehérvári) szandzsákbégnek. Elrendeltem, hogy az említett váraknak a nyomorult gyauroktól Allah segítségével történő meghódításáért és felszabadításáért tegyék meg az előkészületeket..."[177] A török támadás, majd Ozora és Simontornya várak – jelentősebb harc nélküli – elfoglalása 1545 nyarán zajlott le.

A Sió és a Balaton menti várakba – a budai pasa beglerbég parancsára – a szekszárdi, siklósi, székesfehérvári és szegedi török várakból ide vezényelt török katonaság vonult be.

A következő évben az „Üngürüsz vilajet" (magyarországi tartomány, székhelye: Buda vára) részét képezve megalakult a simontornyai szandzsák (katonai és adóztatási körzet), központjában Simontornya várával. Első szandzsákbégjének személye és neve ismeretlen. A megalakulás évében (1546-ban) a simontornyai szandzsák négy alkerületből – „nahijé"-ből – állott:

1. Simontornyai nahijé: 1 város, 15 falu, 2 lakott puszta;
2. Endrédi nahijé: 1 város, 18 falu,
3. Tamási nahijé: adatai ismeretlenek;
4. Ozorai nahijé: 1 város, 8 falu.

Mindegyik nahijé központja egy-egy megerődített vár volt, melyet az összeírás „városnak" jelölt.[178]

A simontornyai szandzsákban állomásozó török katonaság száma 1545–1546-ban 619 fő volt. Valamennyien pénzben kapták zsoldjukat; tímár-birtokos egy sem volt.[179]

A simontornyai szandzsáktól délre eső területeket – koppányi szandzsák néven – majd csak 1555-től szervezték meg a törökök.

A Balaton keleti-délkeleti térségében – 1545–1546-ban – kialakított simontornyai török szandzsákkal szemben, a Fonyód, Somogyvár, Kaposvár, Szigetvár, Barcs vonalon a Habsburg királyi hadsereg és a dunántúli főkapitányság igyekezett egy összefüggő vonalon, illetve mélységben védelmet kiépíteni. A védelmi vonal északi szárnyát: Palota (Várpalota), Veszprém, Tihany, Vázsonykő, Tapolca, valamint Tátika, Rezi, Szigliget, Csobánc várak alkották. A védelmi vonal déli szárnya: Fonyód, Marcali, Lak (Öreglak), Somogyvár, Kaposvár, Szigetvár, Barcs várakra támaszkodott.

Ebben az időben a várak védelme az adott föld birtokosára hárult, de 1546-tól kezdve (az országgyűlések sürgetésére) a várakba királyi zsoldon tartott katonaság is vonult.[180] Az 1546. évi országgyűlés kimondta, hogy a király elsősorban Tihany, Dombó, Kaposújvár, Somogyvár, Lak, Sziget várakról gondoskodjék. Egy 1548. évi összeírás szerint a balatoni végvárakban az alábbi – királyi zsoldpénzen lévő – katonaság állomásozott: Palota (Várpalota) 100 lovas és 80 gyalogos; Veszprém: 150 lovas és 100 gyalogos; Sümeg: 50 lovas és 16 gyalogos; Tihany: 24 lovas és 16 gyalogos; Vázsonykő: 6 lovas és 10 gyalogos; Pacod: 12 gyalogos; Lak: 16 gyalogos; Somogyvár: 32 gyalogos; Kaposújvár (Kaposvár): 25 gyalogos; Sziget (Szigetvár): 1000 lovas és 400 gyalogos.[181]

Tihany várában ebben az időben már királyi kapitányok parancsoltak: Horváth Márk volt az első (1546 és 1554 között). Az ő parancsnoksága alatt lévő 24 lovas és 16 gyalogos katona királyi zsoldon volt; a lovasok havi zsoldja 3 és fél forint, a gyalogosoké pedig 2 forint volt.[182]

A balatoni magánvárak tulajdonosai között bizonyos változások zajlottak le az 1540-es években. Hegyesd vára, valamint Györök vára (mely utóbbi a vonyarcvashegyi Balaton-parton, a Szentmihály-dombon állt), 1543-ban Mezőlaky Ferenc birtokába jutott, miután a korábbi birtokos – ákosházi Sárkány János nemesúr – Margit nevű leányát feleségül vette.[183] Csobánc vára változatlanul a Gyulaffy család János nevű fejének birtokában volt, s Tátika és Rezi várai is a gersei Pethő család változatlan tulajdonában voltak. Szigliget vára – 1547-ig – Török Bálint felesége és fiai birtokát képezte, majd a Lengyeltóthy Lengyel család a várat és vártartományát újra visszakapta Habsburg I. Ferdinánd királytól. Míg a Török család várnagya egy Egyed nevű személy volt (aki Köbölkúton, Szentantal fán és Badacsonytördemicen birtokolt egy-egy adózó jobbágyportát), a Lengyeltóthy Lengyel család szigligeti várnagyát Magyar Bálintnak hívták. Ez a Magyar Bálint volt az, aki 1542–1544 körül Fonyód faluban palánkerődítéssel vétette körül a falu templomát. A cölöppalánkokkal és vizesárokkal körülvett erődítmény a mai Szent István, Lenke, Arany János utcák közti térségben állt. Ma is jól láthatóak a négyzetes térséget körülvevő 100 x 100 méter hosszan húzódó, 10 méter széles várárkok. A nagy árkokkal bezárt terület közepén újabb, kör alakú árok húzódott. Míg a két árokrendszer között voltak a vár istállói, ólai, gazdasági épületei, a kör alakú árkon belül volt a belső vár, melynek központját a XI–XII. századi kőtemplom képezte. A vár sáncaitól keletdélkeletre, néhány száz méterre már a Bézsenyi-bozót nádasai terültek el, mögötte pedig a Balaton hullámzott. Így a vár valóságos sziget volt a nádasok és a Balaton között. Giulio Turco 1569–1570-ben készített felmérése szerint a palánkvár kapuja – az árkon át leereszthető híddal – a mai Szent István utca felé nyílott a külső árkon át. Ennek folytatásában volt a második felvonóhidas kapu a belső várba.[184]

Fonyódtól délre a Nagyberek járhatatlan mocsarai és vízállásai mintegy 15 km hosszan akadályoztak meg minden mozgást. Ettől délnyugatra három vár reteszelte el az utakat. Ezek közül a legészakibb Lak vára volt (a mai Öreglak községnél). A vár és vártartománya az 1530-as évektől 1542-ig enyingi Török Bálint családjáé: feleségéé és fiaié volt. Ebben az évben Várday Pál esztergomi érsek a Török családtól a várat elvette, s azt Báthori Annának adományozta. A földbirtokos fegyveresein kívül – 1548–1549-ben – a király tíz gyalogos hajdút tartott itt évi 240 forint zsoldpénzért.

Lak várától 4 kilométerre délre meredek oldalú löszmagaslaton állt Somogyvár megerődített monostora. Komolyabb erődítésére soha nem került sor. Ebben az időben még mindig enyingi Török Bálint családjának – feleségének és fiainak – birtokában volt az erősség. A várban lévő földesúri katonaságon kívül 1543. július 2-án és november 2-án Habsburg I. Ferdinánd király 15 lovas és 20 gyalogos katonára adott zsoldpénzt a várnak. Néhány évvel később – 1549-ben – 24 főnyi királyi hajdú is állomásozott Somogyváron, évi 575 forint zsoldpénzért. Megjegyzendő, hogy a megerődített monostorban – 1553-ig – szerzetesek is voltak.[185]

Lak és Somogyvár erősségektől 17 km-re nyugatra helyezkedett el Marcali vára, melyről – azonkívül, hogy volt – nem ismert semmi.

Marcalitól 12 km-re délnyugatra, a Marcali és Kanizsa közti feleúton erődítették meg a Csákány falu melletti monostort. Az erődítési munkálatokat Tahy Ferenc kanizsai főkapitány rendelte el, és hajtatta végre. Egy kortárs – Palat Jeromos – leírása szerint: „... Igen szép helyen fekszik (ti. Csákány vára), és félmérföldnyi körzetben nincs egyetlen hegy sem... Van egy árka is, melynek hasznos mélysége 8 lábnyi (kb. 2 és fél méter). Van a végháznak egy magas és erős tornya, melyből Segesd várát lehet látni. A végházban szolgáló 150 gyalogos katona jobban szolgálja az ország javát, mint Komáromban 300..." Az említett magas és erős torony a volt kolostor templomának tornya, amely ma is áll, körülötte az egykori várárok nyomaival.

Csákány várától 4 km-re nyugatra helyezkedett el (a mai Komárvárosnál) Komár vára. A belső és külső várból álló erősséget három oldalról mocsár vette körül. A belső várat cölöpkerítés vette körül, négy sarkán ugyancsak cölöpökből épített bástyákkal, s a belső várban L alakú kőépülettel, ahol a vár őrsége tanyázott. A belső vár északnyugati bástyája egy alacsony torony volt, innét nyílt a kapun át egy felvonóhíd, amely a külső várba, az úgynevezett huszárvárba vezetett. A belső és külső vár között széles vizesárok húzódott. A 60 x 20 lépés alapterületű külső, vagy huszárvárat is cölöpkerítés vette körül, négy sarkán félkör alaprajzú bástyákkal; egyedül a délkeleti sarokbástya volt előreugró háromszög alaprajzú.[186]

Az említett várak mögött átlagosan 15 km-re húzódott a Zala folyó nagy kanyarulata és a Balatonba ömlő torkolata. Itt – Zalahidvégnél – ívelt át a nagy híd a Zala folyón. Hidvégnek is volt valamiféle erődítménye – a hajdani frank–bajor erősség helyén –, mert az 1659. évi IV. törvénycikk 1. pontja szerint a kis-komáromi erősségbe menő és jövő katonák biztonsága érdekében a „lerombolt hidvégi erődöt újra fel kellett építeni!".[187]

A zalai átkelőhelytől 3 km-re helyezkedett el Zalavár erődítménye. Az ősi monostorerőd magja egy félköríves záródású templomépület volt, erős toronnyal. A templomépülethez négyzetes kolostorépület csatlakozott, melyet szabályos négyzet alaprajzú fal vett körül, négy sarkán hengeres alakú tornyokkal. Az erődítményt széles vizesárok ölelte körül, a vizesárok külső szélén pedig cölöpkerítés húzódott. (Lásd: Giulio Turca 1569. évi felmérését.)[188]

Zalavártól északra kb. 10 km-re – a Zala folyó szigetén – álló Szentgyörgyvár vagy Békavár is része volt a Balaton délnyugati térségében lévő végvári rendszernek. A zalabéri Horváth család birtokát képező kis erősség a Zalahidvégnél a Zala-folyót átlépő út biztosításában játszott szerepet.

A Balaton délnyugati végének legjelentősebb erőssége – a gersei Pethő család birtokát képező – Keszthely mezővárosában épült ki az 1543–1550 közti években. A környező vidék lakossága – mint azt a kortársak írták – „... az ellenség pusztító dühössége elől elfutottak, házaikat elhagyván és azokat az ellenség által elégettetvén, lakásaikat Keszthely városába mint biztonságos menedékhelyre vitték és a városi fegyverviselő polgárok számát szaporították."

Keszthelyen – királyi parancsra – az 1380–1390-es években épített ferences rendi kolostort és a hozzáépített (torony nélküli) templomot erődítették meg. A kolostorépület összes ablakait, ajtóit befalazták (elsősorban a templom nagy, déli ablakait rakták be téglával és kővel), majd az épületegyüttes köré hatalmas gerendákból rótt, földsánccal megerősített – és vizesárokkal körülvett – palánkot építettek. Keszthely földesura gersei Pethő János „... miveseket vitt nagy költséggel, az nyáron aztán úgy épültünk jobbadán, rakatta az hol szükség volt küvel régi barátok ablakait, ajtajait, az hol romladozott volt, feljebb rakatta az házakat, tornyot meg építtetett, házakat benne és pincéket... Így kezdte szegény úr építeni, kénytelen Császár akarattyábul és parancsolattyábul Keztelt."

Az épületegyüttest – melynek kőanyagát zömében a fenékpusztai római erődromokból hordták ide – 8 öles (kb. 15 méter széles) vizesárok vette körül. Különösen a déli oldalt, a templom déli falát erősítették meg három párhuzamos kőfallal, illetve gerendapalánkok közé rakott – 6 méter vastag – földtöltéssel. A déli templomfalat a ma is álló karcsú figyelőtoronnyal egészítették ki, melyet lőrésekkel is elláttak. Itt a régi templomépület egyik részében volt a későbbiekben a rabul ejtett törökök börtöne.

A régi kolostorépület északnyugati sarkán épült fel az ún. Pethő-torony, melyet neveztek még „Fehér-bástyának" is. A vizesárkon át két híd vezetett a várba: egyik a templom déli falához épített védműveken át, a másik pedig a nyugati oldalon – nagyjából a kolostor mai kapuja helyén –, közvetlenül a régi monostorépületbe vezetett át.

A volt ferences rendi monostorépületből kialakított belső várat körülvevő városrészt – a „hóstát" – is körülsáncolták. A portyázó törökök miatti félelemből, még el nem készült, de „... az városbeliek is bementek éjjelre (ti. a monostorerődbe) hálni, feleségeket, gyermekeiket szegények bevitték!".

Keszthely vára 1550 márciusára készült el, ugyanis businі Keglevics Péter már innét – „Keszthely várunkból" – keltezte 1550. március 22-én írott egyik levelét. Keszthely őrségét általában a Habsburg-királyok fizették: átlagosan 50 lovast és 100 gyalogost. A gersei Pethő család – amely a későbbiekben keszthelyi főkapitánynak címeztette magát – saját költségén csak két puskás gyalogost fizetett. Gersei Pethő János pedig – közvetlenül a vár átadását követően – 2 db tarackot, néhány szakállas puskát és lőport küldött a vár védelmére.[189] Keszthely első ismert várnagya 1558-ban Sovics Mihály volt.

Keszthely erődítési munkálatainál nagymértékben igénybe vették a környező földesurak jobbágyainak erődítési ingyenmunkáját, amely 1567-ig évi hat nap volt, s 1567-től évi tizenkét napra emelkedett.[190]

Az 1540–1550-es években fokozatosan kiépült az Adriai-tengertől Szatmár váráig az a végvári vonal, melynek kb. 100 km-es szakaszát képezte a balatoni várak sora. Kétségtelenül a legjobban védhető szakasza volt ez a végvári rendszernek. Az akkori Balaton víztükrét a déli parton hatalmas mocsarak (Nagy Berek) egészítették ki – így a part egy részét szinte megközelíthetetlenné tették. A balatoni végvidék szerencsétlenségére – a XIV–XVIII. században – egy hosszan tartó lehűlés, az ún. „kis jégkorszak" uralta ekkor Európát, s ez a téli hónapokban vastag jégpáncéllal borította a Balatont és mocsárvilágát. Így aztán a Balaton és mocsarai télvíz idején teljes lovashadakkal járható volt, amit mindkét fél állandóan kihasznált.[191]

A végvári védelmi rendszer kiépülésének kezdetén – 1548-ban – Habsburg I. Ferdinánd király Báthori András országos főkapitány mellé a Dunántúlra kerületi generálist nevezett ki. Ennek székhelye kezdetben Pápa vára, majd Szigetvár, s végül Kanizsa vára volt.

Az 1541–1543. évi török hadjáratok által megindult háborúskodás a törökországi Drinápolyban – 1547. július 19-én – megkötött békével ért véget. A békesség fejében Habsburg I. Ferdinánd király évi 30 000 aranydukát értékű ajándékot fizetett a török udvarnak. Mint az várható volt, a békekötés egyáltalán nem vonatkozott a határvidéki hadakozásokra. Sőt 1548 őszén zajlott le az első nagy török támadás a Balaton vidék ellen. A simontornyai török szandzsák csapatai – 1548. október 29-én – nagyarányú támadást intéztek a „fonyódi sziget" ellen. Magyar Bálint fonyódi és szigligeti kapitány azonban csapataival a török támadást sikeresen visszaverte.[192]

Ezzel egyidejűleg az isztolni/belgrádi (székesfehérvári) török lovashadak a Balaton egész északnyugati partvidékét végigpusztították. A pusztító támadásról csak a királyi dicális adóösszeírásokból értesülhetünk. A dicátorok jelentése szerint Alsóörsön a veszprémi vár kapitányának négy adózó és két szegény, valamint a bakonybéli apátság egy adózó jobbágyportáját égették fel a török katonák. Aszófő faluban devecseri Csóron András két adózó jobbágyportáját, Akaliban a fehérvári őrkanonok két adózó és 23 szegény jobbágyportáját, Füreden a veszprémi káptalan két és fél, devecseri Csóron András egy, a veszprémi vár kapitányának három adózó jobbágyportáját, Csopakon a veszprémi várkapitány hat adózó jobbágyportáját pusztították el; itt az adóösszeíró megjegyezte: „... a lakosságot a török elhurcolta. A falu felégetve!" Boldogasszonydörgicsén a fehérvári őrkanonok három adózó és négy szegény jobbágyportáját égették fel a török katonák; Felsőörsön Ányos Boldizsár négy, a veszprémi kapitány öt, Pethő János három, az örsi prépost két jobbágyportáját perzselték fel a törökök. Lovas faluban a veszprémi várkapitány öt adózó és tíz szegény jobbágyportáját égették fel; Paloznakon a veszprémi várkapitány két adózó és tizenkét szegény jobbágyportáját pusztították el. Kispécselyen az óbudai káptalan hat, a veszprémi várkapitány három adózó jobbágyportáját perzselték fel. Vászolyban a veszprémi várkapitány tizenhárom jobbágyportáját égették fel a török katonák. Hasonló volt a helyzet Badacsonytördemicen is, ahol Tiborcz Péter kettő és Egyed szigligeti porkoláb egy portáját; Ecséren Csóron András négy és Győrffy Antal egy adózó portáját; Herenden Puska Antal, Király Mátyás, Képes Mátyás egytelkes egyházi nemesek és a veszprémi káptalan három adózó jobbágyportáját; Mindszentkálon Csóron András nyolc portáját; Szentbenedekkálon ugyancsak Csóron András hat portáját; Kékkúton ugyancsak az ő birtokában lévő hét szegény portát; Kisfaludon a veszprémi káptalan kilenc portáját; Köbölkúton a sümegi plébános egy és Egyed szigligeti várnagy egy adózó jobbágyportáját; Lesenceistvándon Csóron András tizenhat portáját; Szőlőörsön a győri káptalan öt és Csóron András szintén öt szegény portáját; Monoszlón Czibak János két portáját; Kővágóörsön Horváth Péter egy, Győrffy Antal kettő, az almádi apátság egy szegény portáját; Rendesen Gyulaffy László egy adózó és két szegény, Gyulaffy Jánosnak egy adózó, Litteráti Imrének egy adózó, Fekecs István özvegyének egy adózó, a menekült nemeseknek egy adózó portáját, Sáskán Gyulaffy Jánosnak egy adózó, Gyulaffy Lászlónak hét portáját; Szentbereckfalván a veszprémi püspöknek három jobbágyportáját égették fel a török katonák.[193]

A török katonaság a már meghódított területeken – például a simontornyai szandzsákban – ilyen méretű pusztítást nem hajtott végre. Összehasonlítva az 1530-as évek magyar állami rovásadó (dicális) összeírásaival a településeket, az a következtetés vonható le, hogy a lakosság a török hódoltsági területeken a helyén maradt. A pusztaként emlegetett helyek már az 1541–1543. évi háború előtt elnéptelenedtek, például az ozorai nahijé 1543-ban felsorolt tizenegy pusztája közül csak háromról – Dorok, Fornád és Kecsöj pusztáról – mutatható ki, hogy a török csapatok nyomán vált lakatlanná. Dávid Géza számításai szerint például az endrédi nahijében 1546 előtt 54 helységet írtak össze (melyek közül 29 település már a törökök megjelenése előtt puszta volt). A ténylegesen meglévő 25 falu közül a török hódoltság alatt mindössze hat falu néptelenedett el (ami 24%-os pusztulásra utal!). Hasonló volt a helyzet a simontornyai szandzsák más nahijéiban is: az ozoraiban három, a tamásiban pedig öt falu néptelenedett el véglegesen a török hódoltság alatt. Az 1546–1590 közti ötven évben a simontornyai szandzsákban mindössze három falu néptelenedett el végérvényesen: a simontornyai nahijében Tölgye és Alsó-Hodor, az endrédi nahijében pedig Kapurév.[194] Az összeírások szerint az endrédi török nahijében a falvak száma az alábbi volt: 1546-ban –18; 1552-ben – 18; 1565-ben – 17; 1570-ben – 17; 1580-ban – 16; 1590-ben – 18.[195]

A hódoltsági területeken nem volt ritkaság, hogy magyarok is török szolgálatba álltak. Sokan álltak be az úgynevezett „arabadsik"-ok közé, akik szervezett formában vállaltak fuvart, vontatást a török katonaság részére. Egy ilyen csapatról tudunk az endrédi nahijében is. „Szerodájuk" (tizedesük) Szalai Péter volt, napi 20 akcse zsoldért; tagjai voltak: Szabó György, Mázos Lőrinc, Varga György, Bujáki Bertalan, Nagy János, Nagy Máté, Kocsor Borbás, Mázos Imre, Pap György, Gabos Máté, Kerekes Gergely, Pap Benedek, Kása Antal.

A koppányi nahijében is működött egy ilyen csapat Bodó Miklós szeroda vezetésével, aki szintén napi 20 akcsét kapott zsoldban. Az ő vezetése alatt voltak: Lacza János, Nagy Gergely, Dózsa (?), Balassa Máté, Papp Márton. Mindkét nahijében a közemberek napi 4-4 akcse zsoldot kaptak. (Egy akcse nagyjából azonos volt egy magyar ezüstdénár értékével.) Mindkét csapat az 1551. évben tevékenykedett.[196]

Az 1550. év viszonylagos nyugalommal kezdődött. A balatoni végvidéken a kora nyári időben – május 10-én – egyetlen jelentős esemény zajlott le. István somogyvári apát tiltakozását adta be a zalavári konvent előtt, hogy gersei Pethő János rezi, tátikai és keszthelyi embereivel megrohantak és kifosztottak egy, a somogyvári apátság birtokát képező falut. Bíráknak kérték fel Zolthay Andrást és Miklóst, akik várnagyok voltak Zalaváron.[197] Az ügy még folyamatban volt, mikor 1550. augusztus–szeptember fordulóján egy török lovascsapat Zalavár és Keszthely körzetében áttört a magyar végvárak között, és mélyen behatolt a Zalaságba. Nádasdy Tamásné tett erről említést férjének 1550. szeptember 4-én írott levelében: „... Továbbá Kegyelmednek egyéb újságot nem írhatok, hanem hogy az törökök ismég rablának ide mifelénk. Bérnél, Simeg és Tadik (Tátika vára) között ment el a had, Szent Grótban hat házat égettek, azon innét egy falut is elégettek, Szent Geróttul fogva Csányig és Szent Györgyig mondják, hogy rablottak... Az Balaton mellett mentek alá."[198] Míg 1550-ben a Balatont délnyugatról kerülték meg a török lovashadak, kereken egy év múlva – 1551. augusztus végén – Veszprém vára és Vázsonykő vára felől észak-északnyugati irányból. Egy Ádám nevű deák írta ezt 1551. szeptember 1-jei és 4-ei levelében Nádasdy Tamás főkapitánynak. A levél szerint a török csapatok Veszprém és Vázsonykő felől Sümeg és Tátika várakig nyomultak előre, Szentgrót részeit, völgyét és a környező falvakat felprédálták. A Zalaságba mélyen behatoló török sereg ellen Nádasdy Tamás riasztotta a környező végvárak magyar csapatait. A sárvári, pápai és győri magyar várak katonasága valahol Veszprém körül állták el a Székesfehérvár felé visszavonuló török csapatok útját. „... mentek volt Veszprémbe az török elébe, ott az uraimmal, kik ott Veszprémben voltak!" – írta a csatában részt vevő Cseh Dénes Nádasdy Tamásnak. A 700 lovasból és 800 gyalogosból álló magyar sereg Veszprém közelében „... reájuk ütöttek az terekre!". A csata a magyarok győzelmével végződött: „... Az fő vajdák, agák mind fogollyá estek – írta az említett Cseh Dénes. – Azt mondja Zarka Pál (a Pápáról jött lovasság parancsnoka), hogy Mátyás királytul fogva időkben sehol sem estek ennyi fő népek és ilyenek, mint most estek!" Állítólag a magyarok kilencszáz törököt levágtak és elfogtak, míg a magyar hadból csak ketten estek el. „... Ez valóságos csodája volt a mindenható Istennek – írta 1551. október 6-án Batthyány Katalin grófnő özvegy Mária királynéhoz küldött levelében –, ötszáz lónál többet ejtettek martalékul, azonkívül mi a parasztnép kezében maradt. A paraszt nép is, a gyalogság is nagy kárt tett bennük, mert a törökök gazdátlan lovaira kapván fel, agyonverték, akiket csak értek!"[199] A szörnyű vereség miatt Velicsán fehérvári szandzsákbég a fehérvári magyarokat vádolta és okolta árulással. Hazatérése után kilenc vezető fehérvári polgárembert – köztük a városbírót – lefejeztetett. „... Az fejérvári főpolgárokban kilencet vágatott le. Az bírót is! – írta a fentebb említett Ádám deák Nádasdy Tamásnak. – Azt mondotta, hogy ők tettek hírt ide az uraiméknak, úgy gyűltek reájuk és ezért verték meg üket!"[200]

HARCOK A BALATON-FELVIDÉK TÉRSÉGÉBEN (1552–1566)

Biztosra vehető, hogy a fentebb leírt – a Balatontól északra, valahol Veszprém vára közelében lezajlott – csata is hozzájárult ahhoz, hogy Hadim Ali pasa (budai beglerbég) 1552 április–májusában több irányú támadást rendelt el a balatoni magyar várak ellen. Egy kisebb erejű csapást hajtott végre a simontornyai török szandzsák katonasága: elfoglalták Görösgál palánkvárat, majd pedig Koppányt (a mai Törökkoppányt). Koppányt török katonaság – 57 ulufedzsi-lovas és 29 szerb gyalogos-martalóc – szállta meg. Azonban néhány héttel később a szigetvári magyar csapatok rajtaütésszerű támadással a megerődített koppányi palánkot visszafoglalták.

A Somogy vármegye területén és a Balatontól délre kibontakozó török katonai mozgás már 1552 januárjában nyugtalanságot keltett Keszthely várában. Gersei Pethő János – aki magát keszthelyi főkapitánynak mondotta – 1552. január 3-án az alábbiakat írta Nádasdy Tamás nádornak és főkapitánynak: „... Ő Felsége tenne valami fizetést oda (ti. Keszthely várába), mert tuggya Te Nagyságod, mely félelmetes helyen vagyon, és az Atyafiak is immár semmi gongyát nem viselik, hanem mostan is tulajdon az én magam kőcségével tartok népet benne!... Azért láttya Isten, hogy immár nem győzém, hanem Ő Felsége fizetést nem akar belé tenni... ha az ellenség bele megyen, mind az egész földnek nagy veszedelme lészen belőle!"[201]

A magyarországi török főerők azonban nem a Balaton délnyugati megkerülésével támadtak, hanem – Hadim Ali pasa (budai beglerbég) személyes vezényletével – Veszprém vára ellen vonultak 1552. május első napjaiban. Veszprém várának magyar katonasága azonban alig két hétig tartó ellenállás után a várat gyáván átadta a török seregnek. Veszprém vára – 1552. június 2-től – kereken tizennégy évig, 1566. június 30-ig volt a török sereg kezén. A Veszprém körüli völgyekben állandóan nagyszámú török katonaság gyülekezett és táborozott, honnét sorozatosan indítottak támadásokat részben a Rába irányába, de még többször a Balaton-felvidék felé.

A Habsburg-hadvezetés és a dunántúli magyar főkapitányság a Veszprém várából kiinduló török támadások megakadályozására nagy félkörben erődítette a várakat. A Balaton északi partvidékének védelmére elsősorban Tihany várát erősítették. Veszprém eleste után a Nyugat-Magyarországra menekült veszprémi káptalan, tizenkét faluját – évi 200 forint összegért – a tihanyi várnak adta át. A bérletet a pozsonyi Magyar Kamara fizette ki a káptalannak, a falvak jövedelmeit és más szolgáltatásait pedig Tihany vára kapta.

Tihany várának anyagi megerősítése mellett – 1552. augusztus 23-án – Habsburg I. Ferdinánd király megengedte, hogy a tihanyi vár védelmére az ottani őrséget 25 lovas és 25 gyalogos katonával megerősítsék. Ezzel az intézkedéssel Horváth Márk – Tihany várának első királyi kapitánya – összesen 150 főnyi őrséggel rendelkezett. A vár bővítése és erősítése is megindult, de a munkálatok majd csak 1554-től gyorsultak fel. Ezzel egészen a török háborúk befejezéséig Tihany végérvényesen katonai objektummá vált.[202]

Tihany vára mellett ugyancsak a Balaton-felvidék védelmére Vázsonykő (Nagyvázsony) várát is jelentősen megerősítették. A vár és vártartománya ebben az időben Kinizsi Pálné Magyar Benigna második férjének, Kamicsáczi Horváth Márknak a rokonaihoz került. Hosszas vita után Habsburg I. Ferdinánd 1539-ben zárta le az örökségi ügyet: Vázsonykői Horváth Jeromos és Péter, valamint Klyzi Horváth Gáspár birtokába adta Vázsonkő várát, valamint a vártartományhoz tartozó Csepely, Bakonyhe-

Veszprém vára a XVI. században (Korabeli rajz)

rend, Alsóbarnag, Nagyszőllős és Kerta falvakat, Kabtelke pusztát, a felsődörögdi birtokrészt. A család ettől kezdve „vázsonykői Horváth" néven nevezte magát, de előfordult, hogy a családot csak „Vázsonyi" néven említették. Veszprém elestekor a magántulajdonban lévő Vázsonykő várában királyi zsoldon lévő katonaság állomásozott: 20 lovas és 50 gyalogos. Vázsonykő parancsnokai vázsonykői Horváth Gáspár és Péter voltak; a királyi őrség közvetlen parancsnoka azonban Rácz Péter vicekapitány volt.

Tihany és Vázsonykő várak feladata – Sforza Pallavicini tábornoknak, Pápa várából 1552. október 1-jén írt levele szerint – az alábbi volt: „... Ugyanis azok a véghelyek, melyeknek kötelessége az, hogy ezeket a részeket a török ellen megvédjék – mint Leveld, Vázsonykő és Tihany –, szükséges, hogy a törökök átkelését megakadályozzák, ha azok Tapolca ellen támadást akarnak intézni!"[203]

1552 június–júliusában jelentős munkával megerősítették Vázsonykő várát. A vártól mintegy kilométerre lévő pálos rendi kolostort felrobbantották. Részben azért, nehogy a török katonaság befészkelje oda magát, részben azért, hogy a kőanyaggal Vázsony várának falait megvastagíthassák. A vár őrségét is megerősítették: 1552-ben 20 lovast és 50 gyalogost vezényeltek a várba.

Veszprém elfoglalása után várható volt a török csapatok további támadása. Nádasdy Tamás dunántúli főkapitány utasítására a végvárak csapatai Szentgrót váránál összpontosultak, hogy onnét figyeljék a török hadak hadmozdulatait. Nádasdy Tamás 1552. augusztus 23-án Magyar Bálint szigligeti és fonyódi kapitányt is utasította, hogy szálljon táborba Szentgrótnál, s onnét tartsa szemmel a Veszprém várából portyázó török csapatokat. Magyar Bálint a parancsnoksága alá rendelt lovassággal augusztus 29-ére Karakóhoz vonult, a Marcal gázlóinak őrzésére.[204] Jelentősebb török támadás azonban 1552 őszén már nem bontakozott ki.

1553 tavaszán újra hírek terjengtek egy várható újabb török támadásról. Mészáros Bálint emöldi kapitány 1553. április 16-án levélben figyelmeztette Gyulaffy László csobánci kapitányt, hogy „... az törökök igen készülnek mind Fejérvárban, mind Veszprimben, s általán fogva kimennek rabolni!". Ezzel egyidejűleg egy ismeretlen – magyar származású – török íródeák is levelet írt Ujfalussy Ferenc palotai udvarbírónak, melyben figyelmeztette, hogy rövidesen török támadás várható: „... Tudtára adom Kegyelmednek, hogy felmentem Veszprémbe ahhoz az emberhez, akit Kegyelmed is ismer. Elmondtam neki Kegyelmed akaratát, és ő így válaszolt: Szerelmes atyámfia – úgymond –, hogy lennék én veszedelmetekre, ha hitemre azt hallom, hogy Pápát, Palotát, Vázsonyt és Tihanyt még ebben az esztendőben elfoglalják, csak azt várják, hogy lovaik [ti. a tavaszi legelőkön – Sz.] húst szedjenek magukra; most mindnyájan erről tanácskoznak. Azért kérlek mint atyámfiát, add tudomásukra az uraknak, hogy vigyázzanak és viseljék gondját a rájuk bízottaknak, mert nem akarom veszedelmüket!"[205]

A török támadás hírére szóba került a tapolcai templomeről megtartásának vagy lerontásának a kérdése. Sforza Pallavicini generális – egy 1552 végi vizsgálatra hivatkozva – azon az állásponton volt, hogy Csesznek, Leveld (Városlőd) és Vázsonykő erősségekkel nem érdemes foglalkozni és azokat erődíteni, hanem mindhármat alapjaikig le kell rombolni. Miksa főherceg – a magyarországi főparancsnok – azonban nem fogadta el ezt a javaslatot, hanem mindhárom vár megerősítését rendelte el, s mindegyikbe katonai erősítést is küldetett.

Miután Vázsonykő várának további sorsában így döntés született, Sforza Pallavicini generális szóba hozta a tapolcai templomerőd kérdését. Ugyanis a tapolcai Malom-tó feletti magaslaton a már meglévő épületet kőből épített erődítményekkel vették körül, s ezt szándékozták sánc- és palánkerődítéssel nagyobb erősséggé kibővíttetni. Sforza Pallavicini 1553. március 3-án Habsburg I. Ferdinánd királyhoz írott levelében az alábbiakat közölte: „... az elmúlt napokban írtam Bánffy László és István uraknak, hogy Tapolca erőssége (fortalitium) az ő gondjaikra és őrizetére van bízva, nehogy azt a törökök csellel elfoglalják. Ha ugyanis azzal az erősséggel valami kedvezőtlen dolog történnék, főként az ő hibájuknak lehetne tulajdonítani." Közölte a királlyal azt is, hogy Tapolca védelmének a felelősségét vitatják: „... ha annak (ti. Tapolcának) fenntartásáról és őrizetéről a Bánffy uraknak írok, akkor ők azt írják vissza, hogy Gyulaffy László, ő pedig azt, hogy a Bánffy-urak kötelessége az említett erősség őrzése és megtartása!"

Sforza Pallavicini 1553. március 6-án ismét írt a királynak, s közölte, hogy a közelmúltban török felderítők jöttek Leveld (Városlőd) és Vázsonykő várak alá, és azok falait és épületeit vizsgálgatták. Félő, hogy azon helyek egyikét megtámadják! Ha netán Vázsonykő várának ostromára kerülne sor, úgy Tapolca erődjének fontossága nagyon megnövekszik. Sforza Pallavicini 1553. március 19-i levelében a királyra bízta a döntést, hogy mi történjen a tapolcai erősséggel. Mivel pedig könnyen felgyújtható és lerombolható, ugyanúgy könnyen újra felépíthető is. Ha az erődítmény lerombolására kerülne sor, úgy az egész alapjáig lerombolandó, hogy a törököknek még csak reménye sem maradjon, hogy azt elfoglalják és újra felépítsék! Sürgős döntés kell ez ügyben, mivel az erősséget oly hirtelen megvalósítani nem lehet, hogy azt a nagyon közelben lévő veszprémi törökök észre ne vegyék. Akkor pedig biztos, hogy megtámadják Tapolcát és a lerombolást megakadályozzák. S ha a törökök ezt a félig lerontott helyet újjáépítenék, soha nem tudnánk tőlük visszafoglalni!

1553. március 22-én Sforza Pallavicini arról értesítette a királyt, hogy a törökök gyülekezéséről érkeztek hírek, csak az nem biztos még, hogy merre támadnak! Március 24-i következő levelében már arról írt, hogy Tapolca ellen várható a török támadás. Erről a hírről a Tapolcán összpontosított katonák is értesültek, s ezért Sforza Pallavicinitől azonnali segítséget kértek. Midőn Sforza Pallavicini a tapolcai katonák küldöttjétől megkérdezte, hogy milyen őrség van most az erődítményben, az azt felelte, hogy Bánffy urak lovasai tartózkodnak ott, szám szerint kétszázötvenen; a gyalogosok pedig – akik korábban itt voltak – kettő kivételével mindannyian megszöktek. Az ekkor éppen Győr várában tartózkodó Sforza Pallavicini levelet írt Gyulaffy Lászlónak, hogy minél előbb szedjen össze ötven magyar gyalogost, s azokat azonnal küldje Tapolcára. Másnap Sforza újra írt a királynak. Közölte, hogy megvizsgálja Tapolcát. Ha ezt követően úgy dönt, hogy a tapolcai erősség maradjon meg, akkor Gyulaffy Lászlónak erősítést kell küldeni. A király döntse el, hány gyalogost vagy lovast kell odairányítani. Maga Gyulaffy László 200 gyalogost és 200 lovast kért Tapolca megőrzésére.

Miután 1553 nyarán török támadás Vázsonykő és Tapolca körzetét nem érte, a tapolcai templomerőd kérdése a napirendről lekerült. Október 1-jén Sforza Pallavicini generális Pápáról már csak azt írta, hogy a tapolcai templomerődítményt bővítsék ki a közeli malom épületének bevonásával. Az egész erődítmény pedig tíz katona odahelyezésével oltalmazható lesz a kóborló martalócok és egyéb rablók támadásaival szemben.

Tapolca templomerődjének kérdése 1554

nyarán oldódott meg, amikor Franceso Sforza Pallavicini generális arra utasította Gyulaffy Lászlót, hogy a tapolcai erősség erődítményeit romboltassa le, csak a templomot és a szerzetesek házát hagyassa épségben, s azokat adja át a priornak. Gyulaffy László 1554. június 29-én azt jelentette Nádasdy Tamás nádornak, hogy az utasítást végrehajtatta. „... Jelenleg mégis az (ti. az erődítés) elég szilárd formájú, úgy hogy a török azt újra szeretné építeni. Ezért Nagyságos Uraságodnál tiltakozom, nehogy annak a dolognak oka legyek, ha valami kedvezőtlen történne!"[206]

A Veszprém elestét követő 1552–1553. években Zalavárt is felmérték: 1553. december 4-én Zolthay András és Csányi Akácius várnagyok felleltározták a várban lévő fegyverzetet.

Zalavár világi kommendátora, Nádasdy Tamás egyik bizalmi embere Mezőlaky Menyező Ferenc volt, aki – felesége: ákosházi Sárkány Margit hozományaként – Hegyesd és Györök várának volt az ura.[207]

Az 1553. évi felmérés szerint Zalavárnak egy belső és egy külső kapuja volt, valamint három bástyája. A belső kaput egy kétkerekű sugárágyú, a külső kaput pedig 9 db vas szakállas puska védelmezte.[208]

Zalavár az 1550-es években igen rossz állapotban volt. Mezőlaky Ferenc világi kommendátor – 1557. november 7-én – az alábbiakat írta Csányi Ákosnak a vár állapotáról: „... magas falban soha vékonyabb rakást nem láttam, mint a várnak napenyészetről való (ti. nyugati) fala; ezt a falat elhányatnám, két vagy három annyi temérdeken rakatnám. A bástyát is el kellene hányni és temérdek fallal megrakni. Mikor ezek elkészülnének, aztán erős lenne a vár. A jövő esztendőre szándékom az vala, hogy a nagy pincét megboltoztassam és a felső kapu pitvarát (???)... De igen megcsalattam gondolatimban, nem vára a vékony kőfal, hogy én hányassam el, az éjjel előálomkor fundamentumából kidüle! A kapu mellett egy kicsiny rész maradna meg, addig mind eldőlt. Soha kőfalnak hitványabb fundamentumát nem láttam, mint ennek volt. Ha szentkirály rakatta, tisztesség adassék neki, ha apát urak rakatták, igaz bestye áruval (anyaggal) rakatták volt, csak szemfényvesztés; mind éjjel-nappal, kézzel-lábbal érte leszek. Palánkkal e héten ha Úr Isten engedi, megcsináltatom kikeletre, ha meg nem halok, úgy rakom meg, hogy ítélet napjáig el nem dől. A várnak többi közül való falai nem félelmesek, csak a szentegyház sanctuariuma és a fölötte való magas kőfal igen hasadozott. Ha a szentegyház romlott volna el, azt a várban belül esztendőnként csináltathatta volna az ember... Senkiét (ti. jobbágyát) meg nem kímélhettem a palánk csinálásra; itt körül való falukat mind rá üzentem... szinte, mert kellemetes a külső palánk, mely sokáig és nekem készüle meg."[209]

A silány építmények és a fegyverzetbeli hiányok mellett a legnagyobb gondot a várak ellátása jelentette. Körösi Mihály és Radócz Gyárfás 1552. augusztus 30-án a Zala vármegyére kirótt hadiadó (subsidium) késedelmes behajtásáról értesítette gróf Zrínyi Miklós horvát bánt. Közölték, hogy a szántói és tapolcai kerületek jóformán semmit sem fizettek, mivel török hódoltság alá kerültek.[210]

A balatoni várak egyes kapitányai erőszakkal még egymás falvait is elfoglalták és megadóztatták saját katonáik ellátására. Különösen kitűnt ebben Magyar Bálint – Szigliget és Fonyód várainak kapitánya. Ő már az 1550-es években elragadta a távoli Palota (Várpalota) várától Orda és Szőllőslak falukat; Tihany várától pedig elfoglalta és „hatalmasul bírta" a Balaton déli partvidékén Szamárd (Zamárdi), Lulla, Ságvár és Csege falukat, összesen huszonöt Somogy vármegyei falut, „... melyek előbb vagy utóbb tihanyi birtokok voltak". Magyar Bálint még

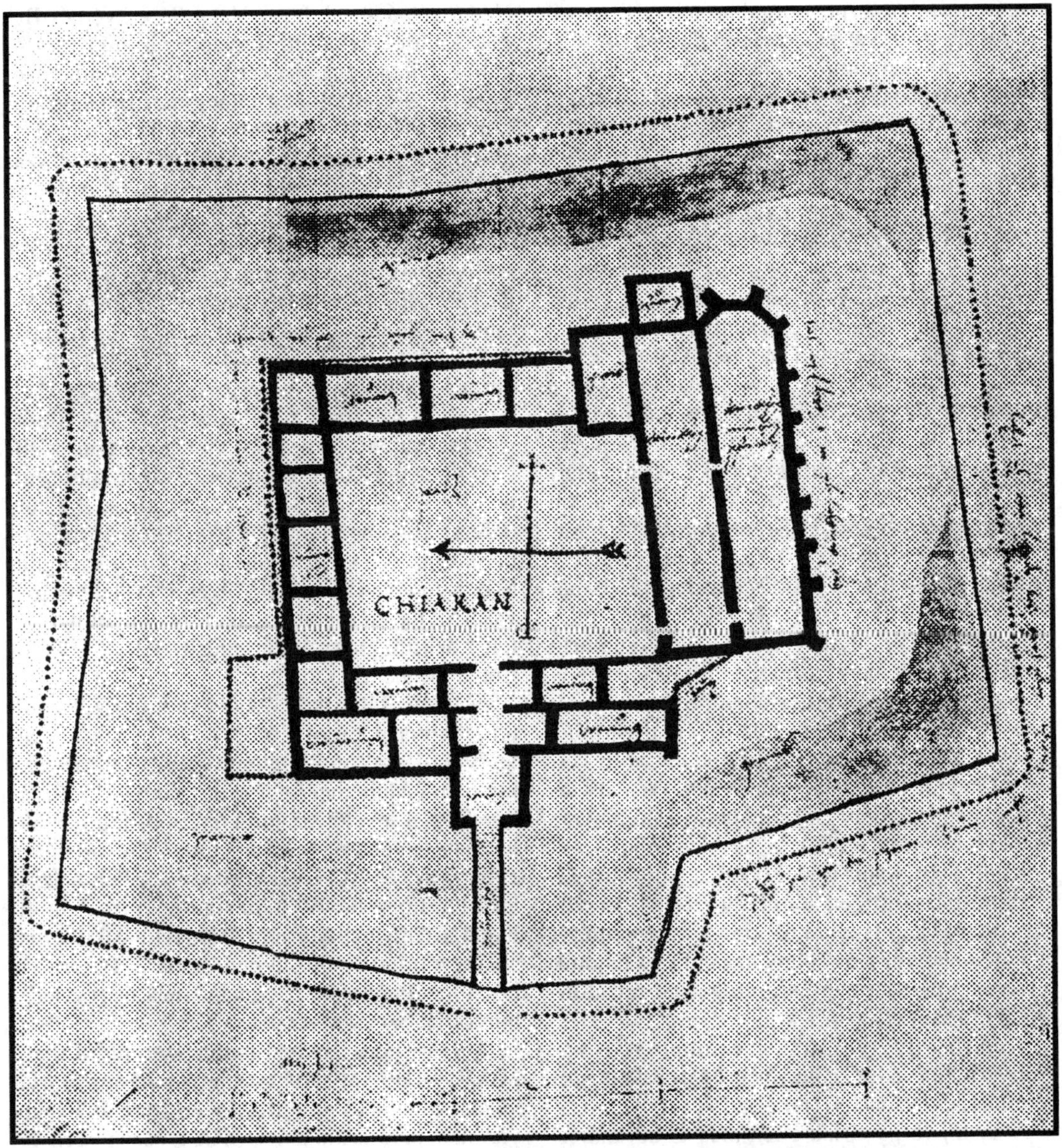

Csákány kolostorerőd alaprajza (G. Turco rajza, 1569)

magát a királyt is megdorgálta, hogy egyes várak körüli falvakat másoknak adományoz: „... De ha a falvakat mind másnak osztják, Őfelsége a vágházakat is adja másnak, mert látja Isten, énnéköm nincs mivel tartanom, teljességgel kifogytam belőle!"

Csobánc várának 1554 körül szolgálatára volt negyven lakott és tizennégy lakatlan jobbágyporta. A negyven lakott porta lakossága évente adott 17 forintot, 11 db tyúkot, 23 db kalácsot, 151 db tojást, valamint változó mennyiségű bort, búzát, árpát és zabot. Azonban ez a vár húsz darabontjának (magyar gyalogos katonájának) eltartására kevés volt. Hasonló volt a helyzet Szentgyörgyvárban (Békavárban) is. Ezért Kecskés Pál várkapitány 1554. szeptember 21-én katonáival megszállta Pák falut, a termést és az összeszedett hegyvámot erőszakkal elvette a parasztoktól, és Szentgyörgyvárba hordatta be. 1558. június 10-én Kevendi Székely Lukács ormosdi szervitor Nádasdy Tamás nádornak megírta, hogy : „... Továbbá adom tuttára, hogy az laki (Lak várából való) tiszttartó Vintecy Tamás nagy ínségben tartja az szegény somodoriakat, az elmúlt időben 38 forintot vett meg rajtuk, mostan is még az ő hajdúi harminc ökröket, kit nekem konyhámra vettek volt, vettek az hajdúi el és oda nyomozták, ott nála találták meg, kit nem (is) tagadott, az többit az Balatonon hajtották által."

Különösen sokat acsarkodott egymásra Magyar Bálint szigligeti kapitány és Takaró Mihály tihanyi kapitány, akik 1556 szeptemberétől állandóan egymást vádolták azzal, hogy hajdúik a falvakat elpusztítják és a szegénységet útonútfélen sarcolják.

Takaró Mihály 1558. december 3-án vázsonykői Horváth Gáspárt is erőszakoskodással vádolta meg Nádasdy Tamásnál.

A szentgyörgyváriak ellen még 1560. március 22-én is adtak be panaszlevelet. Közölték Nádasdy nádorral, hogy Nagy Sebestyén és Bakos András, valamint fegyvereseik újra fosztogattak Páhokon, pincéket törtek fel, embereket raboltak ki, feldúlták a templomot is, majd mikor a birtokos veszprémi püspök emberei el akarták őket fogni, „...Szentgyörgyvárba szaladtak vala be, mert sok szegényt nyomorítottak az latrok meg!".[211]

A mindenki által gazságokkal vádolt Magyar Bálint szigligeti és fonyódi kapitány is panasszal fordult Nádasdy Tamás nádorhoz 1559. január 3-án írott levelében. Ebben közölte, hogy Szigliget környékén egy Pribék Mihály nevű ember fosztogatta és kínozta a jobbágyokat. Amikor a szigligeti fegyveresek ezt a latrot elfogták, Gyulaffy László Csobánc várából katonáival megrohanta Szigliget várát, s több embert levágtak és még több embert fogságba hurcoltak. Ugyanakkor Gyulaffy emberei megrohanták az ő – azaz Magyar Bálint – szolgáit, akik a fehérvári (a török kézen lévő fehérvári!) vásárról hazatérőben voltak. Egy embert megöltek közülük, sokat megsebesítettek, s 200 forintnál többet elraboltak.

Magyar Bálint közölte azt is, hogy Tahy Ferenc hamisan vádolta őt egy malmának felégetésével, ő csak egy malmot égetett fel, de az a koppányi Mehemet bégé volt! Ezen – 1559. július 29-i – levelét rövidesen, 1560. február 19-én újabb panaszos levél követte. Magyar Bálint ebben Orosztonyi Péter szenyéri kapitányt azzal vádolta, hogy Sávoly faluban telelő marháit elhajtatta. Ugyanakkor egy szolgáját – akit kapásokért küldött – Orosztonyi emberei Bajom falunál megtámadták, összevagdalták és fogságba hurcolták Szenyér várába.

A fenti periratokban sűrűn szereplő Takaró Mihály – Horváth Márk tihanyi várkapitány távozása után – 1554. július 11-én vette át Tihany várának parancsnokságát. Az erősség igen leromlott állapotban volt. („Tuggya Nagyságod, mely pusztán én Tihant találtam!” – írta Takaró Mihály később Nádasdy Tamás nádornak és főkapitánynak.) Néhány nappal később, 1554. július 18-án Francesco Sforza Pallavicini főhadimarsall „nemes Takaró Mihályt” Tihany vára prefektusának is kinevezte. Ez azt jelentette, hogy ezután ő fogja majd a tizedeket és más jövedelmeket beszedni azokon a birtokokon, melyeket a veszprémi káptalan a királynak bérbe adott.

A prefektusi kinevezéssel egyidejűleg – 1554. július 14-én – a Magyar Kamara arra kérte a veszprémi káptalant, hogy az érdekelt tizenöt falu miatt „... adjon népeihez intézett pátenslevelet, mellyel Takaró Mihály igazolhassa a jövedelmek beszedésére való jogát!”.

Takaró Mihály tihanyi kapitánynak és prefektusnak először Magyar Bálint szigligeti és fonyódi kapitánnyal gyűlt meg a baja. Magyar Bálint 1558. március 12-én panaszt nyújtott be Nádasdy Tamás nádornak és főkapitánynak, hogy mikor ő a török kézen lévő Babocsa vára alatt harcolt, Takaró Mihály elfoglalta több faluját. Takaró Mihály a vád ellen tiltakozott, hogy ő csak Zamárdi faluban adóztatott annál a három-négy háznál, ami Tihany várához tartozott! Ellenben Magyar Bálint mindig és mindenhol kegyetlenül bánik a szegény néppel! (És ezzel elkezdődött a két magyar kapitány közti évtizedes civakodás!) Takaró Mihály valójában csak egy falut – a Somogy vármegyei Nagy-Berényt – foglalta le jogtalanul, amely miatt a veszprémi káptalan panaszt is emelt ellene.

Takaró Mihály 1555. november 10-én még a királyi adószedő ellen is panaszt emelt. Közölte a pozsonyi Magyar Kamarával, hogy Szele Jakab, Zala vármegye királyi adórovója – meg sem számlálva a jobbágyportákat – a jobbágyok kifosztásával szedte be az adót, még a marháikat is elhajtotta. Takaró hangsúlyozta, hogy a tihanyi vár jobbágyai nem valami magánszemélynek alárendelt jobbágyai, hanem – mint egy fontos végvár alárendeltjei! – őfelsége urasága alá tartoznak, ezért emberségesebben kell velük bánni!

Takaró Mihály gazdálkodása kétségtelenül Tihany várának és a vár őrségének érdekeit szolgálta.

Tihany vára véglegesen Takaró Mihály – 1554–1560 közti – parancsnoksága alatt épült ki teljesen. A vár magját a középkori kolostor épülete képezte. A belső fellegvár nyugat-keleti tájolású templom volt (nagyjából azonos alapokon a mai templomépülettel), valamint a templom déli oldalához épült emeletes quadratura. A kolostor fennsíkja abban az időben jóval messzebb nyúlott ki keleti irányba, a Balaton fölé. Így a kolostorépületet keleti irányból is sáncárok kerítette.

A templomból és quadraturából álló épületegyüttest, a belső várat mind a négy irányból falak vették körül. Az északi fal néhány méter távolságra, párhuzamosan futott a templom falával, s északkeleten a Balaton fölé nagy, henger alakú torony magasodott. A fal nyugati végén torony nem volt, hanem az erődfal enyhe ívben az északnyugati templomtoronyhoz csatlakozott. A templom másik, délnyugati sarkától húzódott déli irányba a várnak a félsziget belsejébe néző fala, a délnyugati sarkon kis, négyzetes alaprajzú toronyban végződve. Így nyugati irányba két torony védte a várat. A délnyugati szögletes toronytól enyhe tompaszöget alkotva fordult keleti irányba a vár déli fala, a délkeleti sarkon – ugyancsak a balatoni meredély fölé magasodva – egy valamivel kisebb, hengeres alakú toronyban végződve. A két saroktorony között, a vár (Balatonra néző) keleti fala egyenes vonalban épült fel.

Ezt a belső várat vették körül a XVI. században (elsősorban Takaró Mihály kapitánysága alatt) mind a négy oldalról egy egyszerű pa-

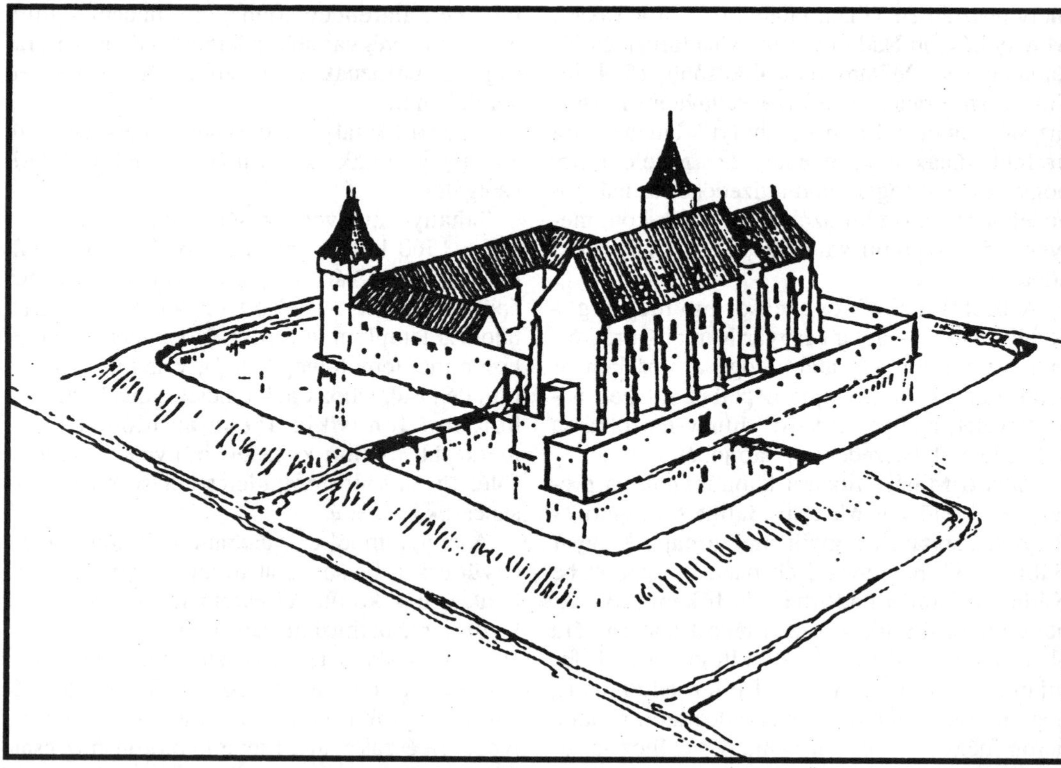

A keszthelyi vár rekonstrukciója (Félegyházi Gyula rajza)

lánkfallal, s a palánkfalon kívül száraz árokkal. A vár kapuja – az árkot átívelő híddal – nyugat felé nyílott. Mindezt még egy palánkfal kerítette, kivéve a keleti oldalt, ahol meredek hegyoldal védte a várat.

Mindezeken kívül a vár védelmét szolgálta az egész félsziget, melyet három oldalról meredek hegyoldalak és a Balaton víztükre és sűrű nádasai védték. Az egyetlen nyugati bejáratot Aszófő felé egy őskori sánc és árok védte, melynek bejáratát torony és felvonóhíd védelmezte. A vártól délnyugatra emelkedő 295 méter magas Csúcshegyen lévő őrtorony és kettős sáncgyűrű ugyancsak részét képezte a félsziget védelmi rendszerének, elsősorban mint előretolt megfigyelőpont. Hogy a Tihany várától északra magasodó őskori földvár – a mai Óvár – hatalmas sáncrendszerét a XVI–XVII. században hasznosították-e? Erre vonatkozólag semmi adat nincs.[212]

Amikor 1554 nyarán Takaró Mihály átvette Tihany várának parancsnokságát, a vár fegyvertárában egyetlen ágyú nem volt, csak mindössze mintegy tíz szakállas puska. Az átvételt követően – 1554 szeptemberében Takaró Mihály Francesco Sforza Pallavicini főtábori marsalltól többször kért tarackokat, mert „... ily szerszám nélkül nem lehet a végházat megtartani!”. Azonban több mint egy év elteltével utaltak ki Tihany várának a bécsi hadiszertárból egy kisebb tábori ágyút, egy ún. „falconet”-et, vagy „sólyomágyút”, mindössze 100 db vasgolyóval. Közben Tihany vára átesett egy ostromon.[213]

Az 1554–1555. évben a dunántúli végvári vonal katonaságának összlétszáma: 8420 gyalogos, 5997 lovas és 727 naszádos volt. A várak egy részének katonaságát – így Győr, Tata, Pápa, Devecser, Csesznek és Tihany őrségét – már egészen Ausztria fizette. A teljes végvári rendszer költsége évente 761 766 forint volt, melyhez Ausztria évi 118 496 forinttal járult hozzá.

A végvárak mögött – Sárvárnál – Nádasdy Tamás főkapitány parancsnoksága alatt tartalékként állt 500 lovas és 500 gyalogos, évi 19 551 forint zsolddal.

A balatoni végvári rendszer védelmét növelte, hogy a XVI. század elejétől a Balaton vízállása több méterrel magasabb volt a korábbinál, illetve a mainál, s elérte a 109-110 méter tengerszint feletti magasságot, amely szigetté tette Tihanyt, Szigligetet, Fonyódot. Feltételezhető, hogy ezt emberi munka eredményezte. Ugyanis a Balaton természetes lefolyását, a Sió völgyét – Siómaros, Jut és Mezőkomárom között – egymást követően három igen magas és erős földgát zárta el. Ezek ma már nem láthatóak, de a Sió 1856–1858. évi szabályozásánál készült térképeken a három földgát maradványa még látható.

Hogy milyen intézkedésre és mikor épülhetett ez a Balaton lefolyását meggátló és ezzel a

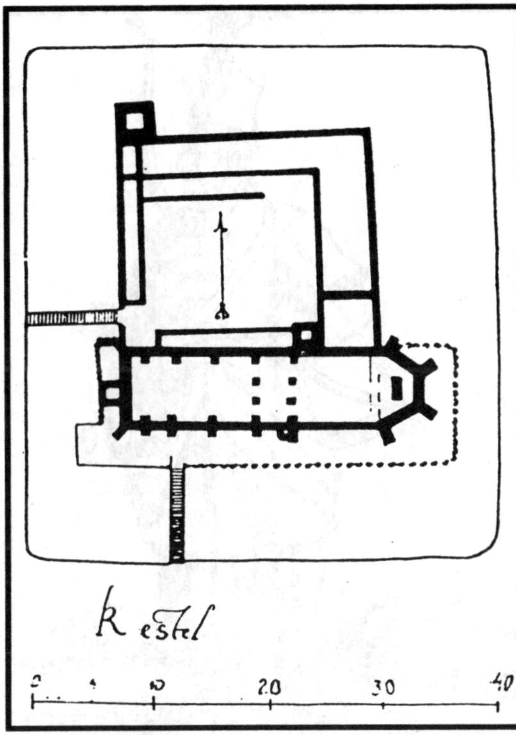

A keszthelyi vár alaprajza (G. Turco rajza, 1569)

Balaton vízállásának mesterséges növelését előidéző gátrendszer? – semmiféle tudomásunk nincs![214]

Két évvel Veszprém elfoglalását követően – 1554. február 15-től – az „Üngürüsz vilejet”-en belül a török hatóságok megszervezték a veszprémi szandzsákot is, amely kb. 1566-ig állott fenn.[215]

Míg a veszprémi szandzsák a Balaton északnyugati-északi térségében lévő falvakra terjedt ki, a Balaton keleti-délkeleti térségében – az 1552–1554 közti időben – változatlanul csak a simontornyai szandzsák létezett.

Török gyalogos íjász (Korabeli rajz)

A simontornyai szandzsák összes katonasága 518 emberből állt.[216]

A Balatonhoz legközelebb lévő két török vár – Endréd és Ozora – őrségének adatai ismertek az 1552–1553. évből:

Endréd vára:
Dizdárja (parancsnoka): Ali, napi 25 akcse zsolddal; helyettese (kiája): Hüszein, napi 11 akcse zsolddal.

I. Müsztahfizek (várvédő janicsárok): 4 bölük (tizedaljával);

II. Ulufedzsi lovasok: parancsnokuk Agir Sah aga, napi 14 akcse zsolddal: 4 oda (lovas tizedaljával);

III. Azab gyalogosok: parancsnokuk Ali Musztafa aga, napi 18 akcse zsolddal: 3 oda (tizedaljával);

IV. Martalóc gyalogosok: parancsnokuk Dzsafar bin Mohamed aga, napi 12 akcse zsolddal: 2 oda (tizedaljával).

Ozora vára:
A várban összesen 43 török katona szolgált, parancsnokuk Szkender dizdár volt, napi 15 akcse zsolddal. Az őrség négy „bölük" (tizedalja) müsztahfizből állt. A tüzérek csapata (topcsi dzsemájet) Juszuf bin Musztafa szertopcsián (tüzértizedes) parancsnoksága alatt Juszuf bin Teszvidzs és Mohamed bin Teszvidzs tüzérekből (topcsi) állt.[217]

A simontornyai török szandzsák – melynek első név szerint ismert parancsnoka 1550 körül Ahmed szandzsákbég volt – 1554-ben bizonyos területi változásokon ment át. Ide csatolták a mohácsi szandzsáktól a szászi nahijét (91 faluval és pusztával), illetve az anyavári nahijét a szekszárdi szandzsákhoz kapcsolták. Ahmed simontornyai szandzsákbéget Derja bég követte, majd annak halála után – 1554. február 24-től – Mahmud bég vette át a simontornyai szandzsák vezetését.[218]

A Veszprém török elfoglalását követő években viszonylagos nyugalom honolt a balatoni végvidéken. A Veszprém vára alatt gyülekező török csapatok – 1554. november 7-én éjszaka – rajtaütésszerűen megtámadták Tihany várát, s éjféltől hajnali 4 óráig ostromolták. „.... Rám jöttek a törökök – jelentette Takaró Mihály kapitány 1554. november 21-én Nádasdy Tamásnak –, négy egész órán át ostromoltak, s az egész környéket felégették!"[219] Valószínűleg ugyanezen az éjszakán intéztek támadást a török csapatok Csobánc vára ellen is. A Gyulaffy László és Bychs Ferenc várnagy vezette őrség itt is visszaverte a támadást. „... És a törökök váltig ostromolták, de semmit nem tehettek nekik. Be is hágott volt bennük, még az virrasztónak (őrségnek) is fejét vették a fokon, de az valahogy Isten úgy adta, hogy ismét kiverték!" Az ostrom úgy megrongálta Csobánc várát, hogy néhány nappal később – 1554. november 10-én – egyik fala le is dőlt. Másnap Gyulaffy László jelentette, hogy fával támogatta meg a falat, s földet veretett közé. Egyúttal kérte, hogy legalább húsz királyi gyalogos katonát küldjenek Csobánc várába.[220]

Horváth Gáspár – Vázsonykő várának ura – a török támadás idején éppen Csobánc várában vendégeskedett (és részt vett a várban vívott harcban). Lehet, hogy ez is hozzájárult ahhoz, hogy 1554. november első napjaiban, amikor Tihany és Csobánc ellen intéztek támadást a törökök, Vázsonykő várát is megrohanták. Ez a török támadás sikerrel járt, s a vár a törökök kezére jutott. Talán ezzel függött össze, hogy 1555 januárjában egy török parancsnokkal párviadal terve merült fel. Miután a király és Nádasdy Tamás nádor és főkapitány minden párviadalt tiltott, Vázsonykői Horváth Gáspár a nádornak írt könyörgő levelet, hogy adjon neki szabadságot arra, hogy megvívjon a törökkel: „... És kenyergek Te Nagyságodnak, mint Kegyelmes Uramnak, hogy ne hagyjon tisztességemben megkisebbülnöm és megfogyatkoznom, mert még ezideig tisztességem volt és tiszta orcával éltem az vitézek között, mert ha ezt a dolgot énnékem valaki orcámra vetné, hogy én nem mertem megvívnia vele, inkább akarnám egy szempillantásban megholtomat, hogy nem mint az világba éltemet!"

Kérte egyúttal azt is, hogy a nádor „igazlátónak" Gyulaffy Ferenc csobánci várkapitányt rendelje ki az ő részéről a bajvíváshoz.[221] A további fejlemények ismeretlenek.

A fenti levélből kitűnt, hogy Vázsonykői Horváth Gáspárt egy török tiszt hívta ki bajviadalra. Hasonlóan egy török tiszt, a budai Ibraliom bég hívta ki párviadalra röviddel ezt követően – 1555. március 12-én – Magyar Bálint szigligeti és fonyódi kapitányt is: „... Köszönetömet mint jó barátomnak és vitéznek! Jött vala ez elmúlt napokban leveled onnan, miképpen éntőlem is ment oda, mint atyafi atyafinak szokott levelet küldeni. De mivelhogy az elmúlt napokban mentem vala én mind nagy sok bégekkel és urakkal oda Koppánban, ott igen vártalak az ütközetre tized napig, de nem győztelek várni, osztán eljövék mind az vitézekkel egyetemben, ott nékem ezért sok költségem is lőn hiába, azért mostanis intelek és kérlek, hogy nekem választ tégy, avagy levelet küldj erre, hogy tudgyam meg hol akarod az vívást, ha Palotán akarod, avagy Tatán, mert én kész vagyok ezeknél a két várnál, egyebütt nem akarom, és mint két atyafi vívunk meg, csak hogy hat avagy hét nap előtt nekem megizenjed előbb. Ennek utána holott tudakozol rólam ki vagyok és ugyan cirkálsz: [piszkálsz – Sz.] én Székösfejérvárott háromszáz beslyáknak agája voltam, Hazon agának hittanak, ennek utána nagyobb uraságom adaték, mert Nógrádban az ispajáknak (szpáhiknak) alaj-bégjévé választattam, onnan Nógrádból eljövék, ibralyom bégnek az hatalmas császártul neveztetém, most immár az pasának menne szandzsákja vagyon, mint előtte járó vagyok, nem tudom azért mit cirkálsz ilyen igen, mi mind törököt s mind magyart egyaránt tartunk, mert egy istenünk vagyon, és egy emberek vagyunk, mi nem cirkáljuk eképpen az magyar urakat és vitézeket mint kegyelmed cirkálja, miért hogy mind egy Isten teremtett, mind kicsinyt és nagyot. Ez levél költ Pesten in die Gregorii Pape. Mondd köszöntésemet az ott való uraknak és vitézeknek. Ibraliom bég az N. pasának szandzsákinak előtte járója."[222]

A fehérvári és veszprémi szandzsákok török katonaságának a Balaton-felvidéken végrehajtott támadásaival egyidejűleg, 1555 augusztusától Tojgun pasa budai beglerbég is támadott a budai, szekszárdi, mohácsi és simontornyai szandzsákok csapataival. Augusztus végén véglegesen elfoglalták a török csapatok Koppány (Törökkoppány) várát és palánkot, melynek élére a beglerbég Naszuf béget nevezte ki. A következő évben Koppány vára egy új szandzsák központja lett.

Tojgun pasa budai beglerbég csapatai – 1555. szeptember 7–12 között – ostrommal elfoglalták Kapos várát (Kaposvárt). Ezt követően a török csapatok két irányba folytatták támadásukat.

A fősereg Tojgun pasa beglerbég parancsnoksága alatt Szigetvár ellen vonult: miután 1555. október 4–13. között sikertelenül ostromolták a várat, a török fősereg Babocsa várát vette ostrom alá, melyet sikeresen elfoglaltak. Ebben az irányban a török fősereg további támadása leállt.

Kaposvár alól egy másik török sereg, melynek parancsnoka Dervis pécsi szandzsákbég volt, nyugati-északnyugati irányba a Balaton felé folytatta támadását. 1555. október 13-át követő napokban Dervis pécsi szandzsákbég felszólította a Balatontól dél-délkeletre elterülő magyar falvakat, hogy adják meg magukat kegyelemre. Mert ha ezt nem teszik meg és nem lesznek a török szultán alattvalói, úgy a Balatonig minden falut elpusztít!

A Kaposvárról megindított török hadak elsőnek a Nagybajomtól keletre, a Vári-dűlő területén álló középkori eredetű – és a Korothnai család birtokában lévő – Korokna várát támadták meg. A török közeledtének hírére a vár őrsége gyáván megfutamodott. A vár kapitánya, Horváth György egy darabig egymaga maradt a várban, majd ő is követte katonáit. A török csapatok bevonultak az üres erősségbe, majd őrséget hagyva ott, folytatták támadásukat, s elfoglalták és felégették Bajom, Berény, Pácod, Mérő és Szentjakab magyar végházakat és kisebb palánkokat.

A támadó török csapatok Nagybajomtól északnyugatra leállították támadásukat, s Szenyér várát már nem támadták meg. Egész 1555. december közepéig bizonytalanságban volt a vár parancsnoksága és őrsége. Becse István és Balka István kapitány és vicekapitány 1555. december 14-én az alábbiakat jelentette Csány Ákosnak, aki még a nyár folyamán átvette Szenyér várát és vártartományát (mint kanizsai főkapitány) az esztergomi káptalantól. Szenyér várának két parancsnoka közölte, hogy a török megszállta Koroknáról titkos üzenetet kaptak: „... A törökök sok lajtorjákat csináltak, többet négyszáznál, kit nekünk Koroknáról bizonnyal (bizonyossággal) üzentek, jóllehet titkon, hogy csak az utat (ti. az utak javulását) várják: vagy fagy lészön, vagy az fagy megenged, azonnal az (szenyéri) palánkra jönnek, megkísértik. Gyalognépünk több nincs negyvenötnél, mind elszöktek!" Ezért kérték Csányi Ákos kanizsai főkapitányt, hogy mielőbb küldjön Szenyér várába katonákat.[223]

Miután Szenyér vára előtt a török csapatok megálltak, Dervis pécsi szandzsákbég hadteste Nagybajom körzetéből Somogyvár irányába folytatta 1555. szeptember közepén támadását. A magyar közvélemény különösen Somogyvárt féltette: „... Ha Somogyvárért a török megépíti, jaj Kanizsának, Csurgónak, sőt vége lesz Pettaunak is, és az egész vidéknek!" – írták már 1553-ban egy levélben. A támadó török csapatok 1555. szeptember közepén elfoglalták Somogyvárt és a tőle északra fekvő Lak várát. Somogyvárt nem erődítették meg, viszont Lak várát helyreállították és őrséggel erősítették meg.[224]

1555. szeptember 22-ről 23-ra forduló éjszaka a koppányi Nazuf bég csapatai kiértek a Balaton déli partvidékére, s megrohanták Fonyód várát, melynek őrsége zömében éppen portyán volt. Az éjféltől hajnalig tartó harcban a török katonák a külső palánkot elfoglalták, s az ott tárolt szénát és szalmát felgyújtották. A várban mindössze 25 magyar katona volt, de sikerült nekik a palánkba behatolt török harcosokat visszaverni. A harcban kilenc török katonát levágtak és azoknak fejét vették („... Elez török vajdának is itt vagyon a feje..." – jelentették a fonyódi magyar vitézek). Három török katona pedig a magyarok fogságába esett. A harc után a környező falvak magyar parasztjai szerint a törökök három szekéren vitték el sebesültjeiket.

Néhány napi csendesség után 1555. október 10-én a koppányi Nazuf bég parancsnoksága alatt álló koppányi, endrédi és fehérvári török katonák újra megrohamozták Fonyód várát. A Trombitás Balázs porkoláb vezette várbeli magyar katonák a törököket újra visszaverték. A törökök csak 96 szekér gabonát tudtak zsákmányolni, majd visszavonultak Fonyód alól.[225]

A harcok elcsendesedésével Hazun budai bég újra bajvívásra szólította fel Magyar Bálint szigligeti és fonyódi kapitányt:

„... Nagyságos barátom uram, becsülendő testvérem, üdvözletünket és mindenben becsülendő ajánlásunkat küldjük! Már hosszú idő óta egyenetlenség keletkezett közöttünk, amelyet fegyverrel akarunk kiegyenlíteni. Ezért tegnap Endrédből levelet írtunk, melyben tudtul adtuk megérkezésünket, hogy készülj a párviadalra és erre napot is kértünk. Most Koppányba érkeztünk, a nagyságos Nazuf bég úrhoz, amit neked is jelenteni akarunk, e közben készülj fel, mert itt nem sokat időzünk, mert más okból nem jöttünk ide, csak hogy a mi szerencsénket Isten segítségéből összemérjük a tiéddel. Így hát azt ne mondjad, hogy nem adtuk hiredül, mert egy nap alatt készen leszünk a kastélyod alatt a halálos viaskodásra; akinek a mennynek és földnek teremtője kedvezni fog, az válasszon el bennünket. Mégis választ várunk tőled, mert mi a nagyságos bég urak előtt fényes arcot viselünk és nem akarunk befeketedni. Ha te is a keresztények között fényes arcot akarsz viselni, azt hírünkül adod, hogy velünk megvívsz. Úgy hisszük, te is fényesíteni akarod arcodat, tehát biztos választ várunk, mert ha úgy akarod, kényszerülünk a bajvívásra, a te becsületedért. Egyébiránt élj boldogul. Koppány, Mátyás apostol napjának estéjén, 1555. Budai Hazun bég.

(A levél külső oldalán: Nagyságos Polonai Magyar Bálint úrnak, szeretett barátunknak és testvérünknek.")[226]

Nincs arra vonatkozó adat, hogy a Hazun bég által erőltetett párviadal lezajlott-e. Amennyiben lezajlott, úgy Hazun bég húzhatta a rövidebbet, mert Magyar Bálint még hosszú éveket élt, s majd csak 1573-ban halt meg.

Az 1554–1555-ben kezdődő háború – 1555 őszén – a Balatontól északra is folytatódott. A magyar csapatok október elején Vázsonykő várát is visszafoglalták. Ugyanis október 22-én Bachyn Pál csobánci várnagy Tihany várából írt levelet Rácz Péter vázsonykői kapitánynak. Közölte, hogy Fehérvárból kapott híreket a török csapatok gyülekezéséről, s azt kérte, hogy „... ezt (ti. a hírt) ti kegyelmetek onnéjt Vásonból király népének adja tudtára!"[227]

A hadakozások a Balaton körül az 1556. évben is folytatódtak. Gall Ádám generális jelentette Miksa főhercegnek, hogy a török seregek Sümeg körül pusztítanak. A magyar hadak enyingi Török Ferenc, Fünfkirchen, Gertschacher és Gyulaffy László vezetésével ellenük vonultak. Egy hónappal később – május 25-én – Paksy János Komáromból írt Gall Ádámnak, s közölte vele, hogy a Balatontól északkeletre Polgárdinál a törökök szétvertek egy Habsburg-királyi csapatot.[228] Az 1556. július 15-e előtti napokban viszont a pápai, devecseri és győri magyar hadak támadtak Székesfehérvárra. Miután a várost és a várat megtámadni nem tudták, visszavonulás közben Szabadbattyánig és a Balatonig végigpusztították a törököktől megszállt területeket. „... Battyánt és az több közel való falukat is elégettek...” (ti. a magyar csapatok), a battyáni török kastélyt pedig fával-náddal hordták körül és utána felgyújtották.

1556. június elején a Balatontól délre is fellángoltak a harcok. „... Az Balaton mellett Lakra először, osztán az többi erősségekre” támadtak a törökök – írta 1556. június 6-án jelentésében Becse István szenyéri várkapitány. „Az elmúlt csütörtökön is négy zászlóval (századnyi katonasággal) voltak itt Szenyér alatt lovasok, gyalogok. Itt penig igen kevés nép vagyon.” Becse István 1556. június 15-én újra jelentett Csányi Ákos kanizsai főkapitánynak: „... Ma reggel ide száguldott vala az török. Semmi kár nem esett, hála Istennek! Lovuk sebösödött lövéseink miatt!”[229]

1556. szeptember 25-én, egy pénteki napon Fonyód várának magyar vitézei Karád falu alatt lest vetettek a törököknek. A rajtaütés viszont nem sikerült, mert a kalauz (vezető) miatt a magyar lovasok egy árokba rohantak. A lesre csalt török katonák így elmenekültek, s bár sok elhányt török kopja és pajzs maradt a leshelyen, csak két török lovat sikerült zsákmányolni. Az esetet Magyar Bálint szigligeti és fonyódi kapitány jelentette másnap Csányi Ákos kanizsai főkapitánynak, s egyúttal megemlítette azt is, hogy a magyar felderítők jelentései szerint Koppány várában kevés a török katona, s ezért kétszáz gyalogossal és száz lovassal, valamint tüzes szerszámokkal fel tudná égetni Koppányt. Végül szokása szerint panaszt tett nagy ellensége, Takaró Mihály tihanyi kapitány ellen. Közölte, hogy annak hajdúi úton-útfélen sarcolják a szegény népet, fosztogatják és az erdőkben lábuknál fogva akasztják fel őket. Nem az ellenség, hanem Takaró Mihály hajdúi pusztítják el a földet.[230]

A sikertelen karádi portyázással egyidejűleg Habsburg Ferdinánd főherceg főleg német csapatokból álló hadai visszafoglalták Kaposvárt. Egyidejűleg Nádasdy Tamás és Sforza Pallavicini magyar csapatai a Nagybajom melletti Korokna várát foglalták vissza a törököktől.

1556 októberében súlyos kudarc érte a tihanyi, devecseri és győri magyar vitézeket Paks és Tolnaszentgyörgy (Dunaszentgyörgy) között. Eredetileg Takaró Mihály tihanyi kapitány 24 lovasát küldte ki, hogy „nyelvet fogjanak”. A tihanyi huszárok tizenöt napig voltak távol, de nem volt szerencséjük. Közben összetalálkoztak a győri és devecseri magyar vitézekkel, s közösen elhatározták, hogy Tolna mezővároson ütnek rajta. Tolnán nagy tüzeket láttak, s vélték, hogy törökök vannak ott. Ezért aztán Tolnaszentgyörgy és Paks között álltak lesben. A törökök is észrevették a magyar lovasok nyomait, s a következő nap virradatkor két lovas törököt bocsátottak el martalékul. A magyar huszárok el is fogták a két török lovast. A fogságba esett két török katona – a terveknek megfelelően – elmondta, hogy jönnek erre törökök és nincsenek sokan! Így a magyarok lépre mentek, s egyszerre csak azt vették észre, hogy a törökök bekerítették őket. „... Ott volt váci bég, ott volt Hamza bég, ott volt Velicsán bég, voltanak másfél ezeren.” Látva a veszedelmet, a magyar huszárok szerteszéjjel futottak. A tihanyi 24 lovasból „... tizenegy vagyon oda bennek, az devecseriekből tíz, a győriekből nem tudom mennyi vagyon oda; mondgyák, hogy még az erdőn és falukon budosának bennek. De jó bizonnyal nem tudom Nagyságodnak (ti. Nádasdy Tamás főkapitánynak) megírnom még mennyi veszett el bennek, de mind egyetemben voltanak hatvan lóval. Lovuk sok veszett oda, volt mind vezeték lovakkal nyolcvan lovuk."[231]

Alig egy hónappal később – 1556. november 15-én – Takaró Mihály tihanyi kapitány újra jelentett Nádasdy Tamásnak: „... Egyéb hírt Nagyságodnak nem írhatok, hanem innend által Somogyból az bégek mind Koppánbul s mind Simontornyábul, s mind egyébünnel Budára gyülnek, vélem azt, hogy valamely felé rablást tesznek."[232]

Miután a törökök 1554 februárjában megalakították a veszprémi szandzsákot, azon belül megszervezték a sümegi és a csobánci nahijéket, annak ellenére, hogy Sümeg és Csobánc várak magyar kézen voltak, s azok török kézre nem kerültek. A Balaton-felvidéki falvak a csobánci nahijéhez tartoztak. A falvak vagy falurészek zöme a veszprémi várban állomásozó török szpáhiknak volt szétosztva. Egy ilyen veszprémi török szpáhival volt érdekes eset 1557. január 18-án. A veszprémi várban élő török Zolak Ali szpáhi – akinek Keszthely-Tomaj falu adózott – 1557. január 18-án levelet írt gersei Pethő János keszthelyi főkapitánynak: „... Kegyelmed nekem azt írta, hogy Kestel-Tomajt a törököktől megvédjem, Kegyelmed a magyartól megoltalmazza, de immár kilenc hónapja, hogy nem voltak [ti. a keszthelytomajiak a szpáhi adót befizetni Veszprém várában – Sz.], sem a császáradót be nem adták, sem a császár-dolgára [török kincstári robotra – Sz.] nem jöttek! Ha rabbá esnek, Isten az ő siralmukat, veszedelmüket a Te lelkeden keresse!"[233] Mi lett az ügy eredménye? – nem tudjuk.

Az 1556. év nagy jelentőségű volt a magyarországi és ezen belül a balatoni végvidék életében. Bécsben megalakult a központi katonai és gazdasági irányítást végrehajtó Udvari Haditanács. Ugyanakkor az eddig egységes dunántúli főkapitányságot kettéválasztották: a Dráva–Balaton közti kanizsai főkapitányságra (ahová tartozott például: Komár, Zalavár, Szentgyörgyvár és Fonyód), valamint a Balaton–Duna közti főkapitányságra, melynek Győr vár volt a központja, és ide tartozott Keszthely, Csobánc, Rezi, Tátika, Hegyesd, Vázsonykő és Tihany.[234]

1556-ban az „Üngürüsz vilajet" kötelékében a török hatóságok megszervezték – a Balatontól kelet-délkeletre – a koppányi (törökkoppányi) szandzsákot, melynek első szandzsákbégje az a Nuszuf bég volt, aki az 1555–1556. évi Balaton-vidéki harcokban kitűnt. A koppányi szandzsák öt nahijéből állott: koppányi nahijé (88 faluval), dombóvári nahijé (32 faluval), karádi nahijé (29 faluval), köröshegyi nahijé (13 faluval), marcali nahijé (28 faluval), később alakult meg a zalavári nahijé (19 faluval). A törökök a nahijé-központokat is megszállták és állandó helyőrséggel látták el.

A szandzsák központja Koppány (Törökkoppány) már meglévő vára volt. A török Evlia Cselebi 1660-as években készített leírása szerint Koppány vára „... sík helyen épült, ötszög alakú erős építésű, kőből készült vár. Nyugatra néző egyetlen erős kapuja van, várárka süppedékes és semmiféle magaslata nincs. A város terjedelmes síkságon fekvő nagy külváros, amelynek egymás mellett álló házai mind deszkatetejűek. E várost egészen töméspalánk veszi körül, melynek sarkainál félelmetes bástyák vannak. Külső városa azért erős, mert árkai köröskörül vízzel telt süppedékes helyek. E külső városnak három kapuja van: a Szultán-kapu, a Kanizsa-kapu és a Szigeti-kapu." A vár kiépítése során négy dzsámi és tizenegy mecset épült, volt egy fürdője is, melyet Szokollu Musztafa budai pasa beglerbég építtetett.[235]

Az 1558. évi koppányi zsoldjegyzék szerint hat „odában" (tizedaljában) összesen 58 ulufedzsi-lovas állomásozott Koppány várában Musztafa aga tímárbirtokos parancsnoksága alatt. A vár őrségéhez tartoztak iflák (oláh) „vojnik" osztagok is, Radics iflák kenéz parancsnokságával.[236]

1556-ban Koppányban még volt magyar lakosság: 40 magyar családfő és 22 legény élt itt, akik 15 porta után „kapuadót" fizettek, fejenként 50 akcsét. Ezeken kívül fizettek: búzatizedet, kevertgabona-tizedet, mustizedet, méhkastizedet, szénatizedet, valamint minden kert termény- és veteménytizedet, len-kender-tizedet, illetve sertésenként 2-2 akcsét. A falunál lévő két malom közül az egyik Dzsáfár lovas katonáé, a másik Szinán agáé volt.[237]

Különleges eset volt Koppány török kori történetében, hogy Nuszuf szandzsákbég egy István nevű koppányi plébánost „püspökké" nevezett ki. Ez az „István püspök" – Nuszuf szandzsákbég utasítására – hódoltató leveleket küldött a Balaton déli partvidékén lévő Kéthely, Marcali, Kanizsa, Csákány, Mesztegnyő és Szenyér magyar erősségek parancsnokainak: „... István, Isten kegyelméből a hatalmas török császártól Koppány megyében választott koppányi püspök...", hogy térjenek a koppányi szandzsákbég hűségére.[238]

A Balaton-vidéken kibontakozó háború 1557 januárjától folytatódott. A koppányi szandzsák katonasága – az 1557. január 29-e előtti napokban – feldúlta a Marcalitól dél-délnyugatra fekvő Szakácsi falut és Csákány palánkot, s háromszáz embert hurcoltak magukkal. Magyar Bálint a Fonyódban lévő magyar vitézekkel egész Mesztegnyő faluig a törökök nyomában volt. Mint Magyar Bálint kapitány 1557. január 29-én Csányi Ákosnak levélben jelentette, Mesztegnyőnél a fonyódi vitézek utolérték a török csapatot, de megtámadni nem merték őket, „... mert a török sok vala". Magyar Bálint keserűen tréfálkozott a levélben, hogy Fonyód várában már csak egymaga van a tömérdek török között: „... Csak én magam vagyok köztök, mint az ördög a zsombékon!"

1557 márciusában Szenyér várának már Orosztonyi Péter volt a tiszttartója. Jelentése szerint a várban 33 lovas és 27 gyalogos katona volt, „... ez a palánk penig igen nagy helyen vagyon, az török penig itt környülünk az végeken mindenütt sok van, s gyakorta járnak ide mifelénk!". Ezen év december 11-én azt jelentette Csányi Ákos kanizsai főkapitánynak, hogy „... tegnap az törökök itt voltanak, az szegénységnek az mi barma volt, azt mind elvitték. Az uraimban (a vitézekben) semmi kár nincs!" A következő évben (1558. június 17-én) sem volt különb a helyzet: „... az kaposi törökök jöttenek ide, az kastély alá. Az barmot mind elhajtották, az uraiméknak is sok lovukat vitték el, kik az füvön (legelőn) voltak!"[239]

A portyázó támadásoknak még a Balaton sem állhatott útjában, különösen nem télvíz idején, amely ebben az időben márciusig is elhúzódott, s jégmező borította a Balatont. Takaró Mihály és tihanyi magyar vitézei az 1557. március 22-e előtti napokban átkeltek a Balaton jegén, s megtámadtak a mai Siófoktól délre lévő Ságvár falunál – egy török „kastélyt", valami megerődített templomépületet. „... Továbbá azt is írhatom te Nagyságodnak – írta Takaró Mihály 1557. március 22-én Tihany várából Nádasdy Tamás nádornak –, hogy minap mentem vala át (ti. a Balatonon) Ságvárra egy kastélyra, és valami nyolc törököt szorétottam vala benne, úgymint három óráig vívám reájok, és megvevém tülek (ti. elfoglaltam tőlük), végre reájok szorítám és az toronyba szaladának, az torony pedig igen magas és erős, mégis mind addig égettem reájuk, hogy immár mind meg adgyák vala magukat és kötelet is kérnek vala [ti., hogy a toronyból lemásszanak – Sz.], végre a sindelyt mind leverék, énneköm is porom (puskaporom) mind elfogya és nem késhettem, mert ki vethetöm vala őket. Az egyik kiszökellék (kiugrott) az toronyból, az most is nálam vagyon, az többi ott marada, én is eljövék onnan, és az kastélyból hoztunk vala kilenc paripákat és egyéb szerszámokat, pajzsot, sisakot, péncért, nyerget, mind azféle hadakozáshoz való szerszámot. Ezt írhatom Nagyságodnak, hogy ez is azt beszéli az rab török az mit a pribék. Bizony az kik megmaradának ketten, nagy szerencsésen maradának meg, mert az dereka az kastélnak fottig (földig) mind leromlott az nagy égésnek miatta. Egy falumbéli bírót beküldtem vala látni, mint maradtak és azt beszélé, hogy kinek keze, kinek lába égett el...[240]

A szigligeti vitézek az 1557. november 15-e előtti napokban indultak lesre. Ezen a portyán Magyar Bálint nem vett részt, mert akkor éppen Kanizsán járt. A vitézek Somodor falunál álltak lesbe, de egy parasztember meglátta őket, és elmondta ezt a törököknek. A koppányi bég négyszáz lovasával a magyarokra támadt, s bár a magyarok csak huszonkét lóval voltak, erősen állták a harcot a rájuk támadó törökökkel, de végül is csak menekülésre kellett fogniuk a dolgot.[241]

Míg a Balaton-vidéki magyar végvárak katonasága sűrűn portyázott a Balaton keleti-délkeleti térségében Somogyban, a török csapatok 1557-ben ellentámadást indítottak, s visszafoglalták Kaposvárt. Az erősségben 255 török katonát (120 fárisz-lovast, 60 szerb gyalogos martalócot és 75 azab gyalogost) összpontosítottak. Valamennyien zsoldosok voltak.[242]

Ebben az időben már feltűntek a török katonák között – elsősorban a martalóc gyalogosok soraiban – magyarok is. Az 1558. évi zsoldlajstromokból kitűnik, hogy Endréd török várban egy, Koppányban három, Kaposvárott egy magyar martalóc gyalogos szolgált török zsoldban.[243] Sok esetben ezek az emberek a fizetetlenség miatt a közeli magyar várakból szöktek át a törökökhöz. A katonák fizetetlensége és az abból adódó fegyelmezetlenség valóban ijesztő volt némely magyar végvárban. Különösen Komár várainak hajdúira volt sok panasz. Mezőlaky Ferenc zalavári világi kommendáns 1557. március 28-án azt írta Csányi Ákosnak, hogy a komári hajdúk „... mennyi egyházakat feltörének és mennyi sok gonoszságot cselekedének. Tegnapelőtt a merenyei ispánt átallőtték, most halva fekszik, másokat halálra vagdaltak; im a radai hegyen is mennyi kárt tőnek!" Mezőlaky azt is leírta, hogy az ő bárándi gyalogosai közül két embert a komári hajdúk összevagdaltak, pedig azok csak lőport venni mentek Karos faluba. Ugyancsak a komári hajdúk feldúlták az újlaki egyházat is, és az egész környéket elpusztították.[244]

„... A katonák mind egy szálig elbocsátásukat kérték a kapitánytól – írta Matasin Ferenc királyi hadbiztos Tihany várában tett szemléje után –, mert nem tűrhették tovább fizetetlenségüket. Oly szegények, hogy mikor az őrálláson egymást felváltják, egyik a másik ruháját veszi magára, hogy a hideg elleni védekezzék, míg azok, akik dolgukat az őrségen már bevégezték, kunyhóikban lappanganak!" Az egész végvidéken szájról szájra szállt a keserű szólásmondás: a magyar katonának vagy éhen kell halnia, vagy rablóvá kell lennie! A lakossággal erőszakoskodó végvári katonák sok esetben gyűlöletesek voltak a szegény nép szemében. Ennek egyik tragikus megnyilvánulása volt az az eset, melyet Takaró Mihály tihanyi kapitány jelentett 1557 áprilisában Nádasdy Tamás nádornak. Közölte, hogy az egyik – szabadságáról visszatérő – tihanyi magyar katonáját jobbágyparasztok megtámadták és megölték. Takaró Mihály minden vizsgálat nélkül a tettes házára küldte embereit, akik az elmenekült tettes házát kifosztották: két ökröt, húsz mérő gabonát és négy hordó bort hoztak el onnan, ami talán 100 forintot ért összesen.[245]

A várak parancsnokai azonban igyekeztek fegyelmet tartani, s büntetni a garázdálkodó katonákat. 1557-ben Magyar Bálint szigligeti és fonyódi kapitány katonái ökröket loptak Sümeg környékén. Miután a sümegi magyar katonák tetten érték őket, Ormány Józsa sümegi parancsnok seregbíróság elé állította és felakasztatta őket.[246] Azonban a kapitányok is csak a szegény katonákat ítélték bitóra gaztetteik esetén. Ha a bűnösök nagyobb urak emberei voltak, kíméletesebben ítéltek. Nádasdy Tamás nádor és főkapitány egyik közismert és rettegett katonája – Zél Gáspár nevezetű – 1557 januárjában megölte Pethő János keszthelyi kapitány egyik szolgáját. Zél Gáspárt rövidesen elfogták: „... Zél Gáspár fogva volna – írta meg levelében 1557. január 21-én gersei Pethő János Nádasdy Tamásnak –, és immár most azt mongya, hogy Te Nagyságod szolgája volt!" Ezért Pethő János kapitány alázatosan azt kérdezte meg levelében a nádortól, hogy ő döntse el, hogy törvény elé állítsák-é Zél Gáspárt?[247]

Miközben a Balaton keleti-délkeleti térségében elsősorban a török csapatok támadtak, a Balatontól északra magyar támadások is előfordultak. Így például az 1557. április 17. előtti napokban Takaró Mihály tihanyi kapitány egy Veszprém elleni támadásról számolt be Nádasdy Tamásnak: „... Továbbá Nagyságodnak egyéb hírt nem írhatok, hanem a fejérvári és veszprémi törökök igen készülnek, immár nem tudom, hogy az fűre mennek vagy peniglen rablani akarnak... Továbbá hiszem, hogy Terek Ferenc uram vagy Chóron János uram megírta Nagyságodnak, az elmúlt napokban mentünk vala Veszprém alá. Én illyen vakmerő népet nem láttam, mint a mi népünk vala. Tarackkal, szakállassal lüttenek hozzánk, de szinte az vár alá mentünk vala, annyira, hogy szinte az kis kapuig mentünk, mégis csak egy embör kárral lévénk. Ismég egy lovat lüének el, énnekem egy főlovamat nyerék el minden szerszámával. Végre kijöttek vala, de az völgyből nem bocsátjok föl (ti. az üldöző török katonákat)."[248]

1557 júniusában Nádasdy Tamás főkapitány 63 forintot küldött Takaró Mihálynak Tihany várába, aki „... azon nap megszereztem az huszonegy drabantot", azaz zsoldba fogadott 21 magyar gyalogos katonát. Az 1557. június 9-i levelében közölte a főkapitánnyal, hogy „... az új budai pasa a végbeli török szpáhikat mind felrendelte Budára. Azt beszélik, hogy támadásra készülnek a törökök." Egyúttal újra panaszkodott ellenségére, Magyar Bálint szigligeti és fonyódi kapitányra, akinek ő semmi kárt nem okozott, de ő „... az Úr Isten is keserülné, mint ő verette az szegény asszony állatokat, megdulatta őket, megverette őket, megégette házokat, most is fogván tartya az szegény emböröket, te Nagyságod meghiggye, mert bizony dolgot írok Nagyságodnak. Szénnel [tűzzel – Sz.], fegyverrel fenyegeti és bünteti őket!"[249]

A szakadatlan harcban álló balatoni végvidéken azonban az is előfordult, hogy a magyar és török várak parancsnokai látogatást tettek egymásnál. Erről írt – 1557. augusztus 18-án – Tihany várából Takaró Mihály kapitány Nádasdy Tamás főkapitánynak: „... endrédi vajdához én is által mentem, ő is által jötte én hozzám. Bálint bíró mindenütt velünk volt, úgy beszéllettem az vajdával... Továbbá azt írhatom Nagyságodnak, Veszprémnek az külső vára mind elégett, három háznál többet meg nem vehettek benne, az többi mind álgyú, s mind tarack elégett. Bizony soha könnyebben meg nem vehetnénk mint mostan, ha király Ő Felsége akarná!"[250]

Néhány nappal később arról tett jelentést Ta-

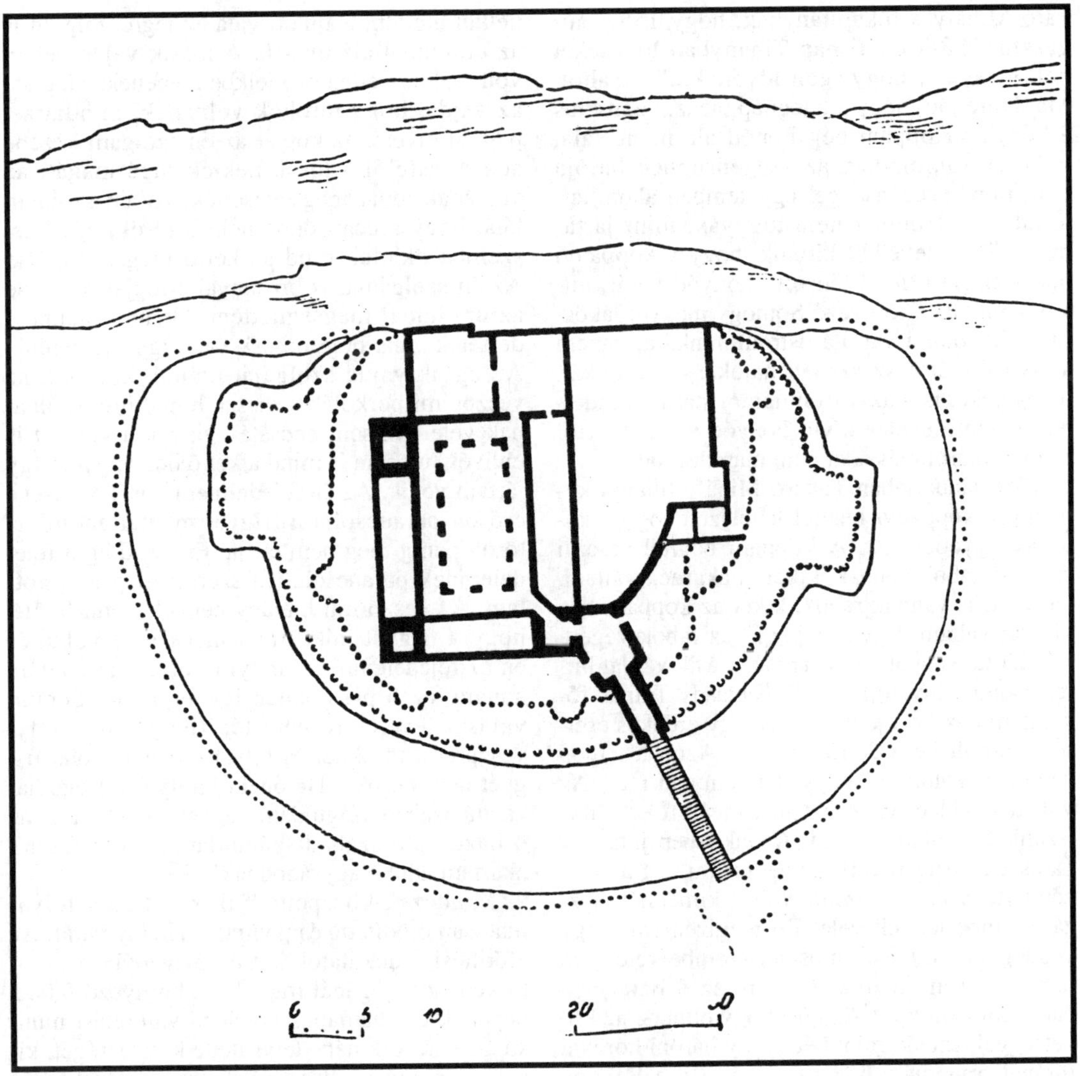

Tihany várának alaprajza (G. Turco rajza, 1569)

karó Mihály a főkapitánynak, hogy 1557. augusztus 28-a előtti nap Tihanyban lövéseket hallottak, „... hogy igen lövének..." valahol. Majd híre jött, hogy „... tegnap (azaz: augusztus 27-én) az Koppáni bég Fonód alá ment vala, valahol Somogyban az szegénségnek hajója volt, mind szegénséggel egyetemben alája hajtották..., azt immár nem tuggyák, mint jártanak!".[251] A levélből kitűnik, hogy a koppányi bég a Balaton felől támadta Fonyód várát, mivel nemcsak a környező Somogy megyei lakosságot hajtotta a vár alá ostrommunkára, hanem a lakosságtól összeszedett hajókat – ladikokat, dereglyéket is – az ostrom támogatására rendelték. A fenti levélen kívül Fonyód várának erről az ostromáról más adat nem maradt fenn.

1558 januárjában Takaró Mihály tihanyi kapitány a koppányi béggel levelezett fogoly katonák ügyében. „... A koppáni bégnél valami szegény rabok vannak, kiket ki akarnék váltani, énnálam is vannak rabok, kiket az koppáni bég ki akar váltani. Egy fővajda írt az rabok végett, kiküldötte vala átal hozzám az másik vajdát hitre, magunk hívattuk vala!" Nádasdy Tamás főkapitányhoz írott jelentésében egy érdekes esetről számolt be Takaró Mihály. Azon a napon vendégei voltak a tihanyi kapitánynak: „... Az váron kívül egy szén (tűz) mellett eszünk-iszunk és mulatunk vala. Azonközben juta egy paraszt ember, mondá, az veszprimi bég az mezőn nyulászna, azt üzente volna, kimennék hozzá, szembe lennék vele. Én megizentem, hogy vendégeim volnának mostan, szembe vele nem lehetnék, sem akarok is lenni, az ő barátsága énnekem nem kell! Az bíró hogy elmene az követséggel, azután mint két avagy három hórával (órával) mondják, hogy az jégen (ti. a Balaton jegén) az istrázsás (őrszem) valami lovagot látna. Nem tudhatták magyar e avagy török. Lóra ülünk, meglátniok, micsoda féle emberek volnának. Az egyik vajda egy szolgámmal hírem nélkül előttem alájutott vala az jégre, míg én is az uraimmal alá menék. A másik vajda velem volt. Addig ketten ők eleikbe menének. Meglátá az vajda, hogy törökök volnának, mindjárást pajzsát elveté, az kopját az én szolgám kezébe adá. Másfelől a török nekiek rugá magát, az vajdának lovát megsebesejték. Az én szolgám látá, hogy arccal jönne neki a török, egyikkel szembe öklele, mind az kettő megsebesedék. Az én szolgámat is bizonnyal elfogják vala, de az uraimmal megsegítettem. Utánuk mennék, de félek vala, hogy lessek vala, így megtérénk. Az egyik vajda szolgáját utánuk küldjük, az veszprémi porkolábot vissza híná hitre, szólnának vele. Az sem bocsáták vissza, a követet is elvivék, mostan is mind a kettő oda vagyon. Így jártam velük. Az én fejedelmem, királ ő felsége erősen parancsolja a frigyet megtartanom, az török penig meg nem tartja. Én ez ideig a fejedelemnek parancsolattya szerint meg is tartottam. Az veszprimi hitvány bégnek írtam felőle, hogy a frigyet miköztünk megszegte volna és én az fejedelemnek, királyi ő felségének tuttára adnám, az ő pasájoknak is megírnám. Semmi választ levelemre nem tén (tett). Én ezzel a veszprémi törökkel és hitvány béggel soha frigyet nem tartok... Ha őneki király ő felsége háza alá szabad száguldani, legyen énnéköm is az ő házuk alá szabad száguldanom. Ezt tuttára akartam adni Nagyságodnak!"[252]

Mindezek közepette Takaró Mihály folyamatosan erődítette és javíttatta Tihany várát. Az erődítési munkálatokra erősen igénybe vette – törvényadta jogánál fogva! – a környező falvak népének évi hatnapos kötelező várépítési munkáját. A falvak népe teljesítette kötelességét, kivéve a nemesi lakosságú Szentkirályszabadját, amelynek lakossága a munkát megtagadta. Először katonáival ment a falura Takaró Mihály, s megverette őket, majd megfenyegette őket, hogy a következő tavasszal felégeti a falut. Nádasdy Tamás főkapitánynak írott levelében árulással vádolta meg a falu lakosságát. Közölte vele, hogy a szentkirályszabadjaiak annak ellenére, hogy közel vannak a veszprémi törökökhöz, soha nem adnak hírt a törökökről a tihanyiaknak. Ugyanakkor ők hordják be a legszorgalmasabban Veszprém várába a törököknek az élelmet és a takarmányt. „... Mert meghigyje Nagyságod – írta a levélben –, hogy mind az egész földön nincs gonoszabb, embertelenebb nép, mint azok a szentkirályszabadjaiak!" Ezért azt javasolta a főkapitánynak, hogy a következő év tavaszán pusztítsák el Szentkirályszabadját. „... Énnékem sem barmuk, semmiek nem kell, de ... meghattam nekik, hogy kikeletre (tavaszra) elfussanak a faluról!" Takaró Mihály jelentése szerint ennek ellenkezője Vámos (Nemesvámos) falu. Ott neki három olyan embere lakik, akik éjjel-nappal figyelték Veszprém várát, s „... ha csak tíz lovon való török ki ment is, vagy be ment, azonnal tuttomra adták, még éjjel is!" Megragadva az alkalmat, Takaró Mihály mindjárt elpanaszolta a főkapitánynak, hogy ezeket a becsületes vámosiakat az elmúlt napokban egy éjszaka Horváth Gáspár vázsonykői kapitány emberei kirabolták. A vázsonykői darabontok egy parasztot és tizenhat marhát elhajtottak, s elhajtották a faluból a tihanyi katonáknak ott tartott tizenkét disznaját is. Pedig a falu népe nemesemberekből áll, s ezek fosztogatása... „Isten ellen való dolog volna!"[253]

1558 nyarára Tihany várának erődítési munkálatai befejeződtek. A Magyar Kamara Pesti Bornemissza Ferencet küldte ki biztosul a vár átvételére, aki részletes jelentést küldött minderről. Előzőleg a vár falai romokban hevertek, ezeket a romlott falakat állíttatta helyre Takaró Mihály várparancsnok. Bornemissza megállapította, hogy a leomlott falat fele részében kőből már felépítették, s rövidesen a másik fele is elkészül. A kőművesek és munkások dolgáért – leszámítva a jobbágyok és kőművesek napi élelmezését – elegendőnek vél 32 forintot. A vár azon részétől, ahol az omlás történt, Takaró Mihály kívül földtöltést rakatott, a vár árkát pedig elég jól kiszélesítette. Takaró Mihály arra kérte a királyt, hogy a vár erősítésére és a nagyobb biztonság végett két bástyát építtessen: egyet a Balaton felé, a másikat a mezőség felé néző oldalon. A vár árkát tovább kell szélesíteni, melyre elegendő 100 forint. Csak küldjön a király hozzáértő kőműveseket.

A királyi biztos azonban jobbnak és hasznosabbnak vélte, ha Tihany várát a föld színéig lerombolnák. Ugyanis a hely kicsiny, csak kevés katona fér el itt, s az egésznek semmi haszna, mert a vártól 8-10 mérföldnyire minden föld a törököknek hódol, s a tihanyi kapitány kevés fegyveresével nem tud amúgy sem gátat vetni az ellenség portyázásának, úgyhogy a törökök szabadon járnak-kelnek Tihany körül. A baj csak akkor kerülhető el, ha az uralkodó megerősítteti a „sarampó" nevű külső kaput, mely a vártól távolabb van, és most csupán a „latorkertnek" nevezett fapalánkkal van megerősítve. [Talán a félsziget Aszófő felőli bejáratát lezáró ősi sáncárokról és annak kapujáról volt itt szó! – Sz.] Ott kell tehát elsősorban a végbeli nép számát növelni, mert ha a török ezt a kaput elfoglalja, a vár tovább fenn nem tarthatja magát, azonnal elvész!

Bornemissza Ferenc királyi biztos megkísérelte pontosan felmérni, hogy mely falvak adóznak és szolgálnak Tihany várának. A vizsgálat során Takaró Mihály kijelentette, hogy akár kinyomozza Bornemissza a vár jövedelmeit, akár nem, azokat őfelsége mind az ő rendelkezésére bocsátotta, hogy tisztességes ellátást adhasson a várban vele lévő „elsőrendű vitézeknek", s ő csupán a veszprémi káptalan jövedelmeiről tartozik számot adni.

Pesti Bornemissza Ferenc királyi biztos megvizsgálta a tihanyi hadinép számát és szolgálati rendjét is: a lovasok száma nagyobb volt a rendesnél, de a gyalogságból néhány ember hiányzott. Ezek állítólag török fogságban voltak.

Pesti Bornemissza Ferenc királyi biztos jegyzékbe vette a hadiszerszámokat és az élelmiszereket is. (Ez a jegyzék nem maradt fenn.) Végül – a királyi utasításnak megfelelően – a királyi biztos élőszóval közölte Takaró Mihály várkapitánnyal, hogy miképpen őrizze a várat, s hogy tartózkodjék a szegény jobbágyokkal szembeni erőszakoskodástól, s hogy a szüret befejezése után jelenjék meg elszámolásra a pozsonyi Magyar Kamara előtt.[254]

Miután Tihany vára kicsiny volt és hely alig volt benne, a katonák részben a vár alatti Tihany faluban, részben pedig a külső sánc mögötti Apáti faluban laktak.

A Balaton délnyugati térségének váraiban 1558-ban csak helyi események történtek. Folytatódott a már 1551-től zajló per, melyben Lengyeltóthy Lengyel Gáspár özvegye perelte Magyar Bálintot, Alia Mátyást és Benedeket, akik erőszakkal elfoglalták Szigliget és Fonyód várakat és vártartományokat. Különösen a vártartományok falvainak lefoglalása sértette Lengyel Gáspárnét, ugyanis a várak őrségét a király fizette.[255]

A gersei Pethő család kezében lévő Rezi és Tátika várakról a források említést sem tettek ezekben az években. Az ugyanezen család tulajdonában lévő Keszthely továbbra is végvárként működött. A „belső várban élő szabad legények” a katonai szolgálatért úrbéri szolgálatmentességet élveztek. A keszthelyi „vitézlő rend” tagjai nemesek módjára még a papi tized fizetése alól is mentesítve voltak. Ugyanakkor a „külső városbeliek” – akik viszont katonai szolgálatot nem teljesítettek – mindenféle úrbéri szolgáltatást teljesítettek, sőt még a törököknek is adót fizettek, hogy ne fosztogassák őket! A két városrésznek ez az elkülönülése még 1715-ben is élt Keszthelyen. Megkülönböztették „... a Hajdú utczán, az Kerítésben lakó uraimékat” és a „... városon kívül az urak fundusán levő...” lakók jogait.[256]

A vázsonykői végvár helyzete is romlott. Vázsonykői Horváth Gáspár 1558. június 3-án levelet írt a nádornak és a királynak, melyben beszámolt a vár hiányairól, de levelére választ sem kapott. Röviddel utána az Udvari Haditanácshoz és Adam Gall győri főkapitánynak is levelet írt és kérte: „... a vázsonyi vár nyilvánvaló hiányairól gondoskodásért forduljanak Ő Felségéhez, mert a várhoz tartozó birtokok mind elnéptelenedtek, a várnak nincs jövedelme, ahonnan a hiányokat pótolni lehetne... Hiszen nyilvánvaló Nagyságod előtt, mi történt itt a minapában: a mieink közül elfogott valakit a török, kitől megtudta a vár minden hiányosságát, hogy a török erre mikor fog nagy készülettel felvonulni, nem tudom, de a környező falvak bíráinak (a török) kiadta a parancsot, hogy szekerekkel és új zsákokkal 15 napra álljanak elő, hogy várostromra vagy mire készül, nem tudom. De várjuk, mi fog történni! Lehet, hogy ismét ránk fognak jönni!” Miután a helyzet semmit nem változott, újra a nádorhoz fordult Vázsonykői Horváth Gáspár. Kérte, hogy elsősorban gyalogságot adjanak Vázsonykőbe azok helyett, akik a minap elvesztek, mert a környéken gyalogságra nem tud szert tenni! Kérte még a nádort, hogy eszközölje ki a királynál, hogy őfelsége emelje fel Vázsonykőben a lovasok létszámát csak 21 lovassal, ez 30 lovon való ember lenne és akkor lenne itt őfelségének 40 lovon való embere, mint Tihanyban![257]

Mezőlaky Ferenc – aki birtokos ura volt Hegyesd és Györök várainak, valamint világi

Magyar huszár a XVI. században (Jost Amman rajza)

kommendátora Zalavárnak – 1558 kora tavaszán Zalavárról csak annyit jelentett, hogy a vár körüli utak víz alatt állnak, s „... sem lovon, sem kocsin, sem hajón a jeges nagy vízben ki nem mehetett...” senki a várból. Miközben a szomszédos Komár várának hajdúira panaszkodott azok gaztettei miatt, ő maga volt a legfőbb réme a környéknek. Hírhedten brutális ember volt, aki korábban például Köveskút faluban egy Köveskuti Ferenc nevű ember Erzsébet nevet viselő leányát agyonverette. Ugyanekkor halálra verette Köveskuti Benedeket is, Köveskuti Ferencet és Andrást pedig Hegyesd várába hurcoltatta, ahol őket hónapokon át vasra verve tömlöcben tartotta fogva.[258]

Komár várába ekkor – 1558. január 9-én – nevezték ki Kerecsényi Lászlót (a későbbi gyulai kapitányt!) az erősség parancsnokává. Első élményeiről az alábbiakban számolt be Csányi Ákosnak: „... Komárba ma juték; oly igen pusztán találtam, hogy egy napi élet (élelem) nincs benne, másfél köböl búza liszt volt, de azt megették addig, míg én bejutottam (a várba); egyéb házbeli szerszámot is mind kihordták, csak az puszta ház maradott. Ha Kegyelmednek eladó szénája vagyon, kérem Kegyelmedet, hogy Kegyelmed adjon nekem pénzen szénát! Ps. [utóirat – Sz.] Ha Kegyelmed írna ide az szomszédságnak, kik Kegyelmed barátai, hogy segéténének fát hordoznom az palánkoknak, megszolgálom Kegyelmednek, mert meg akarnám csináltatnom, mert az nélkül egy nap mind elvész a szegénység!” Még véget sem ért az esztendő, amikor – 1558. december elején – újabb panasszal fordult feletteseihez Kerecsényi László komári szervitor: „... az lator árulók, két főlegény (tiszthelyettes) szökék el katonáival... egyik Szigetbe (Szigetvárba) szökött, a másik Gyérre (Győrbe) szökött, ím azok után is elküldék, és az gyéri kapitántul törvényt kérek rájuk!”[259]

Az 1558–1559. évből részletes adatok maradtak fenn a Balaton déli térségében lévő simontornyai török szandzsák katonaságáról:

1. Simontornyai nahijé: 36 müsztahfiz (várvédő janicsár), 7 tüzér, 45 ulufedzsi-lovas, 23 azab gyalogos, 26 szerb martalóc gyalogos; összesen 137 katona, valamennyien zsoldosok.

2. Tamási nahijé: 31 azab gyalogos és 21 szerb martalóc gyalogos; összesen 52 katona, valamennyien zsoldosok.

3. Ozorai nahijé: 39 müsztahfiz (várvédő janicsár), 3 tüzér; összesen 42 katona, valamennyien zsoldosok.

4. Endrédi nahijé: 43 müsztahfiz (várvédő janicsár), 34 azab gyalogos, 23 szerb martalóc gyalogos; összesen 100 katona, valamennyi zsoldos.

A simontornyai szandzsák török katonaságának összlétszáma 331 fő volt.[260]

A simontornyai és koppányi török szandzsákok katonasága már 1558 márciusától mozgolódni kezdett. Gróf Zrínyi Miklós – 1558. március 22-én – jelentette Nádasdy Tamás főkapitánynak, hogy a török csapatok a mesztegnyői kolostor épületét erődítik.

1558 júliusában a mai Siófoktól délre a ságvári templomépületet – melyben már korábban is tanyáztak – erődítették a török katonák. „... Mastan egyéb újságot nem írhatok Te Nagyságodnak – írta Takaró Mihály tihanyi kapitány Nádasdy Tamás főkapitánynak 1558. július 7-én –, az elmúlt vasárnapra virradóan Somogyba mentem vala által az uraimmal [vitézeimmel – Sz.] egyetemben. Ságvárot az törökök egy szentegyházat erősítettnek vala meg, melyben régtől fogván laktanak. Reájuk ütök, Istennek akarattyából megvettem (elfoglaltam) vala tőlek, négy töröknél többet nem szoríthattam vala bennek, az egyiknek fejét vették vala, az hárman az toronyba szorultak fel. Tovább egy hóránál (óránál) viattam (ostromoltam) reájuk, az tornyot puskával erősen lőettem, az endrédi törökök valamiképpen eszekbe vették volt, azon közben oda érkezének. Azokat hogy meglátám, ahol mi kevés marhájok a töröknek lész, kihordatám és bőven szalmát hordaték az torony alá, reájuk gyújtám az szentegyházat, aztánd eljövék. Azonban a Körishegyi törökök is előnkbe érkezének, az hajókba bészállánk a vízre (Balatonra) előttek. Az töröknek három lovát találják vala az szentegyházban, azokat az hajók mellé kötöztetém, úgy hozhatták által. Az törökök a víz (Balaton) mellett egy egész mérföldig kísértenek, ők is lőttenek, mi is őket. Istennek akarattyából békével csak egy ember kár nélkül eljövénk, jól lehet ütés esett rajtunk, de egyéb bántásunk semmi nem lett."[261]

A veszprémi és simontornyai, valamint koppányi török szandzsákok katonasága rövidesen – az 1558. október 13. körüli napokban – egyidejűleg támadta meg a Balaton északi és déli partján a magyar várakat. A veszprémi török csapatok egy éjszaka alatt Vázsonykő, Hegyesd és Csobánc várak alatt elszáguldva, rajtaütöttek a Szigliget vára alatti Szigliget falun, és egész lakosságát fogságba hurcolták. A szigligeti vár magyar katonasága kitört a várból, de a törökök úgy felülkerekedtek, hogy a vár kapitánya, Magyar Bálint saját szabadulását is csak az Úristen különös kegyelmének tartotta. Magyar Bálint egyébként panasszal fordult Nádasdy Tamás nádorhoz és főkapitányhoz, hogy Vázsonykő, Hegyesd és Csobánc váraiból nem riasztották őket ágyúlövésekkel időben, sőt még csak nem is lőttek a várak alatt elvonuló török csapatokra. Ez kétségtelenül annak az áldatlan marakodásnak volt köszönhető, amely változatlanul uralkodott a magyar végek kapitányai között.

Ezekben a napokban a veszprémi és fehérvári török csapatok háromszor is rajtaütöttek Tihany várán. Takaró Mihály tihanyi kapitány – 1558. december 6-án, Nádasdy Tamás dunántúli főkapitányhoz írott levelében – beszámolt a török csapatok Tihany elleni támadásairól, melyeket mindhárom esetben nagy erejű gyalogsági erőkkel indítottak, akkor, amikor a tihanyi magyar őrség kisszámú gyalogsággal rendelkezett: „... Az törökök csak hamar háromszor jöttenek rejánk ide, be az sorompón az gyalogja (:az fejérváriakkal egyetemben lehet az török háromszázan:), mert ő neki feles mindenkor az gyalogja, énnekem pedig kevés gyalogom vagyon, s nem mehettem rájuk!"

A fentiekkel egyidejűleg – 1558. október közepén – a simontornyai és koppányi török csapatok Fonyód várát rohanták meg. Betörtek a külső palánkba, ahol több házat felgyújtottak. A vár őrsége a támadókat visszaverte. Az őrség magyar katonái három törököt elfogtak és kilencet levágtak, sokat megsebesítettek, majd elűzték a törököket a vár alól.[262]

A kisebb-nagyobb portyák átnyúltak a következő évre is. Így például 1559. január 11-én a koppányi török katonák újra megjelentek Fonyód vára alatt, ahol sikerült nekik felgyújtani a vár szénakészletét. 1559. június 19. körül híre ment, hogy a koppányi bég (Nuszuf?) halászás közben a koppányi tóba belefulladt. Nem sokkal ezután – 1559. június 29-én – Mehmed, az új szandzsákbég ugyancsak Fonyód körül gyűjtogatott lovasaival, illetve egyik helyen lekaszáltatta a még félig érett gabonát. Magyar Bálint fonyódi és szigligeti kapitány megtorlásul Mehmed koppányi bég egyik malmát égettette fel embereivel.

1559. augusztus 11–18. között újabb csatározások zajlottak le Fonyód és Koppány között. Néhány fonyódi magyar gyalogos Koppány alá lopakodott, honnét tizenegy ökröt elhajtottak. Néhány nappal később a koppányi törökök ezt megtorolták. Miután a fonyódi porkoláb tizenegy várbeli darabontot (gyalogos katonát) küldött ki a várból – hogy szedjenek össze a várhoz kaszásokat –, a törökök a fonyódi darabontokat megtámadták, néhányukat levágták, a többit pedig fogságba hurcolták. Magyar Bálint kapitány tiltakozott, mire Szinán koppányi aga levelet menesztett Magyar Bálinthoz Fonyód várába: „... Minekünk is erősen meg vagyon hagyva az hatalmas császártul és mind az nagyságos budai pasátul, hogy megtartsuk a frigyet [szerződést – Sz.], és senki vára alá ne menjünk. Ingyen az kit az mezőn találnak tizet, huszat, harminckettőt, ötvenet és megverik, azzal az két fejedelem között való frigy fel nem bomol. Az végeken mindenkor így járt, az szegény legény ezfélével él, mivelhogy az frigy alatt az fejedelmek is szűkön fizetnek!"

A Balatontól északra, Tihany körül is változatlanul zajlottak kisebb összeütközések. Ilyen eset történt az 1559. szeptember 6. előtti napokban, melyről Takaró Mihály tihanyi kapitány azonnali jelentést menesztett Nádasdy Tamás főkapitányhoz: „... Továbbá Nagyságodnak ezt írhatom, hogy ez napokban bocsátám az Ő Fölsége szolgái közül négy drabantot (gyalogos katonát) az falukra, kiket Tihanhoz bírok Ő Fölsége után, hogy valami szekereket hoznának az

Rezi vára a XVI. században (Koppány Tibor rajza)

Ő Fölsége háza (ti. Tihany vára) szükségére. Az veszprémi törökök Hamza bég szolgái vótak lesben egy mérföldre Tihanhoz, és reá találtanak, mind az négy drabantot elvitték. Az előtt ismeg Szent György nap után egy inasomat fogták el, semmiben az frigyöt meg nem tartják, mi penig az Ő Fölsége parancsolatja ellen semmi képpen nem merünk véteni, erősen tartjuk az frigyöt. Hiszem, hogy tuttára vagyon Nagyságodnak Gyulaffy uram vára [ti. Csobánc] alatt is mit mívelének (ti. a törökök – Sz.), juhokat és szolgáiban elvivének. Horváth Gáspár uram vára (Vázsonykő) alatt is két rabot fogának, egy fejet vevének, efféle dolgok mind megtörténnek rajtunk, mi penig csak meg sem merünk mozdulni!"[263]

1560 januárjában változás történt Tihany várának vezetésében. Csobánc várának ura – Gyulaffy László – az Udvari Haditanácstól magának kérte a vár parancsnokságát, melyet meg is kapott. Takaró Mihályt sértette személyének mellőzése. Keserű hangú levelet írt – 1560. január 29-én – Nádasdy Tamás nádornak és főkapitánynak: „... Mostan Gyulaffy László elkérte Tihant. Azért tuggya Nagyságod, mely pusztán és Tihant találtam, senkinek ne vala kellemetös, senkit reá nem vehettek akkor, hogy gongyát föl vötte vóna. És az én szegénylegény voltomra fölvöttem, szerencsét kísértöttem, megépítöttem, immár mostan kapnak rajta!"[264]

Tihany várának átadására 1560. április 24-én került sor. Gyulaffy Lászlót kétségtelenül anyagi érdekek sarkallták. Ő maga is birtokos nemes volt. Birtoka 40 lakott és 14 puszta jobbágyportából állott, és volt két zsellérháza is. Mindezért adóba kapott: 17 forintot, 11 tyúkot, 23 kalácsot, 151 tojást, valamint változó mennyiségű bort, búzát, árpát és zabot. Mindebből – két testvérével együtt – fenn kellett tartani a család ősi fészkét: Csobánc várát.

Gyulaffy László híres vitéz volt: 1549-ben Fehérvárnál lovasaival győzelmet aratott a törökökön; hősiesen küzdött 1551-ben Lippa várának ostrománál. Azonban nemcsak a törökök rettegtek tőle, de saját jobbágyai is, valamint a Tihany környéki nép úgyszintén. Durva és erőszakos ember volt, számtalan erőszakoskodás fűződött a nevéhez.

Az átadáskor Takaró Mihály nem volt hajlandó elszámolni a vártartomány jövedelmeivel, csak a veszprémi káptalantól bérelt tizenöt birtok tizedeiről.

Amilyen lazaságok voltak észlelhetők Takaró Mihály részéről az átadás során, ugyanolyan ügykezelés volt jellemző az átadást követően. Ezt a későbbiekben Gyulaffy László alaposan ki is használta. Miután Takaró Mihálytól maradt bérhátralék, a veszprémi káptalan a Gyulaffy által – 1560–1561-ben – befizetett összeget az 1558–1559. évi hátralék törlesztésének tekintette. Így a káptalan 1563-ban jogos panaszt tett a Magyar Kamarának, hogy öt év óta nem kapta meg a bérletet (árendát). A kamara utasította Gyulaffyt a fizetésre, mire az kifizetett két évi bért. Így 1564-ben újra négy évi bérhátralék illette a veszprémi káptalant. És ez így ment éveken át![265]

Gyulaffy László ebben az időben a lutheri reformáció híve lett, mert így módja nyílt a szekularizációra, a római katolikus egyház vagyonának birtokbavételére. Ennek során lefoglalta a felsőörsi préposti birtokokat. Amikor 1561-ben Batthyány Ferenc kegyúr kinevezte Chányi Barnátot felsőörsi préposttá, az székhelyét nem tudta elfoglalni, mivel a javadalmi birtokot Gyulaffy László tihanyi kapitány tartotta a kezében.[266]

Gyulaffy László hírhedt volt brutális magatartásáról jobbágyaival szemben. Egy későbbi, 1613. október 14-én felvett jegyzőkönyv egy ilyen gaztettét örökítette meg: „... Septimus testis (hetedik tanú) Kisfaludi Gál János, hiti után azt vallja: Emlékezem arra, hogy innend Kisfaludról költek föl Palotás Orbán, Móricz Mihály és Kalmár Lázár (jobbágyok), s mentek Gyulaffy Lászlóhoz, és mondta Kalmár Lázár: 'Nagyságos Uram! Minket Nagyságod ne háborgasson, mert mi mindenkor tihanyi jobbágyok voltunk és oda szolgáltunk!' Erre a szóra mondotta Gyulaffy László: 'No, áruló kurafi, ha Tihanyhoz való jobbágy vagy, amhol az parragh szőlő az szigetben, bizony meg köll építened!' Erre a szóra mondotta Kalmár Lázár: 'Nagyságod megbocsásson, de ha úgy köll lenni, noha erdővé lett [ti. a parrag a tönkre ment szőlő! – Sz.], de az is meglegyen!' Azonközben ragadtatta Gyulaffy László az Kalmár Lázárt és úgy megverette, hogy azután mind vérrel vizelt és ugyanabban hólt is meg. Arra is emlékezem, hogy sereggel fölköltünk és az szőlő kapálni úgy jártunk Tihanba... Erre emlékezem!"[267]

Egy másik esetről számolt be 1560. február 9-én írott levelében Orosztonyi Péter Szerény várának kapitánya Csányi Ákosnak. Három zalai szegénylegény – hallván, hogy Szenyér várában jobb a fizetés – elindultak arra. Szigliget váránál Magyar Bálint kapitány találkozott velük, behívta őket Szigligetbe, majd áthozta őket Fonyódra. Mivel ott sem élelmet, sem pénzt nem kaptak, megszöktek és Keresztúrra mentek, ott koldultak kenyeret a szegénynéptől. A kocsmánál voltak, mikor utolérte őket Fonyód várából Péter Benedek vajda. Rájuk rontottak, s az egyiknek – aki igen ifjú volt még! – Péter vajda rögtön fejét vette. A másik kettőt megkötözték. Fonyód vára felé hurcolva őket, az egyik megszökött, s Szenyér várába futott. Itt elmondotta, hogy annak az ifjúnak, kinek fejét vették, nemesemberek a szülei. Társáról nem tudott semmit, de tőle is elvették mentéjét, fegyverét, mindenét!

Néhány nappal később – 1560. március 17-én – Orosztonyi Péter szerényi kapitány újabb panaszos levelet írt Csányi Ákosnak. Ebben a levélben viszont Magyar Bálint szigligeti és fonyódi kapitány erőszakoskodásairól írt. Ugyanis Magyar Bálint megüzente Kánya falu jobbágyainak, ha „... Fonódra nem mennek szántani, őmagukat ugyan uczájukon nyársba vonattya és feleségeket, gyermekeket házukban égetteti, az elmúlt nyáron is elégette volt őket, nem sok maradt bennek!"[268]

Ezekhez képest kisszerű ügy volt az, mikor 1559-ben Köves András veszprémi püspök panaszt tett, hogy azon esztendő Szent Mihály arkangyal ünnepe (szeptember 29.) körüli napokon Vásonkői Horváth Péter és Somogyi István vázsonykői várnagy és Horváth Gáspár fegyveres szolgái Prágából (Sümegprága faluból) négy ökröt elhajtottak, s azokat nem akarják visszaadni.[269]

A magyar várparancsnokok erőszakoskodásai mellett a simontornyai és koppányi török szandzsákok katonasága sem nyugodott. Devecseri Csóron János Nádasdy Tamás főkapitánynak küldött, 1560. december 31-i jelentése szerint Hamza török bég parancsot adott ki embereinek Hidvég falu és Zalavár elpusztítására. Azonban – állítólag tévedésből, 1560. december 10-én – a török katonák több más falut dúltak fel és hurcolták el azok lakosságát: „... Hiszem, hogy ez hírül vagyon Nagyságodnak, hogy Hosszúpáhokot, Németpáhot, Sármelléket, Egregyet és az több környül való falvakat az törökök elrablották, és az Balaton jegén mentek vissza az rabokkal!"[270]

A török támadások miatt Zalavárba két ágyút szállítottak Nádasdy Tamás parancsára. Egyidejűleg küldött még 200 db tízlattos (4,07 cm átmérőjű) ágyúgolyót is az ágyúhoz, melyek összesen 70 fontot (kb. 35 kg-ot) nyomtak. Ezen ágyúgolyók ára – egy bécsi mázsa súlyban – 5 forint volt.[271]

1560 körül épült ki Csány vára, a mai Zalacsány közelében, a Meleghegy déli, ellaposodó lejtőjén, az ún. Cifrakert mellett. Eredetileg a Csányi család udvarháza állt itt egy patak mellett. A Csányi családot 1475-ben Hunyadi Mátyás király erősítette meg a falu birtokában.

Az udvarház eredetileg egy 19 m hosszú és 9 m széles kőépítmény volt, keleti oldalán egy kiugró – négyzetes alaprajzú – kis toronnyal. A Giulio Turco féle felmérés szerint az udvarházat már megerősítették. Az udvarház melletti patakból egy önmagába visszatérő árkot ástak: a hatalmas földmunkával kiásott árok átlagosan 20 m széles és 6–12 m mély volt, melyet aztán a patak vizével árasztottak el. Így az udvarház egy kb. 100 m hosszú és kb. 50 m széles sziget keleti egyharmadába került. Az udvarházat egy kissé megnyújtott négyzetes – 43 x 54 m-es – alaprajzú palánkkerítéssel vették körül. A palánk három sarkán 6 m átmérőjű kerek alaprajzú rondellák, északkeleti sarkán pedig négyzetes alaprajzú sarokbástya épült. Itt, az északkeleti sarokbástya mellett keleti irányba nyílott a palánkvár kapuja, honnét egyenes híd vezetett át a patakon. Az árkok által körülvett sziget nagyobbik kétharmadán elterülő terület feltehetően az állatállomány biztonságos elhelyezésére szolgált.

A vártól északnyugatra, egy kiugró dombfokon kis, kör alakú – mély árokkal körülvett – őrtorony állott (ma „Zsidóvár" elnevezéssel), melynek őr- és figyelőállás lehetett a feladata, honnét jól áttekinthető volt a Zala-völgyi út, illetve a Tilaj és Nagykapornak felé vezető útvonalak.[272]

1561 januárjától újabb háborúskodás előjelei mutatkoztak. „... Ezennel jöve Fejérvárrul egy emberem – írta Ormány Józsa sümegi kapitány Csányi Ákosnak 1561. január 24-én –, ki nagy bizonnyal mondgya, hogy számtalan török gyűl minden felől Fejérvárra, és jöttön-jő Veszprimbe, mind lovag török, mind gyalog török. Ráckeviből is felverték mind az rácokat; Budáról is sok janicsár jött Fejérvárra, azért bizonnyal higgye Kegyelmed el jő a török, és nagy haddal jő!"[273] Az első török támadásra az 1561. március 18. előtti napokban került sor. A váratlanul megjelenő török csapatok Szántó (Zalaszántó) falut dúlták fel, Rezi és Tátika várakat nem érte támadás. Gersei Pethő János nemesúr és földesúr ennek ellenére – 1561. március 18-án – aggódó levelet írt Nádasdy Tamás főkapitánynak, rövidesen török támadástól tartott Rezi, Tátika és Keszthely várak ellen.[274] Rossz előjelnek tartotta Nádasdy Tamáshoz írott levelében Gyulaffy László tihanyi kapitány azt, hogy: „... Az fejérvári Hamza bég levelét és a (budai) basa levelét erősen hordozzák, kikben erősen parancsolnak mindenfele, hogy erejek szerint bé menjenek Fejérvárra ez jövő keddre, szekerekkel, fejszékkel és ásókkal, kapákkal és tehenekkel és mind fejenként azt parancsolja nekik, hogy bemenjenek!"[275]

A támadást azonban a magyarok kezdték el 1561. április 15-én. Orosztonyi Péter szenyéri magyar kapitány 1561. április 16-án Csányi Ákosnak írott levelében az alábbiakat írta: „... Tegnap a csurgói és komári őrséggel együtt Kaposvár alá, Keczel faluig nyomultak. Pálffy Ambrus, Begethey János, Kürtössy János, Visky Lőrinc és Horváth György tizenöt lovassal a faluba mentek, ahol két törököt fogtak el. Az egyik török bevallotta, hogy Kászon basa Csurgó és Kanizsa, illetve Sziget (Szigetvár) ellen készül, amint a lovakat behajtották a fűről (azaz a legelőkről). A másik török rab is hasonlóan vallott.[276]

A török támadás 1561. április 16-ról 17-re forduló éjszaka váratlanul bontakozott ki a Balatontól északra. A veszprémi török katonaság egyik osztaga rajtaütésszerűen betört Hegyesd várába. Ebben az időben Hegyesd vára ákosházi Sárkány János két leánya férjének: Sárkány Orsolya férjeura Czobor Gáspár, valamint Sárkány Magdolna férje, Mezőlaky Ferenc résztulajdonában volt. „... Az Hegyesdet az új porkoláb veszté el – írta 1561. április 19-én jelentésében Ormány Józsa sümegi servitor –, mert az Czobor uraim új porkolábot tettek vala, Kálózy András a neve, ki éjjel-nappal csapszék (részeg) vala... Az mely éjjel Hegyesdet meghágták az terekek, azon napon mind estig Kálózy András, az elébbi (korábbi) porkolábbal ketten az szőlő hegyen egy pincénél ittak, felette részegen mentek estve a várba, annyira voltak részegek, hogy Kálózyt az ágyból rántották fel (ti. a török katonák), különben fel nem érzett, az elébbi (korábbi) porkoláb még is meg ki szökött az vár fokán és most bujdosásban van, de Kálózyt jobban őrzik, hogy nem mint ő őrizte az ő ura házát! (Utóirat: Itt Hegyesdben immár az veszprémi vajda (van), tennap is várták az béget, ma is várják be Hegyesdbe!" Ormány Józsa ugyanaznap még egy levelet írt Csányi Ákos kanizsai főkapitánynak, mely levél végén az alábbiakat írta: „... Az elébbi (korábbi) Gergely porkoláb, az ki Hegyesdből kiszökött, az zalavári apát uram falujában, Szőlősön titkon kőtezteti (?) magát. Kegyelmed fogassa meg az árulót, mert nem méltó, hogy éljen!"

Hegyesd vára a XVI. században (Koppány Tibor rajza)

Ormány Józsa közölte Csányi Ákos főkapitánnyal, hogy „... Ennek előtte, mikor én az vármegyében gyakorta szólottam, hogy vagy elrombolnák vagy jobb gondot viselnének reá (ti. Hegyesd várára), meg sem hallották jó módon szómat, de immár (most) minden ember megismeri, mit teszen az Hegyesd elvesztése!" Ormány Józsa ismételten kérte a főkapitányt, hogy fogassa el Gergely porkolábot. Ugyanis félő, hogy előbb-utóbb átszökik a törökhöz, mert feleségét és négy szép fiát a vár elfoglalásakor a törökök fogságukba ejtették! Közölte azt is, hogy kiderült, Hegyesd vára elfoglalásakor egy Hidegkuti Márton nevű ember vezette a török katonákat.[277] Ugyancsak 1561. április 19-i levelében Ormány Józsa figyelmeztette Csányi Ákos kanizsai főkapitányt, hogy Hegyesd elfoglalása után a törökök „... az apró házakat [várakat, végházakat – Sz.] el fogja szedegetni, úgymint Tihant, Vásont, és akit akar, vagy pedig Huszárvárat csináltat vagy Hegyesd alatt vagy Tapolcán a Hatos malom körül, ahol nagyobb számú lovasságot tudnak elhelyezni. ... Ezt nem kellene meghagyni csinálni... mert bizony az egész Zala vármegye elvész belőle!"

Ugyanezen levélben Ormány azt is közölte, hogy kémei – a németvölgyi (ma a Balaton-melléki Nivegyvölgy) bíró és még négy ember – jelentették neki, hogy a török csapatok 1561. április 18–19-én erősen hordták be Hegyesd várába az élelmet, mert a veszprémi béget várják oda nagyobb csapattal. Ugyancsak kémei közölték, hogy a budai basa Fehérváron van, s ott számos bég gyülekezik csapataival, ágyúkkal és szekerekkel. Félő, hogy újabb végvárakat: Tihanyt és Vázsonykőt akarják elfoglalni. A Hegyesdet elfoglaló Bajezid vajda április 18-án már parancsot adott a Hegyesd vára körüli falvak népeinek, hogy ezek után ne Fehérvárott, hanem Hegyesden jelentkezzenek munkára. Közölte Ormány azt is, hogy Gyulaffy László tihanyi kapitánynak is nagy bajt okozott a közeli Hegyesd elvesztése, mert „... most immár az gyalog török környülfogta az Csobánc hegyeit és éjjel-nappal úgy lesik... Azt mondgyák közhírrel az parasztok, hogy az török igen örül, hogy Gyulaffy uramat mind feleségestül bele szorították, mert Gyulaffy uram is Csobánc (várában) vagyon."[278]

A baj akkora volt, hogy Nádasdy Tamás nádor és főkapitány levélben sürgette Habsburg I. Ferdinánd királyt, hogy sürgősen vezényeltessen megfelelő őrséget és csapatokat a Balaton környéki várakba: Csobáncba, Tátikába, Szigligetbe és a keszthelyi monostorerődbe.[279]

Ormándy Józsa 1561. április 27-én újra jelentett Csányi Ákos kanizsai főkapitánynak. Leírta, hogy két kémjét, a tapolcai Molnár Antalt és Molnár Jánost küldte el a fehérvári béghez, hogy érdeklődjenek a tapolcai malom erősítése ügyében. A két ember pénteken éjszaka jött vissza Fehérvárról. „... Hegyesdig mind az törökkel jöttek vissza Fehérvártul fogva, mert ötszáz lóval és húsz szekérrel hoztak élést (élelmiszert) Hegyesdbe, úgy mint lisztet, sót, pirított húst és port (ti. puskaport), de az törökök azok ismég visszamentek, de azért Hegyesdben elég török vagyon és igen építik! Immár száz gerendánál többet faragtatott az (Bajezid) vajda és mind az várba hordatta föl, és mindennap gerendát és szarufát faragtat és palánknak való fát vágat, sok nép vagyon rajta mindennap, az Czobor uram jó erdőt nevelt volt Hamza bégnek!" A fehérvári bég azt is megüzente Molnár Antaltól, hogy hamarosan még közelebb lesz szomszéd Sümeg várához, Ormány Józsa kapitány erősségéhez, mint most van Hegyesdben, „... de nem nevezte meg, micsoda hely lenne az!" Molnár Antal szerint két szandzsák katonaságát akarják Hegyesd alá küldeni, hogy aztán innét folytassák támadásukat! „... A leveldi (városlődi) bíró ma volt itt (Sümeg várában) – folytatta levelében Ormány Józsa –, ki azt mondá, hogy az veszprémi (török) porkoláb felesége magyar és jó keresztény, ki neki azt mondta titkon, hogy ide ki meg jelentse az szegénységnek, hogy addig fűre nem bocsátnak (ti. nagyobb támadást a törökök nem kezdenek), míg nagy rablást nem tesznek az Zalaságra és csak az napját nem tuggya, mikor indulnak, mert készen vannak!" Befejező soraiban Ormány Józsa lesújtóan nyilatkozott a magyar paraszti népről: „... Azért jó volna készen várni, ha volna valahol nép [ti. magyar katonaság – Sz.], mert az töröknek sok kémje vagyon és bizony mennyi hódolt nép, annyi kém, de soha az töröknek nagyobban nem árthatnánk, mint ha az földet elpusztítanánk egy néhány mérföldön az török várak körül, mert az hódolt nép tartja az törököt mindennel!"[280]

Ormány a jelentésében leírta még azt is, hogy Hamza fehérvári szandzsákbég alaposan kikérdezte a tapolcai Molnár Antalt a magyar királyi várak és hadsereg felől. Végül is a bég az alábbiakat mondta Molnár Antalnak: „... Nincs sehol az ti királotok hada, mert tudnám én ha volna! Hanem ám Győrött vagyon valami kevés elegy népe, magyar, német és Pápán vagyon valami gaz, de nincs egyéb!" Elmondta még a bég, hogy: „... Nincs sehol semmi népe oda föl is az ti királotoknak, mert én tudnám, ha volna, mert énnékem hat esztendeje, hogy Bécsben lakik kémem, kinek felesége, gyermeke vagyon ott. Aki ha akarja misét mond, ha akarja deák, ha akarja német, ha akarja magyar, ha akarja jó kapás, ha akarja katona, ha akarja sántál (sántikál), ha akarja, ilyen ép lábon jár, mint te, és minden nyelven jól tud! Azért ha bánja az királtok, keresse meg Bécsben!"

A Hegyesd és Tapolca elfoglalását követően várható újabb török támadás a királyi hadvezetést is tettekre sarkallta. Ezért Salm Eckhardt császári-királyi generális 1561. május 2-án jelentette a magyarországi hadak főparancsnokának, Habsburg Miksa főhercegnek, hogy – többek között – Tihany várát megerősítették.[281]

Már májusban járt az idő, de magyar ellentámadásra nem került sor Hegyesd és Tapolca körül, s a török csapatok továbbra is nagy erőkkel erődítették mindkettőt. Ormány Józsa sümegi kapitány – 1561. május 21-én – Nádasdy Tamás nádorhoz írt levelet, melyben azt javasolta, hogy pusztítsák el Tapolcát és Apáti (Monostorapáti) falukat, mert ezeknek a népe rendszeresen dolgozik a hegyesdi törököknek. „... Az Tapolca felül én te Nagyságodnak ezt írhatom, hogy ha uramtól az én kegyelmes uramtól merném, én magam elpusztíttanám, mert hogy Hegyesd vára csak közel oda, mind éjjel-nappal oda szolgálnak, vizet mindennap rendszerént hordanak föl Hegyesdbe, vágó ökröket, lisztet és mindent ők hordanak főképpen is az apátiak... Amint én régtül fogva eszembe vettem Kegyelmes Uram, az törököt közönséggel Magyarországban az hódolt népek tartják és éltetik mindennel, mert valamit tud gondolni és kérni az török, mindent beviszen az hódolt nép neki, annak fölötte az hódolt nép annyira az törökhöz atta magát, hogy az önmaga vérét, a keresztényt a töröknek beárulja, és minden kémséggel tartja az törököt!"[282]

Míg a veszprémi török csapatok megszállták és erődítették Hegyesd várát és a tapolcai régi templomerődöt, az 1561. május 26. előtti napokban jelentős eseményekre került sor a Balatonnál. Gyulaffy László tihanyi kapitány vezetésével négyszáz, Pápa várából jött magyar gyalogos katona eredetileg a török hódoltsági területén lévő Polgári falura akart támadni, ahol vásár (sokadalom) volt. Ez valami oknál fogva nem sikerült, s így a magyar sereg úgy döntött, hogy megrohanják a török kezén lévő Veszprém várát. Azonban a veszprémi törökök „... az paraszt emberektül megtudták..." a tervet – írta

Ormány Józsa sümegi kapitány Csányi Ákos kanizsai főkapitánynak. „... Én azt hiszem, hogy még csak el sem indultak volt, mikor tuttára volt az töröknek, mert mikor az magyarok valahová akarnak készülni, az nem titok, hanem azonnal minden ember tuggya!” A veszprémi kudarc után Gyulaffy László és a Pápa várából jött négyszáz magyar gyalogos katona elvonult a Balaton partjára, Lovas faluba, ahol lakomázni kezdtek. Miután a Veszprém vára elleni támadáskor a veszprémi törökök hírt adtak a támadásról a fehérvári török szandzsákbégnek, az azonnal lovascsapatokat küldött a magyar sereg ellen. A fehérvári török lovascsapatok rajtaütésszerűen megtámadták a lakomázó-mulatozó magyar katonákat. „... Azon közben elérkezik a fejérvári török – folytatta levelében Ormány Józsa – és ott verik őket (ti. a magyar gyalogosokat), hogy az négyszáz gyalogból kétszázat vágtak le, amint nekem azon ember mondgya, az ki ott volt az Gyulaffy uram népével és Gyulaffy uram harmad magával szaladt el, csak mint ez ember mondgya. Az magyarok igen vesznek a nagy lakás (lakomázás) miatt, mert soha nem lehet az magyar had részegség nélkül, mert csak csatára menjen is, azonnal meg kell valahol részegedni!”[283]

A lovasi csatában mintegy kétszáz magyar gyalogos elesett, a többiek (az eredetileg négyszáz emberből) részben török fogságba estek, részben szétfutottak, Gyulaffy néhány emberével keresztülvágta magát a törökökön, és Tihany várába menekült.

A lovasi csatáról írott beszámoló végén Ormány Józsa újra Hegyesd várának gondjaira tért vissza: „... az Hegyesd, amint eszembe veszem, senkinek nem fáj, de meglátja minden ember, mi következik, miként a fűről az török befogja az lovat. Az veszedelem [ti. a lovasi csata – Sz.] hétfőn lett! Ha Gyulaffy uram (ti. Veszprém helyett) Hegyesd alá ment volna annyi néppel [négyszáz gyalogos katonával – Sz.], és az ott való gerenda fákat elvagdaltatta volna, jobb lehet volna, avagy ha egy tarackot vitt volna alája, az hegyesdi tornyot egy soráig letörethette volna, mert azt mondgyák bizonnyal, hogy oly hitvány az a torony, hogy (ha) csak háromszor lűnék, azonnal leromlana. Még az törökök is félnek benne, hogy mikor nagy szél vagyon, gerendákat hánynak az torony alá.”[284]

Röviddel a fenti események után kiderült, hogy Ormány Józsa sümegi kapitány bizalmas kémje a tapolcai Molnár János török kém is volt. Erről 1561. május 28-án írt Ormány a kanizsai főkapitánynak: „... Ez elmúlt napokban egy Molnár Jánost, tapolczait fogtak volt meg és Sárvárra vitték volt be, mely Molnár Jánost én is egy néhányszor küldtem levéllel Hamza béghöz, de most veszem eszembe, hogy nyilván való kém volt... De az Molnár Jánost, az árulót, úgy kellene büntetni, mint az féle árulót, mert bizony nagy áruló volt, ... az mint én immár eszembe veszem. Irtam vala az sárvári porkoláb urannak ez Molnár János felől, hogy meg kellene kínzatni, hogy valamit értenének tőle!”[285]

A Hegyesd visszafoglalására indítandó magyar ellentámadás egyre késett, viszont 1561 júniusában újabb – minden eddiginél nagyobb – török támadásról érkeztek hírek. Újra Ormány Józsa sümegi kapitány szerzett híreket, melyeket 1561. június 13-án továbbította Nádasdy Tamás főkapitánynak: „... Ma reggel írtam Kegyelmednek egy levelet, de ím csak most juta más híröm ismeg, hogy az éjjel hét zászló gyalog török, kiben csak húsz lovag vagyon, ment az thádikai (tátikai) erdőre... Kérem Kegyelmedet, hogy gyűjtse ezennel egybe valahon mit lehet (ti. katonákat!). Írjon Kegyelmed Komárba és Szentgyörgy várába is, az viceispánnak is és mindenüvé, hogy ezennel jönnének még az éjjel, csak gyüjjenek ide, eleibe mehetnénk. Ugyan Hegyesd alatt megverné az Isten (ti. a törököket), mert az mind Hegyesdbe be nem fér, hanem az erdőn hálnak ismeg egy éjjel, mert fáradt nép fog lenni ez."[286]

A tátika erdőbe előnyomuló hét zászlóalja török gyalogság a következő napon a veszprémi püspökség három falujára tört rá. Mezőlaky Ferenc zalavári kapitány – 1561. június 15-i – jelentése szerint a három falut a török katonák feldúlták, és embereket hurcoltak el.

Az elhurcoltak közül azonban Fehérvárról hazabocsátottak néhányat. A jelentés szerint a három faluból sokan már Fehérvárra mentek, hogy a többi foglyot is pénzen kiváltsák. Miközben Hamza fehérvári szandzsákbég a három Páh falut megkímélte, parancsot adott Szentgyörgy, Mánd, Köszvényes, Sármellék, Égenföld, Zalavár és Hidvég elpusztítására.[287]

A fentebb leírtak csak részét képezték egy nagyobb török támadásnak. Ugyanis – 1561. június 21-én – enyingi Török Ferenc pápai főkapitány levélben közölte Nádasdy Tamással, hogy „... Az Kegyelmed levelét megértettem, miben írja Kegyelmed, hogy mind Tihanból, mind Sümegből megírták volna, hogy az török ismét gyülekeznék!"[288]

Hasonlóan írt Ormány Józsa sümegi kapitány is Nádasdy Tamásnak, amikor is jelentette, hogy egyik ráckevei embere éppen akkor volt Budán a pasánál, mikor Hamza fehérvári szandzsákbég bemutatta a pasának a Lovasnál szétvert magyar csapat néhány foglyul ejtett katonáját. Ezután a török főtisztek tanácskoztak, s Hamza bég kétezer gyalogost és ezer lovast kért a pasától, s ígéretet tett, hogy ezzel az erővel elfoglalja Pápa várát. Pápa várának hangoztatása feltehetően a magyar kapitányok és főkapitány félrevezetésére szolgált. Ugyanis 1561. július 25-e előtt a veszprémi és fehérvári törökök – nyolc zászlóalja erővel – ezernél több harcossal Szentgrót ellen támadtak. A török csapatok Prágánál (Sümegprágánál) vonultak, amikor meghallották a sümegi várból leadott ágyú-jelzőlövéseket. Amikor a szentgróti várból a viszontjelzésül leadott ágyúlövéseket is meghallották, az Enyerki-majornál megálltak. Tétováztak, hogy ezek után támadjanak-e? Végül mégis támadtak. Mikor megrohamozták Szentgrót várának falait, a védők puskalövéseitől csak két török gyalogos martalóc sebesült meg: egyik a karján, a másik a sarkán. A török katonák észrevették a várvédők riadalmát, s azt mondogatták: „Ebben megrémült az nép, ezt az Úristen nekünk aggya!" Az őrség azonban olyan erősen tüzelt, hogy a török csapatok végül is elvonultak Szentgrót alól, s csak a környező falvakat rabolták ki és égették fel. Már visszavonulóban voltak, amikor a sümegi vár magyar lovassága megrohanta őket. A török sereg egy része Hosszúberek felé vonult el. Egy másik török lovascsapat Németfalu felől a hegyoldalban nyomult előre. A sümegi magyar lovasság Hosszúberek előtt váratlanul rontott rájuk. A törökök a hirtelen támadástól megfutamodtak, de így is sokan elvesztek közülük, s három zászlajukat hagyták a harcmezőn. Mintegy háromszáz török katona esett el, köztük számos tiszt.

Az elesett töröknél sok aranypénzt és oszporát találtak a magyar katonák, mert ezek a törökök Hegyesdnél rabokat akartak venni, ugyanis Fehérvárott már nagyon drágák voltak a rabok. A sümegi huszárok elfogták Kalmár Imrét és Hegedűs Mátét, akik török szolgálatban álltak, s saját vallomásuk szerint ők vezették Szentgrót ellen is a törököket, s az ő vallomásuk alapján ismerték meg a magyarok a fentiekben leírt részleteket. Az elfogott pribék Hegedűs Máté előzőleg Gyulaffy Lászlónak volt gyalogos katonája Tihany várában. Átszökött a törökökhöz, s azoknak kalauza lett. Egyébként Hamza fehérvári szandzsákbégnek volt kedves embere, mert szépen tudott hegedülni, s sokat muzsikált a bégnek. A két elfogott magyar pribéket Kehida várában tartották fogva. Mindkettőt kínvallatásra fogták, hogy vannak-e a magyar várakban Hamza fehérvári szandzsákbégnek más kémei is? A pribékek több ilyen személyt megneveztek (a levélhez mellékelt névsor azonban elveszett!).[289]

A szentgróti török vereség ellenére a török hadak gyülekezése Hegyesd vára alatt egyre csak folytatódott. Ormány Józsa 1561. augusztus 3-án újra arról jelentett a főkapitánynak, hogy Hamza fehérvári szandzsákbég ismét készülődik. Másnap – 1561. augusztus 4-én – megint írt Nádasdynak: „... Ezt bizonnyal írhatom Kegyelmednek, hogy immár jöttön-jő az török. Ma délután két órán jutott Hegyesdbe a (török Bajezid) vajda, ki azonnal egy lantost és egy hegedűst állított maga eleibe és énekeseket és igen vígan volt; az élést (élelmet) pedig mindenfelől igen hordatja. Mikor ez a hír immár énnekem meg jutott vala Hegyesdből, azonnal ismég két felől is hírem ilyen juta, hogy Vesprimben jütten-jő az török és haddal jő. Az mint mondgyák, több négyezernél, gyalogja is sok vagyon!" A következő napon újabb levelet írt Ormány: „... Azt írhatom Kegyelmednek, hogy mostan jött egy ember, ki Fehérvárt három hétig kaszált, és azt mondgya, hogy az török jöttön-jő Veszprimbe, kinek az gyalogja is vagyon hétszáz, az pedig immár innen vagyon Veszprimen az gyalog, az erdőn széllel." Ebben a levelében közölte azt is, hogy a török katonák között járvány pusztít: több tisztjük és katonájuk már meghalt. A török asszonyok Veszprémben az utcákon siratják meghalt férjeiket. „... Ezt írhatom Kegyelmednek, hogy ezennel juta Hegyesdből egy ember, ki bizonnyal mondgya, hogy kétszáz lóval jöttek ma hajnalban Hegyesdbe (ti. a török katonák), és valamely fele, de kijönnek rablani... Nekem egy ember megizente és azt izente, hogy két fele vagyon szándékuk Kesztelre és Gógánfalvára és ott néhány falukra!"[290]

A Hegyesd vára alatt gyülekező török hadak már július vége óta nagy rémülettel töltötték el gersei Pethő János urat és családjának tagjait, akik 1561. július 20-án írott levelükben arra kérték Nádasdy Tamás nádort, hogy: „... Méltóztassék Ő Fölségével az megnevezett keszthelyi klastromra oly gondot viseltetni és megtartatni, mert te Nagyságod érti, hogy mi ehhez elégtelenek vagyunk!" Ugyanezen a napon gersei Pethő János Rezi várából is írt Nádasdy Tamásnak: „... Az mi három házaink (váraink) és az klastrom megőrzésére tartunk negyven embert, azaz Thadikában (Tátika várában) tizenhatot, Keszìben tizenkettőt, Körmendben hatot és Kesztelben hat darabontot (gyalogost) egy tiszttartóval, nem így Nagyságos Urunk, hogy derék ellenségtül ezt mi megtarthatnánk, mert ehhez mi nékünk sem szerszámunk [fegyverzetünk – Sz.], sem elegendő népünk nincsen. Azért Nagyságos Urunk, könyörgünk te Nagyságodnak az Úr Istenért, hogy Te Nagyságod méltóztassék Ő Fölségével az megnevezett keszthelyi klastromra oly gondot viselni és megtartani, mert Te Nagyságod érti, hogy mi ehhez elégtelenek vagyunk és nem lehetünk is!"[291]

1561. augusztus közepétől a Hegyesdnél gyülekező török hadak megkezdték tevékenységüket. Gyulaffy László tihanyi kapitány 1561. augusztus 12-én jelentette Nádasdynak, hogy az előző napon Vázsonykő vára alatt török lovasság jelent meg, s egy másik török lovascsapat pedig Devecser váránál vetett lest a magyaroknak. Több szegény embert elfogtak, és kikérdezték őket, hogy merre van a király hada? Augusztus 16-án Ormány Józsa is jelentette Nádasdynak, hogy a hegyesdi Bajezid török vajda felderítő lovassága hol Sümeg, hol Devecser körül portyázik. Augusztus 20-án újabb jelentést állított össze Ormány: „... Az (török Bajezid) vajda hazajött most Hegyesdbe és több törökkel jött, tennap Tapolcán volt és ott mind eljárta az kastélyhelt és az szigeteket. Az tapolczai bírót, ki ide való bíró, igen verte buzogánnyal, osztán betért Hegyesdbe... Én igen gondolom, hogy Tapolcán fognak kastélyt (erődítményt) csinálni, mit ha megcsinál, hamarsággal egész Zala elvész belőle."[292]

1561. augusztus–október hónapokban a törökök szünet nélkül erődítették Hegyesdet és Tapolcát. Közel két hónapi hallgatás után, 1561. október 31-i jelentésében közölte Csányi Ákos kanizsai főkapitánnyal, hogy a napokban egy Horváth György nevű rigácsi nemesember jelentkezett nála. Bajezid török vajda fogatta el azért, mert a törökök faggatásaira nem tudta megmondani, hogy hol van a magyar had! Így aztán három héten át raboskodott a hegyesdi várban. Hegyesdben reziek és zsidiek is voltak a foglyok között, akiket Bajezid török vajda Rezi és Tátika váráról vallatott. A rabok elmondták, hogy „... Rezit ... jól őrzik és húsz darabont (magyar gyalogos) vagyon benne, de Tagika (Tátika) felől azt mondták, hogy csak önmagok, az Pethő uraim és asszony népek vannak benne". A rigácsi Horváth György még azt is elmondta Ormánynak, hogy az ő tömlöce előtt egy pozsegai török katona őrködött, akivel ő horvát nyelven szót váltott. A török katona elmondta, hogy a hegyesdi török vajda parancsot kapott: ha a keresztény hadak támadnának, röpítse levegőbe Hegyesd várát, de ha nem éri támadás, folytassa a vár erődítését![293]

Ormány Józsa 1561. november 1-jei jelentése szerint ezen a napon is kétszáz gyalogos és száz lovas török katona érkezett Hegyesd vára alá. November 5-én újra jelentette, hogy Fehérvárról azt a hírt kapta, hogy ott a törökök nagy számmal és számos ágyúval gyülekeznek, „... és Vásont akarják megszállani. Tennap az veszprémi török az (ti. Vázsonykő) alját megszáguldották, ez éjjel is még valamennyi török Veszprimben volt, mind kijöttek és Váson felé indultak!... Az ember azkit Fejérvárra küldtem vala, bizonnyal mondgya, hogy Vásont és Tihant megakarják venni!" November 15-én újabb híreket közölt Ormány Józsa a kanizsai főkapitánynak: „... Az éjjel sok török jött Hegyesdbe, de lovag török, én azt hiszem, hogy rabolni akar!"[294]

Azonban sem Vázsonykő, sem Tihany vára ellen nem indult török támadás 1561. november–december hónapban. Ellenben Buza Benedek vázsonykői kapitány és emberei sűrűn portyáztak, és jelentettek Pápára enyingi török Ferenc főkapitánynak: „... Azt is írhatom, hogy az törökök az Balatont igen állják, hon tíz lóval, hon tizenkét lóval szerte szerént, holott pedig hússzal is, miért csak nyelvet kaphatnának!" Buza Benedek és vázsonykői vitézei 1561 decemberében egy portyázásuk alkalmával elfogtak egy Lőrinc pap nevű volt magyar papot, aki ekkor a töröknek szolgált, s Bajezid hegyesdi török vajda tihája (helyettese) volt Hegyesd várában. Lőrinc pap – fogságából – könyörgő levelet írt Bajezid vajdának, hogy váltsa ki a magyarok fogságából: „... Magyar uraknak senkinek nem merek könyörögni, mert mindegyiknek gyűlöletes vagyok, miért én a törököt szolgáltam. Ha engem kegyelmed Hegyesdbe nem vitt volna erővel tihajának, most én nyomorúságban nem volnék!" Lőrinc pap leírta a vajdának, hogy (a Tóvázsony melletti) Billege faluból kocsival indultak Hegyesdbe, amikor Buza Benedek lovasai beérték őket. A török katonák megfutamodtak, őt pedig elfogták, és Vázsonykő várába hurcolták. „...Azt mondja Bura Benedek, ha megmongyák, hogy fogva vagyok – írta továbbá Lőrinc pap –, azonnal fölkér (elkér) a király képe [azaz a győri főkapitány – Sz.]. Nagy kínnal, nagy szörnyű halállal ölnek meg. Könyörgök kigyelmednek, mint bizott uramnak, ha kívánja kigyelmed szolgálatomat, ne hagyjon kigyelmed elveszni. Mert bizonnyal tudom, ha német kézbe adnak, nekem nagy szörnyű halállal kell meghalnom." A pribék Lőrinc pap további sorsáról nem tudunk, feltehetően kínos halállal halt meg Győrben.[295]

Miközben Hegyesd, Tapolca, Szigliget, Vázsonykő körül zajlottak a csatározások, az 1561. december 26-a előtti napokban a Balaton déli partvidékén is fellángoltak a harcok. A pécsi, kaposi, koppányi és simontornyai szandzsákok török katonái a fonyódi szigetre támadtak. A környéken sok gabonát felégettek és számos pinceházat feltörtek. A támadásról Magyar Bálint szigligeti és fonyódi kapitány jelentést írt, s abban azt is közölte, hogy most érkezett vissza a török kezén lévő Veszprém várából egy jobbágya azzal a hírrel, hogy a budai, esztergomi és más végbeli török csapatok igen gyülekeznek, s a Zalaságra akarnak rátörni.

Ezekben a napokban Orosztonyi Péter kapitány szenyéri gyalogosaival Kálmáncsehiből Szenyér várába indult. Jákó és Nagybajom között lovak nyomait észlelték. Nem tudták, hogy ezek a török lovasok mit akarhatnak, talán éppen őket lesik. Estére érték el Nagybajomot, honnét félelmükben – nagy kerülővel – érték el Szenyér várát. Itt tudták meg, hogy a törökök merre jártak. Rögtön utánuk eredtek és Csököly falunál utolérték a rabló törököket. Rájuk rontottak, s a harcban kilenc török katonát elfogtak, kettőt levágtak, s a foglyokat és a zsákmányt elszedték tőlük.

Szenyér váráról és felszereléséről 1562. augusztus 23-án készült el egy részletes jegyzék, amely a hadfelszereléseken kívül a vár részleteit is felsorolta.

Majdnem egyidejűleg a várleltárral készült el – 1561. május 29-én – Vázsonykő várának összeírása is. Az összeírást és várleltárt Salm Eckhardt győri főkapitány utasítására Meznyánszky János palotai kapitány készítette el. A várban ekkor a király zsoldján egy tizedes és tizenhárom gyalogos volt, illetve négy lovas, de állítólag néhány lovas éppen távol volt portyázáson. A vár kapitánya Horváth Péter volt, aki közölte, hogy ebbe az elhanyagolt végházba több katonát nem tudtak fogadni. Miután a közeli Hegyesd várát a közelmúltban a törökök elfoglalták, az itt szolgáló gyalogosok is állandóan készenlétben tartanak öt szekeret, hogy baj esetén feleségeiket és gyermekeiket Vázsonykőből biztonságosabb helyre szállíthassák! A vár bármikor az ellenség kezére kerülhet. Élelmiszer a várban alig volt: a győri főkapitány tervei szerint idevezényelt ötven ember legfeljebb öt napra volt élelmezhető. A vár teljes elhanyagoltsága – Horváth Gáspár kapitány szerint – azért van, mert a vár birtokosa, vázsonykői Horváth Gáspár viszi el a vártartomány minden jövedelmét, s a vártartomány jobbágyai nem Vázsonykőhöz, hanem a földesúr Baka nevű faluban lévő házához szolgálnak. A várhoz mindössze három birtok 16 jobbágya szolgál.

A királyi zsoldon lévő katonaság mellett Vázsonykő várában volt még a vázsonykői Horváth családnak magánkatonasága is, de ezeknek a létszámát az összeírás nem tartalmazta. Az összeírást végző bizottság a hiányosságokért feltehetően Horváth Péter várkapitányt tette felelőssé. Ugyanis a vizsgálatot követően hamarosan új parancsnok – Buza Benedek – vette át a vár vezetését.[296]

Az 1561-ről 1562-re forduló tél elmúltával újra nagy török csapatösszevonások zajlottak le Fehérvár körül. Ormány Józsa sümegi kapitány 1562. március 6-án közölte a kanizsai kapitánnyal, hogy „... Hegyesdbe is ma kilenc öreg szekérrel hoztak Fejérvárról lisztet és árpát, és ujonnal másfélszáz török jött belé". Másnap – március 7-én – újra jelentett Ormány Józsa: „... Hegyesdbe Bayezid vajdát hatták és élést kilenc szekérrel hoztak most is bele." Március 24-én pedig arról jelentett a sümegi kapitány, hogy „... Bajezid vajda Hegyesdbe sok üres hordókat vitetett és mindennap vizet hordat, úgy tölteti az hordókat, és belől [ti. a várban – Sz.] az házakat is földdel tölteti, az kűfal mellékét, ismég fákkal környül rakja. Én azt hiszem, hogy ért (azaz érez) valamit. Élést is sokat szerzett bele." Még ugyanezen a napon Nádasdy Tamás nádornak is levelet írt Ormány Józsa. Közölte, hogy Gyulaffy László tihanyi kapitány a nap folyamán felkereste őt Sümeg várában. Gyulaffy is elmondta, hogy a Hegyesden lévő törökök „... minden faluból sok szekeret és sok üres hordót vittek be [ti. Hegyesd várába – Sz.], kiket mind vizzel töltet meg, naponként öreg fákat is hordat az vár alá és szándoka az volna, hogy az kőfalon körül föl állatnája mind..." Nyilván Gyulaffy László kérésére azt is megírta Ormány Józsa, hogy: „... Hanem Nagyságod küldene Csobáncba száz gyalogost, vagy többet, innéd én is ez héten oda megyek Csobáncba, Gyulaffy uram is Tihanból... s nem hagyjuk vizet és egyéb élést bevinni, sem öreg fát hordani... Te Nagyságod ne hagyjon az gyalog nélkül, mert mi magunk kevesek fogunk reá lenni."[297]

1562. március végén kiderült, hogy a Fehérvárnál gyülekező törökök csak a magyarok félrevezetése céljából híresztelték, hogy a Zalaságra akarnak támadni. A török hadak valójában Erdélybe vonultak a török vazallus Szapolyai János Zsigmond fejedelem támogatására. A Pápán összeült magyar kapitányok – miután kémeik jelentése szerint Veszprém várában csak százötven török katona maradt, Fehérvárra pedig az ottmaradt háromszáz török beslia (lovas) mellé a szekszárdi bég vonult be százötven lovasával – úgy döntöttek, hogy Veszprém vagy Fehérvár várát azonnal meg kell támadni. A támadást Palota (Várpalota) várának magyar katonasága hajtotta végre, de az akció nem járt sikerrel. Thury György palotai kapitány – 1562. április 1-jén – azt jelentette, hogy a veszprémi kudarc ellenére „... a fehérvári utakat mi mindenfelé őrizzük. A Balaton mellé is elnéztünk, s ott törököt is fogtunk, aki azt vallja, hogy a pasa a Tiszántúlon van." Olyan hírek is érkeztek, hogy a palotai magyar vitézek látták, hogy ötven török lovas katona Kenesénél a szőlőhegyeken dolgozó kapásokat Veszprém várába kergette be.[298]

A dunántúli török hadak Erdélybe vonulásukkal magukra hagyták a Hegyesd és Tapolca várakban lévő török csapatokat. Ormány Józsa – 1562. március 28-i – jelentése szerint Bajezid török vajda érezhette a bajt, mert védelemre készült. Hegyesd várának kőfalait belül földdel töltette fel, kívül széles árkot ásatott a munkára rendelt környező lakossággal. A török katonák a falvakból folyamatosan hajtották munkára a magyar parasztokat, s addig nem bocsátották őket haza, míg mások nem érkeztek helyükre. Kegyetlenül megkínozták azokat, akik nem végezték rendesen munkájukat: „... Többnek húsz embernél szegeztette volna a fába vasszegekkel az fülüket, és reggeltül fogva estéig úgy tartotta őket; ily kegyetlenségeket művel" (ti. Bajezid török vajda).[299]

Ezekben a március végi napokban történhetett, hogy Bajezid török vajda párviadalra szólította fel a csobánci várban tartózkodó Gyulaffy László tihanyi kapitányt. Egyik rokona, Gyulaffy Lestár (1557–1605) írta le ez a bajviadalt, amely az akkori szokások szerint rendben-fegyelmezetten zajlott le Hegyesd vára alatt. „... az hegyesdi török vajdát úgy találta volt öklelni, hogy által menvén az kopja az fegyverderekán [mellpáncélján – Sz.], mind lobogóstul az hátán költ ki, melyet szekercével vertek ki az török testéből és azonnal meghalt. Ennél szörnyűbb öklelést senki nem látott."[300]

A bajvívásban meghalt Bajezid török vajda utóda Hegyesd várában Memi aga lett.

Hosszú előkészületek után – 1562. március 30-án az esti órákra – Hegyesd vára alá érkeztek a támadó magyar csapatok. Enyingi Török Ferenc főkapitány vezetésével Pápa várából érkeztek a katonák. A sümegi Ormány Józsa száztíz katonával érkezett, Gyulaffy László pedig nyolcvan katonájával vonult ide. A magyar sereggel két ágyú (tarack) volt, a harmadik tarack Devecser várában maradt. „... Váltig lövénk ezzel a két tarackkal...” – írta az ostrom másnapján, 1562. március 31-én enyingi török Ferenc főkapitány Nádasdy Tamás nádornak. Mint írta, az ágyúgolyók csapásai alatt darabokban szakadt le a hegyesdi vár fala. Március 31-én, éppen „ferestek” – azaz reggeli – idején Hegyesd várából „leereszkedék egy ember, szegényember Hegyesdből, azt mondgya, hogy az vajda igen fél, az kaput tölteti belől; azt mondgya a szegény ember, hogy török vagyon száz benne (ti. Hegyesd várában), szegénység is vagyon száz, azt mondgya, hogy egy hordó vizeknél több ninics a várban, élések (élelmiszereik) sincsen...” A várbeli törökök is keményen védekezhettek, mert Török Ferenc főkapitány azt is megemlítette a levélben, hogy „... immár sebesek vannak az mi gyaloginkban...”. A levél végén arra kérte a nádort, hogy küldejenek segítséget Győrből, indítsák hadba a Száván inneni nemeseket és paraszti népet, továbbá küldjenek egy vagy két „faltörő ágyút”.

Az ostrom ötödik napján megérkezett a Nádasdy Tamás főkapitány által útnak indított további két tarack is Hegyesd vára alá. Magyar Bálint szigligeti és fonyódi kapitány az újonnan érkezett tüzéreket körbevezette a vár alatt, akik biztosították a kapitányt, hogy még a délelőtt folyamán felállítják az ágyúállásokhoz szükséges sáncokat és kasokat. Másnap az ostromsereg négy tarackja elsősorban a vár kaputornyát lőtte, s már sok kárt tett benne. Magyar Bálint jelentése szerint a torony a nap folyamán annyira meg fog rongálódni, hogy valószínűleg rohamra lehet indulni a vár ellen. Az ostromló magyar katonaság megkezdte a hosszú létrák előkészítését.

Április 7-re a sereggel eredetileg hozott két tarackhoz elfogyott a golyó, csak a Nádasdy Tamás által küldött másik két tarackhoz volt még 37 db. A Győrből és Sopronból ígért ágyúk azonban még mindig nem érkeztek meg. Nádasdy két ágyúja egész nap lőtte a Hegyesd várának kapuja feletti tornyot, amely estére végre leomlott. A két ágyú ekkor áthelyezte tüzét a torony melletti várfalra, azt törették egész nap. Április 8-án a déli órákra végre megérkeztek Sopronból az ígért ágyúk (számuk ismeretlen!). Magyar Bálint emberei vontatták azokat Tapolcáról a vár alá. Az ágyúkat azonnal elhelyezték a sáncokban, s lőni kezdték azokkal is Hegyesd várát. A soproni ágyúkkal megérkezett gróf Salm Eckhardt győri főkapitány is. Magyar Bálint tiszteletét tette a grófnál, majd onnét visszatérve a sátrához érkezett, mikor néhány magyar darabont (gyalogos katona) jött hozzá az ostromsáncból, mondván: „... hogy a törökök engem üvöltének [ti. Magyar Bálint nevét üvöltözték – Sz.]... A sáncba menék és onnat a várhoz. Kérdem, miért kiáltatok ti engem? Mondták, hogy im szablyánkat kihánnyuk, az házat is megaggyuk és mi magunkat is rabságra aggyuk, csak az Istenért az darabontnak ne hagyj levágni! (ti. bennünket!).”

Magyar Bálint visszakiáltott a várba, hogy két török jöjjön le a táborba a győri főkapitánnyal tárgyalni. A gróf azonban nem akart tárgyalni, hanem tüzet parancsolt az ágyúknak, s az a török is azonnal meghalt, akivel Magyar Bálint beszélt. Végül is a főkapitány Tolmácsy Vincét küldte fel a várba tárgyalni. A török vajda azt ajánlotta, hogy cseréljenek két-két túszt.

Az alkudozásból nem lett semmi, mert a győri főkapitány újra tüzet vezényelt az ágyúknak. A tarackokat egyik helyről a másikra vontatták, és úgy lőtték a vár falait. Sok kárt ugyan nem tettek, mert ami törés volt már a váron, azt még Nádasdy ágyúi tették. A várbeli törökök is – látva, hogy nem akarnak velük tárgyalni! – nekikeseredtek, keményen védekeztek, s többet már nem kiáltoztak le a várból.[301]

Még javában folyt az ostrom, amikor április 5-én 450 török beslia-lovas érkezett Fehérvárról Veszprém várához. Thury György palotai kapitány erről azonnal értesítette a hegyesdi ostromtábort és Buza Benedek vázsonykői kapitányt, hogy legyenek vigyázásban. Még ugyanaznap Buza Benedek vázsonykői kapitány is értesítette enyingi Török Ferenc pápai főkapitányt a hegyesdi táborban. Közölte, hogy a hegyesdi magyar ostromtábor körül mindenütt török lovasportyák kószálnak.[302]

1562. április 9-én reggel a hegyesdi vár török őrsége megadta magát. A fogoly török katonákat a győri főkapitányság emberei vették őrizetbe, a zsákmányolt lovakat és minden egyéb zsákmányt Győrben szándékoztak kótyavetyére vetni. Az elfogott Memi agát Magyar Balázs emberei Nádasdy Tamás nádorhoz kísérték. A töröktől zsákmányolt zászlók ügyében vita alakult ki: Vas vármegye nemesi felkelői azokat a győri főkapitánynak szándékoztak adni, a zalai nemesi felkelők viszont Nádasdynak szánták.

Mivel a hegyesdi felsővár szinte teljesen épségben maradt az ostrom során, a győri főkapitány utasította a pallérmestert, hogy gyújtsa fel. Április 9-én egész nap égtek a vár épületei. A főkapitány elrendelte, hogy másnap a megmaradt falakat is robbantsák fel és rombolják le.

Április 10-én Csóron János, a devecseri és enyingi Török Ferenc a pápai hadakkal elvonult a hegyesdi táborból. Ezt látva Veszprém, Vas és Zala vármegyék felkelő nemessége szintén indulásra készült. Magyar Bálint, Gyulaffy László és Ormány Józsa úgy határoztak, hogy még maradnak a vár alatt. Magyar Bálint ott akarta tartani a vármegyei hadakat is: kivont szablyával szállt szembe a csődülettel, hogy feltartóztassa a nemesi felkelőket, de nem boldogult velük, őt is csaknem megölték. Úgy felbolydult a tábor, hogy a nemesi felkelőket együtt tartani lehetetlen volt. Hiába kiáltozta Magyar Bálint, hogy hűtlen áruló az, aki most elmegy! A főispánok sem bírtak a nemesi felkelőkkel, engedniük kellett, ha nem akarták magukat megöletni! Így 1562. április 10-én az ágyúkat is visszaindították Nádasdyhoz, s április 11-én Magyar Bálint, Ormándy Józsa és Gyulaffy László is hazaindultak vitézeikkel.

A következő napon gersei Pethő János levelet írt Nádasdy Tamásnak: „... De ím most jöve onnan [ti. Hegyesd ostromából – Sz.] Zákán István, az itt való polgár és az mondá, hogy az Úr Isten az Te Kegyelmed munkájával és szerencséjével... megvette Hegyesdet, kin bizony nagy hálát adok az Úr Istennek, sőt Te Kegyelmednek is örökké megszolgálom, mert Rezi és Tátika bizony most esmég újonnan születtek ez világba!”[303]

Valóban, a legnagyobb szerencsének volt köszönhető, hogy a Hegyesdet és Tapolcát elfoglaló török csapatok – behatolva a Tapolcai-medencébe – nem foglalták el Rezi, Tátika, Szigliget és Keszthely erősségeket!

Hegyesd visszafoglalása után a török katonai hatalom Veszprém váráig szorult vissza. A Balaton-felvidéken és a Zala folyó torkolatvidéken helyreállt a viszonylagos nyugalom. Már amennyire nyugalomról beszélni lehetett a balatoni végvidéken.

A végvidéki csatározások-rablások mellett

nagyon jellemző volt erre a korra a magyar várkapitányok közti állandó torzsalkodás.

Ilyen eset volt, hogy Habsburg I. Ferdinánd király 1562. július 13-án a bencés rend tulajdonában lévő Zalavárt egy Kamánczy Gergely nevű hívének szánta és adományozta. A vár átadása ügyében a zalai alispán a várba ment, de az apátság várnagya, Mezőlaky Ferenc fegyvereseivel elzáratta Zalavár kapuját, s a király embereit elkergette. Mezőlaky követelte, hogy a vártartomány jövedelmeiből – a királyi kincstárnak fizetendő évi 200 forintot és két hordónyi bort is – az apátság fegyvereseire fordíthassa, mert „... egyéb szomszéd várak közt Zalavár nem az utolsó, és ha oly körülmények állnának be, hogy az összes szomszéd erődök az elpusztulás veszélyében forognának, ez az egy kellően megerősített Zalavár egész Zala vármegyének elegendő védelmet nyújthatna!”.[304]

A legtöbb gond és panasz Magyar Bálint szigligeti és fonyódi kapitánnyal volt. Kóborló katonái, hajdúi ellen tömérdek volt a panasz: erőszakoskodások, dúlások, gyilkosságok. Habsburg Károly főherceg azon véleménnyel volt, hogy Magyar Bálint legádázabb ellenségeit – Zrínyi Miklóst, Báthory Andrást és Tahy Ferencet – kellene rá haddal küldeni!

Magyar Bálint ügye az 1563. évi országgyűlésen is szóba került, amely őt „nyilvános gonosztevőnek” nyilvánította, s kötelezte, hogy Szigliget és Fonyód várakat adja vissza törvényes tulajdonosának, a Lengyeltóthy Lengyel családnak. Ugyanakkor Magyar Bálintot személyében és vagyonában is meg kell büntetni.

A pert Lengyel Boldizsárné szorgalmazta három kiskorú fia és leánya nevében. Leányának volt férje Magyar Bálint, aki a családtól elragadta Szigliget és Fonyód várát és vártartományát. Az 1563. évi országgyűlés LV. törvénycikke az alábbiakat mondta ki: „... Mivel tudva van, hogy Fonyód és Szigliget várak örökös joggal a nemes Lengyel családot illetik, Somogy vármegye pedig a Magyar Bálint ellen emelt nyílt panaszában azt állítja, hogy az illető nemesek jogának nyilvánvaló sérelmére azokat (a várakat) egyéb gonosztettei mellett a panaszlott tartja birtokában: a császár és király szent felség méltóztassék gondoskodni arról, hogy a főkapitány az említett besztercebányai (1542. I., II.) cikkelyek erejénél fogva Magyar Bálintot szorítsa rá, hogy a nevezett várakat néhai Lengyel Gáspár és Boldizsár fiainak visszaadja.”[305]

Magyar Bálint az erőszakoskodásokat a katonák fizetetlenségével magyarázta: „... Két végházat tartani nem kis dolog, gondolhatja Kegyelmed, hogy nem tökzörgetéssel lészen, mert attól nem fél az török, hanem emberrel szokták az végházat tartani és szablyával oltalmazni. Az ember pedig ételt, italt és pénzt kér!” Mindezek után arra kérte Csányi Ákos kanizsai kapitányt, hogy küldjön pénzt katonái számára.[306] Habsburg Károly főherceg már korábban is támogatta Magyar Bálint katonáinak fizetését, mert a fonyódi vár „... a Balaton egyik szigetén épült, s a legerősebb várak közé tartozik”.[307]

Ugyancsak számos panasz hangzott el Gyulaffy László tihanyi kapitány ellen, aki a tihanyi várhoz rendelt káptalani birtokon meg nem engedett terheket rótt a parasztságra. A veszprémi káptalan – miután más megoldást nem talált – 1569-ben perelte Gyulaffy Lászlót, hogy három éve a tizenöt faluért járó évi 200 forintnyi bérből egy dénárt sem kaptak.

Tihany várában 1564 január elején a hadi biztosok mustrát tartottak, s a vár őrségét teljes létszámban találták. Egy hónappal később Devecseri Csóron János a maga számára kérte Tihanyt, azzal az indokkal, hogy az ő atyja – devecseri Csóron András – volt az, aki [1534-ben – Sz.] elfoglalta és Habsburg I. Ferdinánd király számára megtartotta Tihany várát. A vár átadásáról azonban szó sem lehetett, mert Tihany igen fontos hadi célokat szolgált. Röviddel a fenti eset után – 1564. május 18-án – Habsburg I. Ferdinánd király utasította Gyulaffy László tihanyi kapitányt, hogy Tihany összes jövedelmeit Salm Eckhardt gróf győri főkapitány számára kezelje, s ennek nyugtáival a pozsonyi Magyar Kamaránál számoljon el. A győri főkapitány pedig a jövedelmek feleslegét a – török hódoltsági területekbe mélyen beékelődő – somogyi Szenyér várának fönntartására volt köteles fordítani.[308]

Hegyesd várának visszafoglalása után a végvidéki csatározások tovább folytatódtak. Arszlán pasa (budai beglerbég) kénytelen volt panaszt tenni Habsburg Miksa főhercegnek, a magyarországi hadak főparancsnokának. Közölte a főherceggel, hogy miközben a törökök feloszlatták hadaikat, „... az végvárakból való (magyar) urak nagy hadat támasztanak Marcellben (?) és minden akarattyok az volt, hogy Koppánra üssenek és megégessék!". A fenti panaszlevelet Arszlán beglerbég 1565. október 20-án írta, s két hónappal később – 1565. december 29-én – a török források újabb magyar támadásról tettek említést. Magyar Bálint fonyódi kapitány huszonöt lovasát „nyelvet" fogni küldte ki Koppány török erősség környékére. Azonban egy Musztafa nevű koppányi török és társai megtámadták a magyarokat: háromnak levágták a fejét, kilencet pedig elfogtak. A harcban Musztafa is három helyen megsebesült. Ezért Musztafa, akinek már volt 7000 akcse jövedelmű timárbirtoka, 2000 akcse jövedelememelést kapott. Egy másik, hasonló esetet is feljegyeztek a török források. A koppányi Szinán bég egyik vitéze, Divane Kurd – 1564. szeptember 9-én – egy összecsapásban egy magyar vitéz fejét levágta, s ezért 3000 akcse jövedelmű timárbirtokot kapott.[309]

VESZPRÉM VISSZAFOGLALÁSÁTÓL A „HOSSZÚ HÁBORÚIG" (1566–1593)

1566 januárjában a török udvarban a háborús párt – Szokollu Mehmed pasa vezetésével – megdöntötte a béképárti Semiz Ali pasa nagyvezír hatalmát, s az Oszmán Birodalom néhány hónappal később, 1566. május elején újabb támadó háborút indított a Habsburg Birodalom ellen. A török hadsereg főerői még alighogy elindultak Isztambul körzetéből, Araszlán pasa (budai beglerbég) – hogy elnyerje az új háborús párt, elsősorban Szokollu Mehmed basa nagyvezír kegyeit – 1566. június 5-én megtámadta és ostrom alá vette Palota (Várpalota) magyar várat. Az ostrom teljes kudarccal végződött. Ugyanis a Győrnél gyülekező Habsburg-haderő támadása Palota alól visszavonulásra kényszerítette Arszlán pasa budai beglerbég török csapatait. Miután a török csapatok Isztolni—Belgrádba (Székesfehérvárba) vonultak vissza, a Habsburg-hadvezetés Veszprém ostromára adott parancsot. A palotai táborból kiküldött magyar felderítő lovasság Veszprém vára alá nyargalt. Amint a magyar lovasság megjelent a Veszprém várától nyugatra húzódó magaslatokon, a vár nyugati falain – ott, ahol az 1552. májusi ostrom során rést lőtt a török tüzérség – összpontosított török tüzérség sortüzet lőtt, s a rezonanciától a silányul felrakott nyugati várfal mintegy 150 méteres szakaszon leomlott. Ez a váratlan helyzet azonnali támadásra ösztökélte a magyar és német csapatokat. 1566. június 30-án reggeli 9 órától esti 8 óráig tartó rohammal négy német zászlóalj a vár nyugati falát elfoglalta, s ugyanekkor a Gyulaffy László tihanyi kapitány parancsnoksága alatt támadó magyar gyalogságnak sikerült Veszprém déli kapuját berobbantani. A vár nyugati falán át és a déli kapun berontó német és magyar gyalogság szinte utolsó emberig felkoncolta Veszprém várának 300 főnyi török őrségét.[310] Gyulaffy László tihanyi kapitány Veszprém ostrománál annyira kitüntette magát, hogy Habsburg I. Miksa király – 1566. szeptember 19-én – kinevezte Veszprém parancsnokává úgy, hogy megtarthatta Tihany várának kapitányságát is.

Míg a Balatontól északra a magyar–német hadak sikereket értek el, 1566. augusztus 6-án az időközben felvonuló török fősereg – I. Szulejmán szultán személyes részvételével – bekerítette és ostrom alá vette a Balatontól délkeletre lévő Szigetvár magyar erősséget. A vár őrsége – gróf Zrínyi Miklós parancsnoksága alatt – a végsőkig védelmezte a várat, majd amikor a védelem reménytelennek látszott, bátran kirohantak az égő belső várból, s valamennyien hősi halált haltak.

Szigetvár 1566. szeptember 8-i elfoglalása után a török csapatok a Balaton irányába is támadást hajtottak végre. A térségben lévő kisebb magyar várak (palánkok) őrsége az erősséget felgyújtotta, majd elmenekült a közeledő török hadak elől. Így török kézre került Segesd, Szenyér, Marcali, Somogyvár, Lak és Szőcsény vára. Csak Kéthely, Komár és Csákány várak magyar őrsége verte vissza sikeresen a török támadást.[311]

Annak ellenére, hogy 1567 januárjában béketárgyalások kezdődtek Habsburg I. Miksa császár-király és Szelim szultán között, a török csapatok folytatták támadásaikat a Balatontól délnyugatra. Tahy Ferenc kanizsai kapitány 1567. május 21-i jelentése szerint körülbelül ezer török lovas és gyalogos katona megtámadta Galambok és Csákány magyar várakat, de a magyar őrség mindkét erősségből a támadást visszaverte. Augusztus 24-én Habsburg Miksa császár szemére vetette a budai pasának, hogy két török szandzsákbég háromezer lovassal és gyalogossal újra Csákány vára körül portyázott. Musztafa budai beglerbég Csákány várára vonatkozólag Tahy Ferenc kanizsai kapitányt okolta a békebontással, mert kétezer lovasával ő provokált összetűzést.[312]

Az 1567. június 1-jétől Pozsonyban összehívott magyar rendi országgyűlés elrendelte, hogy a török hódoltsági területekhez közel eső balatoni véghelyeket – így Keszthelyt, Szentgyörgyvárat, Kéthelyt, Rajkot – állandó lovaskatonasággal lássák el. Ennek értelmében Zala vármegye nemes urai elhatározták, hogy a királyi parancs értelmében a keszthelyi kolostorerődben a főurak tíz gyalogost, a birtokos nemesek pedig ugyancsak tíz gyalogost tartsanak – három hónapon át – saját költségükön.[313]

Mint az előzőekben említés történt róla: 1566. szeptember 19-én a király Gyulaffy Lászlót Veszprém várának parancsnokává nevezte ki, úgy, hogy Tihany várát is megtarthatta. Rövidesen ezen módosítottak, s Tihany tényleges parancsnokságát Széchenyi Mihály vette át. Egy 1567 januárjában írott utasításban az Udvari Haditanács megparancsolta Gyulaffy Lászlónak, hogy: „... Amellett, hogy a kapitány (ti. Gyulaffy) Tihanyt is kezeli, Veszprémben lakjék, s királyi engedély nélkül onnan el ne távozzék." Az utasítás elrendelte, hogy az ostrom során súlyos károkat szenvedett Veszprém várát rakassa rendbe. Néhány hónap múlva az Udvari Haditanács 300 forintot küldött Gyulaffynak Veszprém vára rendbetételére. Mivel ez nagyon kevés pénz volt, arra utasították Gyulaffyt, hogy e célra saját jövedelmeiből kölcsönözzön tízezer forintot. A helyreállításra nagy szükség volt, mivel röviddel előbb – 1567 márciusában – ötszáz török katona rajtaütésszerűen megrohanta Veszprém várát. A török katonák már megmászták a vár falait, mire sikerült őket visszaverni.

A bajokat fokozta, hogy Gyulaffy László és Széchenyi Mihály között súlyos feszültség alakult ki. Gyulaffy azzal vádolta Széchenyit, hogy a veszprémi várhoz tartozó falvakat Tihany várához adóztatja, s a veszprémi vártartomány jobbágyait kegyetlenül megzsarolja: az utóbbi időben is minden falutól két-két ökröt vett el és semmit sem fizetett ki ezért. Sőt a tihanyi katonák Gyulakeszi faluban, a Gyulaffy László tulajdonában lévő borospincéket sorra feltörték, s megitták a borát.[314] Rövidesen – 1567 őszén – a király elvette Veszprém parancsnokságát Gyulaffy Lászlótól, s Thury Mártont nevezte ki Veszprém kapitányává. Az uralkodó olyan terveket is szőtt, hogy Tihany várának összes jövedelmét a fontosabb Veszprém várához csatolja, s Tihany várát és a környék más kisebb várait leromboltatja. Az uralkodó 1567. december 12-én minderről kikérte a pozsonyi Magyar Kamara véleményét. Miután a kamara sokáig nem válaszolt, az uralkodó Veszprém várához csatolt huszonnégy olyan falut, melyeket korábban még Takaró Mihály kapitány és Gyulaffy László Tihany várához tartozónak tekintett.

Az említett – 1567. december 12-i – levélben a király már célzott arra, hogy több sötét gyanú miatt Tihany várát ki akarja venni Gyulaffy László kezéből. A király homályos utalást tett arra vonatkozólag, hogy „... Gyulaffy fenyegető szavai után attól lehet tartani, hogy Tihany várával gonosz tervei vannak!”. (Nem tudjuk, hogy az uralkodó mire alapozta ezt a súlyos vádat, s egyáltalán mik voltak ezek a vádak!)[315]

Míg ezek a civódások zajlottak Tihany vára és Gyulaffy László személye körül, Gyulaffy váratlanul távozott: 1568 júliusában önkényesen otthagyta Veszprém várát, s az Erdélyi Fejedelemségbe távozott. Az udvar többször felszólította visszatérésre, de ő ottmaradt Szapolyai János Zsigmond fejedelem udvarában és annak szolgálatában. Ott élt 1579. május 13-án, Szilágycsehiben bekövetkezett haláláig.

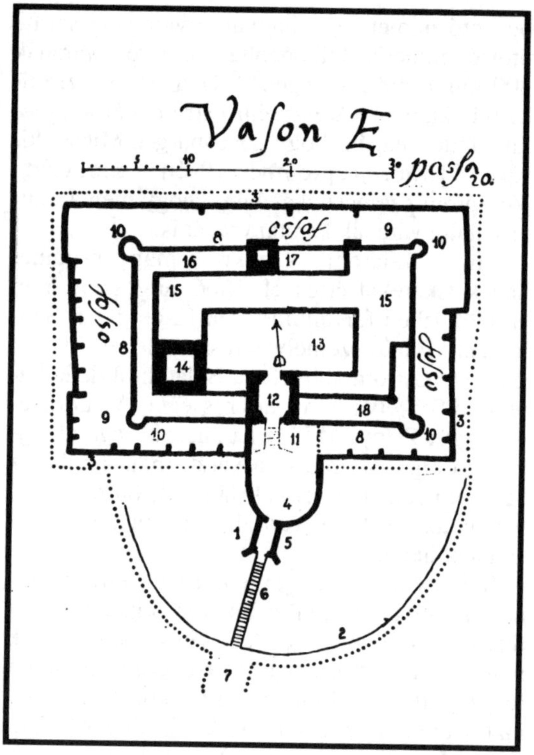

Vázsonykő alaprajza (G. Turco rajza, 1569)

Gyulaffy távozás után az Udvari Haditanács megszüntette Tihany és Veszprém várak közös parancsnokságát. Veszprém várába Thury Mártont, Tihany várába pedig Jakusics Ferencet nevezték ki parancsnokul.[316]

1568. augusztus 17-én Habsburg I. Miksa király olyan terveket dolgoztatott ki, hogy a várkapitányok zsarolásai és erőszakoskodásai miatt a Veszprém, Palota és Tihany váraihoz tartozó falvakat egy királyi provisor kezelése és felügyelete alá rendeli. Ez a provisor irányítaná a jobbágyok kötelező ingyenmunkáit, az adókat, ügyelne minden visszaélésre, és mindenről pontos elszámolásokat tenne a pozsonyi Magyar Kamara felé. Az uralkodó a következő hónapokban háromszor is megismételte fenti elképzeléseit a Magyar Kamarának. A kamara azt válaszolta a királyi elképzelésekre, hogy nem tudja eldönteni a kérdést, hogy melyik megoldás jobb: meghagyni az említett három várat egy provisor kezelésében, vagy a három vár közül kettőt lerombolni, s azok birtokaival megerősíteni a harmadik – meghagyott – várat és őrségét.[317]

Az 1568. évben nemcsak Veszprém, Palota és Tihany várak sorsa forgott kockán, de ugyanebben az évben a királyi biztosok „haszontalan fészeknek" nevezték Zalavárt és Kapornak várát is, melyet nem érdemes fenntartani, de végül mégis meghagyták őket.[318]

Szigetvár elfoglalása után a Balaton délnyugati-déli térségének Kanizsa lett a legfontosabb erőssége, melynek élére – főkapitányi rangban – a király Thury György volt palotai kapitányt nevezte ki 1567 szeptemberétől. Thury György főkapitány 1568. április 25-én jelentette, hogy az előző napon a koppányi és simontornyai török szandzsákbégek csapataikkal Kanizsa váráig nyomultak előre, hogy foglyokat szedjenek. A kanizsai magyar őrség azonban kitört és megfutamította őket, s közben egy török agát (kapitányt) fogságba ejtettek. Thury arról is jelentést tett, hogy ebben az évben a török csapatok Marcali, Szenyér, Zákány, Csurgó és Segesd határában, a kanizsai magyar csapatok pedig Szécsény, Udvarhely és Csákány környékén építettek hevenyészet erődítményeket.[319]

Zalavárban 1568. május elején hirtelen meghalt Mezőlaky Ferenc világi tiszttartó és kapitány. A környezetében élő nemesurak meghamisították végrendeletét, illetve széthordták, szétlopkodták a Mezőlaky Ferenc által évtizedeken át összeharácsolt pénzt, kincseket és jószágokat. Elrabolták Zalavárból az ott tartott hat török foglyot, akiknek 3150 forint volt a váltságdíja. A szentgyörgyvári tiszttartó hatvan marháját hajtották el, s Kanizsára 250 sertését vitték el. A király Thury György kanizsai főkapitányt bízta meg azzal, hogy teremtsen rendet, ugyanis a királyi biztosok 1568. május 10-én értek Zalavárra, de Mezőlaky várnagya – Fejér István – bezáratta előttük a vár kapuját. A király Thurynak megparancsolta, hogy ellenállás esetén fegyveres erővel foglalja el Zalavárt. Május végére Thury György kanizsai főkapitány fegyveres katonáival vonult Zalavár ellen, és a király nevében a vár átadását követelte. A vár őrsége csak az erélyes felszólításra nyitotta meg Zalavár kapuját. A várban azonban erre az időre már csak 43 hordó bort találtak, minden egyéb értéket ellopkodtak. Zalavárral egyidejűleg – az ugyancsak Mezőlaky Ferenc tulajdonát képező – Györök várát is lefoglalták a királyi biztosok, ahol Mezőlaky kilenc török lovát találták meg teljes felszerelésével. Itt a várnagy Tüttösy Benedek volt.

Zalavár átvétele után az uralkodó Orosztony Miklóst nevezte ki Zalavár és Kapornak ideiglenes felügyelőjévé, a két erősség provisora pedig Sankó János lett.

Zalavár átadásakor – 1568. június 11-én – leltárt készítettek a királyi biztosok.

A következő évben Zalavárott járt Giulio Turco császári-királyi hadmérnök, aki – hasonlóan a Balaton vidék más váraihoz – Zalavárt is felmérte. A vár központját a régi, 16 x 11 lépés nagyságú, kb. 100 négyzetméteres alaprajzú kolostorépület alkotta. Ennek északi részén magasodott a félköríves szentéllyel ellátott – északi falát hat támpillérrel megerősített – templomépület, melynek déli oldalán valamiféle oszlopos folyosó húzódott. A templomtól délre a kolostorépület négyszögű udvara terült el (5), melyet északról a templom, keletről egy épület (3),

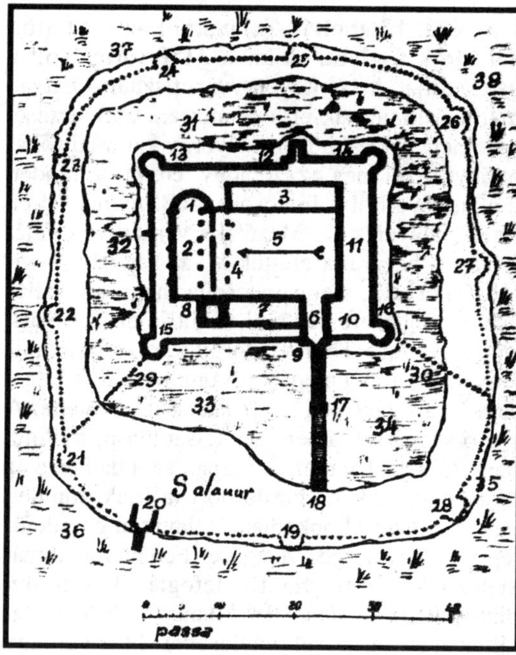

Zalavár alaprajza (G. Turco, 1569)

nyugatról egy vastag falú torony (8) és egy épület (7) vette körül; délről viszont csak egy kőfal zárta le az udvart (11). A belső – régi – kolostorépületet négyzetes alaprajzú kőfal vette körül, mind a négy sarkán egy-egy henger alakul rondellával (13–14–15–16). Az északi fal közepén erős támpillér támasztotta a falat (32). A várfal keleti oldalának nagyjából a közepén egy – a fal síkjából kiugró – négyzetes torony állt (12). A fal nyugati oldalán előreugró kapuszoros volt (6), onnét nyílott a belső kapu (9), melytől hosszú híd (17) ívelt át a széles vizesárkon.

A várfalak hossza 19 x 26 lépés volt, ez – a rondellákat is számítva – együttesen 67,5 métert tett ki.

A természetes szigetet szinte teljesen elfoglaló várat széles vizesárok vette körül minden irányból (33–29–32–31–30–34). A nyugati kapuhíd alatt volt a vizesárok a legszélesebb, ahol a híd elérte a túlsó partot (18). A széles vizesárkon túl keskeny földsáv kerítette a várat, melyen lekerekített sarkú palánkfal húzódott, kilenc rondellával (19–21–22–23– 24–25–26–27–28). A külső palánk és északnyugati sarkának közelében, kőből épült tornyon át nyílott a külső kapu (20). Ezen és egy rövid hídon át lehetett elhagyni a külső vár területét. A külső palánkon túl – keskeny sáv után – minden irányban náddal-sással benőtt mocsár terült el (36–37–38).

Megfigyelhető a rajzon, hogy a belső vár északnyugati és délnyugati rondellájától egy-egy cölöpsor vagy palánk húzódott keresztül a belső vizesárkon, mely palánkok a belső kapu hídját és a külső kaput védték közvetlenül.

A közeli Keszthely, Rezi és Tátika várak birtokosai továbbra is a gersei Pethő család tagjai voltak. Szigliget és Fonyód várakat is változatlanul Magyar Bálint bitorolta a tulajdonos Lengyel családtól. Gyulaffy László Erdélybe való távozása után Csobánc várát és a várbirtok negyven jobbágyportányi javait a Habsburg-dinasztiához feltétlenül hűséges Gyulaffy János és Mihály – Gyulaffy László testvérei – birtokolták.[320] Vázsonykő vára sem cserélt gazdát: továbbra is a vázsonykői Horváth család birtokában volt. Tihany várát 1568 végén Jakusics Ferenc vette át királyi parancsra. Várnagya Szanyi Lukács volt havi tíz forint fizetésért, s ugyanennyit kapott Imre deák is. Jakusics idejéről alig ismert néhány adat. Csak annyit tudunk, hogy néhány hónap múlva – 1569 májusában – a veszprémi káptalan újra panasszal fordult a királyhoz, hogy most sem fizetik a tihanyiak a tizenöt bérelt falu árendáját (immár hat éve, 1563 szeptembere óta). Ezért az uralkodó utasította a pozsonyi Magyar Kamarát, hogy nyomoztassa ki Tihany, Palota és Veszprém várainak birtokait, valamint a falvak pontos jövedelmét.[321]

A veszprémi káptalannak más gondjai is voltak a végvidéki kapitányokkal. Az 1569. évben panasszal fordultak a Magyar Kamarához, hogy a zalahidvégi várnagy a káptalan tizenkét németpáhi jobbágyát fosztotta ki. Ezen ügyben is intézkedést kértek.[322]

Jakusics Ferenc rövid ideig tartózkodott Tihany várában. Ugyanis Habsburg I. Miksa király a pozsonyi Magyar Kamarán át utasította Veszprém, Palota és Tihany kapitányait, hogy a vár jövedelmeiből a katonák kifizetése után fordítsanak pénzt a várbeli tüzérség erősítésére. Külön figyelmeztette a kamarát a király, hogy Majthényi László tihanyi kapitánnyal is egyezkedjenek ezen ügyben.[323]

Mint már Zalavár esetében említettük – 1569–1570 között – Giulio Turco császári-királyi hadmérnök szinte valamennyi balatoni végvárnak elkészítette alaprajzi és távlati ábráját, amely felbecsülhetetlen értéket jelent hadtörténetírásunk számára. (A képeket lásd az adott vár tárgyalásánál.)

A Balatontól kelet-délkeletre elterülő simontornyai és koppányi török szandzsákokban – az 1568 körüli években – erősen megromlottak állagukban a török várak. „... Maga Simontornya párkánya és Endrék (Endréd), Ozor (Ozora), Tomásin (Tamási) és Döbekez (Döbrököz) nevű öt vár romlásnak indult. Ennek oka: a korábban jött emírek (szanzsákbégek) nem törődtek velük, mivelhogy Beszprém (Veszprém) vára az iszlám alá tartozott. Most viszont, hogy a nevezett vár a gyaurok kezén van, kijavítása és rendbehozatala szükséges és fontos!”

A török csapatok lőporkészletének biztosítása miatt nagy fontosságot kaptak Alap, Dád, Pázmán és Püspök-Székely falvak, melyeknek lakói salétromfőzéssel foglalkoztak. A budai beglerbég 1567-ben utasította a fehérvári és simontornyai szandzsákbégeket, hogy szanzsákjaik beslia-lovasai és rájái (keresztényei) menjenek a Buda és Belgrád környéki salétromos helyekre és segédkezzenek a lőporraktárakban.[324]

Hosszas előzmények után – 1568. február 17-én – a törökországi Edirne (Drinápoly) városában befejeződtek Habsburg I. Miksa császár és II. Szelim török szultán megbízottainak béketárgyalásai. Évi 30 ezer magyar aranyforint fejében a török kormányzat elismerte a királyi Magyarország területét.

A drinápolyi béke megtiltotta újabb várak és erősségek építését a végvidéken mindkét fél számára. Ennek ellenére mind a két fél folytatta erődítési munkáit a Balatontól dél-délnyugatra eső térségben. A törökök Marcali, Szenyér, Zákány és Csurgó várakat erősítették, sőt Segesden új várat is emeltek. Ugyanakkor Thury György kanizsai főkapitány Szécsényt, Udvarhelyt, Csákányt, Komárt és Keresztúrt erődíttette azzal a magyarázkodással, hogy azokat még a békekötés előtt elődje, Tahy Ferenc kezdte el építtetni. A véget nem érő viták fegyveres összecsapásokba torkollottak, s a békekötés ellenére újra kirobbantak a végvidéki csatározások és portyázások. Így történt, hogy az 1568. március 12-e előtti napokban mintegy ezer koppányi török harcos – megkerülve a magyar véghelyeket – Csobánc várának aljáig tört előre, több falut feldúltak, majd tizenegy pápai kereskedőt elfogtak és kirabolták. Ezt követően – április 24-én – egy nagyobb török lovascsapat Kanizsáig nyomult előre. A kanizsai magyar őrség üldözőbe vette őket, megfutamította a törököket, elfogott egy agát (kapitányt) és zsákmányolt egy zászlót. A következő év nyarán – 1569 júniusában – Zalavárig nyomultak előre a koppányi török csapatok. Thury György azonban lovasaival kitört Kanizsából, és a törököket megfutamította.[325]

Miközben a Balatontól dél-délnyugatra szinte szakadatlanul dúltak a végvidéki csatározások, a Balaton keleti-északkeleti térségében a törökök két új várat erődítettek. Egyik volt – a mai Szabadbattyánnál – Bottyán vára, vagy más néven Csíkvár, illetve Kulavár. A négyszögletes, erős falú, magas, támpillérekkel erősített és lőrésekkel ellátott erődítmény körül palánkvárat építettek a törökök. A másik erődítményt – a mai Szabadhidvégnél – a Sió átkelőjének megerősítésére építették 1569–1570-ben. A hidvégi török vár először a simontornyai török szandzsák 1570. évi katonai összeírásában szerepelt.

1570-ben is a tilalmazott végvidéki „kastélyépítések" (erődítések) álltak a problémák középpontjában. Musztafa pasa (budai beglerbég) elsősorban Thury György kanizsai kapitányt vádolta békeszegéssel, a bécsi Udvari Haditanács pedig a segesdi volt ferences kolostortemplom megerődítését vetette a törökök szemére. „... Te Felséged minduntalan az mi kegyelmes fejedelmünknek panaszolkodik mifelőlünk – írta 1570. október 9-i levelében Musztafa pasa budai beglerbég Habsburg I. Miksa királynak –, mint mastanis az Segösd kastél felől panaszolkodott fölségöd, kit mi nemis az fölséged határában csináltattunk, hanem azt mi kegyelmes fejedelmünk határában földön, az okájért építettük, hogy se onnan az fölségöd röndjéről, se innet az mi röndönkről az szegénységnek az sok tolvaj latrok miatt romlások és bántások ne essék. ... Továbbá te fölséged, hogy mireánk az segösdi kastély felől panaszolkodik, azt nem gondolja fölségöd, hogy Thury György az kanisai kapitány, az mi kegyelmes fejedelmünk határában, Szőcsény és Csákány nevű két kastélt építtetött; csak mireánk panaszkodik fölséged, mi azt hittük, hogy te fölségednek az mi szolgálatunk tessék (tetszik)."

Miközben Musztafa pasa (budai beglerbég) a magyar végvidékiekre panaszkodott, a fehérvári szandzsák török katonasága 1570 októberében egyik legnagyobb támadását hajtotta végre a Balaton-felvidék magyar falvai ellen, s amely egyúttal egyik legsúlyosabb vereségük is volt a Balaton vidéken.

A fehérvári szandzsák ugyancsak rosszul fizetett török katonái, mintegy 900 lovas katona rabló portyázásra indult a Balaton-felvidékre. A támadás hírére azonnal riasztották Pápa és Veszprém várainak magyar katonaságát. Pápáról Bornemissza János és Török Ferenc vezetésével 200 huszár és 100 gyalogos indult, Thury Márton veszprémi csapatának létszáma ismeretlen. A magyar felderítők azt a hírt hozták, hogy a török sereg zöme, mintegy 700 lovas Alsóörs falunál táborozik, közvetlenül a Balaton partján. Ott van a fehérvári bég helyettese, Musztafa alajbég, valamint Amhát, Dzsafer, Murat, Kizefer, Alega, Bertham és Hamza agák, továbbá Murat fővajda.

Bornemissza János és Thury Márton kapitányok száz magyar huszárral és száz darabontgyalogossal támadtak, Török Ferenc pápai főkapitány pedig száz huszárral tartalékban maradt. Az idő estére hajlott, és hideg volt már, amikor meglátták, hogy a hétszáz főnyi török főcsapat az alsóörsi kertek és a Balaton között összpontosul. Bornemissza tíz huszárt küldött előre martaléknak, hogy a törököket kicsalja a táborból. A török derékhad azonban nem ment lesre, hanem mozdulatlanul és harcrendbe fejlődve várta a magyarok támadását. Ezután a magyarok az egyre sűrűsödő esti sötétségben rettentő harci ordítással a török harcrendre rontottak. Egyórás öldöklő közelharc után a török sereg még mindig úgy állt, mint a kőfal. Ekkor érkezett be rohamlépésben a száz gyalogos hajdú, akik kemény muskétatűzzel oldalba támadták a harcrendben álló török lovasságot. Ettől csatasoruk felbomlott, majd a török lovasok futni kezdtek. Bornemissza pápai huszárai két mérföldön át üldözték és vágták a menekülő török lovasokat, akik közül sokat a Balatonba szorítottak. A környező falvakban fosztogató többi – mintegy kétszáz – török lovas katona, megtudva a fősereg pusztulását, zsákmányát, rabjait elhagyva próbált menekülni. Közben Török Ferenc tartalékban álló száz pápai huszárja megtámadta és megsemmisítette a törökök felderítésről visszatérő huszonöt lovasát is.

Az éjszakai órákig elhúzódó alsóörsi csatában – a jelentések szerint – a magyar csapatoknak halottjuk nem volt, de sokan megsebesültek. A szétszóródott török katonákat még másnap is hajszolták. A pápai magyar katonák huszonkét török fogollyal, sok levágott fejjel és zsákmányolt lóval tértek vissza. A veszprémiek hét török foglyot hurcoltak magukkal. Az elesett törökök között volt: Amhát aga Dzsafer és Murat agák gyalog menekültek el. Az elfogott török katonák azt vallották, hogy ők szegénylegények és az éhség hajtotta őket rablásra. A zsákmányból négy török zászlót és egy török tisztet küldtek a királynak Bornemissza János és néhány tiszttársa kíséretében. A harcban különösen Pribék Imre hadnagy tűnt ki vitézségével, s ezért Habsburg Károly főhercegtől 50 forint jutalmat kapott.

Az alsóörsi csata után enyingi Török Ferenc pápai főkapitány az alábbi jelentést küldte Batthyány Boldizsár főkapitánynak: „... Az Úristen ilyen szerencsével szerete, hogy kimentünk vala oda Fejérvár felé és találkozánk Alsóörsnél az egész fejérvári hadra, kik rablani jöttek vala ki. És estve felé sötétben, miért hogy előbb nem juthatánk, megütöttük őket. Az Úristen annyira megveré üket, hogy mind elfutamának és mind hátakon jártunk, annyira, hogy elevent im 29-et hoztunk és egy szép öreg (nagy) zászlót. Egy fű agának, ki az basának is rokona volt, fejét vették. Annak felette sok fejet. Az Balatonba is sok holt bennek. Palotára és egyéb végházakba is fogtak bennek!"[326]

A következő, 1571. évben tovább folytak a harcok a Balaton körüli végeken. Ez év tavaszán a törököknek sikerült leszámolniuk kemény ellenfelükkel, a volt palotai kapitánnyal, illetve az akkori kanizsai főkapitánnyal: Thury Györggyel. A tragikus eseményre 1571. április 9-én került sor. A korabeli magyar források bizonyos eltéréssel írták le a vitéz kanizsai magyar főkapitány hősi halálát. Forgách Ferenc „Magyar História" című művében az alábbiakat írta: „.. Thury gyakori portyázásaival a török vidékeket rettegésben tartotta és jelentős károkat okozott az ellenségnek. Emiatt a szigeti bég cselt készített elő: egy titokzatos levelet küldött hírnökkel a kapitányhoz, amelyben azt juttatta kifejezésre, hogy ő keresztény szülők gyermeke, s úgy érzi, vissza kell térnie az igaz vallásra. Megkérdezi tehát Thury Györgyöt, hajlandó-e őt tanácsokkal és segítséggel támogatni. Thury mindent elhisz, Miksa királynak is megírja, és javasolja a segítséget. Megállapodnak egy napban, amelyiken György elmegy a béghez, az pedig török segélycsapatok kíséretében Miksa királynak esküt tesz..." Így került tehát lépre a kanizsai kapitány, aki a törökök cselvetése miatt veszett oda.

A másik magyar kortárs történetíró, Istvánffy Miklós „A magyarok történetéből" című művében egy teljesen a véletlenen múló összecsapás áldozataként tüntette fel Thury György hősi halálát, amely a Balaton délnyugati végétől 18 km-re, a Zalavárral szembeni Orosztony falunál következett be: „... Már közeledtek a húsvéti ünnepek, amikor (a szigetvári) Ali bég egyik lovasvezérét, Malchust (Malkucs) erős török csapatokkal Kapornak felé küldte, hogy pusztítsanak, utasítva őt, hogy különböző alkalmas helyeken leseket állítson, s mindenképpen azon legyen, hogy az óvatlanul előnyomuló Thury azokba beleessék. Thury akkor a rajki (ma: Felsőrajk) várban tartózkodott, s amint tudomást szerzett az ellenség útjáról, s várta, hogy az mely irányba fordul pusztítva és gyújtogatva, a parasztok meneküléséből s a felgyújtott falvak tüzéről és füstjéről megtudta, hogy nincsenek messze. Nyomban, még éjjel elindult Iszeb faluhoz, előcsapataikat utolérte, s harcba bocsátkozott velük, azokat szétszórta és megfutamította, igen sokat megölt közülük, s negyvennyolcat élve elfogott. S amikor a menekülőket mind hevesebben üldözőbe vette, nem jutott eszébe, hogy a foglyoktól a lesekről, azokról a helyekről, s az ellenség számáról tudakozódjék. S mikor oly gyorsan vágtatott, hogy a gyalogság a lovasok futását nem tudta követni, s a lovasok közül is igen sokan, az éjjeli és nappali munkától kifáradva, lassabban követték, Orosztony falunál, mely Rajk és Kiskomárom között, ezektől körülbelül egyenlő távolságra fekszik, nagyszámú ellenségre bukkant, mely az erdőben rejtőzködött. Ott is mindjárt kemény csata támadt. Az ellenségből többen elestek, sokan fogságba kerültek, s míg a kétes kimenetelű harc tombolt, s az ellenség már azt nézte, merre fusson, addig Malchus, akit erről értesítettek, a homályos és erdős völgyben elhelyezett leshelyről több mint hatszáz lándzsás lovasával kitört, s a már küszködő bajtársainak éppen jókor segítséget vitt. A csata helyén két hegy között volt egy nem nagyon széles völgy, ez máskor is iszapos és csúszós volt, akkor [1571. április 9-én – Sz.] azonban a néhány nappal előbb megolvadt hótól mocsárszerűen puha és kiváltképpen süppedős volt. Midőn abban a völgyben harcoltak, s a lovak lába, egészen hasuk aljáig abban a sáros pocsétában mocskosan elmerült, véletlenül Thurynak a lova, mely a rossz talajtól és a már régóta tartó harctól, azonkívül a súlyos fegyverek hordásától kimerült, összerogyott. Thury felismerte a veszélyt, talpra ugrott, eldobta sisakját, hogy csupasz fővel közelebb legyen a halálhoz és a sebekhez, s az ellenséget visszanyomja, vitézül védte magát, s azalatt egy idegen lovat – mely gazdátlanul volt, odafutott (lovasát talán az ellenség ütötte ki nyergéből!) – gyeplőjénél megragadva, ráugrani iparkodott. Miután azonban ezt az ellenség és a sáros talaj, melybe lába beleragadt, megakadályozta, a földre zuhant. S amikor a törökök azt kiabálták, hogy ne akarjon elpusztulni, s engedjen balszerencséjének, s ő erre, harcolva mit sem válaszolt, lándzsákkal, puskákkal, kardokkal és egyéb fegyverrel mindenünnek támadták. Végül, amikor már övéi is elhagyták, s szerencséje cserbenhagyta, egy szablya hatalmas ütésétől megsebesülve – egy Memi nevű török mérte rá – összerogyott és meghalt. A mieink lovasai közül igen sokat levágtak, a gyalogosok pedig, hallva vezérük lekaszabolását, Kanizsára iparkodtak. Kifosztott és fej nélküli testét megtalálták. Temetést Zrínyi György Miklós nevű fia rendezett neki... Kanizsán. Fejét néhány zászlóval és fogollyal Bizáncba [Isztambulba – Sz.] küldték. Szelim szultán és a pasák mohó kíváncsisággal közelről akarták látni, bár vannak, akik azt állítják, hogy Malchus más fejét küldte az övé helyett, mert arcával együtt kis darabokra vágott fejét oda elvinni nem lehetett..."[327]

Miközben a Balatontól délnyugatra zajlott a végvidéki háború (hivatalos békesség idején!), 1571. augusztus 19-én Habsburg I. Miksa király Jakosics Ferencet a tihanyi kapitányság alól felmentette. Ugyanezen királyi leiratban – korábbi érdemeire való tekintettel – Majláth Gábort nevezte ki Tihany vára parancsnokának. Egyidejűleg megkapta a vár minden tartozékát, jövedelmét, minden számadási és fizetési kötelezettség nélkül. Ugyanakkor az uralkodó kikötötte: 1. Fenn kellett tartani a várban lévő lovas és gyalogos katonák létszámát; 2. A vár építményeit jó karban volt köteles fenntartani; 3. Alattvalóit nem terhelhette a régi szokások és törvények ellenére; 4. A vár tartozékait elidegeníteni nem szabadott; 5. A várat és minden tartozékát az uralkodó kívánatára bármikor visszaadni volt köteles; 6. Mindenkor a várban kellett tartózkodnia!

A fenti királyi rendelkezéseket a Tihany várába érkező királyi biztosok – Salm Eckhardt gróf győri főkapitány és a magyar kamara embereivel az élen – a vár katonái előtt is felolvasták.

A következő évben – 1572-ben – Tihany várának birtokait és jövedelmeit összeírták: a várhoz tartozott összesen 12 falubirtok; ez összesen 76 egész jobbágyportát jelentett.

Magyar Bálint halála (1573) és Fonyód várának elfoglalása (1575) után a volt Lengyel család örökségét képező Lullya és Szamárd falukat a tihanyi magyar katonaság foglalta el erőszakkal. A két falu jobbágyait a katonák elfogták és megkötözve Tihany várába hurcolták. Erre még évtizedekkel később is emlékezett a lakosság. Egy 1612-ben történt tanúkihallgatás során Pocsányi Lukács, 95 esztendős nagykapolyi jobbágy az alábbiakat vallotta: „... az fejedelem [király – Sz.] kapitányi hatalmasul foglalták [ti. az említett falukat – Sz.] Tihanyhoz, rájuk küldvén az falukra (a katonákat), az polgárokat megfogdosván összve kötözték és seregül hajtották Tihanyba!"

A birtokbavétel oka az is volt, hogy a tihanyi magyar katonák védelmezték meg pl. Lullya falu nemeseit a törökök ellen. Ezek a védelmezett nemesek – Bába Imre, Dobozi Mátyás, Elök Mihály, Nagy Sebestyén, Szőke György, Tóth Balázs, János és Keresztély, valamint Vig Péter – a védelemért adtak Szent Mihálykor (szeptember 29-én) és Szent György napján (április 24-én) egy évre 7-7 forintot, ajándékul egy vágni való ökröt és egy hízott sertést, 40 akó (=2200 liter) bort, valamint 40 köböl (=2920 liter) búzát.[328]

1571–1572-ben Keszthely várában is szinte kizárólag királyi zsoldon lévő katonaság állomásozott. Ez általában 100 gyalogos és 50 lovaskatonaságot jelentett. A Keszthelyt birtokló gersei Pethő család legfeljebb két-két puskás darabont (vagy gyalogos hajdú) kifizetését tudta vállalni.[329]

A Lengyel család birtokát képező Szigliget és Fonyód várakat – valamint a vártartományokat – 1572 végén még Magyar Bálint birtokolta. A hírneves kapitány 1572. december 13-án még életben volt: Szigliget várából levelet írt Nádasdy Ferenc országos főkapitánynak (akinek atyja: Nádasdy Tamás 1562-ben elhunyt), a nagy hírű „fekete bégnek". Közölte vele, hogy drága állatbőrök megmunkálásához értő török szűcsöket küld neki Sárvárra, azonkívül még két más török rabot és szép török nyergeket.[330] Magyar Bálintról ez az utolsó híradás: 1573 tavaszán – ismeretlen körülmények közepette – meghalt.

Az 1568. februári drinápolyi béke ellenére az 1573. december 26. előtti napokban – újra fellángoltak a végvidéki csatározások. Musztafa pasa (budai beglerbég) 1573. december 26-án panaszos levelet írt Bécsbe, Trautson Jánosnak, az Udvari Haditanács elnökének. „... Ím ez némöly napon is, az tihanyiak, devecseriek nagy haddal, zászlókkal fölkészülvén az Balaton mellett valami sokadalomra (vásárra) ütöttek, egy néhányat az mieinkben (ti. törököket) fogva vivén, az koppányiak reá találtak és mind zászlóstul ide hozattanak bennök... Ez penig el nem titkolható dolog, mert ím ez jelön való személyök is nyilván látták, mind zászlóikat, s mind ő magokat, kik nyilván vallják azt, hogy az kapitányok parancsolatjából járnak, azért ha akarjátok megtartanyi az frigyör (békét), ugyan valóban tarcsátok meg."[331] A következő évben –

1574 szeptemberében – a segesdi és berzencei török várak katonasága portyázott és csatázott Kanizsa körül.[332] A csatározások még a következő évben is folytatódtak. Ezeknek a harcoknak során – az 1575. augusztus 6. előtti napokban – a török csapatok megtámadták Fonyód várát. Mint azt 1575. augusztus 6-án Nádasdy Ferenc főkapitány jelentette Batthyány Boldizsárnak: „... Fonyódot megvették (ti. a törökök elfoglalták), az benne valókat mind levágták, testüket megégették!"[333] Fonyód elfoglalása csak része volt egy nagyarányú török támadássorozatnak. Ugyanis 1575. augusztus 18-án a szigetvári, mohácsi és koppányi török hadak Kanizsa körül pusztítottak, majd szeptember 24-én Kanizsa körzetében tizenhat falut égettek fel, majd november 10-e körül újabb harcok dúltak Kanizsa vára körül. A tizenhat falu feldúlásakor mintegy ezer embert hurcoltak el a török katonák. Mint egy kortárs írta erről: „... Egy nap sincs, hogy nem hordanák az föld népét az törökök és az martalócok és az ki szaladhat, futton-fut. Gyakortaság ugyan sereggel mennek az szekerek mind iastól-fiastul fölrakodván az szegény nép!"[334]

A harcok során – 1574 novemberében – az Udvari Haditanács Pápa várából Kanizsa várába tette át a dunántúli főkapitányság központját. A főkapitányi tisztet Bornemissza János töltötte be.

1576. július 24-én – a korábbiakban a Palota körüli török támadások megtorlására – a veszprémi, palotai és pápai magyar csapatok – a Balatontól északkeletre lévő – Csíkvár vagy Battyán török végházat megrohanták. Gyújtószerszámokkal a török erősséget fel akarták gyújtani, de a török őrség az erősségből kitört, elűzte a magyar csapatokat, s közben számos magyar katonát fogságba ejtettek.[335]

1576. március 4-én a magyar király – „... a magyar határvidék védelmében tanúsított és a jövőben is remélhető szolgálataiért..." – Borsida Menyhértnek adta át Tihany várának parancsnokságát. A vár és tartozékainak átadása azonban csak egy évre szólt, számadási kötelezettség nélkül. Csupán azt kötötte ki az Udvari Haditanács, hogy ne csináljon új költségeket a kincstárnak. Az átvételt követő szemle szerint – 1576 júliusában – a várban 26 lovas és 50 gyalogos darabont állomásozott. A Takaró Mihály-féle erődítési munkák óta eltelt húsz év alatt a vár állaga sokat romlott és javításokra szorult.[336]

1577. január 24-én Musztafa pasa budai beglerbég újabb panaszlevelet írt Bécsbe, Habsburg Ernő főhercegnek: „... Ennek előtte való levelünkben is megjelentöttük vala Nagyságodnak, az tihanyiak, palotaiak, pöspörémiek (veszprémiek) és mind az körnvül valók onnan ismég az bolondváriakat [ti. a mai Balatonszemesnél lévő török Bolondvár katonáit – Sz.] miképpen lesre akarták vönnit, kit mikor az koppányi bég eszekbe vött volna, utánok lészön, és az száguldókban [ti. a magyar száguldók közül – Sz.] egynéhányat el is hozott, kik nyilván mondgyák, hogy az kapitányok akaratjából mívelnek mindönt."[337]

1577 áprilisában lejárt Tihany várában Borsida Menyhért kapitány egyéves megbízatása. Április–május fordulóján Borsida már nem tartózkodott a várban, katonaság sem volt ott: Csányi Bernát vezetésével mindössze nyolc katona tanyázott Tihanyban. A segesdi törökök valamiképpen tudomást szereztek erről, s a segesdi török vár vajdája – aki valamikor János deák néven Tihany várában lakott – hatvan török katonával megtámadta Tihanyt. Mikor a várbeliek észrevették, hogy török katonák ólálkodnak a vár körül, három katonát kiküldtek a várból. A törökök ezt a három magyar katonát elfogták, majd megrohanták Tihanyt – a várban lévő öt embert elfogták, s Tihany várát felégették. Kapra Ferenc 1577. május 14-én jelentette az esetet Bécsben Habsburg Ernő főhercegnek, s közölte, hogy kémei szerint a Tihany elleni támadást a segesdi török katonák követték el.[338] Tihany várát a magyar katonaság rövid idő után visszavette; a részletek ismeretlenek.

Lehet, hogy a fenti eset is hozzájárult ahhoz, hogy Borsida Menyhért kapitány távozott Tihany várából, s Habsburg I. Rudolf király Zongor Jánost nevezte ki helyébe. Az új kapitány jelentette, hogy Tihany vára nagyon romlott állapotban van (ugyanis a török katonák a várat május elején felégették). Kérte, hogy a király a vár tatarozására adja nekik Somogy vármegye adóját, vagy rendeljen még néhány falut Tihany vára alá. Az 1577. májusi jelentés után Tihany várának tatarozása rövidesen megkezdődött, mert 1577. december 6-án Habsburg I. Rudolf király utasította a pozsonyi kamarát, hogy küldjön ki Tihanyba egy alkalmas embert, aki szemrevételezi, hogy mennyire haladtak a vár javításában, illetve hogy mennyi a vár bevétele. A kamara Mattarics Ferencet, a győri püspök keszői kastélyának tiszttartóját küldte ki Tihanyba. A megbízott szerint Tihany vára igen rossz állapotban volt és jelentős tatarozásra szorul. Az Udvari Haditanácsban ekkor újra fontolóra vették, hogy nem lenne-e jobb Tihany várát teljesen lerombolni?! E javaslatot azonban elvetették, mert nyilvánvaló volt, hogy a törökök ebben az esetben azonnal megvetnék a lábukat a félszigeten, és befészkelnék magukat Tihanyba. Innét támadásokat indíthatnának Veszprém, Vázsonykő, Csobánc, Szigliget, Tátika és Sümeg vára ellen. Végül is 1578 januárjában döntés született, hogy Tihany várát meg kell erődíteni. Ernő főherceg a legsürgősebb erődítési munkákra azonnal kiutalt 55 forint 80 dénárt. Zongor János kapitány kérte, hogy a vár tatarozására jelöljenek ki néhány közeli falut. A várhoz ugyan tizenkilenc falu szolgált, de ezek jövedelme mindössze 51 forint volt, s csupán a gabonaadó növekedett valamicskét.

A pozsonyi Magyar Kamara elrendelte, hogy Zala vármegye Tapolcaszéke ezentúl ne Kanizsához adjon munkaerőt, hanem Tihany várához. Somogy vármegye adóját is ide kell irányítani. Ugyanis nagyon szomorú a várban a helyzet. A katonák valamennyien elbocsátásukat kérik, mert a fizetetlenségüket tovább nem tűrhetik. Olyan szegények, hogy amikor az őrállásban felváltják egymást, egyik a másik ruháját veszi magára, hogy a hideg ellen védekezzék, míg azok, kik az őrségből visszatérnek, meztelenül lappanganak kunyhójukban. („... Nudis intra tuguriola latitantibus...")

A jelentés Tihany várának lőfegyverállományáról is említést tett. Volt a várban 3 db „scharfetindl" ágyú, 1 db tarack (haubitz), szakállas puska: 47 db, kézipuska: 20 db, mindenféle lőpor: tíz és fél bécsi mázsa, ólom: négy bécsi mázsa.[339]

Annak ellenére, hogy az 1568. februári drinápolyi béke mindkét fél számára tiltotta új erődítmények építését – s a törökök állandóan a magyarokat vádolták a békesség ilyen irányú megsértésével! –, újabb és újabb erődítményeket akartak építeni a Balaton-vidéken is. Így 1577 májusában a Balaton északi partvidékén két új erősséget szándékoztak felépíteni. Geszthy Ferenc veszprémi főkapitány 1577. május 17-én riasztotta Nádasdy Ferenc országos főkapitányt, hogy a török csapatok a kajári (balatonfőkajári) erős kőtemplomot – melyet magas kőfal kerít és erős tornya is van! – akarják megerődíteni. Az ide szánt épületfát már összehordták a Sió melletti Hidvég török várhoz (a mai Szabadhidvéghez), innen akarják szekereken Kajárra szállítani. A jelentés után Nádasdy Ferenc országos főkapitány és Habsburg Ernő főherceg utasította Pálffy Tamás palotai kapitányt, hogy katonáival támadja meg az építkezést, és a kajári templomot robbantsa fel. A palotai (várpalotai) magyar katonaság a parancsot végrehajtotta és a templomot felrobbantotta. A török erődítési munka megelőzése nagy jelentőségű volt, mint azt Geszty Ferenc veszprémi főkapitány meg is fogalmazta: „... Ha a töröknek sikerül Kajár megépítése, Palotáról Veszprémbe katonai kíséret nélkül többé senki sem juthat!" A kajári középkori, gótikus stílusú Szent Albert-templom a mai református templom helyén állott. A palotai magyar katonaság ugyanekkor pusztította el – hasonló meggondolásból – a kenesei (balatonkenesei) régi, a Tornyos-hegyen álló Szent Mihály-templomot is.

Valamikor ezekben az években bővítették ki a törökök – a korábban a Podmaniczky család birtokában lévő – Karád várkastélyt. A romos várkastélyt jelentős erődítménnyé építették ki a törökök az 1560–1570-es években. Az új erősség két részből állt a mai község területén: a Felsővár és az Alsóvár. Az erősségnek négy tornya volt: a délnyugati torony 15 x 15 m-es alapterülettel maradványaiban ma is látható. Az erődítményt széles vizesárok vette körül, melyet a Nagyárok vize táplált.[340]

A török hadvezetés aktivizálódása – 1577. április–májusában – arra késztette a győri főkapitányt, hogy felderítse a fehérvári, simontornyai és koppányi szandzsákok török katonai erőit.

A balatoni török várak felderítésével egyidejűleg, 1577-ben a bécsi Udvari Haditanács tervbe vette a Balaton-vidéki várak közül Vázsonykő, Szigliget és Keszthely várainak rendbetételét és erődítését. A nyomasztó pénzhiány azonban a munkálatokat lehetetlenné tette. Végső soron csak a balatoni királyi várak tüzérségének összeírása készült el. Tihany várában összeírtak 3 db „scharfetindel" ágyút, 1 db tarackot (haubitzot), 47 db szakállas puskát, 20 db kézipuskát; tíz és fél bécsi mázsa lőport és négy bécsi mázsa ólmot. Keszthely várában: 2 db sólyomágyút (falkonettet), 28 db szakállas puskát; 3 bécsi mázsa lőport. „...Van még itt több apró ház, mint Csobánc, Szigliget, Sümeg – írta a jelentés –, melyekben körülbelül annyi ágyú van, mint az elsorolt öt utóbbiban (azaz kb. 25 db); köztük sok hibás és eltörött is, ezeket Győrbe kell vitetni és ott kicserélni."[341]

Az Udvari Haditanácsban 1577-ben Lazarus Freiherr von Schwendi Feldhauptman koncepcióját fogadták el, amely a sűrű és szoros védelmi rendszer kiépítését tervezte a Dunántúl délnyugati felében. A stájerországi és alsó-ausztriai rendek – szabad vallásgyakorlatuk elismerése fejében – hajlandók voltak pénz, fegyver, hadianyag és munkaerő hozzájárulásával a védelmi rendszer kiépítésében részt venni. A szóba jöhető – Dráva, Kakonya és Balaton közti – védelmi terepszakasz szemrevételezését (Muster Comission) gróf Salm Eckhardt győri főkapitány személyes vezetésével 1579 tavaszán hajtották végre.[342]

Az 1568 februári békekötés ellenére a balatoni végvidéken kölcsönös volt az állandó békeszegés. Mindkét fél folytatta portyázásait a határvidéken. Musztafa pasa (budai beglerbég) – 1578. március 23-án – egyenesen Habsburg I. Rudolf királyhoz küldött panaszlevelet. Közölte, hogy Nádasdy Ferenc országos főkapitány parancsnoksága alatt összegyűltek a veszprémi, pápai és palotai magyar kapitányok csapataikkal együtt, „... nemkülönben, mintha egy országos hadra készültenek volna, Simontornya alá száguldottanak, az bégöt lesre akarták vönni!". Azonban egy áruló magyar katona, „... önön maguk közül egy pribék beszökött, az fejérvári bégnek hírül adta..." a magyarok támadását. A fehérvári török bég csapataival utánuk vonult, és megtámadta a Simontornya felé vonuló magyar hadat, s „... mikor egyben elegyödnek, mind az két félben sokan elhulltanak". Néhány nappal később – 1578. április 5-én – Musztafa pasa a fenti ügyet Habsburg Ernő főhercegnek, a bécsi Udvari Haditanács elnökének is megírta.[343] Az év végén újra kitörtek a csatározások a Balaton déli partvidékén. A koppányi török bég Bolondvárba ment, ahol Iszak pasa katonái gyülekeztek, majd az egybegyűlt török csapatok Segesd vára felé vonultak el.[344]

Az 1579. júniusi – a Balaton déli partvidéke elleni – magyar támadások egy másik epizódjáról is tudomásunk van, de lehet, hogy ez azonos a fenti panaszlevél 14. pontjában leírtakkal:

„... A Tihon nevű várból hatvan fő gyaúr harci zászlókkal kijöve a Balaton nevű folyón (sic!) átkelve, a szultáni hászbirtokok közé tartozó Fok (Siófok) nevű faluban összegyűlő vásárra csapva mindenféle ingóságot és pénzt elszedett. Amint elmenőben voltak, az Endrék (Endréd) nevű vár gázijai (vitézei) hírt kapva, utánuk eredtek, és Isten kegyelméből utolérték őket. Kit foglyul ejtve, kit levágva, legyőzték őket."[345]

Ebben az időben – az 1570–1580 közti évtizedben – jelentek meg a Balkán (Havasalföld) felől a simontornyai és koppányi török szandzsákokban, a török hadsereg nyomában vándorló „iflák"-ok, vagy magyar elnevezéssel oláhok. Első szállásaik – a török összeírások szerint – „... Adrián, Bolofaluja, Dorok, Fornád, Henye, Hegyi, Kecsöj, Szentmárton és Tahi'' falukban voltak. Ez a nyájai után vándorló félnomád népesség – amely a törököknek is alig fizetett adót – a volt magyar vármegyéknek és államnak, illetve a volt földesuraknak semmiféle adót nem volt hajlandó fizetni. Így ezek a falvak 1580-tól a balatoni magyar végvárak katonaságának állandó célpontjai voltak. Első említésük Vejsz (Kara Ovejsz) pasa budai beglerbég – 1580. január 6-án – Ernő főhercegnek írott újabb panaszlevelében szerepelt: „... Ismeg az tyhaniak, bözpörémiek (veszprémiek) Koppány és Simontornya környül való oláh falukat elrablák." Alig egy hónappal később – 1580. február 14-én – Vejsz budai beglerbég újabb panaszos levelet menesztett Ernő főhercegnek, a magyar katonaság békeszegéseinek újabb sorozatát írta meg: „... Simontornya és Koppány tartományában, az pözpörémiek, palotaiak, csobánciak, tyhanyiak, pápaiak, devecseriek, és az környül való végbeliek egymást érvén az elvégzött frigy ellen, illen ellenkező dolgokat míveltenek, hogy miólta Szigetvár megvétetött, az mely faluk adót nem fizettenek, emböröket ragadoztatnak; újonnan letelepödött valami szegény oláhoknak faluikat dúlják-fosztják...

Az hold járása szerint (1580) januárisnak 15 napján ez felül megnevezett végbeliek, lovaggal-gyaloggal fölkészülvén, éjjel az hatalmas (török) császár birtokában (lévő) Dorok (ma Kisdorog, Szekszárdtól nyugatra) nevű falura ütöttenek, 300 barmot, ménöst, ismég oláhokat elvittenek.

Annak utána ismét az hold járása szerént, februárisnak 16 napján, ugyanezen végbeliek, ezernél több lovaggal és hétszáz gyalog puskással, újonnan ezön Dorog falura rohantanak, megégették, az szegénységben kit szablyára hánytak, kiket rabságba vittenek, 300 juhokat és ezernél több barmot, ménöst vittenek.

Ismég ugyanezök Hidvég palánk alá lovaggal és gyaloggal jöttenek, három vagy négy helyön lest hánytanak, az palánk környül való városból, adószető tíz jobbágyokat mindön marhájokkal, barmokkal elvittenek."[346]

A török hatóságok 1581 decemberében felmérték a betelepedett iflák falvakat, s megállapították, hogy csak a koppányi szandzsákban 84 faluban telepedtek meg. Az összeírás elsősorban az adóztatás miatt történt: „... A koppányi liva (szandzsák) újabb összeírásakor kiderült – írták a defter záradékában –, hogy néhány faluját vlachok szállták meg és felvirágoztatták ezeket a falvakat. Többségük az egész közösség képviseletében beleegyezett abba, hogy a szpáhiknak kiscsaládonként (hánenként) négy-négy gurust, a török kincstárnak pedig egy-egy gurust fizessenek.[347]

A török uralom alatt élő vlachok-iflákok sok esetben a törökök katonai szolgálatát is elvállalták. Így például 1581-ből ismert, hogy a koppányi török várban az „iflákok dzsemájet"-je, az „oláhok csapata" szolgált.[348]

Miközben a magyar katonaság főleg a Balatont északról megkerülve csapott le a simontornyai szandzsákra, a koppányi török csapatok a Balaton déli-délnyugati térségében lévő magyar várakra támadtak. A Segesd várában tanyázó török katonaság – 1580. június 27-én – megtámadta Csákány várát, de a magyar őrség az ostromlókat visszaverte.[349]

1579–1580-ban Tihany várában újabb parancsnokváltásra került sor. Habsburg I. Rudolf király 1579. december 15-én Flecha Máté nevű udvari káplánjának adományozta a tihanyi apáti címet. Az adománylevélben leírták, hogy: „... Ez az apátság a török végeken van, a Balaton-tó közepén (in mezzo del laco Balathon). Egykori jövedelmei hat-hétezer aranydukátra rúgtak, de jelenleg birtokai török uralom alatt állnak, s a császár csupán a balatoni várat birtokolja 300 tallérnyi, vagyis kevéssel több mint 150 aranydukát jövedelemmel, amely a kapitány rendelkezésére áll, aki a várat őrzi, és a szerzetesek helyett katonákat tart benne, úgyhogy az apátnak csak a címe van meg."

1580. június 30-án Zongor János távozott a tihanyi vár parancsnoki tisztéből, s az Udvari Haditanács Mesteri Jánost nevezte ki a helyébe. A kapitányi beiktatás azonban csak 1581 februárjában zajlott le. A pozsonyi Magyar Kamara – rendes zsoldja mellé – évi 150 forint fizetéskiegészítést adott az új kapitánynak. Az összeg kifizetésével azonban adósok maradtak, mert másfél év múlva, 1582. július 19-én a bécsi Udvari Haditanács utasította a Magyar Kamarát, hogy 1583. február végéig fizessék ki Mesteri Jánosnak az elmaradt két évi fizetését: 300 rajnai forintot, illetve fizessék ki neki a 229 forint 5 garas 20 dénár elmaradt építkezési költségét is. A pénz ennek ellenére nem érkezett meg, s 1583. november 3-án Ernő főherceg újra figyelmeztette a Magyar Kamarát, hogy fizesse ki a már 529 forint 5 garas 20 dénárra növekedett összeget. 1583 decemberére a kamara végrehajtotta az utasítást – de csak részben! –, s csak 454 forint 3 dénárt utalt ki Mesteri János tihanyi várkapitánynak. A zavaros fizetési viszonyok ellenére Tihany várának erődítési munkálatai folyamatosak voltak. Ugyanis – 1584. június 25-én – Ernő főherceg érdeklődött a Magyar Kamaránál, hogy mekkora a tihanyi vár jobbágyainak száma, mert az erődítési munkákhoz szükséges kő, fa és mész hordására a várhoz tartozó jobbágyokat használják fel.[350]

Minden várkapitány igyekezett a vártartományhoz tartozó lakosság számát – még erőszakkal is! – növelni. Ugyanis ez volt az egyetlen megbízható munkaerő az adott vár erődítési munkáihoz, illetve az őrség eltartásához. Lengyel István, Szigliget várának birtokosa és kapitánya 1581-ben Tapolca mezővárost mindenképpen várának alárendeltségébe igyekezett keríteni. (Ebben az időben a veszprémi püspök birtokában levő Tapolca mindössze két és fél adózó, valamint húsz szegény és tizenkét szolga portával rendelkezett.) A tapolcaiak a királyhoz fordultak tiltakozásukkal, s nem akartak Szigliget várához szolgálni![351]

Zalavár és Kapornak várakban – 1580. szeptember 1-jén – 70 gyalogos és 34 lovas katona teljesített szolgálatot. Mivel a zalavári káptalan üresedésben volt, annak vártartományából kellett a két vár katonaságát ellátni.[352]

A balatoni végvidéken a csatározások 1582-ben is tovább dúltak. Még kora tavasszal – 1582. március 13-án – a tihanyi, veszprémi magyar vitézek betörtek a koppányi szandzsákba, hogy egy vásárt (sokadalmat) kiraboljanak. Az előnyomuló magyar katonák azonban útközben szembetalálkoztak a hidvégi Mehmed beslia-agával és beslia-lovasaival. Az összecsapásban a magyarok az agát és lovasait fogságba ejtették. Így a vásárütésből semmi nem lett, a magyar katonák foglyaikkal is megelégedtek. Ugyanezen évben, 1582. szeptember 18 körül a veszprémi magyar vitézek a Balaton déli partján a Balatonszemes melletti Bolondvárra akartak támadni. Azonban „... az bolondvári (török) vitézek találtak az wesprimiekre, azokban kit levágtak, kit elhoztak!" – írta Ali budai pasa 1582. szeptember 25-én Bécsbe Habsburg Ernő főhercegnek.[353]

Az 1582. év legnagyobb fegyveres összecsapására decemberben került sor. A koppányi török szandzsák katonasága – a rendkívül kemény téli hidegben befagyott Balaton jegén átkelve – Kemenesaljáig tört előre, s ott Körmend és Vasvár vidékét végigdúlták. A törmedék fogollyal és zsákmánnyal visszatérőben lévő török csapatokat Keszthely várának közelében Majtényi László pápai és Pethő Kristóf keszthelyi kapitányok magyar csapatai megtámadták. A törököket szétverték, a foglyokat és zsákmányt elvették tőlük.[354]

A végvidéki csatározások 1583-ban is folytatódtak. Márciusban Zrínyi György, Nádasdy Ferenc és Batthyány Boldizsár magyar csapatai mintegy tízezer katonával a koppányi szandzsákra törtek, s ott „... nagy dúlást és égetést tettek". Ali pasa budai beglerbég 1583. március 5-én azonnal jelentette az esetet Bécsbe, Ernő főhercegnek: „... nem tudgyuk ennek az oka mi légyön, hogy ezek a frigyet (békét) megbontották; ezön az hatalmas császár (török) vitézeinek nagy öröme vagyon, de mi igyeköztünk mindenkoron az fölségtök jó szomszédságáért az frigynek megmaradására, és az mi kegyelmes fejedelmünk és római császár őfölsége között való barátságnak megmaradására."[355] A végvidéki török parancsnokok nem sokáig maradtak adósok, s rövidesen – 1583. június végén – a pécsi, a szigetvári és a koppányi szandzsákbégek mintegy háromezer lovassal áttörve a zalai végeken, újra Körmendig törtek előre, s közel hétszáz foglyot – köztük huszonnégy nemes asszonyt – hurcoltak török földre magukkal. A bécsi Udvari Haditanács is tiltakozását küldte el a budai török beglerbégnek. Ali pasa budai beglerbég 1583. július 3-án, magának Habsburg I. Rudolf királynak írott válaszlevelében magyarázkodni igyekezett a török támadás miatt. Véleménye szerint az elhurcoltak „... avagy talán az hatalmas (török) császárnak adófizetői voltak és nem akartak bejönni [adót fizetni – Sz.], mert az hatalmas (török) császártól meg vagyon parancsolván, hogy az kik az őfölsége tefterében (defterében) be vagynak írván, és adófizetőkként nem akarnak béjönni, azokat béhozzák, hogy azt látván adójukat megadgyák, s azt ne merjék vakmerőképpen elhallgatni."[356]

A magyarok a török támadást megtorló ellentámadást indítottak 1583 őszén. A veszprémiek – 200 lovassal és 300 gyalogossal – a Palota melletti „Badacsonyra" vonultak, hogy ott egyesüljenek a palotaiakkal. A palotaiak még nem érkeztek meg, mikor híre jött, hogy Ali koppányi szandzsákbég 650 lovasával már a Sió menti Hidvég török várnál (ma Szabadhídvég) vonul. A veszprémiek ezért nem várták be a késlekedő palotai magyar csapatot, hanem azonnal a közeledő koppányi török sereg elé indultak. A két sereg valahol Kajár (Balatonfőkajár) és Lepsény között találkozott, s azonnal egymásra támadt. Az első összecsapásban a törökök kerekedtek felül. Ekkor a közeli dombokon újabb lovascsapatok jelentek meg. A veszprémi alkapitányok – Örsy Péter és Fekete Mátyás – azt hitték, hogy újabb török csapatok közelednek, s ezért azt ajánlották Istvánffy István veszprémi kapitánynak, hogy még időben vonuljanak vissza. Az utolsó percekben azonban kiderült, hogy Ormándy Péter közeledik a palotai (várpalotai) magyar csapatokkal: hatvan huszárral és egy század gyalogossal. Így a koppányi törökök két tűz közé kerültek. Az újabb összecsapásban a koppányi Ali béget egy Fóthy Gábor nevű palotai vitéz letaszította a lováról. A bég megsérült a homlokán és a magyarok fogságába került. Szinán bég fiának, Abdullah nevű török vitéznek a lova kantárszárát vágta ketté egy magyar kardcsapás, s a török vitéz szintén magyar fogságba került. A magyarok fogságába esett még Hagi aga, valamint Musztafa bolondvári dizdár (várparancsnok), továbbá még hetvenhét török katona. Sokan maradtak a harcmezőn holtan mindkét seregből.[357]

A csata után mindkét fél a másikat vádolta frigyszegéssel, békeszegéssel. A magyarok szerint Ali koppányi szandzsákbég „... egynéhány ezred magával igyeközött volna Weszprimre!". Az ügy körüli levelezés a következő évig, 1584 áprilisáig elhúzódott. Szinán pasa budai beglerbég 1584. április 22-i levelében magyarázkodott Ernő főhercegnek, a bécsi Udvari Haditanács elnökének: „... Az koppányi Ali bég felől az mit ír fölségöd, hogy Wesprim alá ment volna, azt nem igazán adták fölségednek tudtára, mert az hatalmas (török) császár országába, az ő maga faluiba ment volna az ő maga népével. Ezt a veszprimiek hallván, reá ütöttek, ő magát egynéhány magával elfogták... Azért fölséged parancsolja meg minden végbeli kapitányoknak és vitézöknek, hogy ezféle dolgok megszünnyenek, mi innen megparancsoltuk minden végbeli bégeknek és vitézeknek, hogy az frigynek (békének) oltalmazói legyenek."[358] A királyi udvar válaszlevelére, Szinán pasa budai beglerbég – 1584. május 25-én – újabb levelet írt Ernő főhercegnek: „... Továbbá az koppányi bég felől az mit ír fölségöd, hogy mi nékünk azt a dolgot nem adták volna igazán tudtunkra, az fölséged írásában nem kételkedünk, de fölségednek inkább nem adták igazán tudtára, mert holott fölséged azt írta, hogy egynéhány ezer magával igyekezett volna Weszprimre. Meggondolhattya fölséged azt, hogyha annyi ezer magával ment volna, azt mi nékünk hírünkül adta volna. Ha pedig mi nekünk hírünkül adta volna, nem hogy mi szabadságot adtunk volna, de sőt inkább fejét is vétettük volna ezféle dologért. Más az, amikor annyi ezer embör azféle helyre megyön, ha álgyut nem viszön, tarackokat, seregbontókat viszön, fölségöd meghallotta volna, ha ezféle volt volna náluk. Ebből is megtetszik, hogy nem igazán adták fölségednek ez dolgot tudtára, mert Ali bég többel nem volt, hanem csak háromszáz magával ment volt az szandzsákját kerülni (körüljárni), az hatalmas (török) császárnak egy falujában megszállván, mikor az fölséged alatt való (magyar) vitézök reá ütöttek, és úgy fogták meg."[359]

A fenti levelezés eredménytelen volt. A veszprémi katonák búsás váltságdíjat reméltek Ali koppányi szandzsákbégért. Azonban a bécsi Udvari Haditanács parancsára Ali koppányi szandzsákbéget „ajándékba" kellett adniuk Leonhardt Harrach bécsi főudvarmesternek. A fogoly bég ugyanis igen magas váltságdíjat ajánlott fel szabadon bocsátásáért: pontosan 30 ezer forintot, 100 db jó ökröt, két hátaslovat ezüstös-aranyos nyeregszerszámmal, nyolc további hátaslovat pokróccal, egy hosszú perzsiai selyemszőnyeget, két vég arannyal szőtt kelmét, két bokor kócsagtollat (bokronként kétszáz szál tollal), valamint két török fogságban lévő magyar rabot: Szénhely Istvánt és Lévay Lászlót. A budai beglerbég ragaszkodott a koppányi bég kiváltásához, s ezért kérte a bécsi Udvari Haditanácsot, hogy míg a nagyon magas váltságdíjat kifizetik, a béget engedjék szabadon. Kiadásakor előlegben hajlandók lettek volna tízezer forintot kifizetni, s biztosítékul kezességet kellett vállalni Ráckeve, Nagymaros, Vác, Cegléd, Nagykőrös és Tolna mezővárosoknak. Az említett városok magyar bírái 1584. október 9-én megjelentek Komáromban, kifizették a tízezer forintot, aláírták a kezeslevelet, majd a szabadon engedett Ali koppányi béget magukkal vitték Budára. A szerződés szerint a bégnek fél éven belül kellett eleget tenni kötelezettségének. Ali koppányi bég azonban a továbbiakban csak 5000 forintot küldött Veszprémbe, s elküldte a tíz lovat is, de ezek sánták vagy „gonoszak" voltak. Ali bég a kezeslevél ellenére soha nem fizetett többé semmit!

A tárgyalások még javában folytak, de mivel a veszprémi vár magyar katonái kijátszottnak érezték magukat, 1584. június 17 én újra támadást intéztek a török hódoltsági területek ellen.[360]

Erre az időre a balatoni végeken újra dúltak a csatározások: 1584 februárjában a keszthelyi magyar őrség hívására a kanizsai magyar katonaság egy része – Péterdy Ferenc parancsnoksága alatt – a Balaton vidékére ment portyázni. Szinán pasa budai beglerbég a fehérvári szandzsákbéget küldte ellenük, aki több összecsapás után a kanizsai magyar csapatokat visszavonulásra kényszerítette.[361]

1584 nyarán már mindenütt harcok dúltak a balatoni végvidéken – s Ali koppányi bég szerződésszegése csak olaj volt a tűzre, és a balatoni magyar végvidék csapatai betörtek a Balatontól délre elterülő török hódoltsági területre, a simontornyai török szandzsákba. A magyar támadásra 1584. június 17-én került sor. Szinán pasa budai beglerbég – 1584. július 23-án – Ernő főhercegnek írott levelében részletesen közölte az eseményeket: „... Ennek előtte egynéhányszor találtuk meg fölségedet levelünk által, mivel az végbeli vitézök szüntelen szoktak az hatalmas (török) császár végei alá száguldani, és az frigy (béke) ellen járni. Hogy az feleket (tetteseket) megbüntetné fölséged, mindenkor olyan választ tött fölségöd, hogy megtartya fölségöd és oltalmazza az frigyöt, nem tudgyuk mégis mi légyön az oka, hogy meg nem szünnek, hanem mind szüntelen az frigy ellen járnak. Mivel mi az mi alattunk való bégöknek és vitézöknek megparancsoltuk, hogy semmire okot ne adgyanak, az mi parancsolatunkat félvén, az frigyet megtartyák és semmiben ellene nem járnak. De immár az tűrést eluntuk, mert az elmult hónak, az az júniusnak tizenhetedik napján indultak ki az weszprimiek, és mentek az hatalmas (török) császárnak egy Endrik (Endréd) nevű palánkja alá. Előttük járó volt Fekete Máté és Palotay György százkilencven gyaloggal. Tihanyból volt velük Paksy Balázs tizenkilenced magával és két tarackkal."[362]

Öt hónapig ostromolták a veszprémi és tihanyi magyar katonák Endréd török palánkot, mikor a szomszédos török várak katonasága – 1584. június 22-én – megtámadta őket. A magyar csapatot – amely 209 katonából állt – szétverték, sokat levágtak közülük és sokan török fogságba kerültek. Mint Szinán pasa fentebb említett levelében írta, mikor a fogságba esett magyar katonákat a török parancsnokok elé vezették, akik megkérdezték tőlük, hogy „... ki akarattyából jöttek ide?", a magyar foglyok azt válaszolták, hogy „... az ujvári kapitán Ferdinando akarattyából mentek!".

Az Endréd török palánk elleni támadást – feltehetően – a fehérvári szandzsák török katonasága még a nyár folyamán megtorolta, mert az 1584. őszi királyi rovásadó-összeírásban (dicális conscriptiókban) számos Balaton-felvidéki falu összeírásánál az szerepel, hogy a törökök felégették. Így például Szőllősörs falunál szerepelt, hogy Nádasdy István és Balassi István birtokát a törökök felégették.[363]

A szerződésszegő Ali koppányi szandzsákbég ügye még egy darabig – 1584 októberéig – a budai beglerbég és a bécsi Udvari Haditanács közti levelezés témája volt. Kiderült, hogy kiváltása körül elsősorban Musztafa bég, budai kincstartó tüsténkedett, „... mivel az koppányi Ali béggel ennek előtte ismeretségben voltam – írta Musztafa bég, budai kincstartó Bécsbe, Braun Erasmusnak, az Udvari Haditanács elnökének –, és vele sót-kenyeret öttem, s nem akartam elfeledkezni róla, hanem akartam szabadulásában törekedni!". A magasabb török vezetésnek is kényelmetlen volt az ügy, s ezért 1585 februárjára az ígért magyar rabok közül Lévay Lászlót szabadon engedték.[364]

Nem tudni, hogy a fenti üggyel volt-e kapcsolatos az, hogy1585. március végén Berenhidai Huszár Péter pápai vicekapitány panaszt tett a királynál, hogy a koppányi török Halul szpáhi bajviadalra hívta ki őt! Mikor a király nevében Ernő főherceg ezt szóvá tette Szinán pasa budai beglerbégnél, a pasa felháborodott levélben írta meg, hogy a fordítottja az igaz, ugyanis Berenhidai Huszár Péter hívta ki bajviadalra a koppányi Halul szpáhit: „... Innen tetszik meg az végbeli kapitányoknak minden álnokságuk és csalárdságuk, hogy az dolgot nem aggyák fölségednek igazán tudtára!... Huszár Pétör... koppányi Halulnak először küldött levelet!"[365]

Ezekben az évben – 1582. május 17-től egy Idrisz nevű személy volt a simontornyai szandzsákbég.[366] A fogságából szabadult Ali koppányi szandzsákbég 1585 októberében Konstantinápolyba (Isztambulba) távozott, és onnét már nem tért vissza.[367] A koppányi szandzsákbéggé egy Redzseb nevű török tisztet neveztek ki, akinek helyettese egy Musztafa nevű bég volt. A simontornyai szandzsák élén a következő években sűrűn cserélődtek a parancsnokok. Idrisz bég 1585. május 11-én távozott hivatalából, s helyét a Babocsáról ide rendelt Ibrahim bég foglalta el. Alig egy év elteltével Ibrahim bég is távozott, s helyét a korábbi – 1580–1582 közötti – temesvári Ahmed szandzsákbég foglalta el 1586. július 22-én. Alig fél év múlva – 1586. december 23-án Ahmed béget leváltották, és Pécsre helyezték alacsonyabb beosztásba. Ugyanakkor Ömer pécsi bég Simontornyára került szandzsákbégi beosztásban. Őt viszont 1588 végén váltották le és rendelték Isztambulba.[368]

A balatoni magyar végvidéken is parancsnokváltások voltak: 1585. március 27-én Mesteri János kapitány távozott Tihany vára éléről, s az Udvari Haditanács Pisky Istvánt nevezte ki a vár élére. Az új parancsnok által vezetett „Regestrum" bejegyzése szerint: „... Pisky István jött be Tyhanba az kapitányságba 25 Mártii 1585, adták az kulcsot kezébe 26 Martii, ment ki Mestery János 27 Martii." Még 1585 végén Pisky István kérte az Udvari Haditanácsot, hogy engedélyezzen neki 100 forintot egy hadnagy, egy porkoláb és egy puskaműves tartására. Az Udvari Haditanács ezt rövidesen engedélyezte a számára. Ugyanakkor – az Udvari Haditanács engedélyével – 1587. szeptember 4-től kezdve újra megkezdődött a vár tatarozása és erődítése. A munkálatokat Süess Orbán hadiépítész, a Duna és Balaton közti főkapitányság főfelügyelője személyesen vezette.

Az 1586. esztendő sem nélkülözte a végvidéki csatározásokat a balatoni határvidéken. Október első napjaiban Kücsük Haszán szigetvári szandzsákbég – a marcali és koppányi török várak katonaságával megerősítve – számos támadást intézett Kanizsa körzetében. Trombitás János jelentette Pálffy Miklósnak 1586. október

2-án, hogy: „... Az töröknek, az ebnek nem kell hinni, mert lám bizonyosnak mondják, hogy oda Balaton mellé, Komár felé három kastélyt vett be a török, s hogy mostan is ott vagyon Nádasdy uram a győri és pápai Batthyány és Zrínyi uram hadával!" Ungnad Dávidnak Szinán pasa budai beglerbéghez 1587. július 7-én írott levele szerint „... nem régen Hidvéget (Balatonhidvéget) és Kéthelt megvették volt ...", azzal elfoglalták a török csapatok, pontosan Redzsef koppányi szandzsákbég csapatai. Ennek megtorlására Segesd ellen magyar támadás indult, de a törökök ezt visszaverték.[369]

A balatoni végeken zajló határvidéki csatározások 1587 februárjában egy nagyarányú magyar támadásba torkollottak. Február közepén – Nádasdy Ferenc dunántúli főkapitány parancsnoksága alatt – Győr vára alatt jelentős magyar katonai erő egyesült azzal a céllal, hogy megtorló támadást indítsanak a Balatontól délre garázdálkodó szerb (rác) rablóbandák ellen. A Nádasdy Ferenc, Batthyány Boldizsár, Eörsy Ferenc vezetése alatt álló csapatokhoz csatlakozott szinte az egész pápai őrség, berenhidai Huszár Péter vicekapitány parancsnokságával. A Balaton felé előnyomuló sereghez csatlakozott Veszprém várának lovassága Ormándi Nagy Imre és Erdős Pál vezetésével, majd Tihany várának őrségéből is sokan csatlakoztak Pisky István kapitány parancsnokságával. Az egyesült magyar sereg – amelynek létszáma mintegy 1700 katonából állt – Tihany alatt kelt át a befagyott Balaton jégmezőin. Az átkelés előtt – Erdős Pál javaslatára – nem a somogyi rácok, hanem Koppány török vár ellen vonultak, ahol felderítésük szerint mindössze háromszáz török katona tanyázott.

A koppányi Redzsef szandzsákbég tudott a magyarok készülődéséről, de ő is arról értesült, hogy a magyarok a Somogyban élő szerbek ellen készülnek. Az 1587. február 23-án megindított magyar csapatok február 25-én kora hajnalban közelítették meg Koppány (Törökkoppány) várát. A rajtaütésszerű támadást elősegítette az éjszakai sötétség és a sűrű köd. Az előrevetett osztagot a veszprémi magyar katonák képezték Erdős Pál vezetésével. A veszprémi gyalogosok elfoglalták a külső vár kapuját, s azt megnyitva bebocsátották a Berenhidai Huszár Péter vicekapitány által vezetett pápai katonákat. A vár másik kapuját ugyancsak a veszprémi katonák foglalták el Fekete Mátyás vezetése alatt. A két veszprémi csoport, valamint Vajda Kristóf gyalogosai ezután a belső vár kapuját rohanták meg, s azt puskaporral berobbantották. A robbanás hatására leszakadt kapuhídon át Nádasdy Ferenc dunántúli főkapitány rontott be a győri csapatokkal. A magyar sereg egyik része azonban továbbra is a váron kívül maradt készenlétben, ha netán török felmentő had érkezne. Ugyanis néhány török lovas katona kitört a várból, és segítségért száguldott.

A mintegy háromszáz főnyi török őrség gyenge ellenállást fejtett ki. Mikor látták a nyitott kapukat és a lángokban álló külső várat, menekültek asszonyaikkal és gyermekeikkel. Redzsef szandzsákbéget – feleségével együtt – ellenállás nélkül fogták el a magyar katonák. Musztafa bég alparancsnok azonban vitézül védekezett. Midőn látta, hogy minden elveszett, bejelentette, hogy Nádasdy Ferenc főkapitánynak megadja magát. A magyarok cseltől tartva, Nádasdy helyett egy Rácz János nevű hajdút küldtek oda, akit Musztafa bég azonnal lelőtt. Ekkor a magyar katonák a bégre gyújtották a házat, aki ott égett gyönyörű feleségével és két gyermekével együtt. Vitézül küzdött Omer bég is, akinek sikerült kitörnie és elmenekülnie. Felesége és négy gyermeke azonban magyar fogságba került.

Az öldöklő utcai harcok közepette egy kapu alól kivágtató három török lovas katona közül az egyik véletlenül nekirohant az utcán nyargaló Nádasdy Ferenc főkapitánynak. Mindkét ló felbukott. Nádasdy ugrott elsőnek talpra, és birokra kelve a török katonával, megfojtotta őt. A kézitusában a török lovasság nagy része kitört a várból és elmenekült. A harc alatt a külső és belső vár egyaránt kigyulladt és leégett. Az égő házakban nagyon sok török bennégett: az egyik leégett ház romjai között negyven török holttestet találtak. A magyar katonák így is kétszáz törököt fogtak el, ezek zöme asszony, leány és gyermek volt, de voltak katonák is, mint maga Redzsef szandzsákbég és mások. Zsákmányul esett 200 ló, 100 bivaly, 800 birka és számtalan egyéb préda, valamint nyolc zászló. A magyar katonák – mivel kocsijuk kevés volt – a zsákmányt a vezetéklovakra kötözték. Mivel még legalább kétszáz szekér kellett volna, s mindent elhozni nem tudtak, az ott maradt zsákmányt felgyújtották. Az elvonuló magyar katonák a vár kapuját és felvonóhídját puskaporral felrobbantották, a másik két kapu és a külső vár kétharmada amúgy is leégett.

A magyar csapatok már elvonultak az égő Koppányból, mikor megérkezett a pécsi és a simontornyai szandzsákbégek lovassága. Közben a fehérvári szandzsákbég lovasai is feltűntek. Az utóbbit a pécsi és simontornyai törökök a nagy ködben magyaroknak vélték, s megfutamodtak. A fehérváriak viszont az előző két török vár lovasságát hitték magyaroknak, s ők is visszavonultak.

A koppányi támadást az egyik magyar tiszt – Wathay Ferenc – az alábbi sorokban foglalta össze: „Nádasdy Ferenc az pápai, veszprémi és több körül való végbeliekkel (télen, a Balaton jegén által menvén), Koppányt megvették volna!"

A magyar hadak 1587. február 26-án délután vonultak be Pápára. A magyar főtisztek és kapitányok valamennyien vontarany török ruhákban, a nemesurak pedig selyemben és damasztban pompáztak a bevonuláson. Majthényi László pápai főkapitány neheztelését fejezte ki a támadás miatt, s a királynak írott jelentésében az alábbiakat írta: „... Én azt hiszem, hogy Őfelsége nemigen örül e győzelemnek, mert a törökök meg fogják bosszulni e támadást!"

A szerzett zsákmány kótyavetyéjét 1587. március 2-án Pápán tartották meg. A királynak elküldték a nyolc török zászlót, valamint Redzsef béget a feleségével együtt, továbbá még két török tisztet és egy trombitást. A kótyavetyén az összes prédát – állatokat és a török foglyokat, asszonyokat, leányokat és gyermekeket is – eladták.

Amint a bécsi királyi udvarban híre ment a koppányi támadásnak, az Udvari Haditanács utasította Teuffel győri főkapitányt, hogy küldjön pontos jelentést az eseményekről, illetve kötelezze részletes beszámolóra a kótyavetyéseket a begyűlt pénzről! A kótyavetyén ugyanis – mint az általános volt – sok volt a visszaélés. Egy Zolthay István nevű tiszt például egy lovat magának elrejtett, s ezért a kótyavetyések – Hathalmy Miklós és társai – kénytelenek voltak azt erőszakkal elvenni. Teuffel főkapitány Pápára utazott, és onnan küldte jelentéseit az Udvari Haditanácsnak, amely nem titkolta haragját a koppányi ügy miatt. A magyar főtisztek tiltakoztak ez ellen, és kijelentették Teuffel generálisnak:

„... Koppány elfoglalása dicsőségünkre szolgál. Mi azt hittük, hogy elismerés és köszönet lesz a részünk, nem pedig vizsgálat! Tudott dolog, hogy minden eddigi török támadás lelke és tanácsadója a koppányi bég volt! És most bűnünkként róják fel, hogy e veszedelmes embertől megszabadítottuk az országot!" A támadás valóságos okát azonban maga Huszár Péter mondta meg Teuffel generálisnak: „... Minket senki sem fizet. A nagy nyomorúság kényszerít a portyázásra. Azt sem tudjuk, kapunk-e még valaha zsoldot. Éhes gyomrunkat egyszer már meg kellett töltenünk!"

Teuffel megemlítette jelentésében, hogy a vita folyamán olyan veszekedés folyt a magyar urak között, hogy tolmácsa alig értette meg azok szavait. Különösen heves vita alakult ki a koppányi bég ügyében. Elsősorban Nádasdy Ferenc követelte, hogy a béget ne adják át a királynak, legyen az az ő foglyuk, mert a bég foglalta el tavaly Kéthelyt és Hidvéget. Teuffel jelentése azt is leírta, hogy a vitát követő lakomán a koppányi bég is az asztalnál ült, Majthényi László pápai főkapitány mellett. Teuffel szerint a bég szép ember, eszes és vitéz katona, de asszonyi módra beszél. Bal keze a harcban megsebesült. Öt helyen volt már bég, mielőtt koppányi szandzsákbéggé nevezték ki.[370]

Tihany várának őrségéből 19 lovas és 27 gyalogos katona vett részt a koppányi támadásban. Pisky István kapitány regestruma megőrizte a résztvevők neveit.

Pisky István kapitány a kiosztott nyereség egy részét búzában adta ki a támadásban résztvevőknek. Azonkívül az egyik szablyát, a másik lovat kapott.

Tihany várának őrsége – az 1587. július 27. előtti napokban – megismételte a támadást, s a 74 összlétszámú őrségből 38 emberrel rajtaütöttek a Balaton déli partján lévő Endréd török végváron. A támadás sikerrel járt, mert hónapokkal az eset után – 1588. október 18-án írott levelében – tett róla említést Szinán pasa budai beglerbég Ernő főhercegnek: „... ismég az tihanyi kapitány Pisky István Endrikre (Endrédre) ment, azt is elégették, nem tudgyuk ha fölségöd parancsolattyából cseleködik-e, avagy ő magától..." A támadás részletei ismeretlenek, csak annyi ismert, hogy a tihanyi katonák Endréd várában Oruc (Wrucz) török odabasát (tizedest) megsarcolták. Endréd alól a tihanyi magyar katonák Koppány felé nyomultak előre. Útközben – Endréd és Koppány között – elfogták Abdullah karádi török béget, Gazanfer odabasit (tizedest), Huszein odabasit, Raham topcsibasit (tüzértisztet), Bajrat odabasit, ez utóbbiak szintén endrédiek voltak.

Az endrédi magyar támadás csak kezdete volt az 1587. évi hadakozásoknak. A nyár közepén – 1587. augusztus 8-át követően – Ali pécsi, Kara és Huszein koppányi bégek csapatai mélyen behatoltak Zala vármegyébe. Napokig tartó pusztítások után a török hadak Kanizsa várát északról megkerülve igyekeztek visszavonulni. Közben gróf Zrínyi György, Batthyány Boldizsár, Nádasdy Ferenc magyar csapatai mintegy 3000 harcossal a Gelse és Karcorlak faluk közti erdőkben elrejtőztek. A török csapatok gyanútlanul érték el ott a mai Principális-csatorna gázlóit. A törökök már átkeltek a mocsaras folyón, mikor a magyar és német csapatok rájuk rontottak. A török sereg szétfutott, zsákmányát sorsára hagyta. A véres ütközetben – amely az 1587. augusztus 13. utáni napokban történt – többek között elesett Haszán, az új koppányi szandzsákbég is, számos más török főtiszttel együtt. Igen sok volt a török fogoly is, akiknek váltságdíjából Zrínyi György újabb sáncokkal erősítette meg a Keszthelytől nyugatra lévő Szentgyörgyvárat (Békavárat).[371]

Az egyre súlyosabb katonai helyzet miatt 1587. szeptember 4-től nagy erőkkel megkezdődött Tihany várának tatarozása. Erődítési munkára rendelték be tizenkét falu népét. Míg a parasztok robotoltak (ingyen és saját kenyerükön), a szakmunkások napi 10-11 dénár élelmezési pénzt kaptak. Az erődítési munkálatok még zajlottak, amikor – 1588 márciusában – a veszprémi hadiszertárból Tihany várába 78 db kézipuska, illetve júniusban három tonna puskapor és 100 db tarackhoz való vasgolyóbis érkezett. Míg az új hadfelszerelést szállították,

1588. június 16-án a várban lévő „öreg tarack” egy gyakorló lövésnél felrobbant.[372]

Közben – 1588. április 11-én – a tihanyi lovasság portyázói elfogtak egy Ibrahim nevű török „odabasit” (tizedest). A veszprémi Fekete Mátyás lovas tiszt az elfogott török katonát ármányos módon magának megszerezte. Miután a fogoly törökök váltságdíja jelentős zsoldkiegészítést jelentett a végvidéki katonák számára, Veszprém és Tihany várai között valóságos harc tört ki a fogoly miatt. Egy tömegverekedésben öt magyar katona halt meg, s a török katonát végül is Ungnad főkapitánynak kellett átadniuk.[373]

Az 1588. évi hadakozások a balatoni végvidéken a Zala-folyó torkolatáról délnyugatra robbantak ki. Huszein segesdi török bég csapataival megtámadta a Komár vártól nyugatra, Bakónak (Nagybakónak) és Galambok között lévő Isabor (vagy más nevén Istele) nevű magyar palánkvárat, melynek őrségét levágták, a palánkot pedig felégették és földig rombolták. Ghyczy Bertalan főkapitány hatszáz emberével azonnal a török csapatok után eredt. Huszein bég azonban a magyarokat lesre csalta, és egy véres ütközetben tönkreverte. Maga Ghyczy főkapitány is alig tudott a csatából megfutamodni. Huszein bég a budai pasától magas jutalomban részesült, s a Balatontól délre fekvő Lak várát és annak várbirtokait kapta meg ziamet-birtokul.[374]

1588 szeptemberében a Balaton északi térségében is kiújultak a csatározások. Szeptember első napjaiban a palotai vár és a bodonhelyi magyar végház katonái Szekszárd felé indultak portyára. A fehérvári török csapatok hírt kaptak erről, s Isztolni-Belgrádtól (Székesfehérvártól) délnyugatra, valamint a Balatontól északra – a Sárrét térségében – rajtaütöttek a magyarokon. Először a bodonhelyi magyar vitézeket szórták szét, majd szétugrasztották a palotaiak (várpalotaiak) ötvenöt főnyi csapatát is. A magyarok jelentős veszteségeket szenvedtek el halottakban és foglyokban.[375]

Az 1588. évi hadakozások utolsó jelentős eseménye volt, hogy 1588. október 23-án hajnalban Berenhidai Huszár Péter a pápai magyar katonasággal megtámadta a Balatontól délre fekvő Endréd török erősséget. Huszár Péter az indulás előtt csatlakozásra szólította fel a veszprémi magyar őrséget, de Tarnóczy Farkas kapitány a királyi tilalomra hivatkozva elutasította a részvételt. Pisky István tihanyi kapitány viszont csatlakozott a pápaiakhoz. A pápai és tihanyi magyar katonák váratlanul megrohanták és elfoglalták Endrédet. A teljes török őrséget lemészárolták a török parancsnokkal együtt, majd az erősséget felégették.[376]

Az 1588. évi hadakozások során több tihanyi katona török fogságba került. Elsőnek – még 1588. január 24 körül – a portyázó törökök elrabolták a tihanyi László András gyalogos katona feleségét. Mivel közben a férj is meghalt, árván maradt gyermekeik fogságban lévő anyjukat kiváltani nem tudták. Ezért az őrség katonái adták össze a váltságdíjat. Pisky István kapitány – László András négy ökrét átvette 34 forint értékben, hogy a váltságpénzt kiegészítse. Az ugyancsak török rabságba esett Balogh János és Márton Lőrinc kiváltásában – a kapitányon kívül – 37 tihanyi magyar katona adta össze a pénzt, 50 dénártól 4 forintos összegig. Maga a kapitány 10 forintot adott. Így jött össze a szükséges 63 forint.

Ezekből az évekből való olyan híradás, mely a tihanyi vár hajóiról tudósít. Valahol a tihanyi vár alatt volt egy hajóépítő telep, ahol, Pisky István kapitány regestruma szerint: „... Az szentgyörgyvári [azaz: Szentgyörgyvár részére – Sz.] hajót kezdették csinálni 20 Martii Anno 1588.”[377]

1589. június 19-én viszont Habsburg Ernő

főherceg, a bécsi Udvari Haditanács elnöke utasította a pozsonyi Magyar Kamarát, hogy a bécsi hajópark parancsnoka, Jurasics Alajos a veszprémi és tihanyi őrség részére szállítson Bécsből Győrbe egy-egy naszádhajót.[378]

A regestrum szerint 1588 nyarán újabb hadiszerek érkeztek Tihany várába: 1588. június 14-én „... Győrről Pattantyus János jött Tihanyba... Hozott Pattantyus János két tonna puskaport, egy tonna szakállas port, 100 db tarack golyóbist. 1588. július 30-án Győrről jött Pattantyus György. Hozott hat tüzeskalácsot, 21 db tüzes labdát, négy tüzes lánc-kopját." Ezekben a napokban Pisky István bejegyezte a regestrumba, hogy összesen tizenöt „acélos-puskákat" (dörzskerekes puskákat) osztott ki embereinek, egy ilyen puskát pedig magának tartott meg. A lovasok is kaptak „acélos-puskákat",például Baranyai Péter és Pirithy János, akik két lóra húztak fizetést. A számadáskönyv szerint egy ilyen „acélos-puska" ára 2 és fél 3 forint volt; a szablyákat 2 forintban számolták el.[379]

Az 1588. év végén Szinán pasa budai beglerbég sorra írta vádló és fenyegető leveleit Bécsbe, az Udvari Haditanácsnak. Feltűnő, hogy ezek a levelek általában még mindig a Koppány ellen – 1587. február 23-án – indított magyar támadást emlegették. „... Azt penig fölségöd ingyen sem említi, hogy fölségöd Koppán alá álgyukval, tarackokval hadat küldött, Koppánt elégette, és az bégöt belőle kivitte!" – írta Szinán pasa Bécsbe. Rövidesen – 1588. november 4-én – Szinán pasa budai beglerbég hasonló levelet írt Bécsbe Ungnad Dávidnak: „... Csak azt is sok volna előszámlálnunk, az minémű dolgokat csak a mi időnkben is cseleködtek az végbeli kapitányok. Thurra reájöttek, Kálmáncsára jöttek, Koppánra jöttek, az várat megégették, az béget is, az népet is belőle elvitték, annak fölötte Nádasdy szintén ide mi magunkra jött, Endrédre, Szentmártonra."

A sok török vádaskodásra 1588. november 23-án gróf Nogarolla Ferdinánd győri főkapitány válaszolt Szinán pasa budai beglerbégnek: „... Valami ellenkező és frigy (béke) bontó dolog elővétetett volna, az alávaló kastéllal, Endréddel..., mely dolog mi hírünk nélkül történt. De mivelhogy bizonyos tudományunk (tudomásunk) vagyon, hogy Nagyságod maga nagy okot adott nékiek, és abbul is következett, hogy Nagyságod alatt való bégek és végbeliek egy ideiglen őfölsége római császár mi kegyelmes urunk sok kastélyát, úgymint Hidvéget, Kéthelyt, Raikot, Kethidát (Kehidát?), stb. és sok hódolatlan helyeket és falukat... ostromlással, tűzzel és karddal reá mentek, és egy részüket azoknak elpusztították és elégették, és sok ártatlan lelköt elvittek." Elsősorban a fehérvári béget vádolta, aki legalább tízezres haddal és hetven zászlóval [egy zászló = egy gyalogosszázad – Sz.] dúlta végig a királyi területeket. A győri főkapitány levelére az új budai beglerbég – Ferhát pasa – 1589. január 17-én írt Ungnád Dávidnak Bécsbe. Újra csak az 1587. februári koppányi magyar támadással hozakodott elő: „... Tuggya penig Nagyságod, hogy az végbeliek az hatalmas (török) császár várára, Koppánra reá jöttek, és belől Reczep (Redzseb) bégöt is ki- vitték... ezt is akarnánk Nagyságodnak tudtára adnunk, hogy ez hónak kilencedik napján az Nagyságod alatt valók, úgy mint három ezeren a Balatonon által jöttek és Koppánra igyeköztek!"[380]

Valóban, 1589. január 9-én a magyar csapatok Koppány török vár ellen támadást hajtottak végre, de eredménytelenül. A részletek ismeretlenek. Azonban alig egy hónappal később – az 1589. február 11-e előtti napokban – a balatoni magyar várak katonasága, Berendhidai Huszár Péter pápai vicekapitány irányításával, átkelve a befagyott Balaton jegén, megtámadták a mai Balatonszemes helyén lévő török Bolondvár nevű erősséget. A vár török őrsége azonban éber volt, és a támadást visszaverte. Ferhát pasa budai beglerbég 1589. február 11-én éppen bejezte Habsburg Ernő főhercegnek írott levelét, amikor értesült a magyaroknak Bolondvár elleni – sikertelen – támadásáról. Ezért a levél végén „Post scripta" jelentette ezt az esetet: „... Fölségöd írta levelében, hogyha az mi alattunk valók az frigyöt (békét) megtartyák, onnan [ti. a királyi oldalról – Sz.] semmi ellenköző dologra okot nem adnak. Micsoda tehát az oka, hogy ... az elmúlt napokban is Bolondvárra jöttek az Balatonon által lajtorjákkal és minden hadi szerszámokkal, akarván porrá tenni (ti. a várat), de Isten nem vitte elő (őket) szándékokban. Mostan is mind szüntelen azon jár, hogy miképpen valami háborúságot indíthasson" (ti. Berenhidai Huszár Péter pápai vicekapitány).[381]

A magyar támadásnak feltehetően egyik oka az volt, hogy 1589. január 31-én Huszár Péternek a somogyi polgárok azt a hírt hozták, hogy a bolondvári és pécsi török bégek Koppányra vonultak csapataik egyik részével. Szándékuk ekkor még ismeretlen volt Huszár Péter előtt, de Bolondvár meggyengült őrsége nyilván nagy csábítást jelentett a támadásra.[382]

Ungnad Dávid, az Udvari Haditanács elnöke szinte postafordultával válaszolt Ferhát budai beglerbégnek, újra a törököket vádolva a békeszegésért: „... Hogyha Nagyságod – írta 1589. február 15-én – az mi végbeli vitézeinkre neheztel, hogy az Balatonon által Koppánra mentek volna, tuggya azt Nagyságod, az Nagyságod alatt lévő végbeliek azelőtt minémű szándékban és igyekezetben voltanak. [Itt Ungnad nyilván a január 31-én jelentett koppányi török gyülekezésre utalt! – Sz.] Ennekokáért kellett az miénkeknek is készen lenniök. Nagyságod mint régi és eszes végbeli vitéz, gondolhatja azt, hogy a mi hatalmas fejedelmünk vitézeinek, kapitányoknak és hadnagyoknak fejeikben és tisztességekben azfele dologban jár, hogy éjjel-nappal az őfelsége végházaiban jó vigyázásban legyenek, de ha az Nagyságod alattvalói az mieinknek okot adnak, nem tarthatjuk szintén madzagon megkötve!" Az Udvari Haditanács elnöke levele végén újra csak Kara Ali fehérvári szandzsákbéget vádolta elsősorban a békeszegéssel.[383]

Ungnad David 1589. március 1-jén Ferhát pasa budai beglerbégnek írott levelében a magyar csapatoknak a török Bolondvár elleni támadására is kitért: „... Ha az Ő Fölsége, mi kegyelmes urunk és császárunk végbeli (vitézei) Bolondvár alatt, avagy egyebütt valami nem igaz dolgot cselekedtenek, az büntetés nélkül el nem múlik! Nagyságod (viszont) semmit nem írt arról, hogy a koppányi és pécsi bég csak mostanában Hidvég alatt voltak és azt megostromolták!"[384]

Valóban, 1589. február végén a koppányi és pécsi török szandzsákbégek csapatai – Bolondvár ostromát megtorlandó – megtámadták a Zala folyónál lévő Hidvég várát és azt megostromolták. Az erősséget azonban elfoglalniuk nem sikerült. Miközben az ostrom tartott, a koppányi Ali szandzsákbég csapatainak egyik részével rajtaütött a keszthelyi vásáron, azt kifosztotta, és többek között nyolc pápai kereskedőt is elhurcoltak. Ali bég csapatai a keszthelyi vásár szétverése után megtámadták a közeli Tátika várát, azt elfoglalták, teljesen kifosztották és felgyújtották.

Habsburg Ernő főherceg azonnal tiltakozó levelet írt erről Ferhát pasa budai beglerbégnek, melyre a pasa azonnal válaszolt: „... Az mi penig az Tadika (tátika) palánk dolgát illeti, ki felől panaszolkodik fölséged, bizonyára hogy az a mi hírünkkel nem volt, jóllehet hallottuk azután, de hogy az (koppányi Ali) bég sem írt felőle, sem pedig ő maga hozzánk nem jött, azokáért nem hittük. De az fölséged levele láttán, mindgyárást az bégért küldöttünk, meglátjuk, mi légyen az oka! Ha ok nélkül cselekötte, fölséged meghiggye, büntetés nélkül nem hagygyuk! De fölséged is parancsolja minden végekben, tartsák az frigyhöz (békéhez) magukat, úgy ne cseleköggyenek, mint az felül való napokban, hogy az (magyar) végbeliek Tolnához nem messze egy falura mentek, kiben volt harminc ház, mind elégették!"

Ugyanezen levéllel egyidejűleg – 1589. március 23-án – Ferhát budai pasa Ungnad Dávidnak is levelet írt Bécsbe: „... Ez elmúlt napokban a Nagyságotok alatt való (ti. magyar) vitézök Tolnához nem messze egy falura mentek, harminc ház volt benne, azt mind elégették..., azért Nagyságod az feleket (tetteseket) büntetés nélkül ne haggya!... Az mi penig az Tadika (Tátika vára) dolgát illeti, bizonyára hogy minékünk hírünkkel nem volt. Igaz dolog, hogy azután hallottuk, de mi el nem hittük, azért látván Ő Felségének és Nagyságodnak levelét, mi az (koppányi Ali) bégért küldöttünk, meglátjuk, mi légyön az oka, és hogyha valami ok nélkül azt cselekötte leend, meglátja Nagyságod, hogy gondot viselünk róla!"

A Tátika vára ügyében folyó levelezés még 1589. április 9-én is folytatódott. Ferhát budai beglerbég újabb levelet írt Habsburg Ernő főhercegnek Bécsbe: „... Meghozták minékünk az fölséged levelét, melyből mindenöket megértének. Írja fölséged, hogy Tadika (Tátika) nem palánk volna, hanem kővár. Mint ennek előtte is megírtuk fölségödnek, bizonyára hírünkvel nem volt (ti. a támadás), azért ím az hatalmas (török) császárnak írtunk az (koppányi Ali) bég felől. Higgye meg fölséged, hogy büntetlen nem haggyuk, mert az hatalmas (török) császár nem azért bocsátott ide minket, hogy mi fölségtek ellen hadakozzunk, hanem hogy békesség legyen köztünk, és az frigy (béke) megtartassék!"[385]

A gersei Pethő család fészkének, Tátika várának pusztulása is hozzájárulhatott ahhoz, hogy a szomszédos Szigliget várának birtokosa, Lengyeltóthy István 1589. szeptember 13-án újra felajánlotta Szigliget várát és vártartományát a királyi udvarnak cserébe a Rajka nevű birtokért, mert nem bírta a vár védelmét ellátni, „erőtlen lévén megtartására". Valamiféle ellenőrzés előzhette meg Lengyel István alábbi levelét, amely a következőket tartalmazta: ... Ím látta Nagyságtok az Szigliget állapotját, mely közel légyen az török várhoz [ti. a szemben lévő – a Balaton túlpartján álló – Fonyód török várhoz – Sz.], ki igen veszedelmes. Ezért könyörgök Ő Felségének, adja nekem Rajkot, én is Szigligetet minden tartományával neki adom, míg az ország megszabadul [ti. a töröktől – Sz.]... Vagy Ő Felsége töresse el (ti. pusztíttassa el Szigliget várát). Vagy Ő Felsége tartson oly hadnagyot benne, ki az Ő Felsége szolgáinak viselje gondjokat, az Ő Felsége fizetésével őrizzék az várat és ne pusztítsák el!"[386]

Miközben szakadatlanul dúltak a végvidéki csatározások a balatoni határvidéken, Tihany várának kapitánya, Pisky István súlyos viszályba került néhány endrédi török tiszttel. Elsősorban Ibrahim zászlós-agával (kapitánnyal), valamint Csirum és Abdi harambasákkal (martalóctisztekkel). A viszálykodás oka az a Gazanfer nevű endrédi „odabasi" (tizedes) volt, aki 1587. július 27. körül – az Endréd török palánk elleni támadásnál – esett a tihanyi magyar katonák fogságába, s aki váltságdíj ellenében szabadult rabságából. A váltsághoz tartozott egy jó ló is, melyről állítólag Pisky utóbb azt hangoztatta, hogy azt a lovat ő Ibrahim endrédi zászlós-agától kapta ajándékba, mivel annak nem volt a ló tartására elegendő árpája! Ezen sértés miatt Ibrahim aga, valamint Csirum és Abdi harambasák a Balaton jegén vívandó párviadalra hívták ki Pisky István tihanyi kapitányt. Állítólag először Csirum és Abdi harambasák – egy Haszán nevű simontornyai agával és más simontornyai török vitézekkel – mentek át a befagyott Balatonon Tihany vára alá, hogy megvívják a bajviadalt a jégen. Azonban – a későbbi török vádaskodás szerint – Pisky István nem mert lemenni a várból a jégre. Pisky István pedig később azt hangoztatta, hogy az említett két török harambasa ott sem volt a megjelölt időben! Illetve azt is terjesztette, hogy Ibrahim zászlós-agát is a Balaton jegén megvívandó párviadalra hívta ki, de ez sem jött el a megbeszélt időben!

A feldühödött endrédi Ibrahim aga 1589. március 2-án, Koppány várából egy minősíthetetlen hangvételű levelet írt Pisky Istvánnak Tihany várába, mely egyedülállóan ritka levél páratlan dokumentuma a végvidéki levelezésnek.[387]

Az ügy folytatásáról nem maradtak fenn adatok. Pisky István kétségtelenül változatlanul Tihany várának kapitánya maradt.

Azonban rövidesen nagyobb veszedelem tornyosult Pisky István felett. 1589. március 31-én egy Marthon Imre nevű kenesei nemesember tett panaszt Eörsi Péternek, hogy tihanyi magyar katonák törtek háza népére és bántalmazták azokat. Kérte, hogy oltalmazza meg őt és háza népét a tihanyi katonáktól. Marthon Imre két tihanyi katonát – Botka Gergelyt és Gombás Imrét – név szerint is megnevezett.[388]

Néhány nappal később Perneszi János, Somogy vármegye királyi adószedője bevádolta a bécsi Udvari Haditanácsnál Pisky István tihanyi kapitányt. Közölte, hogy az 1589. február 10. körüli és Bolondvár török erősség elleni támadáskor éppen Tihany várában volt egy királyi adószedő. Ez az ember is csatlakozott saját akaratából azokhoz a tihanyi magyar katonákhoz, akik a török vár elleni támadásban részt vettek. A harcban a királyi adószedő elesett. Ekkor Pisky István kapitány az adószedőnek Tihany várában maradt lovait, fegyvereit, adólajstromait és főleg a már beszedett adópénzt saját magának eltulajdonította! Pisky István kapitány levelet írt Habsburg Ernő főhercegnek Bécsbe, melyben a vád alól tisztázni igyekezett magát.[389] 1589 májusában Győrből jelentős lőszerszállítmányokat indítottak útnak a balatoni magyar végvárakba. Május 11-én Tihanyba és Szigliget várába érkezett lőpor és lövedéknek való ólom. Néhány nappal később, május 19-én a Pápa várában gyülekező magyar csapatok egy csoportja – újabb lőporszállítmánnyal – Tihany várába érkezett azzal a paranccsal, hogy a katonák Tihany várában maradjanak.[390]

1589. május 21-én az ideiglenesen Tihany várába küldött Hathalmy Miklós is panaszlevelet küldött a bécsi Udvari Haditanácsnak. Miközben a levelezés folyt Pisky István ügyében, a balatoni végeken változatlanul zajlottak a kölcsönös csatározások. Pethő Kristóf keszthelyi birtokos és főkapitány 1589. június 21-én jelentette a bécsi Udvari Haditanácsnak, hogy a Pápáról Keszthelybe jövő pápai bádogkovácsokat háromszáz török katona útközben megtámadta, s azokat kocsijaikkal és állataikkal együtt elhurcolták. A keszthelyi magyar katonák üldözőbe vették az elvonuló török csapatot, de mivel a keszthelyiek mindössze ötvenen voltak, a bádogkovácsokat kiszabadítani nem tudták.[391]

A vizsgálat alatt álló Pisky István tihanyi kapitány és katonái 1589. augusztus első felében ugyancsak valamiféle portyán voltak. Ugyanis 1589. augusztus 19-én a regestrum szerint a „thörökök lova dolgában” – azaz zsákmányolt török lovak ügyében – újabb osztozkodás történt a tihanyi magyar katonák között.[392]

Az osztozkodás másnapján – 1589. augusztus 20-án – megérkezett az Udvari Haditanács parancsa: Pisky Istvánnak át kellett adni a vár kulcsait Hathalmy Mátyásnak, s távozni volt köteles Tihany várából. Pisky István néhány év múlva meghalt, hat évvel később már özvegyének egy felterjesztése ismert. Pisky István távozása után az új kapitánynak csak a vár gazdasági ügyeiről kellett intézkednie. A vár valóságos parancsnoka Fernando Samaria da Specie Casa („Ferrandó uram") veszprémi főkapitány volt. Hathalmy Mátyás kapitány is csak rövid ideig volt Tihany várában, ugyanis 1590. február 4-én Szerémi György fizette a várőrséget, mint a vár parancsnoka.[393]

Tihany várának katonasága Pisky István távozását követően és Hathalmy Mátyás új kapitánysága alatt sem kapott zsoldot. Valamikor 1589. október első napjaiban Pápáról megérkezett Czegley Ferenc és Jakab deák. Megtartották Tihany várában a szemlét, de pénzt ők sem hoztak. A tihanyi magyar katonák ezért – 1589. október 6-án – levelet írtak gróf Nogarolla Ferdinánd győri főkapitánynak. Elpanaszolták, hogy már harminckét hónapja nem kaptak fizetést. Közölték, hogy amióta Hathalmy Mátyás a kapitány, már tíz-tizenkét katona elment Tihany várából, közölve azt, hogy míg pénzt nem kapnak, addig vissza nem térnek! Így aztán rákényszerülnek a rabló portyázásokra, ami nagy veszedelemmel jár. A vár 43 főnyi őrsége közül a napokban kiment portyázni egy káplár (tizedes) és tíz katona, de nyolcan odavesztek a törökökkel vívott harcokban. Ezért, ha nem kapják meg fizetésüket, rövidesen elmennek valamennyien Tihany várából, mert különben feleségükkel és gyermekeikkel együtt éhen pusztulnak! Egyébként is megunták már a sok mustrát, a sok királyi biztost és a zsold utáni várakozást![394]

A végvidéki csatározások 1590 februárjában is folytatódtak. Dombai Benedek tihanyi kapitány 1590. február 29-én jelentette felettesének, Ferdinando de Samaria veszprémi kapitánynak, hogy: „... Egyéb hírt nem tudok Kegyelmednek írnia, hanem ma hajnalban jött vala három lovas török ide (ti. Tihany vára alá), és az többi Köröshegyen (a Balaton déli partvidékén) volt, és egy kopját hajítottak be a kapun!" A törökök Bornemissza Fábián tihanyi vitézt hívták ki bajviadalra ezzel a kopjahajigálással. Dombay Benedek kapitány levele végén pénzt kért a főkapitánytól, „... mert egy szál sincsen!".[395]

A következő évben a szigetvári török Haszán szandzsákbégnek tudomására jutott, hogy Komár várát a magyarok hanyagul őrzik. Ezért – 1591 novemberében – egy éjszaka katonáival váratlanul megrohanta az erősséget. A vár magyar őrségét Kecskés Ferenc várnaggyal együtt lemészárolták, a palánkot felégették, majd a szerzett zsákmánnyal a török csapatok Szigetvárba visszavonultak. A törökök a feldúlt palánkot helyreállították, és őrséget hagytak benne. A támadás megtorlásául Zrínyi György és Nádasdy Ferenc Segesd török várat támadta meg. Miután a török csapatok visszaverték őket, a magyar csapatok Komárra rontottak, azt visszafoglalták. Zrínyi György parancsára Komárt helyreállították, őrséggel látták el, és parancsnokul egy Rátky Menyhért nevű nemesembert neveztek ki.[396]

A következő év nyarán a hadakozások egyre jobban kiterjedtek a Balaton vidékén. Haszán koppányi bég 1592 júliusában a szandzsákja török katonaságával Kanizsa vára alá vonult, s a vár parancsnokát megadásra szólította fel. A magyar őrség kitört a várból, és szétszórta a vár alatt felvonuló török csapatokat. A sikeren felbuzdulva a Pálffy Miklós vezette magyar hadak nagyarányú ellentámadást indítottak a Balaton déli térségében, a koppányi és simontornyai szandzsákok területén. Az ellentámadás rendkívüli magyar sikerekkel járt: Dombó(vár), Koppány, Lak és Bolondvár török várakat visszafoglalták.[397]

Miközben a Balaton vidékén a magyar hadak győzedelmeskedtek, a horvátországi és boszniai végvidéken – ahol 1591 augusztusától egyre súlyosabb harcok bontakoztak ki – 1592 tavaszán és nyarán Haszán pasa boszniai beglerbég hadai kerültek felül: 1592 áprilisában elfoglalták Bihács várát, majd július 19-én Petrinja mellett megverték a horvát hadakat. Ez már háború volt és nem végvidéki csatározás.

A boszniai katonai sikerek döntő változást hoztak a török politikában. Szinán pasa 1593. januári nagyvezírré választásával és a békepárti Sziavus pasa nagyvezír bukásával a háborús párt került hatalomra a török politikában. Ennek súlyos következményei rövidesen megmutatkoztak Magyarországon is. 1593 januárjától a kanizsai főkapitányság területén egyre sűrűbben jelentek meg a támadó török csapatok. Egyértelmű volt, hogy Kanizsa ostromára készülnek. Ezek a támadások már nem egyes végvidéki török bégek egyéni akciói voltak, hanem a legfelsőbb török katonai vezetés tudtával, sőt utasítására történtek. Szinán pasa nagyvezír 1593. február 7-én fenyegető hangú levelet továbbított Isztambulból Bécsbe, Habsburg I. Rudolf császárnak. Az elmaradt adó ügyét hánytorgatta, s bejelentette, a békét csak akkor tartják fenn, ha megkapják a két éve elmaradt ajándékokat, és szabadon engedik a korábbi határvidéki harcokban fogságba ejtett török tiszteket és katonákat. „... Ellenkező esetben – hangzott az ultimátum –, ha a fent említett ajándékok megküldését újra elhalasztanák, és a felelet csak üres, hiú szavakban állna, a mi császárunk, ki sem gazdaságggban, sem népekben hiányt nem szenved, parancsot adott, hogy mi személyesen, az egész muzulmán hadsereggel háborúba induljunk!"

Ez a nyílt háborús fenyegetőzés a császári-királyi hadvezetést is cselekvésre késztette. 1593. február közepén Hardeck győri főkapitány háromezer stájer, krajnai és karintiai osztrák zsoldost irányított – Galler ezredes parancsnokságával – Veszprém várának körzetébe. Az osztrák csapatok a befagyott Balatonon át akartak támadást indítani a tó déli partvidékén fekvő török erősségek ellen. Fernando Samaria de Specie Casa veszprémi főkapitány csak nagy üggyel-bajjal tudta az osztrák katonákat lebeszélni a támadásról. Ugyanis az osztrák csapatok már a Balaton partjára vonultak, sőt egyes egységeik már meg is kezdték a jégmezőn az átkelést. A támadás azonban végül is elmaradt.

Közben a boszniai végeken Haszán boszniai beglerbég 22 ezer katonával és erős tüzérséggel a boszniai Sziszek várát vette ostrom alá. Ez már nyílt háborút jelentett! Kilencedik napja folyt a vár ostroma, amikor a Sziszek felmentésére érkező Habsburg-sereg – 1593. június 23-án – tönkreverte az ostromló török csapatokat. Mint Kjatib Cselebi török krónikás is leírta, ez a szégyenteljes sziszeki vereség „... adott okot a magyarországi hadjáratra!".

A „hosszú békét" (1568–1593) várhatóan követő újabb háború előérzete már észrevehető volt az 1593. január 25-re összehívott pozsonyi magyar rendi országgyűlésen is. A magyar rendek kérték az uralkodót, engedélyezze, hogy a várható újabb török háború esetén segítségkérő követségeket küldjenek a külföldi hatalmakhoz. Az országgyűlés azt is megállapította, hogy a végvárak – különösen a balatoni erősségek – olyannyira tönkrementek, hogy egyetlen komolyabb török rohamot sem tudnának feltartóztatni. Ezt a tényt utólag – 1598-ban – Zala vármegye jegyzőkönyve is rögzítette. Többek között Rezi és Tátika várakat, mint lerombolt várakat („dirutum castrum") emlegették.[398] Ugyanakkor a várak őrsége mindenhol zsold-hátralék gondokkal küszködött. Legutóbb is Kéthely Ferenc a pozsonyi Magyar Kamarához, valamint a bécsi Udvari Kamarához intézett levelében a hidvégi (zalahidvégi) vár vitézeinek elmaradt zsoldját sürgette![399]

A „HOSSZÚ HÁBORÚ" ÉS A BALATONI VÉGVIDÉK (1593–1606)

1593. augusztus első napjaiban III. Murad török szultán hadat üzent Habsburg I. Rudolf császárnak: kitört az úgynevezett „hosszú háború" vagy tizenötéves háború, a százötven éves török hódoltság legsúlyosabb időszaka.

A Szinán pasa nagyvezír parancsnoksága alatt álló török hadsereg – 1593. szeptember 27-én – befejezte Eszéknél átkelését a Dráván, majd október 1-jére beérkeztek Isztolni-Belgrád (Székesfehérvár) körzetébe. A török sereg – hadműveleti tervei szerint – első csapását Veszprém vára ellen indította. Október 3-án kezdődött a vár ostroma, s a török tüzérség által rommá lőtt erősségből október 7-re forduló hajnalon a vár magyar és német őrsége megkísérelte a kitörést. A csapatok menekülése katasztrófával végződött, a török csapatok a menekülő várőrség zömét megsemmisítették, a mintegy ezerkétszáz főnyi őrségből negyvennyolc magyar és negyven német katona érte el Pápa várát. Veszprém várának elfoglalása után a török hadak a közeli Palota (Várpalota) vára ellen vonultak, s rövid harc után, 1593. október 9-én ezt az erősséget is elfoglalták.[400] Veszprém várának eleste után számos környékbeli magyar vár őrsége elmenekült a rájuk bízott erősségből. Ez történt Tihany várában is, honnét a teljes őrség – 26 lovas katona és 50 „haramia" (gyalogos katona) – megfutamodott. Sőt az egyik tihanyi gyalogos katona Veszprémbe sietett, és jelentette a törököknek, hogy Tihany várából az őrség megfutamodott, és a vár üres! Hardeck Ferdinánd győri főkapitány október 15-én értesült Veszprém elestéről, illetve a környező várak őrségének gyáva meneküléséről. Azonnal szekerekre ültetett száz magyar darabontot (gyalogos katonát), és Szilva Pál, illetve Fekete Mátyás parancsnoksága alatt Tihanyba indította őket. A győri főkapitány szerencséjére a száz győri magyar katona előbb érte el Tihany várát, mint a török katonák Veszprémből.[401]

Vázsonykő várát ugyancsak elhagyta az őrsége. Az események részletei ismeretlenek. A törökök – hasonlóan az 1552–1566 közti évekhez – még ebben az évben helyreállították a vázsonykői nahijét, amely az isztolni-belgrádi (fehérvári) szandzsákhoz tartozott.[402]

Miközben a török had főerői a Balatontól északra támadtak, szintén török támadás bontakozott ki a Balaton déli térségében is. Bakó Farkas magyar kapitány 1593. október 21-én – értesítette Hagymássy Gábort, hogy a szigetvári török pasa csapataival Kiskomárom és Egerszeg várai felé kezdte meg támadását.[403] A további események ismeretlenek.

Az 1594–1595. évek eseménytelenül teltek el a balatoni végvidéken. Az események részben Somogy vármegye déli részén, Babocsa, Berzence, Csurgó térségébe tolódtak (1594 márciusában), valamint a keresztény hadak sikertelenül ostromolták Esztergom várát, a török sereg pedig hosszas ostrommal Győr várát foglalta el. A balatoni végeken egyetlen említésre méltó eset történt: a szultáni udvar csauszai közül Szemender béget 1594. november 24-én simontornyai szandzsákbéggé nevezték ki (270 ezer akcse értékű hász-jövedelemmel). Tisztségét azonban csak 1595. szeptember 7-ig töltötte be, utána Szendrő várába vezényelték.[404]

Ugyancsak 1594. december 23-án Habsburg Mátyás főherceg, magyarországi főparancsnok Bécsben elrendelte, hogy mindazok a tisztek és katonák, akik Győr, Szentmárton, Tata váraknak, Pápa, Vázsonykő, Devecser és Tihany végházaknak föladásánál jelen voltak, 1595. január 12-én Bécsben jelenjenek meg a város falánál kijelölt helyen, hogy hadbíróság ítélkezzen felettük. Csak a nagyobb várak parancsnokainak hadbírósági ítéleteiről tudunk (többségében halállal lakoltak tetteikért!), a kisebb végházak kapitányainak – mint Tihany, Vázsonykő végházak parancsnokainak – további sorsáról adatok nem maradtak fenn.[405]

A fenti parancsból tudjuk, hogy valamikor 1593. október és 1594. december között Tihany vára is a törökök kezére jutott. A részletek ebben az esetben is ismeretlenek.

Az 1594–1595–1596. év viszonylagos nyugalmát csak egy jelentősebb esemény zavarta meg a balatoni végvidéken, 1596. május közepén. Miután az előző év májusában a magyar és német hadak Babocsa törökök által megszállt várát elfoglalták, a szigetvári Naszuf szandzsákbég – állítólag 6000 lovasával – Kanizsa vára ellen vonult. Az ellenük támadó magyar csapatokat súlyos vereség érte. A török hadak elérték a Zala folyót, több ponton azon átkeltek, és megtámadták Zalavárt. Az erősséget elfoglalták és teljesen szétdúlták. A részletek ismeretlenek.

1597. július–augusztus hónapokban a Habsburg-hadvezetés nagy katonai erőket – köztük itáliai és németalföldi vallon zsoldoscsapatokat – vont össze Magyaróvár (Mosonmagyaróvár) körzetében, majd nagy erejű ellentámadásba kezdtek. Pápa visszafoglalása után sikertelenül ostromolták Győrt. A következő évben a Habsburg-sereg folytatta ellentámadását. Egy vallon regiment – de la Roque ezredes parancsnoksága alatt, 1598. augusztus 4-én – megtámadta Veszprém várat. A vallonok megadási felszólítását a török őrség visszautasította, mire a várvédő törökök erős elhárító tüzében a vallon gyalogosok megközelítették a várat. Elfoglalták a külső várat, a palánkot, majd megostromolták a belső vár kapuját. A vallon csapatok elszántsága és a török felmentő hadak elmaradása a török védőket kétségbeejtette. A vallonok általános rohamától és a várható vérengzéstől rettegve a várvédők megadták magukat.[406] A Veszprém várából elvonuló 401 főnyi török őrséget Tihany, Endréd, Ozora és Simontornya váraiba vezényelték. A Tihanyba vonult 305 főnyi azab gyalogosnak fele rác (szerb) zsoldos volt. A szintén szerb martalócok 6. odájának (tizedaljának) parancsnoka, tizedese (odabasija) egy Márton András nevű magyar volt, aki török szolgálatban katonáskodott.[407] A török hadvezetés azonban hiába erősítette meg Tihany várát a Veszprémből elvonuló török csapatokkal, néhány nappal később a Habsburg-sereg csapatai Tihany várát is visszafoglalták. Egy német nyelvű, Nürnbergben kiadott röpirat szerint 1598. augusztus 2–10. között „... Isten segítségével kilenc nap alatt hét erősséget, éspedig Tatát, Gesztest, Csókakőt, Vált, Palotát, Veszprémet és Tihanyt sikerült elfoglalnunk!”.[408]

Míg a Balatontól északra sikeresen haladt a Habsburg-sereg ellentámadása, a Balatontól déldélnyugatra elsősorban Zala vármegye területén – az állandó török portyázások miatt – kétségbeejtő volt a helyzet. Perneszi János királyi adószedő 1598-ben összeírta Zala vármegyében az adófizetésre képtelen falvakat. Megjegyezte, hogy az állandó török támadások miatt jutott erre a sorsra a vármegye, és csak a megerősített véghelyeken maradtak lakosok.[409]

Az anyagi nyomorúság a végvárak katonaságát változatlanul sújtotta. Ennek volt egyik következménye, hogy 1599 júniusában a Kanizsa vára körül kóborló szabad hajdúk ezer főnyi csapatát megerősítették a Kanizsa várából és a környék kisebb váraiból és palánkjaiból jelentkező magyar katonával. Az így megerősített csapatok 1599. június 22-én támadást intéztek Szekszárd és Mohács irányába, hogy elfoglalják a Dunán felfelé vontatott – élelemmel, ruházattal, fegyverekkel és pénzzel megrakott – török hajókat, melyek a Dunántúl északi térségében

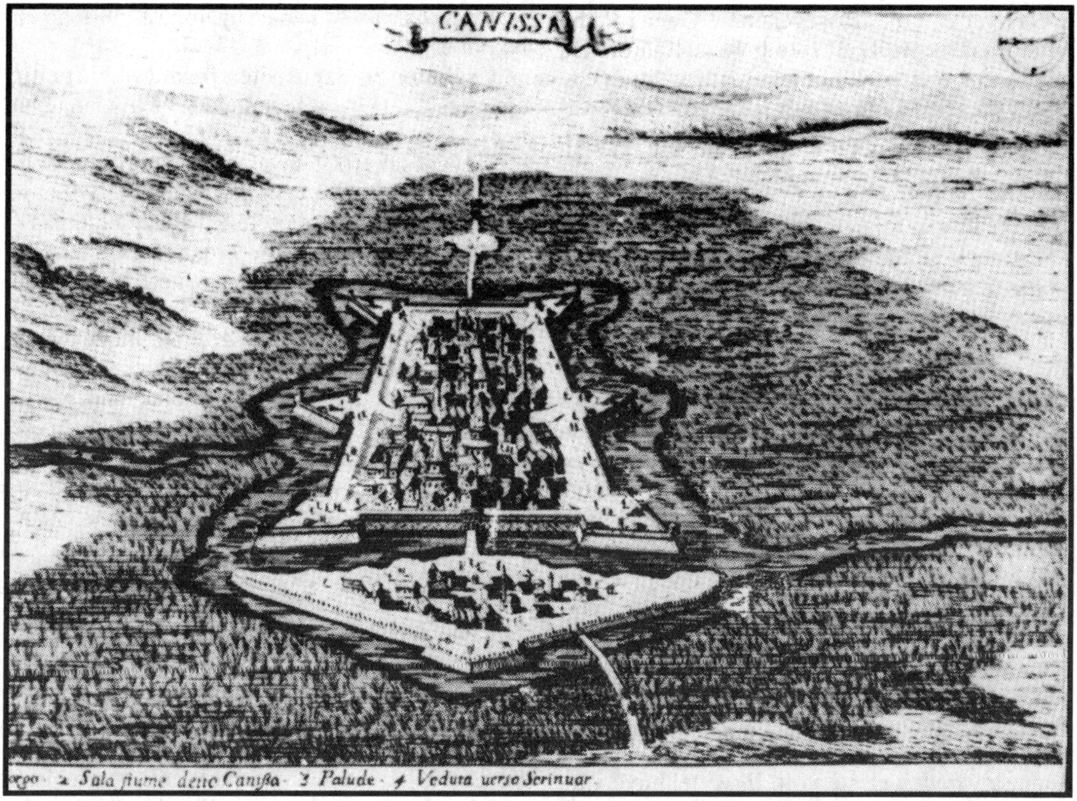

Kanizsa a XVII. században (Korabeli rézkarc)

harcoló török hadseregnek szállítottak utánpótlást. A támadás sikerrel járt, viszont ezzel a legmagasabb török katonai vezetés haragját vívták ki.[410]

Murad pasa budai beglerbég 1600. augusztus elején Szigetváron vonta össze a környező török szandzsákok, köztük a simontornyai, koppányi, szekszárdi katonai körzetek csapatait. Augusztus 18-án megkezdődött a török csapatok felvonulása a Balaton déli térségében. A balatoni magyar végvárak katonasága helyenként támadásokat intézett a felvonuló török csapatok ellen. Többek között Keszthely földesura és kapitánya, gersei Pethő Kristóf is felvonult csapataival, és a Balaton déli partvidékén – Lak (Öreglak) és Bolondvár (Balatonszemes) körzetében – intézett támadást elsősorban a budai török katonaság ellen. Az összecsapásokban gersei Pethő Kristóf is hősi halált halt. A török csapatok viszont újra elfoglalták és megszállták

Bolondvár és Lak erősségeket.[411] Gersei Pethő Kristófnak nejétől, Bezerédj Krisztinától fiú utóda nem volt, csak két leánya: Katalin és Sára, így a család fiúágon kihalt.[412] Keszthely várának parancsnokságát 1600 augusztusában Osztopáni Perneszi György vette át.

A Bolondvár és Lak erősségeket elfoglaló török csapatok folytatták támadásukat Kanizsa felé. Ennek hírére Komár várának őrsége megfutamodott, s a vár újra a török sereg kezére került. A budai török csapatok augusztus második felében csatlakoztak az Ibrahim pasa nagyvezír fővezérlete alatt Kanizsa vára ellen felvonuló fősereghez. Kjatib Cselebi török történetíró szerint Terjáki Haszán pasa kijelentette: „... Ha ezen a vidéken Muraköz és a Balaton tó várainak kulcsa, az ellenség országának erős gátja, Kanizsa várának elfoglalása sikerül, azzal nagy dolog történik!"[413]

Az Ibrahim nagyvezír főparancsnoksága alatt felvonuló török csapatok – 1600. szeptember 8-tól október 22-ig tartó ostrommal – elfoglalták a Dunántúl délnyugati térségének legfontosabb végvárát: Kanizsa várát.[414]

Az 1601. január 25-én Pozsonyban összehívott magyar rendi országgyűlés központi témája Kanizsa várának eleste volt. Egyértelművé vált, hogy a Dráva és a Balaton közti térség védelmére, valamint az osztrák tartományok felé megnyílt támadási út lezárására sürgősen pótolni kell Kanizsa várát. Ugyanis a Rába-vidék „... Kanizsa elvesztése óta minden védelemtől meg van fosztva, erősségekkel biztosíttassék, nevezetesen pedig Pölöske, Egerszeg, Kapornak, Zalavár és a több váracsok, melyek Kanizsa közelében feküsznek, katonasággal és lőszerrel láttassanak el!".

Már 1601. március 18-ra több erősséget helyreállítottak, és őrséggel láttak el.

Így Zalavárra: 30 német gyalogost és 20 magyar hajdút;

Kapornakra: 30 német gyalogost, 50 magyar hajdút és 50 huszárt;

Csákány és Szentpéter palánkokba pedig együttesen 100 magyar hajdút és 100 magyar huszárt vezényeltek.[415]

Ugyancsak 1601 tavaszán – a török hódoltsági területre mélyen beékelődve elhelyezkedő és Kanizsa megfigyelésére kiválóan alkalmas – Komár várát (ma Komárváros) sikerült visszafoglalni. A fontos erősséget Rikóti Mátyás parancsnoksága alatt egy magyar csapat foglalta vissza. A szabályos négyszög alaprajzú várat, melynek négy sarkán egy-egy hengeres alaprajzú bástya állott, újra helyreállították, s őrséggel látták el. A vár jelentőségét a kortársak igen nagyra tartották: Ákosházi Sárkány István egy 1607. február 2-án Batthyány Ferenchez írott levelében erről így írt: „... Kiskomár is az országnak fővégháza..."[416]

Kanizsa eleste után – a bécsi Udvari Haditanács utasítására – gyors ütemben kiépült a „Kanizsával szembeni végvidék": Szécsisziget, Kányavár, Alsólendva, Egerszeg, Kapornak, Pölöske, Egervár, Szentgrót, Szentgyörgyvár, Csány, Kehida, Lenti, Lövő, Szemenye, Zalavár, Kéthely, Komár, hogy „... az hódolatlant [ti. hódolatlan területeket – Sz.] a rablástól, pusztulástól és hódolástól megoltalmazza!" – írta 1601. március 31-én Nádasdy Ferenc főkapitány Pozsonyba. Ez a Dráva és a Balaton közti végvidék a továbbiakban a Batthyány család tagjainak főkapitánysága alatt állt.[417] Többek között ebben az időben építették át a csányi (zalacsányi) megerősített udvarházat is. A két patak közt található palánkot nyugati irányba meghosszabbították, az eredeti 54 méterről kb. 74 méterre. A négy sarokrondella mellé, a hosszanti oldalak közepére is egy-egy rondellát iktattak be. A délnyugati rondellát a későbbi évszázadokban a tövében folyó patak teljesen elmosta.[418]

A „Kanizsával szembeni végvidék" egyik

legjelentősebb vára a keszthelyi kolostorerőd volt, melynek folyamatos megerősítésével országgyűlési törvénycikkelyek foglalkoztak.

Gersei Pethő Kristóf 1600. évi hősi halála után Keszthely vára és vártartománya – a gersei Pethő Kristóf elsőszülött leányát, gersei Pethő Katalint feleségül vevő Bakács II. Sándor kezére került. Az új birtokos és várkapitány – hivatkozva a várőrség ellátásának nehézségeire – a Keszthely mezővároshoz tartozó Csehi, Fenék és Lesencetomaj falvakat is saját birtokaként kezelte.[419] Egyébként Keszthely várának tartománya Falud, Fenék, Hidegkút, Keszthely-Tomaj, Kovácsi, Rezi, Szántó és Zsid falukra terjedt ki.

A Kanizsa elfoglalását követő esztendőben a Habsburg-hadsereg ellentámadások sorozatát indította meg a Dunántúlon. Szinte egyidejűleg, 1601. szeptember 9-én ostrom alá vették Isztolni-Belgrádot (Székesfehérvárt), majd szeptember 10-én megtámadták Kanizsa várát is. A harcok időszakában viszont Veszprém vára a török had kezére került. Szeptember 20-án Székesfehérvárt a Habsburg-sereg visszafoglalta, illetve a Balatontól északra – Sárrét térségében – a Mercoeur herceg vezette királyi hadsereg október 9–24 között tizenöt napos (!) csatában szétverte Haszán pasa nagyvezír hadait.[420] Ezt követően viszont a keresztény hadak – 1601. november 17-én – Kanizsa ostromát sikertelenül fejezték be. A Kanizsa alól visszavonuló német–magyar hadak a környező magyar végvárakban: Keszthelyen, Kapornakon vonultak téli szállásra. 1601 novemberében Veszprém várát is visszafoglalták a Habsburg-sereg részei – a részletek ismeretlenek –, s a várból elvonuló török csapatokat a főparancsnokság Ozora és Endréd török várakba vezényelte. Közülük 89 török katona Endréd várába vonult.[421]

Az 1600–1601. évi háborúskodás súlyos pusztulást idézett elő a Balaton-vidéki falvak és lakosság soraiban is. A Monoszlóy András veszprémi püspök 1601. december 11-én, Bécsben bekövetkezett halála után felvett birtoklel-tárak adatai siralmas állapotokat rögzítettek. Wizkelety János, Tapolca provisora szerint Tapolca mezőváros és a környék portáinak mintegy a fele elpusztult, aminek következtében szolgáltatásokat adni a lakosság nem tud. A Kál-völgy falvaiban is igen nagy a szétdúlt jobbágyporták száma. Összesen tizenhat falunál jegyezték meg, hogy „... pagi totaliter desertae", azaz hogy teljesen elpusztult. A püspöki birtok Zala vármegyei falvainál ötvenegy helyen jegyezték meg, hogy teljesen elpusztult birtok.[422]

A hadakozások során felvonuló török és keresztény csapatok pusztításai mellett sokat szenvedett a falusi nép a magyar várak katonaságától is. A pozsonyi Magyar Kamara prefektusának 1602. január 15-i jelentése szerint a veszprémi, palotai, tihanyi, csobánci és keszthelyi végvidéki katonák különböző jogtalanságokat követtek el a környék lakosságával szemben.[423]

Még a távoli Székesfehérvárt visszafoglaló magyar és német csapatok is megterhelték Keszthely és Lesence lakosságát. Wathay Ferenc székesfehérvári vicekapitány írta visszaemlékezésében, hogy a vár parancsnoka – többek között – őt küldte erre a vidékre, hogy rendeljen embereket az ostrom során összerombolt székesfehérvári erődítmények újjáépítésére: „... Mikoron bémentem volna Fejérvárra, az kapitány – nagy kedvem ellen – épületre (építkezésre) szegénységet hajtani külde, mivel Fejérvárat igen sietteti vala épéteni; hová én elmenvén száz lóval, száz német gyaloggal és ötven hajdukval, az Lesence és Keszthely vidékrül – elég nehezen és sok szegényember siralmára – mint másfél száz polgárt és jó módon való szekeret hajtaték." Mindez történt 1602 júliusában, néhány nappal Haszán pasa török hadainak Székesfehérvár elleni támadása előtt. Ezek a Keszthely vidéki emberek minden bizonnyal ottrekedtek, s Székesfehérvár 1602. augusztus 29-i elfoglalásakor török fogságba kerültek.[424]

A „hosszú háború" 1603-ban – immáron tizedik éve – változatlan hevességgel tovább folytatódott. A harcok elsősorban Buda és Hatvan térségében dúltak. Buda egyébként sikertelen keresztény ostromával egyidejűleg, 1603. szeptember második felében, Nádasdy Ferenc főkapitány és Kollonich generális dunántúli magyar csapatai Veszprém felől mélyen betörtek a simontornyai és koppányi török szandzsákok területére. A hadakozások során a támadásban részt vevő magyar végvári csapatok újra elfoglalták a Balaton déli partján, a mai Balatonszemes helyén álló Bolondvár török erősséget. Azonban ismeretlen időben és körülmények között a várat a török csapatok újra visszafoglalták.[425]

A következő esztendőben a harcok fő színhelyei Vác, Hatvan, Pest és Esztergom térségében voltak. A Habsburg-sereg egyik hadteste – Kollonich Siegfried generális parancsnoksága alatt – 1604. május végén, feltehetően a Zalaságon át, támadást intéztek Kanizsa vára ellen. Azonban a még felvonuló keresztény hadakat nagy erejű török ellentámadás érte. A magyar és német csapatok Komár vára felé vonultak vissza, mikor a Galambok falu melletti völgyben egy váratlanul feltűnő török seregbe ütköztek. A váratlan találkozóharcban a keresztény csapatok a török sereget szétszórták, súlyos veszteségeket okozva nekik. A győzelem ellenére a Habsburg-csapatok felhagytak a Kanizsa vára elleni támadással.[426]

A harcok tovább folytatódtak, július 11-én Dabronak falu közelében, a Lendva- és Kebelepatakok menti mocsaras síkságon Kollonich generális magyar–német hadai csatába keveredtek egy hatezer főnyi török–tatár sereggel. Kollonich csapatai teljes győzelmet arattak. A győzelem után – 1604. július 27-től kezdve – a keresztény hadak számos zalai török erősséget és palánkot visszafoglaltak. A lendvai–dabrónaki győzelem után Kollonich generális hadai Komár várába és környékére vonultak vissza. Innen írta meg jelentését a királynak Kollonich generális. A jelentéssel együtt a győztes csata zsákmányából tizenhárom török zászlót küldött a generális Prágába, a császár udvarába.[427]

A „hosszú háború" már a tizenkettedik évébe lépett, amikor – a török támogatással Erdély fejedelmévé választott – Bocskai István hadai 1605. április közepén török szövetségben benyomultak a Dunántúlra. Erre az időre a török kormányzat Kanizsa várát „pasalik" központtá léptette elő, melynek alárendeltségébe rendelték a Dunántúl szandzsákjainak zömét, köztük a pécsi, mohácsi és szigetvári szandzsákokat. A koppányi és simontornyai szandzsákok továbbra is a budai „pasalik" alárendeltségében maradtak.[428]

Elsőnek Horváth Tamás – Bocskai István egyik kapitánya – érkezett meg 160 lovasával a Dunántúlra. Az erdélyi fejedelem leveleket küldött a legjelentősebb dunántúli magyar főuraknak, s felszólította őket, hogy „... támadjon mellettünk és mutassa jó akaratját a mi hadainkhoz!". Egyúttal leveleket küldött a kanizsai török pasának és a fehérvári szandzsákbégnek, hogy a dunántúli török hadak mindenben támogassák a dunántúli nemeseket, ha azok fegyvert fognak az ő oldalán a császáriak ellen.

Horváth Tamás lovasaival Vázsonykő várához vonult. Az esti órákban érték el a várat. A pápai vár katonáinak adták ki magukat, és becsátásukat kérték. A vár őrsége gyanútlanul kaput nyitott, mire Horváth Tamás emberei berontottak a várba, az őrséget lefegyverezték, és a kapitányt, Tallai Ferencet is fogságba ejtették. Másnap Horváth Tamás katonáinak zömét Vázsonykőben hagyva a fehérvári szandzsákbéghez ment, magával hurcolva Tallai Ferenc kapitányt. Közben híre terjedt Vázsonykő elfoglalásának. A királyhoz hű maradt enyingi Török István pápai főkapitány azonnal intézkedett, s 1605. április 26-án 140 gyalogosát indította el Vázsonykő várának visszafoglalására. A pápai katonák április 26-án az esti órákra értek a vár alá. Vázsonykőben volt egy bizalmi emberük, aki ígéretet tett, hogy harc nélkül kezükre juttatja a várat. A pápai gyalogosok az éjszaka sötétjében a várkapu közelében lévő ólakban rejtőztek el. Emberük közben bezárta a vár öregtornyának ajtaját, nehogy a várban lévő Bocskai-pártiak egy esetleges harc során oda tudjanak menekülni. Ezután csendben kinyitotta a vár külső kapuját. Egy adott jelre a 140 pápai gyalogos katona berontott a várba. Az álmukban meglepett várbeliek harc nélkül fogságba kerültek. A foglyokat a későbbiekben Pápa várába hurcolták. Másnap, árpilis 27-én Horváth Tamás – aki nem is sejtette, hogy távollétében Vázsonykő várát a Habsburg-pártiak elfoglalták – gyanútlanul a vár külső kapuja elé érkezett. Mikor bebocsátást kért, a várban lévő pápai katonák puskatüzet zúdítottak rá. A meglepett Horváth Tamás alig tudott a vár alól épségben elmenekülni.

Április 27-én a pápai katonák hazatértek, s enyingi Török István az ő jelentésük alapján még azon a napon levélben közölte a Vázsonykőnél történteket Batthyány Ferenc dunántúli főkapitánynak. A pápai főkapitány gyors ellenintézkedése miatt Bocskai István erdélyi fejedelem első kísérlete a Dunántúl meghódítására sikertelen maradt.[429]

Vázsonykő elfoglalásának van egy másik változata is. A leírás szerint Bocskai István háromszáz gyalogos hajdúja megközelítette Vázsonykő várának kapuját. A vár kapitánya – azt gondolva, hogy a magyar katonák foglyokat hoznak – gyanútlanul kiment a vár kapuja elé, ahol a hajdúk őt azonnal elfogták, és a várat így elfoglalták. Rövidesen a pápai és győri királypárti magyar katonák a várat ostrommal visszafoglalták. Hetven Bocskai-párti katonát elfogtak, illetve részben levágtak, továbbá 130 lovat zsákmányoltak.[430]

A Horváth Tamás által Székesfehérvárra hurcolt és török fogságba került Tállai Ferenc vázsonykői kapitány nem tért vissza Vázsonykőbe. Szabadulása után Veszprém várának lett vicekapitánya. Vázsonykő várának kapitánya 1605 után egy Farkas vagy más néven Deák Gáspár nevű katona lett.[431]

Boçskai István erdélyi fejedelem hadainak második dunántúli hadjáratára 160 májusában, majd az azt követő hónapokban került sor. Némethy Gergely nevű főkapitánya Sopron, majd Sümeg térségén át közelítette meg a Balaton-vidéket. Veszprém, Palota várak magyar katonasága Bocskai oldalára állt, és a várakat átadta. Némethy Gergely csapatai 1605. augusztus 20-án benyomultak Szentgrót várába, majd Keszthely várához vonultak. Osztopáni Perneszi György keszthelyi várkapitány harc nélkül átadta Keszthely kolostorerődöt a Bocskai-pártiaknak.[432]

1605. november–decemberben a Habsburg-sereg a Bocskai-párti hadakat kiszorította a Dunántúl nyugati feléből. Ezt követően 1606. január 9-én Bécsben megkezdődtek a béketárgyalások. A bécsi békét 1606. június 23-án kötötték meg a Habsburg Birodalom és az Erdélyi Fejedelemség megbízottai. A bécsi békét követően megkezdődtek a béketárgyalások a Habsburg és az Oszmán Birodalmak között is. Ezt a békét – 1606. november 11-én – az Esztergommal szemben lévő Zsitva-toroknál kötötték meg. A Balaton északi térségében a törökök kiürítették és visszaadták – az időközben (1605 októberében) elfoglalt – Veszprém várát, de az ugyanekkor elfoglalt Palota vár a törököké maradt. A balatoni végvárak esetében változások nem történtek. Csupán Keszthely várával volt gond, ugyanis az őrség 1608 novemberéig a várat nem volt hajlandó a Habsburg-pártiaknak visszaadni. A Balatontól délnyugatra sem volt a határvonalban jelentős változás, mely továbbra is Zalavárt, Komár várát megkerülve, Pölöske, Kányavár, Szemenye várak vonalán húzódott a Mura folyóig. A török kézen lévő Kanizsa vára ékként ugrott előre a zalai magyar végházak közé. Olyan közel voltak a szemben álló erősségek, hogy Evlia Cselebi török utazónak az 1660-as években írott útleírása szerint a kakaskukorékolás is áthallatszott a török és magyar végvárak között.[433]

ÖTVENHÉT ÉV BÉKE – FEGYVERZAJJAL – A BALATONNÁL (1606–1663)

Alig száradt meg a tinta az 1606. november 11-én megkötött Zsitva toroki békeokmányon, máris súrlódások alakultak ki a balatoni végvidéken. A legsúlyosabb problémák Keszthely várával voltak, ahol a vár parancsnoka: Osztopáni Perneszi György és a vár katonasága nem volt hajlandó a várat átadni a Habsburg-seregnek. A vár parancsnoka – aki 1605 augusztusában kinyilvánította szimpátiáját Bocskai István erdélyi fejedelem mellett – a szomszédos török végvárak tisztjeivel és katonáival is jó viszonyt tartott fenn. Török tisztek és katonák két ízben is áteveztek hozzá a Balatonon, s ezekkel a törökökkel a keszthelyi vár közelében elterülő „Barátrét Mosóhelyén" találkozott, s velük evett-ivott, míg le nem részegedtek. Ez a gyanús barátkozás a várőrség számos tagjának nem tetszett, s egy alkalommal a vár egyik német tüzére ágyújával a mulatozók közé lőtt. Perneszi kapitány ezért a német tüzért vasra verette. A tarthatatlan állapotnak Habsburg II. Mátyás király véget akart vetni, s utasította Keszthely földesurát és főkapitányát, a néhai gersei Pethő Kristóf főkapitány vejét, Bakacs Sándort, hogy vegye át Keszthely parancsnokságát. Egyidejűleg a magyarországi főhadparancsnok levélben parancsot adott Iván és Csiszár keszthelyi gyalogos vajdáknak – akik 50-50 magyar darabont parancsnokai voltak –, hogy térjenek Bakács Sándor hűségére. Mikor Bakács Sándor és kísérete megjelent a keszthelyi vár kapuja előtt, az őrség nem nyitott kaput, hanem tüzet nyitottak Bakácsra, illetve azokat a keszthelyi magyar katonákat, akik engedelmeskedni akartak, kikergették a várból. Bakács Sándor kénytelen volt elvonulni Keszthely vára alól. Azonnal jelentette az eseményeket a győri főkapitánynak, aki győri, pápai és veszprémi magyar csapatokat küldött Keszthely vára ellen. Szabályos ostrom kezdődött „... lövéssel, ostrommal, labdákat [ti. tüzes labdákat – Sz.] behányván..." – mint egy korabeli jelentés írta 1608 őszén.[434] Végül is az őrség megrettent, és „hitre megadták magukat". Osztopáni Perneszi György várkapitányt a királyi hatóságok fogságra vetették, az őrséget pedig elbocsátották. Az új őrség azonban – 1609-től 1620-ig – tizenegy éven át nem kapott zsoldot. Annak ellenére, hogy az országgyűlésen sürgették a vár őrségének kifizetését, valamint élelmiszerekkel és hadiszerekkel való ellátásukat, nem történt semmi. Ezért aztán a keszthelyi magyar katonák a fenéki révnél erőszakkal vámot szedtek, s nyaranként mezőgazdasági munkákat vállaltak. Egy idő után Szentgyörgyi Bakács Sándor – Keszthely földesura és főkapitánya – nem volt hajlandó saját költségén tartani a várbeli katonaságot. Ezért felajánlotta Keszthely várát a királynak. Az átvétel rövidesen megtörtént, de az uralkodó továbbra is a Bakács család tagjait nevezte ki a vár főkapitányaivá. Érdemeikért Habsburg II. Mátyás király 1625. október 7-én Bakács Sándornak és utódainak bárói címet adományozott.[435]

A szomszédos Zalavár magyar katonasága ugyancsak a fizetetlenségtől szenvedett. Nyilván ez volt az oka annak, hogy 1607. február 2-án a közeli Komár várának kapitánya, Sárkány István rablással vádolta a zalavári magyar katonákat: „... Szegény emberek marháit lopják, tolvajolják, házokat reájok gyújtják, az utakat lesik, úgyannyira, hogy immár csak egy szegény ember is igaz útjában el nem mehet!"[436] A helyzet a későbbiekben sem változott, mert az 1625. évi országgyűlés szerint egyetlen vár nincs olyan elhanyagolt állapotban, mint Zalavár. Pedig Zalavárt változatlanul a balatoni végvidék egyik legfontosabb erősségének tartotta mint a császári-királyi, mind a török hadvezetés. Állítólag – alig egy esztendővel a Zsitva toroki békekötés után – a törökök megkísértették a Dunántúl legmagasabb magyar katonai méltóságait, hogy Zalavárt adják át nekik! Mert ha nem, úgy – a béke tilalmai ellenére! – az erődítési munkálatok alatt álló Zalavárt erőszakkal elfoglalják. Rátky Menyhért 1607. augusztus 14-én azt jelentette Batthyány Ferenc főkapitánynak, hogy a kanizsai török pasa ajándékokat küldött Nádasdy Tamásnak, Hagymássy Kristófnak és Sárkány István komári várkapitánynak, hogy Zalavárt adják át! Rátky Menyhért azt is közölte, hogy a törökök biztosan támadni fognak, s az építkezés ideje alatt próbálkozni fognak! Ezért Batthyány Ferenc főkapitány feltétlenül küldjön Zalavárra katonákat és élést (élelmiszert)! Ugyanis, „... Zalavár elvesztése az országnak nagyobb kárára lenne Kanizsa elesténél is, hisz erősebb [fontosabb – Sz.] helyen van!". A török támadás azonban elmaradt, s Zalavár erődítése még 1609-ben sem fejeződött be.[437]

Miután a királyi zsoldpénz változatlanul nagyon bizonytalan volt, a balatoni magyar végvárak kapitányai továbbra is makacsul ragaszkodtak a korábbi vártartományok falvaihoz, valamint az idők folyamán szerzett falvak lakóinak adóihoz és szolgáltatásaihoz. Levéltári adatok hiányában szinte kizárólag csak Tihany várának ez irányú ügyei ismertek. Egy 1609. április 29-i összeírás szerint a Balatontól északra fekvő falvak általában kétfelé – Veszprém várához és Tihany várához – adóztak. A Balatontól délre – török hódoltsági területen elterülő – falvak viszont egyaránt adóztak Tihany magyar várhoz és adóztak a legközelebbi török várhoz, elsősorban Endréd várához.

A hadakozások során elpusztult falvakká váltak: Örvényes, Szántód, Kis-Endréd, Csege, Lullya, Tetves, Örményes.[438]

Külön írták össze a Balaton déli partján – Endréd török vár tövében lévő – Váras-Endréd falut, ahol 1609-ben már csak öt telkes jobbágy-család élt (szemben az 1585. évi összeírás 13 telkes jobbágycsaládjával!) Az öt család úrbéri adóul 50-50 dénárt fizetett, karácsonykor pedig az egész falu egy hízott ártányt adott. A gabona- és bortizedeket az endrédi török parancsnoknak, a terménykilencedeket és a munkajárandóságot Tihany várához adták. Erre az időre Alsó- vagy Kis-Endréd már teljesen elnéptelenedett.

A bécsi és a Zsitva toroki békék utáni csendesebb állapotban – 1609. szeptember 6-án – Habsburg II. Mátyás király a tihanyi apátságot Herovics Mátyás választott csanádi püspök, pozsonyi kanonoknak adományozta minden jövedelmével együtt. Azonban Vincze Pál tihanyi várkapitány – aki a régi kapitányok módjára vette át a várat és a birtokot – vonakodott a vár jövedelmeit átadni. Herovics panaszára az uralkodó 1610. április 16-án az előzőeket újra megparancsolta a kapitánynak, s utasította arra is, hogy a múlt évi jövedelmekről adjon számot. A vita során újra felsorolták a várnak adózó falvakat és jobbágycsaládokat. Tihanynak nyolc faluban összesen 52 jobbágytelek adózott. Herovicsnak a felsorolt falvak nem voltak elegek, s 1613. április 22-én a győri haditörvényszéken további falvakat perelt el a tihanyi vártól. Október 14-én Zala vármegye hivatalos emberei végigjárták a kérdéses falvakat, s azokban több 100–120–130 éves (sic!) embert hallgattak ki eskü alatt. Ezek azt vallották, hogy a kérdéses falvak Veszprém elfoglalása (1552) előtt a veszprémi káptalané voltak, majd a tihanyi vár kapta meg ezeket is.

A pereskedés kezdetén – 1609 októberében – Batthyány Ferenc főkapitány is igényelte a királyi udvartól Tihany várát és vártartományát (Balatonfőkajár faluval és még néhány somogyi faluval együtt), mivel korábban Sümeg várának katonái számára 17 415 tallért küldött. Az uralkodó azonban a kérést elutasította.

Vincze Pál tihanyi kapitány 1613 körül meg-

Veszprém vára és alaprajza 1656-ból

halt, utóda a Győrből érkező Saffarics Mihály volt, akit viszont Kenesei Péter követett a kapitányi hivatalban.[439] Ezek a kapitányok már zavartalanul birtokolták Tihany várának régi javadalmait, mivel Herovics Mátyás 1617 körül bekövetkezett halála után megszűnt a Tihanyhoz adózó falvak kettős – az apátságnak és a várbeli katonaságnak történő – adóztatása.[440]

Mint az Tihany esetében fennállt, a Balatontól délre lévő török hódoltsági falvak is adóztak Tihany várának: míg Tihany vára kapta a terménykilencedeket és munkajáradékokat, a terménytizedeket pedig a törökök. Hasonló volt a helyzet a simontornyai szandzsákban lévő – Sió menti – Hidvég (ma Szabadhidvég) török palánknál is, ahol a magyar lakosságtól a terménytizedeket a törökök szedték be, a terménykilencedek viszont a régi birtokos Batthyány családnak jutottak.[441]

A XVI. század 40–50-es éveiben kibontakozó török támadások miatt a királyi Magyarországra menekülő baranyai, tolnai, somogyi, Fejér vármegyei magyar földesurak továbbra is igyekeztek volt jobbágyaiktól az úrbéri adókat beszedni, ha arra módjuk volt. A török hódoltsági területekről a régi úrbéri adókat csak katonai erővel lehetett beszedni. Ezért általában az volt a gyakorlat, hogy néhány végvidéki várkapitány megvásárolta vagy bérbe vette a hajdani földesúrtól az adóbehajtás jogát. A balatoni végeken különösen Veszprém és Komár várak parancsnokai és katonái tűntek ki ebben.

Az adók behajtásakor az adóztatást fegyveres erővel végrehajtó magyar katonák is részesültek a beszedett adókból, ami biztosabb jövedelmet jelentett számukra az örökké késedelmeskedő zsold mellett. Csak így élhettek meg a sokszor hónapokig, sőt évekig elmaradozó zsoldfizetés mellett. A kortárs Keglevich Péter generális írta erről 1649-ben: „... Hogy életét megtartsa, ki kell mennie a falukra! Erővel elveszi a polgárnak, az mije vagyon!" De így írt 1662-ben Batthyány Ádám főgenerális is: „... A legjobb vitézek, hogy családjukat táplálhassák, kénytelenek falukra menni, s a másét elvenni!"[442] Ilyen eset történt 1644-ben: a vázsonykői magyar katonák – Csanaki Balázs várkapitány hozzájárulásával és Cselényi Benedek vezetésével – betörtek a simontornyai török szandzsák területére, s Gyánt faluból ezer juhot hajtottak el, és elhurcoltak magukkal három pásztort is. Az egyik fogoly a vázsonykői várkapitány birtokába került.[443]

A végvidéki magyar katonák azonban nemcsak a török hódoltsági területek magyar és nem magyar falvaiban hatalmaskodtak, de a végvárak mögötti falvakon is számos esetben rajtaütöttek.

A magyar földesurak sok esetben arra kényszerítették a török hódoltsági területeken élő jobbágyokat, hogy járjanak át a magyar végvárak mögötti birtokaik megművelésére.

A Batthyány család – jövedelmei növelése érdekében – a törökökkel való kereskedésre kényszerítette többek között hidvégi (szabadhidvégi), battyáni, polgárdi, enyingi és nyéki magyar jobbágyait.

Voltak azonban olyan helyzetek is, hogy a volt magyar földesurak közvetlen üzleti kapcsolatba kerültek a törökökkel. Így történt, hogy 1643-ban a hidvégi palánk tisztjei bérletbe kérték az ottani, a Sión lévő vízimalmot Batthyány Ádám főgenerálistól. Néhány évvel később – 1648. március 28-án – a hidvégi török vár török tisztjei egy-egy szőnyeget ajánlottak fel bérletül Battyhány főgenerálisnak, s közölték, hogy hajlandók a korábban elsüllyedt vízimalmot a Sió vizéből kiemeltetni. Mivel a török tiszteknek három magyar ember is társuk volt, kérték a főgenerálist, hogy azokat se sanyargassa! Hasonló volt a helyzet a Balatontól délre lévő Lak váránál is, ahol a vár török tisztjei ugyancsak a korábbi magyar földesúrtól bérelték a somogyvári és juti malmokat.[444] A földesúri adók mellett – a királyi Magyarország hatóságai – az állami adókat is igyekeztek a hódoltsági területek magyar és nem magyar lakosságától beszedni. Ebbe az adóztatásba a török hatalom nemigen egyezett bele, s beszedését akadályozta.

Gondot jelentett a várakhoz járó jobbágyi ingyen erődítési munka ügye is. Az 1618. március 4-én Pozsonyban megnyitott magyar rendi országgyűlés a balatoni végvárakhoz meghatározta az erődítési munka rendjét.

Megjegyzendő, hogy az 1618. évi országgyűlés a Dráva és a Balaton közti térségben összesen huszonöt végvárat sorolt fel. A Balaton és a Duna közti védelmi szakaszon pedig alig néhány végvárat említettek, igaz, hogy ezek mind nagyobb méretű erősségek voltak. Nyilvánvaló volt, hogy Kanizsa felől tartottak nagyobb török támadásoktól, mely támadások egyértelműen Stájerországot vették volna célba.[445]

A leginkább megerődítendő Komár vára valóban veszedelmes helyen volt, mélyen a török hódoltsági területek közé ékelődött be, körülötte mindenütt török végházak voltak. Valóságot írt 1621. július 8-án Ákosházi Sárkány István komári kapitány Batthyány Ferenc főgenerálisnak: „... Komár előtt semmi egyéb, az sok török végháznál!”[446]

Keszthely vára a XVII. században (Félegyházy Gyula rajza)

Jelentős erődítési munkálatok zajlottak le 1618 után Keszthely kolostorerődnél. A külső vagy huszárvárat övező árkon túl két újabb palánksort építettek. Magát a belső vár magját képező régi kolostor földszintes, illetve egyemeletes épületeit végig kétemeletesre bővítették. Ekkor alakították át a templomot raktárnak és fegyvertárnak. A belső palánkot kőből építették át. A déli kapu védelmére ekkor épült egy négyzetes alaprajzú kaputorony.

Néhány szórványos adatból ismert, hogy Zalavár – az 1618. évi országgyűlés utasításai ellenére – változatlanul rossz állapotban volt.

Tihany várának minden gondja főleg a hódoltsági területeken fekvő falvak adóztatásában merült ki. Vincze Pál kapitány az erélyes királyi utasítás hatására beletörődött abba, hogy apáturakat rendeltek föléje.

Vincze Pál tihanyi kapitány 1613 körül meghalt, utóda a Győrből érkezett Saffranics Mihály lett, majd őt követte – ismeretlen időpontban – Kenessey Péter kapitány, akinek 1622-re datált szépművű ezüstkelyhét ma is őrzi a balatonfüredi református egyházközség.[447]

A Balatontól délre elterülő török hódoltsági területeken – a simontornyai és koppányi szandzsákokban – a törökök is erődítettek, bár nekik is tilos volt ez az 1606. évi Zsitva toroki békekötés után! A Balatontól délre két ilyen török vár épült. Ezek közül az egyik Karád vára volt (a mai Karád falu mellett). Az erősségről semmiféle adat nem maradt fenn (kivéve néhány török zsoldlajstromot), s mára az erősségnek még nyomai is eltűntek.[448] Sokkal jelentősebb volt a másik, újonnan épült török erősség, amely a mai Siófoknál – a Sió akkori kettős torkolatánál – épült fel, valamikor az 1610-es években. Első írásos említése 1619-ben történt: „... az Törökök az végzés ellen [ti. a Zsitva toroki béke tilalmi végzései ellen – Sz.] efféle erősségeket építöttenek. Az Dunántúl Fokot az Balaton mellett, holott annak előtte (ott) semmi erősség nem volt!"[449]

Az erősség magja a mai siófoki kórház közelében álló és egykor Granáriumnak nevezett dombon volt. Körülötte mocsaras terület terpeszkedett, keleti oldalán volt a Sió, ahol a törökök balatoni hadi naszádjai és sajkái állomásoztak. Bél Mátyás 1731-ben erről az alábbiakat írta: „... A török a Sió folyó szöge (foka) előtt, ott, ahol a tóból kiömlik, egy védművet létesített, s azt mind addig őrizte, amíg a Bécs alóli visszaszorítása (1683) nyomán kiüríteni nem kényszerült."

A foki erőd és megerősített kikötő a balatoni török hadihajós flottilla legfőbb bázisa volt, ahonnét sorozatos támadásait indította a Balaton északi partvidéke ellen.

A korábban tárgyalt kettős adóztatás miatt a Balatontól délre elterülő török hódoltsági területeken a lakosság sok esetben dacolt a török hatalommal, s nem fizetett adót. Ali pasa (budai beglerbég) 1608-ban arról panaszkodott, hogy a Balaton-vidéki szandzsákokba sem mennek be a falusiak adót fizetni: „... Székesfehérvárra 150, Koppányba 30, Kanizsára száznál több falu nem jött be adót fizetni. A jobbágyságnak levelet küldtünk, s azt mondják, hogy az (magyar) kapitányok nem eresztik be üket!"[450]

A magyar katonasághoz hasonlóan rosszul fizetett török katonaság is rabolni volt kénytelen. A Zsitva toroki békét követően – az 1618. év Szent György, majd Szent Katalin ünnepe körül, azaz április 24-e és november 25-e táján – törtek be először a Balaton-felvidéki falvakba. Kirabolták Kékkút és Csabrendek falvakat, valamint Tapolca mezővárost.

A dunántúli és ezen belül a balatoni végvidék viszonylagos békéjét Bethlen Gábor erdélyi fejedelem hadainak 1619 szeptemberében megindított hadjárata bontotta meg. Az erdélyi sereg – beavatkozva az úgynevezett harmincéves háború kezdetét jelentő Habsburg–cseh ellentétbe – 1619. november elején Pozsony körzetében átkelt a Dunántúlra. Miután 1620 januárjától augusztusig a szemben álló felek fegyverszünetet kötöttek, Bethlen Gábor hadai csak 1620. szeptember 20-tól folytatták előnyomulásukat a Dunántúlon. A győri főkapitányság összes vára – köztük Pápa, Veszprém, Palota – kaput nyitott az erdélyi hadaknak. A gyors átállás oka minden bizonnyal az volt, hogy Batthyány Ferenc dunántúli főgenerális az elsők között tett hűségesküt Bethlen Gábornak.

Az erdélyi és a csatlakozott dunántúli seregek a tervek szerint Pápán, majd Ruszton gyülekeztek egy Ausztria ellen indítandó támadásra.

Bakács Sándor – Keszthely birtokosa és főkapitánya – nem hagyta üresen Keszthely várát, s nem vonult katonáival sem Pápára, sem Rusztra. Véleményét csak akkor változtatta meg, amikor az erdélyi fejedelem fizetőmestere Sümeg várából írott levelében jó pénzt ajánlott fel a csatlakozás fejében. Ez megváltoztatta Bakács Sándor véleményét, s rövidesen száz lovasát és gyalogosát elindította Batthyány Ferenc főgenerális táborába.

A keszthelyi vitézekkel együtt a szomszédos balatoni végvárak magyar katonasága is a németújvári táborba vonult. 1621 októberében Tóthi Lengyel Boldizsár már a Kőszeg alatti táborból jelentette Batthyány Ferenc főgenerálisnak, „... hogy én a pápai, veszprémi, cseszneki, csobánci, szigligeti, keszthelí, devecseri vitézekkel itt a táborban vagyok!”.

A vázsonykői katonaság királyi zsoldon lévő része – Bethlen Gábor hadainak közeledtére – elvonult a várból. Nem csatlakoztak a szentgróti vár magyar katonái sem, arra hivatkozva, hogy az elmúlt két évi fizetetlenség miatt még a puskájukhoz sem tudnak ólmot venni, s lovaikat sem képesek megpatkoltatni.[451]

A katonák engedetlenségének valódi oka az volt, hogy a kanizsai török pasa – Bethlen Gábor erdélyi fejedelem kérésére – török csapatokat küldött Szentgrót várához a Bethlen-párti hadak támogatására. A török segédcsapatok azonban a segítség helyett a Balatontól északra lévő falvakban barbárul fosztogattak és raboltak.

1621. október 11-én a morvaországi Nikolsburgban megkezdődtek a béketárgyalások Habsburg II. Ferdinánd császár-király és Bethlen Gábor erdélyi fejedelem és választott magyar király között. A békét 1621. december 31-én megkötötték, s az erdélyi hadak megkezdték a Dunántúl kiürítését.

A következő évben a balatoni végvidéken jelentősebb események nem történtek.

Az 1623 augusztusában kiújuló erdélyi háború során a budai és a kanizsai török pasalikok csapatai újra több, kisebb jelentőségű támadást hajtottak végre a Balaton térségében is. Az 1623. november 20-i hodini, majd az azt követő 1625. évi gyarmati békekötések a további hadakozásoknak véget vetettek. A gyarmati békekötést követően a Balatontól délre lévő Bolondvárat a törökök kötelesek voltak kiüríteni és átadni a magyar királyi csapatoknak. A várba benyomuló magyar katonaság a hajdani török erősséget lerombolta és megsemmisítette.

A hodini és a gyarmati békekötések után a balatoni végvidéken a viszonylagos békesség helyreállt.

Egy 1625. évi összeírás szerint Keszthely várában változatlanul Bakács Sándor volt a birtokos és a vár főkapitánya.

1626 nyarán Bakács Sándor birtokos és főkapitány meghalt. Farkas nevű fia vette át a birtokot és a főkapitányi méltóságot, de ő is rövidesen meghalt. A következő években – pontosan 1630-ban – a keszthelyi katonaságnak is súlyos emberveszteségei voltak a környéken dühöngő pestisjárvány miatt.[452]

Vázsonykő várában is személyi változások történtek: 1626-ban vázsonykői Horváth Gáspár meghalt, akit testvére, vázsonykői Horváth Zsigmond követett a birtokosi és főkapitányi méltóságban az 1626–1639 közti években. A vár magyar gyalogságának parancsnoka (vajdája) ezekben az években Berenczy Mihály volt. A vár magyar katonaságáról csak egy későbbi, 1639. október 13-án keltezett kihallgatási jegyzőkönyv nyújt adatokat.[453]

Tihany várának és az apátságnak az élén is személyi változások történtek. Kenessey Péter kapitány távozott a vár éléről, s 1623. szeptember 1-jén meghalt Herovics Mátyás apátúr, akinek helyét Ramocsaházy Mihály volt szentgotthárdi apát foglalta el. Az Udvari Haditanács a tihanyi vár élére 1623-ban Körtvélyessy Istvánt állította. A vár parancsnoka és az apátúr között már a következő évben megkezdődött a viszálykodás. A kapitány sorra foglalta el az apát tulajdonában lévő földeket: a vár alatt keletre elterülő szőlőskertet és szérűt, továbbá lefoglalta a vár és a Belső-tó között lévő két veteményeskertet. Elfoglalta a kapitány az apátság kaszálóit is, azokat lekaszáltatta, a szénát pedig elhordatta. 1625 júniusában pedig a várkapitány az apátság 21 hold szántóföldjét vette erőszakkal birtokba, s öt holdat a Dióshegy nevű dombokon. Ezzel az apátságot közel 100 magyar forint kár érte. Ramocsaházy apátúr az 1625. szeptember 8-ra összehívott soproni országgyűlésen bepanaszolta a kapitányt. Fenti sérelmei mellett közölte azt is, hogy a kapitány nem engedte elfoglalni a váron belül lévő házát, ahol kényelmesen lakhatna, és ahol néhány hordócska borát is elhelyezhetné. Ezért kénytelen a közeli Füred (Balatonfüred) faluban egy kicsi és rozzant viskóban lakni, igen kényelmetlen körülmények között, és állandó veszélyben a kóborló török katonák miatt. Az apát panaszára Zala vármegye alispánja 1627. február 8-án kiszállt Tihanyba, azonban a vár kapitánya és katonái őket sem eresztették be a várba. A vármegyei törvényszék egy közeli kunyhóban volt kénytelen összeülni. Miután a várkapitány nem volt hajlandó a megyei törvényszék embereivel találkozni és tárgyalni, azok a véghatározatot Székely Vencel gyalogos parancsnok és Nagy György tizedes jelenlétében hirdették ki. Az ítéletben elmarasztalták a vár parancsnokát, s kötelezték, hogy kárpótolja minden sérelméért az apátot.

Körtvélyessy István kapitány 1627-ben távozott a tihanyi vár éléről, miután Veszprém várának főkapitányává nevezték ki.

A következő hat évben – 1627 és 1633 között – Hathalmi Sándor, majd Kállai Miklós töltötték be a tihanyi várkapitányi tisztet. Ők jó viszonyt tartottak fenn Ramocsaházy Mihály apáttal, aki az 1627. májusi megyei törvényszéki végzés ellenére sem költözött be a várban lévő házába, hanem továbbra is Füreden lakott. Az apát megelégedett azzal, hogy a tihanyi várkapitányok és az őrség elismerte az említett ingatlanokra az ő tulajdonjogát. Tihany várának helyzete valamit javult azzal, hogy az 1630. évi országgyűlés erődítési ingyenmunkák dolgában Tihany várához rendelte a Somogy vármegyei Bálványos, valamint a Zala vármegyei Dörgicse falut is. Kállai Miklós várparancsnok távozása után, 1633 és 1644 között Szárszói Somogyi Jánost nevezték ki Tihany várának kapitányává. Az új parancsnok és Ramocsaházy apát között viszonylag nyugodt volt a kapcsolat. A vár helyzete is javult, ugyanis 1630-ra az országgyűlés a várakhoz szolgáló falvak jobbágyságának erődítési ingyenmunkáit módosították olyan formában, hogy ezek után évente négy jobbágyporta köteles volt tizenkét napra négy embert és egy szekeret küldeni. Ezt a kötelességet Zala vármegye később kibővítette azzal, hogy minden jobbágyporta köteles volt még évente hat szekér „várta-fát'', palánkkerítéshez szükséges cölöpöket szállítani a várhoz.

1630–1640 körül járt Tihany várában Martin Zeiler német utazó, aki az alábbiakat írta: „... Tyhan egy kis vár Veszprém és Sárvár között, benne egy 50-60 főből álló keresztény őrsereg. Szép és magas helyen fekszik, a Balatonnak egy szigetén, csak egy kapuja van, kívül semmi épület vagy gazdasági udvar. Ezért a katonák csak akkor jönnek ki belőle, ha ködös vagy sötét az idő. Egyébként a szigeten van szántóföldjük, a tó halban dús, szép erdők mindenütt, ahol mindenféle vad található, azonkívül a közelben van egy szép szőlőhegy, ezt azonban a behódolt parasztok elhagyták. A vártól egy puskalövésnyire jó forráskút van, és mellette egy régiség, nevezetesen egy sziklás hegyben kőből kifaragott szobák, kamra, konyha, pince, kápolna, asztal és ágy, úgy, ahogy évekkel ezelőtt laktak. Azt azonban, hogy kiktől származik a sziklába vágott mű, semmi biztosat nem lehet tudni. Azt tartják, hogy a remeték végezték ezt a munkát, akik ott laktak. András magyar király szívesen tartózkodott ezen a vidéken, és ő ott egy templomot és abban márványoszlopokkal ékes kápolnát épített, abban temették el őt, és sírját egy

Csobánc vára északról (XVII. századi rajz)

térdmagasságnyi vörös márványkővel fedték be. Jelenleg azonban a templom lóistálló, a kápolna pedig széna és szalma tárolására szolgál!”[454]

Az 1625. évi gyarmati békét követő viszonylagos nyugalom a balatoni végeken 1629-ben véget ért. Elsőnek a Segesd várában összpontosított török katonaság volt a békebontó. A későbbiekben Bekir azzal magyarázkodott a magyar nádornak, hogy a török katonák „... kimentek volt egynéhányan maguknak télre való életet (élelmet) venni pénzen, de a keszthelyi hajdúk meglesvén őket, reájuk ütöttek és sokat megöltek bennek (közülük)!”.

A meginduló török támadások magyarázata az volt, hogy a törökök még mindig érvényesnek tartották az 1552 után megalakított veszprémi szandzsákban lévő sümegi és csobánci nahijék községeinek adófizetési kötelezettségeit! Sőt az elvben meglévő veszprémi szandzsák nahijéinek számát még növelték is. Ugyanakkor a keszthelyi vár tövében lévő Keszthely mezőváros lakosságát pedig arra kötelezték, hogy közvetlenül a török kincstárnak adózzon.

A török csapatok – 1632–1640 között – az említett nahijék lakosságának megfélemlítésére portyázások sorozatát hajtották végre a zalai és balatoni területek ellen. A támadók elsősorban a kanizsai, segesdi, kaposvári és berzencei török várak katonái voltak.

Közel egy évtizeddel később, az 1642. évi szőnyi béketárgyalásokra összeírták a török portyázások kárait.

Ugyancsak egy korabeli jelentés szerint az 1632–1640 közti csatározások során a magyar várak embervesztesége a várak teljes őrségének mintegy egyötödét tette ki.[455] Svastics István zalavári kapitány – 1637. szeptember 28-án – jelentette Batthyány Ádám dunántúli főgenerálisnak, hogy jobbágyaival segítséget nyújtott a komári vár ledőlt palánkjának helyreállításában. Komár vára valóban nagy fontosságú volt, mert mélyen beékelődött a kanizsai török végvárak közé.

Az ugyancsak fontos Zalavár biztonságát Svastics István várkapitány felelőtlensége veszélyeztette. Sibrik Pál vicegenerális 1639. június 23-án panaszt tett Batthyány főgenerálisnál, hogy Svastics kapitány „... esztendő alatt két hetet ott benn (ti. Zalavárban) nem ül, hanem mind széllel nyargal. Ilyen végházat kordéra hagyni, nem érdemli az a kapitányságot. Most is halljuk, hogy oda voltak a törökök, meg akarták lepni, hanem a szentgyörgyiek lüttek (ti. a török közeledtére riasztólövéseket adtak le)!”

Így nagyobb baj nem történt. Sibrik vicegenerális ezért száz megbízható német katona kiküldését kérte Zalavárra. A veszély ugyanis változatlanul nagy volt: Svastics István kapitány 1639. július 4-én újra jelentette, hogy a törökök az éjszaka folyamán ismételten megkísérelték elfoglalni a hidvégi révet, de volt ott egy tizedalja magyar hajdú, azok rájuk lőttek, mire a törökök elkotródtak. Ezen a nyáron a törökök a Balaton vidékén is mozgolódtak: 1639. szeptember 27-én Szalay János veszprémi kanonok Csopak faluba ment, de másnap „... bizonyos török híreket hallván, a veszprémi várba visszamentek”.[507]

A kezdeti időben a kezdeményezés a törökök kezében volt. Az első jelentősebb magyar támadásra 1639. november elején került sor: a balatoni végvárak katonasága – Batthyány Ádám főgenerális csapataival együtt – Kanizsa alá vonult. A részletek azonban ismeretlenek.

A nagy fontosságú Zalavárt valóban veszélyeztette Svastics István várkapitány felelőtlensége. A következő év áprilisában Svastics újra hosszabb időt töltött Zalavártól távol. Szombathelyen tartózkodott, onnan kért feletteseitől gabonát a zalavári őrség részére. Ezt követően –

októberben és a téli hónapokban – megint nem tartózkodott Zalavárban, hanem Torony faluban volt, s innét kérte Batthyány Ádám főgenerálist, hogy fogadjon a vármegye pénzén húsz gyalogos katonát a Zalavár körül befagyott mocsarak jegének feltörésére.

A Svastics István esetéhez hasonló fegyelmi vétségek gyakoriak voltak a zalai és balatoni végvidéken. Pölöskei Eördög István 1641. március 26-án panaszt tett Batthyány Ádám főgenerálisnak, hogy a zalavári és még öt más végvári kapitány távol volt erősségétől, pedig „... az török megint fölgyülekezett, és minden nap a végházak alját nyargalja!”.

A szakadatlan csatározások kölcsönös fogolyejtéssel jártak. Egy ilyen ügyben kereste fel – 1640. május 8-án – levelével Batthyány Ádám főgenerálist három foki (siófoki) török tiszt: Musztafa és Deli aga, valamint Zafir „kapitányi-aga”. Zafir lehetett a foki palánk parancsnoka, a másik kettő, mivel „vízi-agáknak” nevezték magukat, a foki kikötőben összpontosított hajósok, naszádosok parancsnoka volt. A három török tiszt egy Juszuf nevű török fogoly ügyében írt a dunántúli magyar főgenerálisnak. Arra kérték, hogy a nevezett török foglyot engedjék szabadon, hogy sarcát összegyűjthesse.[456]

1640. augusztus elején a Kanizsa környéki török katonák a hidvégi (balatonhidvégi) révet rohanták meg: „... az révet elvagdalták, ott is fejet vettek, és Szalavár táján is, az hol a révészek voltak éjjel, azt az hajlékjokat avagy kalibájukat pedig fölégették!” – írta Keglevich Péter vicegenerális egyik jelentésében.[457] Batthyány Ádám főgenerális erélyes hangú levélben figyelmeztette Ákosházi Sárkány Miklós keszthelyi kapitányt – akinek felügyelete alá tartozott a hidvégi rév őrizete is –, hogy az átkelőhelyeket szigorúan őriztesse! Ákosházi Sárkány Miklós 1641. február 2-án írott válaszlevelében magyarázkodott: „... Mindenüvé, mind Edericsi átkelőre, Györkire, Fenékire és itt a mi tájékunkon is mind vigyáztatok erősen, minden átkelőre tíz hajdút küldvén egy-egy tizedessel.”[458]

Ez a válaszlevél azon a napon íródott, amikor már javában tartott a dunántúli magyar végvidék katonaságának egyik legnagyobb erejű balatoni támadása Tapolca térségéből a Balatontól délre fekvő török–rác Igal erőssége ellen. Ugyanis a megelőző török–szerb támadások tömérdek kárt okoztak, és nagyszámú magyar foglyot hurcoltak el a balatoni magyar végvidékről. Ezt szándékoztak megtorolni, illetve foglyokat szerezni a magyar foglyok kiváltására. A támadás fő szervezője és parancsnoka Batthyány Ádám dunántúli főgenerális volt. A támadásra felvonuló magyar csapatok Körmend, Csákány és Rábahidvég várainak körzetében gyülekeztek. A sereg derékhadát a Batthyány Ádám főgenerális alá tartozó két hadnagyság 890 magyar lovasa alkotta.

A derékhad 270 főnyi gyalogságának Hidassy András körmendi vicekapitány volt a parancsnoka. Nádasdy III. Ferenc gróf 112 főnyi lovassággal csatlakozott a derékhadhoz. Számos volt Somogy vármegyei birtokos nemesúr is jelentkezett fegyvereseivel a sereghez, hogy egykori birtokaik szerb és iflák lakosságán behajtsák az elmaradott adókat. A dunántúli magyar hadak Tapolca vára alá vonultak, ahol a zalai és balatoni végvidék mintegy 33 végvárából 1715 főnyi magyar katonaság csatlakozott a derékhadhoz. A dunántúli és végvidéki katonaság pontosan 2987 főt tett ki, de a szabadon csatlakozó nemesség és fegyveresei a létszámot megközelítőleg 4000 főre emelték.

Az összegyűlt sereg 1641. február 1-jén indult meg, Batthyány Ádám főgenerális naplójegyzete szerint: „... Indultunk meg az Balatonon által Nagy Tapolcáról az rácokra!” A támadás Igal palánkerősség ellen irányult, mely várat a törökök – a békeszerződések tilalmai ellenére – építették 1632–1633-ban. Igal egy „várból" és a hozzá csatlakozó és palánkokkal megerődített Igal „külsővárból" állott. Őrsége Malkocs aga dizdár (várparancsnok) és még két aga (kapitány) parancsnoksága alatt álló mintegy száz szerb martalóc-gyalogos katonából állott. A magyar csapatok 1641. február 2-án valahol Fonyód körzetében keltek át a befagyott Balatonon, s még ezen a napon elérték Igal török palánkvárat. Az erősség őrségét váratlanul érte a magyar támadás. A magyar katonaság elözönlötte a külvárost és a várat: Malkocs aga dizdár elmenekült (míg családja fogságba került). Ugyancsak a sümegi magyar katonák fogságába került a másik – Abdi nevű – aga, míg a harmadik – Ibrahim – aga a harcban hősi halált halt.

Musza pasa budai beglerbég – Esterházy Miklós nádorhoz írott panaszlevelében az alábbiakat írta a magyar támadásról: „... Batthyány maga jelen lévén összve gyűjtött sok néppel, az Balatonon által ment, és egynéhány hódolt falut, az faluknak keresztény földes uruk is jelen lévén, semmivé tettek, az szegény keresztény hódult embereket rabul vitték és mindenféle marhájukat is elhajtották, egy része azon szegény kereszténységnek [itt a keresztény görögkeleti szerbekről beszélt a pasa! – Sz.] egy palánkba szorulván maguk megtartásokért Iglában (Igalban), azon palánkot rajtok gyújtván megégették, benne való szegény kereszténységet levágták..." A koppányi szandzsákbég ugyancsak a magyar támadással foglalkozó levelei szerint a magyar támadók 5-6000-en voltak „Bakjanogli" (Batthyány) vezetésével. A magyarok lerombolták és felégették Igal „ párkányt és kastélyt", elvitték a vár fegyverzetét és tüzérségi felszerelését, ezernél több embert elhurcoltak, s elhajtottak 3-4000 juhot és 2-3000 egyéb állatot.

Esterházy Miklós nádor is beszámolt Magyarország főkancellárjának az igali támadásról: „... Az mint Batthyány Uramnak meghattam vala, hogy az Anyja temetésének színe alatt össze gyűjtse az hadakat, mindgyárt másnap az temetés után menjen által az Balaton jegén és raboljon valami rácz falukat el, magukat és marhájokat elhozván, hogy akár csak az innen elvitt rabokat azokon válthassuk meg. Emberül megcselekedte és jó szerencsével járt, minden kár nélkül egy török kastélyt, Igal nevűt Koppány és Kapos között, az kit az végzés (békekötés) ellen építettek volt, felvervén, az öregit az törököknek levágták, s a fehércselédet (nőket) és ifijakat, gyermeket, s minden marhájokat kihozván, földig égettette, azonkívül négy közel való rácz falut is [ti. Dada, Örs, Kér és Kovászna falukat – Sz.], az kikben inkább mind zsoldos rácz lakott, hasonlóképpen népét, marháit elhozván, az falukat porrá tette, úgyhogy ötödfél száz (kb. 550) emberig török és rác ki elveszett, s rabbá esett mostani útjában..."

Az összesítő adatok szerint Igalból és a másik négy rác faluból összesen 397 embert hurcoltak el, akik közül csak 40 ember volt muzulmán, zömében ezek is bosnyák muzulmánok.

A magyar csapatok 1641. február 3-ra Körmendre visszatértek. A végvári katonák pedig Komár, Zalavár, Sümeg stb. váraiba vonultak, ahol a szerzett zsákmányt az ún. vitézi vásáron, a kótyavetyén eladták. A foglyok közül 33 embert (26 rácot és 7 mohamedánt) 1641. február 18-án a parancsnokoknak ajándékoztak (ezek között Batthyány főgenerális nyolc embert kapott), a többi rabot eladták. Az eladott zsákmányon összesen 14 257 forint 30 dénárt szedtek össze. A befolyt pénzösszeget felosztották a hadjáratban részt vevő katonák között: minden ember 4 forint 60 dénárt kapott. A harcok során kárt vallottak külön kárpótlást is kaptak. Aki viszont a hadjárat során törököt levágott, fejét vette vagy török rabot fogott, az a nyereségen kívül még 3 forintot kapott.

Musza pasa budai beglerbég panaszlevele szerint a koppányi török szandzsák török csapatai üldözőbe vették a Balaton felé visszavonuló magyar csapatokat és „... egynéhányat elvesztettek bennek, Batthyánynak egy fő emberit megfogták és közünkben vagyon!”.[459]

Az elpusztított Igal palánkot és kastélyt Szokollu Haszán kanizsai pasa – a magyar és rác lakosság kényszermunkájával – néhány hónap alatt újjáépítette, s parancsnokává újra az elmenekült Malkocs agát tette.

Feltehetően Ányos Péter komári vicekapitány volt a török fogságba került magyar tiszt, akit 1641 márciusában várbeli bajtársai, tisztek és közkatonák közösen összeadott pénzen, 1159 forint 401 dénáron váltottak ki a török rabságból. Batthyány főgenerális két török rabot adott a váltságdíjhoz.

Voltak nehézségek is a kótyavetyéken. A hadjáratban részt vevő keszthelyi magyar vitézek – egy várható török támadás veszélye miatt – nem tudtak elmenni a Sümeg vára alatt tartott kótyavetyére. Ezért aztán semmit nem kaptak a zsákmányból, mire ők 1641. március 30-án levélben kérték meg Batthyány főgenerálist, hogy juttassa el nekik a törvényesen járó részt.

Az emlékezetes igali magyar támadás évében változás zajlott le Vázsonykő várával kapcsolatosan. Ugyanis vázsonykői Horváth Zsigmond még 1638-ban meghalt, s ezzel a várat birtokló Horváth család egyesen ágon kihalt. A komplikációt az idézte elő, hogy vázsonykői Horváth Zsigmond özvegye, Vizkelethy Éva asszony 1643-ban újra férjhez ment egy buzini Keglevich Ferenc nevű nemesúrhoz. Ekkor lépett elő egy rokon, Horváth Zsigmond unokatestvére: vázsonykői Horváth György, akivel még 1627-ben megosztoztak minden vagyonukon. Még Vázsonykő várát is megosztották egymás között.

Hasonlóan osztozkodtak a váron kívüli ingatlanokról – malmokról, rétekről, halastóról – is. A kocsmáltatási jogról a várbeli katonákkal kellett osztozniuk, úgy hogy a kocsmatartás joga – Szent Mihály napjától (szeptember 29-től) húshagyókeddig – a vitézeké volt, a többi napon pedig a földesúri Horváth családé.

Miközben megindult a per Horváth Zsigmond özvegye Vizkelethy Éva asszony és Horváth György között (mely per majd néhány év múlva, 1646 nyarára tetőzött egy véres összecsapásban), Vázsonykő várának katonasága élte a maga életét. Ezekben az években – 1641–1644 között – Cselényi Benedek, majd Csanaki Balázs volt Vázsonykő várának kapitánya. Miután a szakadatlan csatározásokban törökök, magyarok egyaránt fogságba kerültek, a foglyok kiváltása volt a katonák legnagyobb gondja.

A török csapatok azonban nemcsak a Balatontól délre, illetve északra támadtak, hanem egyre gyakoribbá váltak a Balaton vizén át véghajtott sajkás támadások is az északi partvidék falvai ellen. Egy 1641. szeptember 24-én írott levélben Csáktornyai István tiszttartó arról értesítette földesurát, Batthyány Ádám főgenerálist, hogy a szüret miatt most nem mehet el hozzá Körmend várába, mert ilyenkor „... itt és a Balaton mellett nagy félelemben vannak a törökök, kiváltképpen a török sajkások miatt”. Ugyanis a tó déli partján lévő foki (siófoki) török palánkból számos esetben eveztek át sajkáikon a török katonák, s ütöttek rajta az északi part falvain.

Az igali magyar portyát követő török megtorló támadások 1643-ban is tovább folytatódtak. Július első napjaiban – mint arról 1643. július 7-én tett jelentést Bessenyei István komári várkapitány Batthyány Ádám főgenerálisnak –

a törökök „... két csatát indítottak: az egyiket a kanizsaiak a Muraközbe, a másikat a babocsaiak Szentgyörgyvár alá. Mind a két rendbéliek gyalázattal (kudarccal) jártak. És amint nékem Szigetből (Szigetvárból) egy ember meghozta a hírt: Szentgyörgyvár alatt hetvenet (ti. török katonát) vagdaltak le, egyet sem fogtak elevent, s Csáktornyán is ugyan sok (török) fejet raktak föl (ti. a vár falára)."

A következő évben már februárban megkezdődtek a balatoni végvidéken a török támadások. Veszprém várában egy 1644. február 14-én írt levél szerint a török csapatok a befagyott Balatonon át támadtak, elérték a tó északi partvidékét, s ott szétszéledtek – rabolni és fosztogatni – a falvakban. Ellenük a veszprémi és vázsonykői várak katonaságát azonnal harcba vetették. A magyar katonáknak sikerült visszavonulásra kényszeríteni a török csapatokat. A harcban négy török katonát elfogtak, ötnek pedig fejét vették.[460]

1644 februárjában Bessenyei István komári várkapitány jelentett Batthyány Ádám főgenerálisnak: „... Azért Nagyságodnak azt írhatom, hogy az egész végbeli törökök felgyülekezvén, ki mondja kétezernek, s ki mondja háromnak, Keszthelyt akarták megrablani és által bocsátottak az jégen valahány lovast kémlődni, azok meglátták, hogy az vitézöknek feles tüzük vagyon ott Keszthely előtt, visszamenvén megmondták az dandárnak [ti. a török főseregnek – Sz.], hogy Keszthelen sok gyűlt nép vagyon, így nem mertek rájuk menni, hanem visszatértek."

A török csapatok Keszthely helyett Zalavárt támadták meg. Svastics István zalavári kapitány 1644. február 22-i jelentése szerint „... nagy roppant seregekkel, kiterjesztett zászlókkal Zalavár alá mentek...", majd eredménytelenül visszavonultak itt is. Pedig Zalavár szörnyű állapotban volt: „... Rongyos, mint egy mostoha, elhagyott árva! Mert nincs romlottabb végházunk Szalavárnál!" – írta Svastics István zalavári várkapitány Batthyány Ádám főgenerálisnak.

A zalavári kudarc után a kanizsai török csapatok áttörtek a zalai magyar végvidéken, s Türjéig törtek előre: „... A türjei palánkot megütötték, 19 leányt, 13 gyermeket, 8 asszonyembert elvivének!" – írta egy jelentés.[461]

A törökök 1644 nyarán is folytatni akarták támadásaikat. Elsősorban a Balatonon át. Bessenyei István komári várkapitány jelentette, hogy „... onnan alulról a törökök 132 hajót hoztak a Balatonra, melyeket a török vízivárak – a szemesi Bolondvár és Fok között – osztottak szét!".

Az 1644. évi nyári hadakozásokról adatok nem maradtak fenn. A harcoknak – minden bizonnyal – az 1644 novemberében a Balaton vidéken kirobbanó pestisjárvány vetett véget. „... Soha végházak ilyen veszedelemben nem voltak – írta Bessenyei István komári kapitány 1644. november 21-én –, Komárból közel hatszáz ember holt ki öregestől, apróstól, Egerszegről kilencszáz, Körmendről mind elhaltak. Zalavárott, Szentgyörgyvárott és Bélben derekasan most vannak rajta!" A pusztító járvány hatására – mivel a járványt a zalabéri és kapornaki várak parancsnokai is megkapták! – Svastics István zalavári kapitány azonnal biztonságosabb helyre költözött, s még 1645 tavaszán sem volt a rábízott végvárban![462]

Az 1646. évben valamicskét elcsendesedtek a zalai és balatoni végek. A nyugalom azonban nagyon viszonylagos volt. A Kanizsa körüli török végvárak és végházak katonasága bármikor támadásra készen állott! Találóan írta le az állandó török veszélyt Könczöl Mihály komári gyalogos vajda Batthyány Ádám főgenerálisnak 1646. április 3-án írott levelében: „... Tudgya Nagyságod, ezek a pogány ebek közel laknak egymáshoz, két, három ágyúlövésre hamar Kanisára felgyülekezhetnek, és azt cselekedhetik, amit akarnak!"[463]

Az 1646. év viszonylag nyugalmas tavaszán–nyarán Svastics István zalavári kapitány jelentős építkezéseket hajtott végre Zalavárott, mert a Zala-folyó „... az hidainkat és töltéseinket nagy helyen mind elvitte!". Az építkezés hevében a régi és nagyon romlott várkaput is le akarta bontani. Mivel ehhez főgenerálisi engedély kellett volna, ettől végül is eltekintett.

Ramocsaházy Mihály tihanyi apátúr 1645. évi halála után a király a görög származású Makripodari Jacint dominikánus szerzetesből lett címzetes püspököt nevezte ki tihanyi apátnak. Az új apát sem lakott Tihany várában, arra hivatkozva, hogy ott lévő összes javait a végvári katonák bitorolják, és az apátság egyébként is a törökök torkában van. Képviseletét egy szerzetestársa látta el. Nagyjából ezzel egyidejűleg távozott Tihany várából Szárszói Somogyi János várkapitány is, akinek helyét Karasics Mátyás (1645–1661) vette át.

A tihanyi apát 1647 májusában szerződést kötött az új várkapitánnyal, mely szerződés szerint az apátság által visszaperelt tihanyi földeket a vár katonasága csekély bérért újra művelhette. A szerződés viszont előírta, hogy a vár őrsége köteles volt a régi kolostor templomából eltávolítani a puska- és ágyúlőporraktárat, melynek pótlására az apát egy új épületet építtetett. A templom felső szomszédságában levő épületeket a várbeli hajdúk átadták a plébánosnak, s ők az alsó részen lévő házakba költöztek. A szérűt és a pajtáskertet továbbra is a várkapitány használhatta. Megegyezés született a kocsmatartás jogában is: július–augusztus hónapokban csak az apátúr borát mérhették, a többi hónapban a kapitány és a várbeli hajdúk borait árusíthatták.[464]

Karasics Mátyás kapitánysága idején – 1651-ben – járt Tihany várában Octavian Leuckhard császári-királyi hadmérnök, aki a várról az alábbi leírást közölte: „... Az erődítmény nem más, mint a kolostorfalak megmaradt darabjai, s valamicske közéjük rakott kerítés. A védelmi vonalra előírt formák teljességgel hiányoznak. Belülről is annyira szűk és olyan rosszul készített, jobbára fából, sövényből, sárból, gallyból, szalmából, tehát tűzveszélyes anyagokból épült, hogy csaknem jobban kell félni az ellenségtől odabent, mint kívül. Minthogy a házak és sáncok szinte egyáltalán nincsenek elválasztva egymástól, ha tűzeset következnék be, szinte lehetetlenné válik az, hogy ezek az emberek a sáncokon állhassanak és harcolhassanak. Mégis, ha ez a Tyhany felépülne, nagy szolgálatot tenne... Miután ez a hely... a kis véghelyekhez viszonyítva magas őrhely és mintegy előbástya, ezért könnyen nyílik lehetőség arra, hogy híreket lehessen szerezni a tó túlsó partjáról. Miután ezen a végházon sok esztendő óta csak igen keveset javítottak, eltekintve egy rondellától, s egy félig felépített bástyától, valamint egy, a váron kívül eső új kúttól, éppen ezért nagyon szükséges már itt mielőbb nemcsak egy javítás, hanem sokkal inkább egy újjáépítést sorra keríteni, s ezt meg kell tenni elsősorban az itteni rossz védelmi vonal miatt..."

Tihany várának leírása után, Octavian Leuckhard császári-királyi hadmérnök javaslatot tett arra, hogy itt, Tihany vára alatt is egy hadikikötő létesítése volna szükséges, honnét támadásokat lehetne végrehajtani a törökök kezén lévő túlsó part ellen, illetve az itt összpontosított hajókkal el lehetne hárítani a túlsó, török oldalról indított támadásokat.[465]

A Balaton északi, magyar partvonalán kiépítendő hadikikötők és sajkás alakulatok felállítása más balatoni várak esetében is felmerült.

Tóthy Lengyel Gáspár – Szigliget várának birtokosa és kapitánya – 1647 áprilisában jelentette levelében Zala vármegyének, hogy: „... Az egész Balaton vidék innenső fele, várbeliek, falusiak sok kárt szenvednek a török sajkásoktól, nem lévén nekünk hajónk. Ezért embereink sokszor török fogságba estek. Ezért én saját költségemre hozattam sajkákat saját szigligeti várunkhoz, és attól kezdve nem is volt annyi kegyetlensége a törököknek!" Lengyel Gáspár egyúttal arra kérte Zala vármegye vezetőit, hogy rendeljenek ki négyszáz embert Szigligetre, hogy a vár alatt (az ún. Révhelyben) veszteglő hajók számára utat vágjanak a nádasokban. Ugyanis amíg a törököknek ezer ember átszállításához alkalmas hajóhaduk vesztegel kifutásra készen Foknál (Siófoknál), addig ő nehezen tud mozogni hajóival a nagy nádasok miatt.

A hadisajka-kikötő védelmére ugyancsak Tóthy Lengyel Gáspár egy kis erődítményt is építtetett a szigligeti Óvár csúcsán, mint írta egy levelében: „... az azután való kastélkát a saját költségemen is megcsináltattam hazánk oltalmára!" A szigligeti vártól délre, a „Királyné szoknyája" elnevezésű, kúp alakú hegyen ma is felismerő az a téglalap alaprajzú, egyik végén négyzetes, másik végén ötszögű toronnyal megerősített, Óvár elnevezésű erődítmény maradványa, amely a Révhelyet védelmezte.[466]

Tóthy Lengyel Gáspár kérését azonnal teljesítették. Zrínyi Miklós – aki abban az időben Zala vármegye főispánja volt – 1647. április 11-i levelében utasította Sáry Gergely főszolgabírót: „... Lengyel Gáspár értesítéséből értjük, hogy az ott való szigetének vágását kellene a hajók kedvéért elvégezni!" Levelében parancsot adott, hogy Zala vármegye bocsásson két napra kétszáz embert a kérés végrehajtására.[467]

Szigliget közelében, a Keszthely kolostorerődnél is volt egy kis magyar hadi kikötő. A Tihany váránál említett Octavian Leuckhard császári-királyi hadmérnök 1651-ben Keszthely várát is meglátogatta, és leírást készített róla: „... Ez a végház alapjában véve nem más, mint egy öreg, elhanyagolt szerzetesi klastrom, amelyből ma már mást sem lehet látni, mint az ugyancsak nagyon romladozó templomot, melyet élelmiszer és lőszer tárolására használnak. Egyébként azonban fekvése miatt ez a hely egy fontos harcálláspont elsáncolására lenne alkalmas.

A hadmérnök itt tett említést arról, hogy a vártól a Balatonig egy – hegyes karókkal és árokkal megerősített – hajózható csatorna húzódott, s így a hajók a vár tövében tudtak meghúzódni, és itt védve voltak minden támadástól.

Ebben az időben Keszthely várának birtokosa és főkapitánya az 1626-ban meghalt Bakács II. Sándor fia, Bakács Farkas volt. Rövidesen ő is elhunyt, s az ő fia örökölte a vagyont és a főkapitányi címet. Ez a személy Bakács III. Sándor volt, aki világtalan és testileg csenevész emberként nem sok ügyet-gondot fordított Keszthely kolostorerődjére. A várkapitányi tisztet Ákosházi Sárkány Miklós látta el, s ő igyekezett gondját viselni az omladozó keszthelyi várnak. 1648 júliusában levelet írt ezzel kapcsolatosan Batthyány Ádám főgenerálisnak. Közölte, hogy az épületek omladoznak, s a tetőzetet is javítani kellene, ugyanis különösen féltette az épület bolthajtását, „... hogy az a sok eső miatt megerőtlenedik!".[468]

Octavian Leuckard császári-királyi hadmérnök 1651-ben Vázsonykő várát is meglátogatta, és leírást közölt erről a várról is: „... Ez a hely alacsony halmok között terül el, vidéke erdős és termékeny. Van itt egy várkastély, várfalakkal meglehetősen jól megépítve. Van egy tornya és mocsaras sárral megtöltött várárka is, mely a vár körül vezet végig." Ezt követően részletesen taglalta, hogy a vár nagyon kedvezőtlen helyzetben van, miután magaslatok veszik kö-

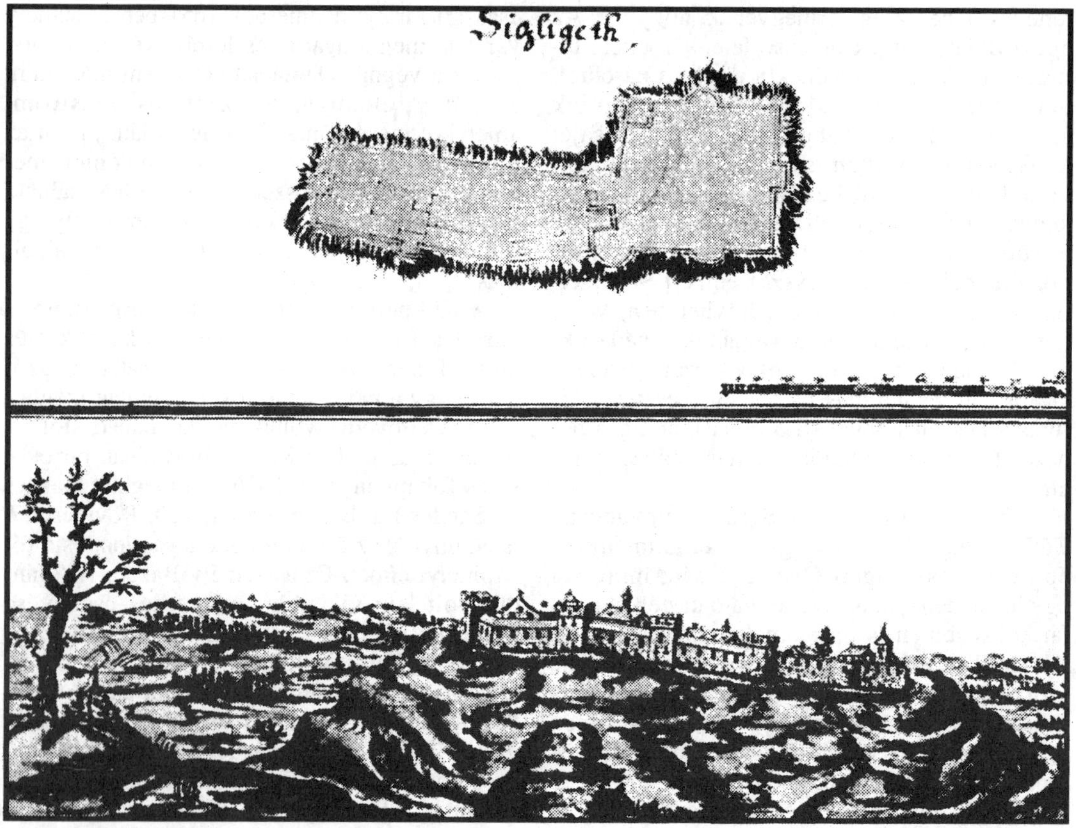

Szigliget alaprajza és távlati képe a XVII. századból

rül, mely lehetőséget biztosít a támadók részéről a belövésre.

Leírta azt is, hogy a kerítéseken sok helyen látszanak a törökök által korábban ütött rések és törések. Azonkívül a falakon nem lehet körbemenni a ráépített házak miatt. „... Mindent meg kell tenni, hogy ez a hely védelemre alkalmas állapotba kerüljön" – fejeződött be a jelentés.[469]

Özvegy Horváth Zsigmondné Vizkelety Éva (1643 követően Keglevich Ferencné) és vázsonykői Horváth György évek óta húzódó pere 1646 nyarára válságos helyzetbe jutott. Az összecsapást egy távoli falu, Somlószőllős birtoklásának ügye váltotta ki. Ugyanis a perben a nádori ítélőmester Somlószőllős falut Horváth Györgynek ítélte, azonban a birtokba iktatás ellen Keglevich Ferencné Vizkelety Éva asszony tiltakozott. Az összecsapásra az adott okot, hogy mindkét pereskedő fél – jogainak védelmében – fegyveres erőt vett igénybe. Vázsonykői, Horváth György a Devecser vára mellett tanyázó szabad hajdúkat, Keglevich Ferencné pedig a Vázsonykő váránál lakó szabad hajdúkat bérelte fel Somlószőllős falu megszállására.

A Vázsonykő váránál tanyázó, de az őrséghez nem tartozó és így zsoldban sem lévő szabad hajdúk vezetője egy Laskóy András nevű személy volt, akivel Keglevichné Vizkelethy Éva asszony tárgyalt. Ugyanis a győri főkapitány megtiltotta a király zsoldján lévő katonáknak és magának nemes Sobry Gergely vázsonykői vajdának és helyettes várkapitánynak, hogy a nemesség dolgába (ti. a két pereskedő főúr perébe) beavatkozzanak!

Csak Öcs faluban közölte a szabad hajdúkkal Laskay András, hogy Somlószőllős faluba mennek, de ott semmi gonosz dolgot nem művelnek. Valójában véres összetűzésre került sor Somlószőllős faluban a vázsonykői és devecseri szabad hajdúk között, melynek során egyes vallomások szerint kettő – más vallomás szerint ennél több – vázsonykői szabad hajdú halt meg.[470]

A fenti erőszakoskodás ügyében kibontakozó per még tartott, amikor a következő év őszén, 1647. szeptember első napjaiban a foki (siófoki) törökök négy hajóval áteveztek a Balatonon, s egy negyvenfős csoportjuk Veszprém vára felé nyomult előre. A veszprémi vár parancsnokának 1647. szeptember 28-i jelentése szerint a veszprémi vár magyar katonái szembe mentek velük és megtámadták a török katonákat. Az összecsapásban a magyarok kerekedtek felül, huszonkilenc török katonát levágtak, s többeket fogságba ejtettek, mint arról a vár kapitánya jelentést tett: „... behozták őket (Veszprém várába) és velük együtt huszonkilenc fejeket, a hajókból is kettőt elfogtak, és az elszaladottak közül is halt meg egynéhány!"[471]

Néhány nappal később – az 1647. szeptember 19-ről 20-ra forduló éjszaka – viszont már a balatonhidvégi rév ellen támadtak a török csapatok. Bessenyei István komári kapitány már a támadás másnapján jelentette az eseményt Batthyány Ádám főgenerálisnak: „... Ez éjjel a törökök fölmenvén az Bozód mellett az révre, és ott tapasztalván az révészeket, hatot magukkal elvittek, vagdalás és lövés is esvén szegényeken. Ez is a kapitány (ti. Svastics István zalavári várkapitány) gondviseletlensége miatt esett, mert az négy-öt legény szépen megőrizhetné (ti. a Zala folyó révjét), hogy ott semmi kár nem esnék."

1647. szeptember 24-én Bessenyei István komári várkapitány már azt is jelentette, hogy a zalavári magyar katonák elsüllyesztették a balatonhidvégi révben a kompot és a „gyalog-hajókat" is, s ezzel – a révtől délre fekvő és a török végházak közé ékelődő – Komár várát teljesen elvágták Magyarországtól. Miután Batthyány Ádám főgenerális ezt számonkérte Svastics István zalavári kapitánytól, azzal mentette az magát, hogy hajdúi „... mind csépelni járnak!". Ő hajlandó katonáival őriztetni a balatonhidvégi Zala folyó révjét, csak aztán a várral ne történjék veszedelem, mert a sereg zúgolódik, hogy a zalavári két kaput és a révet is őriznie kell!

Nyilván Svastics várkapitány kérésére – Vas nevű zalavári vajda és a zalavári magyar katonák, 1647. október 16-án – levelet írtak Batthyány Ádám főgenerálisnak. Mentegették kapitányukat, hogy nem az ő parancsára süllyesztették el a hidvégi révben a kompot. Ugyanis attól tartottak, hogy Szentgyörgy felől a törökök támadni fognak. Egyébként a kompot már ki is emelték a víz alól. Azelőtt csak aratáskor őrizték a révet, most azonban a kapitány parancsára állandó őrséget állítottak. Ehhez azonban kevesen vannak, mert Zalavárban is három helyen kell őrséget adniuk. Kérték ezért, hogy mivel a hidvégi rév a szentgyörgyvári (vagy békavári) uradalomhoz tartozik, őrizzék ők a révhelyet! Miután ez nem sikerült, Svastics István zalavári kapitány a komári vár őrségére akarta hárítani a rév őrzését, mondván, hogy elsősorban az ő érdekük a rév fenntartása. Nádasdy Ferenc főkapitány azonban 1648 februárjában a javaslatot visszautasította, s parancsot adott ki, hogy a balatonhidvégi révet a zalavári seregnek kell a továbbiakban is őrizni! Végül Batthyány Ádám főgenerális parancsa is a zalavári őrségre hárította a balatonhidvégi rév őrzését.

1648 augusztusában újra török támadás érte a balatonhidvégi révet. Svastics István zalavári kapitány Turós komári kapitányt vádolta, hogy ő nem adatott le figyelmeztető ágyúlövéseket, s ezért lephették meg a törökök a balatonhidvégi révet! Svastics közölte, hogy a révhez tíz katona kell, a zalavári őrséget is 22 ember látja el, ennyi embert pedig nem tud kiállítani. Hiába volt minden magyarázkodás, Zala vármegye 1648. augusztus 17-i közgyűlése Svastics István zalavári várkapitányt tette felelőssé, mert ő „... ritkán lakik a (zalavári) végházban", s a vár „... nem ő kegyelme vigyázásából, hanem a jó Isten irgalmasságából maradott kéznél a pogány miatt!".[472]

Miközben a harcok jelentős része a Balatontól délnyugatra zajlott, néhány török csapat elérte a Balaton-felvidéket is. 1647-ben a törökök Veszprém vára felől megközelítették Vázsonykő várát.

A zalai végek csapatai az egerszegiek vezetésével jelentős támadást indítottak a Kanizsa környéki török végvidék ellen. A támadás részletei ismeretlenek. A megtorlás nem maradt el: Keglevich Péter generális 1648. június 10-én jelentette, hogy a török öt zászlóval (öt századnyi erővel) Komár vára felé nyomul előre.[473] A további részletek ismeretlenek.

A Balatontól délre tanyázó török csapatok még télvíz idején sem nyughattak. Pázmány Miklós veszprémi főkapitány 1648. február 12-én jelentette Batthyány Ádám főgenerálisnak „... az Törököknek (újabb) nagy csintalanságát", melynek során feldúlták Szentkereszt falut, ahonnan háromszáz embert hajtottak rabságba. Pázmány főkapitány egy ellentámadást javasolt Batthyány főgenerálisnak, mivel „... Az idő jól szolgálna most az Balaton kemény megfagyásán minekünk is az Hódolt falukra!".

Nem tudni, hogy a fenti ajánlat jóvoltából sor került-e egy 1649. évi támadásra. A magyar lovascsapatok Szentgróton, a gyalogos erők pedig Keszthely váránál gyülekeztek, majd onnan Zalaváron át Egeracsára vonultak, ahol bevárták Batthyány Ádám dunántúli főgenerálist és csapatait. Az események részletei ismeretlenek.[474]

1649 tavaszán újra a balatonhidvégi rév ügye került terítékre. Pethő László komári kapitány 1649 márciusában felajánlotta Batthyány Ádám főgenerálisnak, hogy bízzák a hidvégi révet a komári magyar seregre, de ennek fejében „... járjon ide az rév-pénz minékünk, s azután nem búsítják az zalaváriakat vele!". Alig ment el a fenti ajánlat, amikor 1649. április 8-án délután 2 óra tájban a török csapatok újra megrohanták a balatonhidvégi révet. Az erről szóló jelentés szerint: „... az egyik révészt a vízben ölték, a másik szegény, mint a réce, úszva elszaladott, de már korábban két lövést kapott, testében maradt mindkét golyó!" Az emberek úgy megrettentek, hogy révész szolgálatra senki nem vállalkozott, bár eddig a révpénz egyharmadáért szívesen vállaltak itt szolgálatot. Most már a révpénz feléért sem jött ide senki. Batthyány Ádám főgenerális elrendelte, hogy a zalaváriak szerezzenek révészt, de 1649. június 10-én Vass György és Matkó Gergely zalavári vajdák megint csak azt jelentették: nincs rá vállalkozó.

Még a várbeli hajdúk sem vállalták el ezt a munkát.

Pedig szabad munkaerő bőségesen volt itt a dunántúli – a zalai és a balatoni – végeken. Részben a várak környékén, részben erdőkben, hegyek között nagy számban tanyáztak az ún. szabad hajdúk, akik zsold fejében szívesen álltak bárkinek a szolgálatába. Számuk olyan nagy volt, hogy az 1647. júliusi magyar rendi országgyűlés is kénytelen volt velük foglalkozni: „... A Veszprémben, Tihanyban, Keszthelyen, Vázsonyban, Szigligeten, Devecseren és másutt ... szerteszét tartózkodó szabad vagy kóbor hajdúkra nézve, akiknek semmiféle lakóhelyük nincs, és nem is katonáskodnak, sem dolgozni nem akarnak, hanem a szomszéd nemesek és szegény alattvalók legnagyobb sanyargatásával s kárával, egyedül fosztogatásból és rablásból tartják fönn magukat és övéiket... azokat az őrségi katonák közé kell besorozni és így katonai

Csobánc alaprajza és távlati képe a XVII. századból

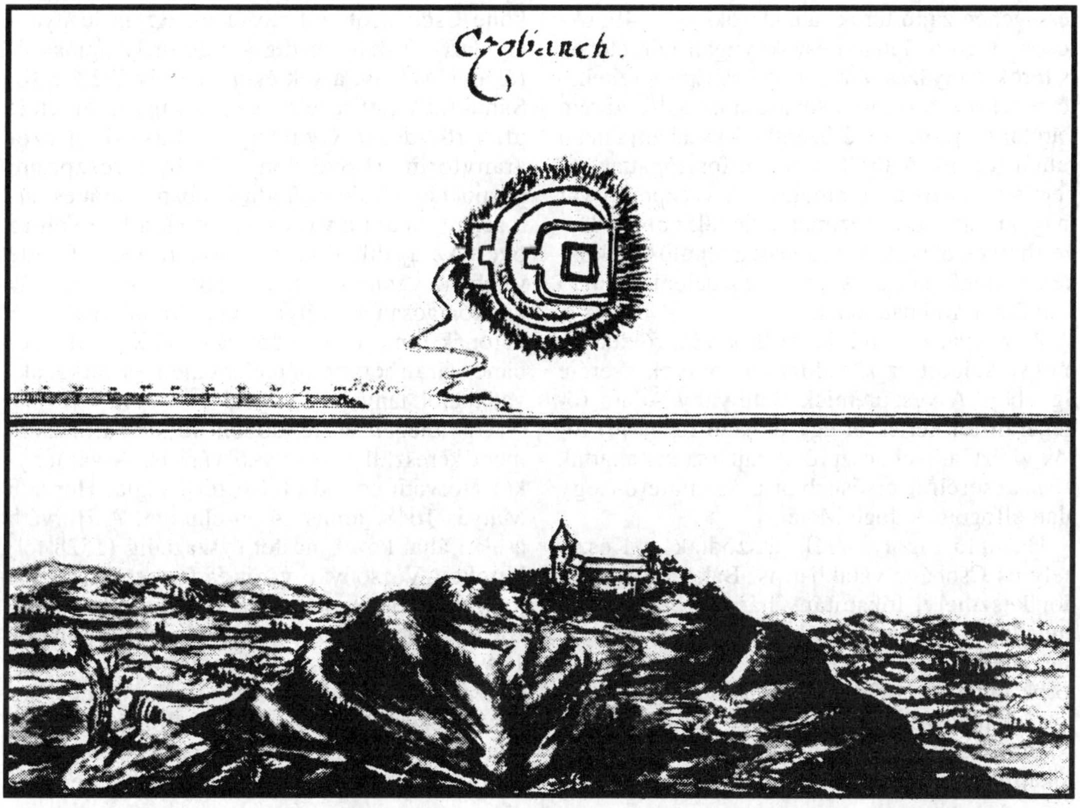

kötelességre és fegyelemre alávetni, vagy pedig földművelésre s jobbágyszolgálatra kötelezni. Különben a végvidékről, mint a haza dögvészét, el kell távolítani, s ha továbbra is károkat okoznak, bárki szabadon üldözhesse őket!"

Mint az várható volt, a törökök rövidesen újra támadtak Balatonhidvégnél: 1649. június és október 26. között háromszor is rajtaütöttek a réven. A zalavári várkapitány megint valami hiányosságot követhetett el, mert Batthyány Ádám főgenerális Svastics Istvánt rövid úton leváltotta, és Zalavár élére Török Istvánt nevezte ki parancsnokul.[475]

Egyidejűleg a Balaton nyugati-délnyugati térségében zajló török támadásokkal, 1649. október 16-án a Balaton északnyugati körzetében is török portyázásokra került sor. Egy – feltehetően fehérvári – török lovascsapat a Veszprém várától 6 km-re fekvő Szentkirályszabadja nevű falura tört rá. A török katonák fosztogattak, és néhány embert el is raboltak. A veszprémi vár magyar katonasága azonnal ellenük vonult. Heves harcok alakultak ki a visszavonuló törökökkel. Különösen heves volt a küzdelem a Fűzfő falu feletti Mámatetőnél.

A magyar és török katonák között rövidesen megkezdődött az alkudozás a foglyok cseréje ügyében. A veszprémiek Batthyány Ádám főgenerálistól kértek el egy előkelő fehérvári török vitézt, akivel veszprémi bajtársaikat akarták visszacserélni, elsősorban a Mámatető-hegy alatt elfogott Bódogh Mátét.

Hasonló fogolycserék játszódtak le Keszthely és Csobánc várakban is. Bakács III. Sándor keszthelyi főkapitány három török rabját engedte át Csobánc várába, hogy azok kezesei legyenek Gyulaffy Kristóf váltságért elengedett török rabjának. Miután a szabadon engedett török rab megszökött, a Keszthely várából jött raboknak kellett a váltságdíjat kifizetni. Bakács főkapitány a három rabját visszavitette Keszthely várába, de megígérte Gyulaffy Kristófnak, hogy a három török katona saját váltságdíjuk mellett a megszökött törökét is kifizeti![476]

Az öreg és beteg Gyulaffy Kristóf 1649. április 30-án levelet írt Csobánc várából rokonának, Gyulaffy VI. Lászlónak. Szemrehányást tett unokatestvérének, hogy még csak be sem várva az ő halálát, máris fel akarja osztani Csobáncot: „... Próféta nem vagyok, de holtom után csak húsz esztendőt sem hagyok annak, hogy vadak fognak lakni a helységben az itt való atyafiak jó gondviselése miatt!" A következő évben Gyulaffy Kristóf elhalálozott. Számos gyermeke közül a fia, Gyulaffy V. László örökölte Csobáncot és tartozékait. Egyik leánya – Gyulaffy Jusztina pedig – Keszthely urának és főkapitányának, a vak és nyomorék Bakács III. Sándornak lett a felesége. A vagyon átvétele után rövidesen Gyulaffy V. László 14 ezer aranyforintért Széchenyi György veszprémi püspöknek elzálogosította Csobánc várát és tartozékait, holott a vagyonnak csak a fele volt az övé! Az új tulajdonos rendszertelenül fizette Csobánc várának katonaságát, s így a katonák kizárólagosan a királyi zsoldra voltak utalva. A katonák innét is szökdöstek, s közel állt Csobánc vára, hogy elnéptelenedjen és farkasok-vadállatok tanyájává váljon![477]

Ugyanezen esztendőben döntő változáson ment keresztül Vázsonykő vára is. A vázsonykői Horváth család utolsó férfi tagja: Horváth Mátyás 1648. július 24-én elhunyt. A Horváth család által közel másfél évszázadig (1528-tól) birtokolt Vázsonykő várát és tartozékait az ősi jog a királyi kincstárnak adta vissza. Habsburg III. Ferdinánd király a várat és a vártartományt 1649. december 18-án Zichy István győri vicegenerálisnak adományozta. Amikor Zichy István vicegenerális száz lovas katonájával a vár átvételére Vázsonykő elé érkezett, özvegy vázsonykői Horváth Györgyné, Tóthy Lengyel

Gáspár szigligeti földesúr és várkapitány felesége fogadta, és átadta neki a vár kulcsait. Az átadáskor Vázsonykő vára nagyon rossz állapotban volt: épületeit és erődítményeit részben lerombolva és tönkretéve találta az új tulajdonos, olyannyira, hogy a vár és a palánk katonaságát és lakosságát a várható török támadások komolyan veszélyeztették.

Azzal, hogy a vázsonykői Horváth családtól a Zichy család vette át Vázsonykő várát, közjogilag a vár helyzete nem változott: továbbra is földesúri tulajdonban maradt, továbbra is magánvár volt, akárcsak a balatoni végvárak zöme. Ezeknek a magánföldesúri váraknak a parancsnokai sok esetben a tulajdonosok voltak (mint például Keszthelyen, Csobáncban, Szigligetben), de az őrség zöme már királyi zsoldon lévő katona volt. Elsősorban az egyházi tulajdonban lévő magánvárakban – mint például Zalavárott és Tihanyban, de a fontos stratégiai ponton fekvő Komár várában is – a kapitányok is királyi katonatisztek voltak. Királyi végvár a balatoni végvidéken egyetlenegy sem volt, ezt a kategóriát talán – az ugyancsak stratégiai fontosságú – Tihany vára közelítette meg. Itt a várkapitányok kezükbe kaparintották – vagy legalábbis megkísérelték – a földesúri tulajdont és jogokat.

Miután a balatoni végvidék várai magánföldesúri tulajdonban voltak, a várak őrsége is két részből állt. Egy kisebbik részük a várat birtokló földesúr szolgálatában állt, zömük azonban királyi zsoldot kapott. Mindkét csoport részben a főúr volt nemesi familiárisaiból, illetve jobbágyaiból verbuválódott. A leghasználhatóbb katonákat a már említett szabad vagy kóbor hajdúk tömege adta. A zsoldba fogadott hajdúkat nevezték „iratos-katonáknak", akiknek hagyományos havi zsoldja két forint (=200 dénár vagy egy tallér) volt. A balatoni végvidéken éppen ebben az időben nevezték meg először ezeket a zsoldosokat. Ölbei Márton keszthelyi vajda és vicekapitány török hadifoglyok dolgában mentegette magát Batthyány Ádám főgenerálissal szemben. Közölte vele, hogy ő ezeket nem Simonfalvi Dávidtól, „... hanem az ittvaló Ő Felsége iratos katonáitól" vette el.[478]

Az 1650. esztendő is hadakozásokkal kezdődött. A királyi hadvezetés nagyon aggódott a balatonhidvégi Zala folyó átkelő révhelye miatt. Pálffy nádor 1650. január 2-án utasította Batthyány Ádám főgenerálist, hogy intézkedjen: mire a jég eltakarodik, legyen készen a hidvégi révben a komp, és épüljön fel ott egy vigyázóház. A török támadások miatt a rév védelmére építsenek valami erődítményfélét! Néhány hónappal később Pethő László komári várkapitány 3-400 fegyverest és ugyanannyi munkást kért a révhez, hogy harmadnapra megáshassák a révben a komp helyét. Azonban a rév megásása még 1650 októberére sem készült el. Közben a törökök állandóan kémlelődtek elsősorban Kasza Mátyás vezetésével, aki a hidvégi és a többi zalai átkelőhelyeknek olyan kalauza volt, mint „... kinél az országban jobb nem lehet!". És ez az ember a törökök szolgálatában állt!

Az állandó török támadási veszély miatt 1651 márciusában egyre többen szökdöstek el Komár várából.

A török csapatok a Zala folyó déli, jobb partján emelkedő magaslatokon erődítmény építésébe kezdtek 1650 januárjában. A keszthelyi vár magyar csapatai 1650. február 2-án rajtaütöttek a török erődítésen, a munkásokat szétzavarták, és az épülő palánkot felégették.

Minden valószínűség szerint ennek megtorlására 1650. szeptember első heteiben a kanizsai török csapatok Keszthely vára ellen támadást indítottak. A támadás nem érte váratlanul Keszthely várát. Ugyanis 1650. szeptember 9-én gersei Pethő László komári várkapitány figyelmeztető levelet írt Batthyány Ádám főgenerálisnak: „... Ezen órában érkezék bizonyos híreim a kanizsai raboktól, hogy az törökök Zalavárt, vagy Keszthelt megütik minden bizonnyal!" Így is történt. Az 1650. szeptember 9-ét követő napokban a kanizsai török csapatok húsz zászlónyi (századnyi) gyalogsággal és tíz zászlónyi (századnyi) lovassággal Keszthelyre támadtak. A vár magyar védői háromszor verték vissza a törökök rohamát. A negyedik rohamnál a török csapatok elfoglalták a vártól északra lévő külvárost, melyet kiraboltak és felégettek. A belső várat nem tudták elfoglalni. Az elvonuló török csapatok száz legyilkolt keresztény fejét vitték magukkal.

Keszthellyel egyidejűleg Zalavár újjáépítésére is terveket dolgoztak ki 1650. november 1-jén. Török István, az új várkapitány bejelentette, hogy „... mivel ezen erősség teljességgel elpusztult", nagyarányú megerődítése szükséges. Kérte, hogy a várat és a körülötte fekvő majorokat vegyék körül közös palánkkerítéssel és árokkal. Építsenek fel egy új kaput és bástyákat, s a kibővített erősségbe a király küldjön két új tarackot.[479] Az erődítmény kibővítésének munkálatai ismeretlenek.

Ezekben a napokban Karasics Mátyás tihanyi várkapitány levelet írt Gorup Ferenc veszprémi prépostnak, melyben a Balaton vidéki közállapotokat részletezte. Közölte, hogy a Balaton melléke teljesen elpusztul a tó mindkét oldalán lakó sok lator miatt. Latrokkal van tele az északi partvidék, a magyar oldal is, akik rendszeresen járnak át a törököktől hódoltatott déli partra, és Somogyból ezen latrok ezrével hajtják át az északi partra a sertéseket, miután a pásztorokat megölték, vagy fához kötve sorsukra hagyták őket. Karasics Mátyás azt javasolta a veszprémi prépostnak, hogy – a szegény lakosság védelme érdekében – katonákkal kellene rajtaütni ezeken a latrokon. Fel kell készíteni a sümegi és a csobánci várak katonaságát, s Tihany várából ő is megindulna lovasságával és gyalogosaival.

A Karasics Mátyás tihanyi kapitány által emlegetett latrok minden valószínűség szerint az 1647. évi országgyűlés során tárgyalt szabad vagy kóbor hajdúk lehettek. Míg ezeket a fizetetlenség és az éhség rablásra kényszerítette, a végvári katonaság – a kevés zsold mellett – legfeljebb a török foglyokkal kereskedhetett. Azonban ez kétélű fegyver volt, mert ha a magyar katona került török fogságba, a török harcosok üzleteltek vele. Egy ilyen eset történt 1650 júniusában. A vázsonykői vár egyik magyar katonája – Csajághy Matkó – a Csíkvár körüli portyázáskor török rabságba került. A vázsonykői magyar katonák – pénzük nem lévén – bajtársukat egy török fogollyal akarták kicserélni. De török foglyuk sem volt. Megtudták, hogy a veszprémi hajdúknak van egy Budas nevű török-csausz rabjuk. Azonban a veszprémiek ezért a törökért ezer tallért kértek, viszont a vázsonykői katonáknak erre a célra legfeljebb 380 tallérjuk volt. Ezért Oroszy Ádám vázsonykői várkapitány arra kérte Batthyány Ádám főgenerálist, hogy vegye meg a veszprémi hajdúktól a török rabot, s adja át nekik, hogy kiválthassák bajtársukat. A vételárat majd utólag Batthyánynak megtérítik.

1651. május 30-ra a szétszerelt és darabokban szállított komp Győrből megérkezett Balatonhidvégre. Pethő László komári várkapitány azonnal jelentette, hogy: „... Az komp készen vagyon a vízparton, az jövő vasárnapra reá is eresztem a vízre!" Egyúttal azt is közölte Batthyány Ádám főgenerálissal, hogy küldjön ide őrséget.

A révet védelmező vigyázóház azonban még mindig nem volt készen, s így az őrizetlen kompot a törökök bármikor összevagdalhatták, elpusztíthatták. Egyedüli védelme csak az volt, hogy a kompot mindig jól elrejtették, hogy a törökök „... hirtelen talán föl sem találják!".[480]

Haszán kanizsai pasa 1651 augusztusában

rajtaütésszerű támadást indított Komár vára ellen. Pethő László várkapitány és a vár őrsége a támadást vitézül visszaverte, bár a harcok során mind a külső és mind a belső vár teljesen leégett. Még folyt a komári vár ostroma, mikor Batthyány Ádám főgenerális és a varasdi főkapitány megindultak felmentésükre. Mire a vár alá érkeztek, a török csapatok már félbehagyták az ostromot, belátva, ha a magyar csapatok hátbatámadják őket, az nagy veszedelemmel járhat. Pálffy nádor javasolta, hogy a király jutalmazza meg a derék komári vitézeket. A jutalom azonban elmaradt. Ez év szeptemberében gróf Zrínyi Miklós és Esterházy László csapatai Komárom mellett gyülekeztek, s innen Kanizsáig nyomultak előre.

Komár várának kudarcba fulladt ostroma után olyan hírek terjedtek el, hogy a kanizsai török csapatok Keszthely vára ellen vonulnak. A támadásra nem került sor, viszont ekkor történt először, hogy Keszthely várába német katonák érkeztek.

Az elmaradt török támadást követően, nyilván Komár ostromának megtorlására, az 1651. november 23-a előtti napokban egy komári és keszthelyi magyar katonákból álló csapat az éjszakai órákban megtámadta a török Lak várát, s onnét elhajtotta a törökök marhacsordáját.[481]

1652 februárjának elején újabb hírek terjedtek el a balatoni végvidéken, hogy a simontornyai és koppányi török bégek ismét támadásra készülnek. A török támadás elmaradt, viszont 1652. augusztus 21-én Miskey István veszprémi főkapitány indult csapataival Simontornya felé. A magyar támadás hírére több környező török végház csapatai felvonultak a magyarokkal szemben. A kajári (balatonfőkajári) szőlőhegyek alatt csatára került sor. „... A Kajári szőllő hegyek alatt velök megütközvén, Isten nekünk rajtok győzedelmet ada!" – jelentette 1652. augusztus 23-án Miskey István veszprémi kapitány Batthyány Ádám főgenerálisnak. A veszprémi katonák a csatán szerzett zsákmányból egy török tisztet és száz tallért ajándékoztak a főgenerálisnak.

Miközben az események a Balatontól északra zajlottak, 1652 júliusában a kanizsai török csapatok újra megtámadták a balatonhidvégi Zala-révet. A támadás olyan váratlanul következett be, „... hogy a kompot alig menthették meg az révészek" – írta jelentésében Török István zalavári kapitány.

1652. október 10-én a kanizsai török csapatok – Kasza Mátyás „pribék, lator legény" vezetésével, kinek egy ruhát és húsz tallért adtak a vezetésért – átkeltek a Zala folyón, és megtámadták Zalavárt.

A harc során nyolc magyar katona elesett a kézitusában, viszont a magyarok a „pribék és lator legényt", Kasza Mátyást elfogták, s a „... zalavári seregnek most már az volna az akarattya, hogy ezt a lator pribéket (árulót) Hidvégen akasszák fel!".

Pethő László komári várkapitány 1653. április 24-én egy újabb török támadás veszélyére hívta fel a figyelmet, de ekkor a törökök csak megközelítették Zalavárt, miközben öt hajdút elfogtak.

A kanizsai török csapatok 1653 júliusában újra megtámadták a zalavári „hostatot" (külső várat), de mint azt Török István jelentette: „Szégyent vallva mentenek vissza!"

A zalavári vajda – a gyalogosok parancsnoka – 1653 júliusában felkereste Keglevich Péter generálist, és segítséget kért tőle. Keglevich utasította Kerpacsics egerszegi kapitányt, hogy adjon Egerszegről Zalavárra ötven gyalogost és húsz muskatérost [puskás lövészt – Sz.], illetve utasította Hagymássyt, hogy ő is küldjön Zalavárra 25 embert.

A zalavári kapitány szerint a Zalavárott lévő éhség miatt a küldött húsz német és ötven magyar gyalogos katona el sem indult, a Szentgrótról küldött húsz gyalogos katonát is vissza kellett küldeni, mert már nincs mivel tartani őket! De nemcsak élelem, hanem fegyver is kellett Zalavárba. Török István várkapitány 1653. július 30-i és augusztus 2-i leveleiben Keglevich generálistól fegyvert kért: „... két kis, de bár kicsiny vető tarackot és egy jó öreg (nagy) hírt lövő mozsárt, valamint húsz avagy huszonöt szakállast (szakállas puskát), és két seregbontót, s ezekhez port és ónt elegendőt, s mindezekhez egy jó pattantyúst (tüzért!)!" Kérte azt is, hogy mivel a nagy szárazságban a vár vizesárkai kiszáradtak, küldjenek embereket, akik a vár árkait kitisztítják és a külső kerítést megjavítják.

A várkapitány 1653. július 30-án gróf Batthyány Ádám dunántúli főgenerálistól is segítséget kért, illetve hasonlóan könyörgött Pálffy Pál nádornál is, hogy segítsenek Zalaváron, mert „... ha ez helynek veszedelme következik, evvel együtt Kiskomár is elvész, és utána mind az többi végházak".

Török István zalavári kapitány tevékenységét nagyban akadályozta, hogy Széchenyi György veszprémi püspök Batthyány Ádám dunántúli főgenerálisnak írott leveleiben számos bűnnel vádolta meg Török Istvánt. Ugyanis az történt, hogy két ember: Polgár János és Barát Istók szabadosok – feleségeiket Keszi faluban hagyva – két más ember feleségével Zalavárra szöktek. E két lator korábban hírhedt rabló volt: a püspöki jobbágyok marháit rabolták. „... A kapitányjuk, Török István – írta egyik levelében a veszprémi püspök –, aki természetében is török, hitiben kálvinista, erkölcsében hamis és tökéletlen ember, engedi, hogy emberei állandóan préda után csavarogjanak!"

A püspök gyűlöletének egyik valóságos oka az volt, hogy Török István rossz viszonyban volt Kardos Gergely zalavári plébánossal. A veszprémi püspök egyébként az összes végvidékire gyűlölködött: „... Szinte megnyomorították az Szala két mellékét a végbeliek, többek között a Szalaváriak, Kapornakiak és Pölöskeiek, szintén úgy csatáznak reánk [ti. a magyar lakosságra – Sz.], mint az törökre!"[482]

A veszprémi püspök 1654. február 24-én írott levelében már egy konkrét esetet is leírt a főgenerálisnak, melyet a magyar végvári katonák műveltek a szegény falusi lakossággal szemben. Panasza a kapornaki, pölöskei és egerszegi magyar végvári katonák ellen irányult, s közölte azt a levelet, melyet neki mint veszprémi püspöknek, mint földesuruknak az alsó- és felsőpáhoki jobbágyok írtak: „... Minket Alsó- és Felső-Páhokiakat a napokban mintegy huszonöt lóval megrohantak... Először is ide Alsó-Páhokra jöttek, ludat, tikot, amit öltek, pusztítottak el is, kevés búzánkat, kit drága pénzen vettünk, a lovaknak adták, s akit meg nem ehettek, lovaikkal tapodták. Szalay Miklóst addig elverték, most is fekszik belé! Kiss Gergely feleségét megfogták, s a fáklyára tartották, és a szemét, orrát fáklyánál mind elégették. A férfiak maguk kiszaladtak a faluból, mert talán még jobban kínoztak volna bennünket!" A katonák aztán Felsőpáhokra vonultak, s ott is „megdúlták a falut".

Ilyen és ehhez hasonló esetek után érthető volt, hogy a szegény lakosság számos helyen összejátszott a törökökkel.

A magyar végvárak katonái nemcsak a falusi lakossággal erőszakoskodtak, de nemegyszer egymással is súlyos ellentétbe kerültek. Egy ilyen eset zajlott le ugyancsak az 1654. esztendőben. A tihanyi vár magyar vitézei – 500 forintért – egy sebesült török rabot eladtak Csáky Ferenc veszprémi főkapitánynak azzal a feltétellel, ha a rab tizenöt napon belül belehalna sérüléseibe, úgy a tihanyiak a pénzt visszafizetik. A török rab pont a tizenötödik napon meghalt, de a tihanyi katonák a pénzt nem akarták visszaadni. Ezért Csáky főkapitány az adásvételben érintett tihanyiakat elfogatta, és tömlöcbe záratta őket.

Az ügyet a győri seregbíróságnak volt csak joga lebonyolítani. Követelték ezért Csáky főkapitánytól, hogy a tihanyi katonákat azonnal engedje szabadon, és az ügyet terjessze a győri seregbíróság elé.[483]

Miközben a magyar végvárakban folytak az üzletelések, a török veszedelem változatlanul fennállt.

A balatoni és zalai végeken jelentkező állandó török veszedelem is hozzájárult ahhoz, hogy – sok kérelem után – az Udvari Haditanács 1654 októberében végre 12 db szakállas puskát küldött Zalavárba, de a katonáknak pénzt továbbra sem menesztett. Így a bajok nem csendesedtek el Zalavárott. „... Vannak tizedesek is – írta 1655. október 28-án Török István várkapitány –, noha ugyan keménységgel is eléggé csendesítem üket, de magokat megkeményítvén, az mikor rájuk kerülne is az szolgálat, igen engedetlenül vagynak, ki miatt talán súlyosabban is köll cselekednem!”[484]

Az állandó török veszedelem ellenére a balatonhidvégi rév erődítménye még 1655 februárjára sem épült fel. Így aztán 1655. február 11-én a kanizsai pasa emberei „... öt vagy hatszáz lóval által menvén Hidvégen” négy komári és két zalavári hajdút elfogtak. Ezzel a komáriaknak és a zalaváriaknak már 91 embere veszett el Hidvég miatt. Miután Hidvégnél valamikor már volt egy erődítmény, melynek alapfalai még álltak, az 1659. évi országgyűlés elrendelte, hogy a korábban lerombolt hidvégi erődöt újra fel kell építeni a komári várba jövő-menő magyar katonák biztonságának érdekében.

Két nappal a fenti támadás után 1655. február 13-án újabb török veszély hírét továbbították a végvidéken, de a hír vaklármának bizonyult.

Feltehetően ezzel a veszedelemmel függött össze, hogy a Keszthely várától északnyugatra lévő Szentgyörgyvárat (Békavárat) 1655-ben 25 magyar lovas és 42 gyalogos katonával erősítették meg.

A török támadás végül is 1656. január 23-án következett be. A kanizsai csapatok újra Zalavárt rohanták meg, de a magyar őrség a támadást visszaverte. Azonban Török István zalavári várkapitány a dunántúli főgenerálistól újra huszonöt gyalogos puskást kért, valamint puskaport, ónt és tarack-golyót. Batthyány Ádám főgenerális gyorsan intézkedett, mert január 31-én Gombai János egerszegi hadnagy már jelentette, hogy 25 magyar hajdút, puskaport, ónt és tarack-golyóbisokat küldött Zalavárra. A zalaváriak azért aggodalmaskodtak, írta ezt követően Török István zalavári várkapitány, mert a kemény téli fagyok miatt: „... mind környüskörül az jég miatt [valóságos – Sz.] mezőben vagyunk!

Nem volt elég az állandó török veszedelem, a magyar urak a XVII. század közepének egyre durvábbá váló felekezeti – katolikus és protestáns – villongásaiban fegyvert emeltek egymásra is.

Még ennek az esztendőnek a végén, 1656 novemberében perre került a sor, ugyanis számos Balaton-vidéki falu lakossága panasszal fordult Zala vármegye törvényszékéhez a keszthelyi, szigligeti, csobánci és vázsonykői várak „... magyar és tót hajdúinak hatalmaskodásai” miatt. A kékkúti lakosság vallomása szerint: a vázsonykői hajdúk Karakó János helyi lakosnak hat malacát, két lúdját megsütötték, de a vázsonykői hajdúk másoktól is elvittek malacot, disznót és bort. Aki nem akart adni, azt megverték és elkergették. A köveskáliak is vallomást tettek: a vázsonykői hajdúknak főzni kellett, de ezzel nem elégedtek meg, többektől tyúkot, bort, disznót vittek el. Mindezek miatt sokan elmenekültek a faluból. A kővágóörsi nemesek vallomása szerint a vázsonykői hajdúk ott a faluban szálltak meg, s disznót, malacot vittek el. Minden háznak főzni kellett nekik, és bort szedtek össze a lakosságtól. Több tehenet és borjút is elvittek magukkal. A per kimenetele ismeretlen.

Pontosan a fenti botrányos eset napjaiban a kanizsai török csapatok újra megrohanták Keszthelyt, de a külső vár elleni támadás nem járt sikerrel.

1656 végén a világtalan és nyomorék Bakács III. Sándor, Keszthely földesura és főkapitánya meghalt. Özvegye, Rumy Katalin rövidesen férjhez ment Babocsay Ferenchez, aki ezzel Keszthely főkapitánya lett.[485]

A következő esztendő is hadakozásokkal kezdődött a balatoni végeken. Ákosházi Sárkány János, Keszthely várának kapitánya 1657. február 18-án jelentette Batthyány Ádám főgenerálisnak, hogy „... az török háromszor volt a múlt héten az végházak között, Szentgyörgyvár alatt is kilenc embert vágott le!".[486] Néhány hónappal később a kanizsai törökök mintegy száz lóval Hidvégig felmentek.

Mivel a révész a mintegy 3 kilométerre lévő Zalavárt nem riasztotta, feltehetően a hidvégi révátkelőt védő erődítmény ekkor már állt, s annak őrségét értesítette a támadásról. Megjegyzendő, hogy ez a hidvégi erőd a mai hidvégi temető helyén állott.[487]

Még ennek az évnek a nyarán a foki (siófoki) török erőd felől, a Balatonon át indítottak támadást a török csapatok. Tihany várának magyar őrsége csapott velük össze, s a tihanyi kapitány, Karasics Mátyás az alábbiakat jelentette erről a dunántúli főkapitánynak: „Az egész nyáron reánk csatáztak a törökök sajkáikon szüntelenül. Most is gyüttek, volt négy sajkával... Semmit nem engedtünk nékiek, hanem erős harccal szembe mentünk vélek. Elevent kilencvenegyet fogtunk és harmincnégy fejet. A Balatonba is sok veszett bennek. Az mint megértettük, százhatvankettő hiányával mentek haza. Mibennünk pedig nyolcnál több nem veszett mindennyi harcban, hanem még sebes is vagyon feles köztünk, de mind meggyógyulnak."[488]

A foki török erősségnek 1658-ban Mehmed és Oszmán agák voltak a parancsnokai.[489]

Nem lehetetlen, hogy ennek az 1657. augusztusi török támadássorozatnak megtorlására hajtották végre a Balaton-vidéki magyar várak csapatai 1658. május 30-án azt az ellentámadást, amelynek egy tragikus epizódja ismert. Feltehetően a Tihany-szántódi révnél gyülekeztek a magyar csapatok, egy részük már át is kelt a Balaton déli partjára. Egy kitört zivatar és az azt követő nagy eső miatt az északi parton lévő magyar csapatok az átkelést nem folytatták. Egy későbbi hadbírósági perirat az eseményeket az alábbiakban rögzítette: „... Hanem amidőn által mentek volna az Balatonon, nagy eső lévén, rájuk izentek az innen lévő seregtől az vajdának, hogy vissza jöjjön seregével, mert utánuk nem mennek az időnek alkalmatlansága miatt. Azonban az vajda egynéhányad magával visszatért, de nagyobb részét, kiváltképpen csak a devecseriekben is negyven legényt hagyott oda." Ekkor az egyik devecseri katona – Boka Gergely – számonkérte a vajdán: „Miért köllött ennyi legényt oda hagyni, vajda uram?"

A devecseri gyalogos-vajda kapitány durván ráripakodott a katonára, majd a vita hevében botjával megütötte, mire az meg visszaütött. A katona mellett állott az apja, Boka Miklós katona is, aki állítólag szintén megütötte a vajdát. Az ügyből seregbírósági tárgyalás lett, s a két devecseri magyar katonát a Pápán lezajlott seregbírósági tárgyalást követően, azzal az indokkal, hogy tisztjükre kezet emeltek, halálra ítélték, s mindkettőjüket lefejezték.[490]

1658-ban Zala vármegye és a dunántúli főkapitányság felmérést hajtott végre azon ügyben, hogy az 1631–1657 években lezajlott török támadások milyen veszteségekkel jártak. A felmérések szerint összesen 1109 ember meghalt, 287 embert rabságba hurcoltak a törökök, elraboltak 10 987 db állatot. Ebből a veszteségből Zalavárott volt: 33 halott és egy rabságba hurcolt, Szentgróton: 20 halott, 45 rabságba hurcolt és 16 elhajtott marha, Pölöskén: 98 halott, 27 rabságba hurcolt és 382 db elhajtott ló és marha, Szentgyörgyvárott: 20 halott, 18 rabságba vitt ember és 80 elhajtott tehén.[491]

A balatoni végvidéket fenyegető állandó török támadási veszély miatt növelni kellett a katonáskodó népesség létszámát. Ennek érdekében 1658-ban Széchenyi György veszprémi püspök szerződést kötött öt szabad legénnyel (szabad hajdúval), akiket befogadott és letelepített Tapolca mezővárosába. Kikötötték a szerződésben, hogy a legények a fegyveres szolgálat fejében semmiféle úrbéri robottal a püspökföldesúrnak nem tartoznak.[492]

A TÖRÖK HÁBORÚK UTOLSÓ HÚSZ ÉVE (1664–1684)

A Zsitva toroki béke (1606. november 11.) utáni 57 esztendő csak nevében volt békeidő, valójában a dunántúli végvidéken szünet nélkül folytak a harcok a Habsburg és az Oszmán Birodalmak végvidéki csapatai között. Ez a feszült helyzet – előbb-utóbb – háborúba kellett hogy torkolljon. Így is történt: 1663. április 12-én kitört a háború a két világbirodalom között. Köprülü Ahmed pasa nagyvezír megkezdte a hadműveleteket a Habsburg Birodalom részét képező Magyar Királyság ellen. A háború eseményei az első esztendőben a Dunántúltól távol, Érsekújvár térségében zajlottak le. A dunántúli hadműveleteket 1664 januárjában gróf Zrínyi Miklós horvát bán kezdte meg azzal, hogy a Somogy vármegyei Berzence körzetében összevonta a dunántúli magyar és német birodalmi hadakat. 1664. január 21-én nagyarányú támadást indított Pécs–Eszék irányába. Jellemző, hogy az ekkor már közel 120 éves török hódoltság után Pécs térségét maga gróf Zrínyi Miklós is Törökország részének tekintette. Az 1664. januári hadjárat alkalmával gróf Zrínyi Miklós az alábbiakat írta: „Mivel Pécs vára előtt vagyon még Szigetvár és Kanizsa, azért nincs mód benne, hogy ha a várat (ti. Pécset) ostrommal beveszik is, hogy őrség hagyassék benne, mivel (ti. Pécs) messzé vagyon bé Törökországban."[493] Az eszéki Dráva-híd felégetése, valamint Pécs és Baranya területének feldúlása után a visszavonuló magyar–horvát–német hadak a török kezén lévő Segesd vára alá húzódtak vissza, majd téli szállásokra vonultak. Maga gróf Zrínyi Miklós horvát bán – 14 tisztje és 300 huszár kíséretében – Komár várába húzódtak be, hogy innét figyelhessék meg a Kanizsa várában összpontosított török erőket. A megfigyeléseket követően gróf Zrínyi Miklós a bécsi Udvari Haditanácsnak egy Kanizsa elleni támadást javasolt. A felvonuló keresztény csapatok Új-Zrínyi várnál gyülekeztek, majd 1664. április 28-án megkezdték Kanizsa ostromát. Május 14-én hatalmas török katonai erők keltek át a helyreállított eszéki Dráva-hídon. A török hadak egyik előrevetett osztaga nyugatról megkerülve az ostromlott Kanizsát, mélyen benyomult Zala vármegyébe, s egészen Pölöske váráig tört előre. A török csapatok a várat ostrommal elfoglalták és lerombolták. Az átkarolástól tartó keresztény csapatok 1664. június 2-án abbahagyták Kanizsa ostromát, majd Új-Zrínyi várba vonultak vissza. A török hadsereg főerői 1664. június 8-án megkezdték Új-Zrínyi vár ostromát, melyet őrsége június 30-án feladott. Miközben a török főerők Zalaegerszegen át folytatták támadásukat a Rába irányába, a török főerők egy része és a kanizsai török csapatok – Kanizsáról – támadást intéztek a török hódoltsági területekbe mélyen beékelődő Komár vára ellen. A török Rasid effendi történetíró leírása szerint a Kanizsánál összpontosított török csapatok 1664. július 12-én indultak meg, s másnap Komár várát körülzárták. A vár kapitányát, Pethő Lászlót megadásra szólították fel, s megígérték, ha a várat harc nélkül átadja, úgy az őrség katonái személyükben és vagyonukban bántatlanságot élveznek. Viszont, ha ellenállnak, úgy „... mindnyájan a bosszúálló kard áldozataivá lesznek!”. A vár parancsnoka és őrsége 1664. július 14-én megadta magát. A várban lévő 34 db ágyút, 200 bécsi mázsa lőport és számos más fegyvert átadták a török csapatoknak. Ezután a várat a janicsárcsapatoknak adták át zsákmányolásra, majd az erődítményeket felrobbantották, az erősséget pedig porrá égették. Rasid effendi mellett a török Evlia Cselebi is megemlékezett Komár váráról: „... Komár vára. Szulejmán khán idejében ugyan elfoglalták (ti. a törökök), de jelenleg a német császár birtokában van. Vára magas helyen van, s belső vára kőépület, a külvárosa pedig erős palánk. Négy oldalról csupa nádas és mocsaras. Mikor a nagyvezír Zerin-Újvárt ostromolta, akkor a budai katonaság ezt a várat is bevette, hadi felszerelését, ágyúit, puskáit Kanizsára vitte, a várat pedig elpusztította. Csupán belső vára és romladozó temploma maradt meg...”[494]

A Komár várát elfoglaló és elpusztító török csapatok 1664. július 16-án továbbvonultak Egerszeg (Zalaegerszeg) vára ellen, ahol csatlakoztak a várat ostromló, majd elfoglaló török főerőkhöz.

Komár várának elestéről 1664. július 17-én értesült a Mura-Szerdahelynél összpontosított császári-királyi hadsereg főparancsnoka: Raymondo Montecuccoli, aki parancsot adott Lentin, Alsó-Lendván és Mura-Szombaton át a további visszavonulásra a Rába felé.[495]

A török sereg főerőinek Kanizsa-Zalaegerszeg irányába végrehajtott támadása miatt Zalavár és Keszthely várak teljesen elszigetelődtek, valósággal ostromgyűrűbe kerültek, bár a török hadsereg ekkor egyiket sem támadta meg. Még 1664. augusztus 14-én sem tudtak a két várról semmit a császári-királyi seregnél: „Keszthely felől semmi bizonyosat nem írhatok – jelentette Kovács István sümegi kapitány Esterházy János vicegenerálisnak 1664. augusztus 14-én –, mert még most senki onnan nem jött ki, valamennyi bizonyos hírt hozott volna!”[496]

A fősereg mellett egy másik török hadtest Székesfehérvár–Várpalota körzetéből nyomult előre, majd Berhida, Litér, Nemesvámos, Nagyvázsony, Tapolca irányába folytatta támadását. Ez a török hadtest délről elkerülte Veszprém várát, de az egész környéket elpusztította. Zagarthy Péter veszprémi kapitány jelentette Győrbe, hogy a török csapatok Veszprém környékét, majd Csopakot, Királyszabadját, Felsőörsöt, Füredet, Vámost, Hidegkutat dúlták és felégették.[497]

Evlia Cselebi Csobánc váráról is megemlékezett: „... Mikor lovaink kissé kipihenték magukat, ismét tovább haladván, Csobanicssza várához értünk. Ezt is Szinán pasa foglalta el, jelenleg azonban német kézen van. Battyán-oglu [azaz Batthyány Ádám főkapitány – Sz.] területén, égig érő magas hegytetőn, igen erős, négyszögletű vár ez. Mikor a mi iszlám seregünk elvonult mellette, ötven ágyúlövést tettek. A vár bástyáit és ormait keresztes zászlók díszítették, és katonáik hangyák módjára viaskodásra és harcolásra készen voltak. Azután Kis-Váson (Kücsük-Vason) várához értünk. Ez is a német császáré és Bottyán-oglu uralma alatt van.” (Miután Evlia Cselebi korábban már említette Nagy-Vázsonyt, Kis-Vázsony várát nem tudjuk azonosítani!) A rejtélyes Kis-Vázsony után egy Tábieszne nevű erődről tett említést Evlia Cselebi, amely talán Tapolcával azonosítható: „... Tábieszne vára is a német császáré és Bottyán-oglu uralma alatt van. Ez a Balaton-tó partján nagyon erős palánk. Ennek a hegyeiben egy éjszaka aludtunk. A következő napon Marcsil várához értünk..."[498] A Székesfehérvár–Várpalota felől érkező török hadtest Sümeg vára alatt csatlakozott Köprülü Ahmed pasa negyvezír főerőihez. A sümegi várban védekező Sennyei István veszprémi püspök egyik levele szerint a török főerők közel egy hétig táboroztak Sümeg vára alatt: „... a Fü Vezir közel itten váram alatt lévén egy hétig!" A közeli Devecser várának őrsége is így emlékezett meg ezekről a napokról: „... az sok ágyú lövés alatt Sümeg, Tapolca és az egész Balaton melléke tűzben és füstben volna!"[499]

A támadó török sereg 1664. augusztus 1-jén Szentgotthárd közelében ütközött meg az egyesült császári-királyi hadakkal, s teljes vereséget szenvedett el. A török fősereg visszavonult Kanizsa, Szigetvár és Pécs körzetébe. Az a török hadtest, mellyel Evlia Cselebi volt, ugyancsak meghátrált. Amint újra elvonultak Csobánc vára alatt – mint arról megemlékezett a török Evlia Cselebi–: a vár őrsége újra ágyúzni kezdte a hegy alatt vonuló török csapatokat. Továbbvonulva újra elérték Vázsonykő várát: „... Onnan Vázson palánkra értünk. Ezt Nagy-Vázsonnak nevezik. A német császáré, de Battyán-oglu birtokában van. Katonái tolvajok és sok lovat elhajtottak, de a határszéli (török) hitharcosok utánuk mentek, a katonákat megverték, s az ellopott állatokat a táborba hajtván, tulajdonosaiknak adták."[500]

A Szentgotthárd alól visszavonuló török hadakról Babocsay Ferenc keszthelyi főkapitány is megemlékezett 1664. augusztus 15-én, Esterházy János vicegenerálishoz írott levelében: „Minket (Keszthely várát) is három vagy négy nap mindennap próbáltak... Keresztény rabokat legalább ezen a két hét alatt kétszázat szabadítottunk ki a kezükből, de Isten minket még eddig békével megtartott." Kovács István sümegi kapitány 1664. augusztus 14-én szintén tájékoztatta Esterházy János vicegenerálist az eseményekről: a nagyvezír hadai végigrabolták a Balaton melléki falvakat, mégpedig Óhíd, Zsid, Rezi, Szántó, Csehi, Bazsi, Tapolca falvakat, „... és a körül való falukat felégették".[501]

Evlia Cselebi visszatért Palota (Várpalota) várába, majd a következő hetekben utazásokat tett a Balatontól délre lévő török várakban, melyekről páratlan értékű leírásokat jegyzett fel:

„... Koppán vára. Jelenleg a kanizsai ejaletben (pasalikban) külön szandzsákbégi székhely.

A vár alakja. Sík helyen épült, ötszög alakú, erős építmény, kőből készült erős vár ez. Nyugatra néző egyetlen erős kapuja van, várárka süppedékes, semmiféle magaslata nincs. Négy oldalán lévő nagyon erős tornyaiban ágyúk vannak, s hadiszertárában mindenféle kellékek megtalálhatók. Rovátkos bástyái és kapuja előtt felvonóhíd van, melyet az őrök csigákkal minden éjjel felhúznak. E vár kerülete 2500 lépés, s a várban 645 deszkatetejű alacsonyabb-magasabb ház van, kertjei azonban nincsenek, házai is igen keskenyek. Mindössze négy dzsámija van. Ezeken kívül a várban és a külvárosban tizenegy városrészi mecset van. Összesen tizenhat muszulmán és keresztény városnegyede van. A városnegyedek többnyire a külvárosban vannak.

Külvárosa. Terjedelmes síkságon fekvő, nagy külváros ez, melynek egymás mellett álló házai mind deszkafedelűek. E várost palánkfal veszi körül, melynek minden oldalán félelmes bástyák vannak. Mindegyik szögleténél készen állanak a lőrések. A város kiterjedéséhez képest kevés az őrsége... Külső városa azért erős, mert árkai köröskörül vízzel telt süppedékes helyek, s így a harcosok az ellenségtől semmit sem félnek.

A külső városnak három kapuja van: Szultán-kapu, Kanizsai-kapu, Szigeti-kapu. Van két medreszéje (vallási iskolája), három elemi iskolája, két fürdője... Fogadója nincs, mert itt szégyennek tartják fogadóba szállásolni el a vendéget. Összesen 100 kézműves boltja van. Vize és levegője kellemes, és népe szép, egészséges és nagyon barátságos. Hadakozással foglalkoznak, mert nagyon határszéli hely. Katonái bátor vitézek, de nem járnak muszulmán szokás szerint. Valamennyien a »güderi« néven ismert bőrdolmányt, piros magyar kalpagot, szűk nadrágot és rövid ruhát viselnek. Sokan törökül nem is tudnak, hanem mind magyarul beszélnek, mivel többnyire magyarokkal van ügyük... E városban háromezernél több bilincsbe vert ellenséges fogoly van, s minden éjjel valamennyi hitetlent a belső várban börtönbe helyezik, amely a pokol mélységéhez hasonló börtön.

Azonban itt szóljunk a Balaton-tóról, mely egész Frengisztánban (Németországban) és Magyarországban híres.

Balaton-tó. Kanizsa és Koppány váraktól nem éppen messze, egy merhalé hosszúságú helyen egy nagy tó van, mely keletről nyugatra terül el és kerülete 47 mérföld. Négy oldalán erős várak vannak.

Oly tiszta vize van, hogy az ember, ha egy egész bárányt megeszik is és reá ebből az éltető vízből iszik, egy kis idő múlva már újra éhes, tehát az emésztést elősegítő tiszta, üde víz ez... Ezt a kellemes ízű vizet ivó emberek és állatok kövérek és testesek lesznek... Van rajta 40-50 hajó, melyek egyik várból a másikba viszik a kereskedőket és látogatókat... E tónak lefolyása is van, amely a budai útba eső Szegszárd vára közelében Jeni-Palánka hídja alatt menvén el, a Duna folyóval egyesül..."[502]

Evlia Cselebi ebben az időben meglátogatta Pelendvár (Bolondvár), majd Lak várát is. Bolondvárról csak annyit írt, hogy „erős és meredek vár", Lakról pedig, hogy „igen nagy és erős vár". Innen aztán Peleske várába ment tovább.[503]

A császári-királyi hadvezetés azonban nem használta ki a szentgotthárdi győzelmet, s a csata utáni napokban, 1664. augusztus 10-én, Vasváron békét kötöttek a törökökkel.

A balatoni végvidéken is helyreállott a viszonylagos béke. Visszatért a kettős adóztatás is. A török hódoltsági területen lévő Váras–Endréd és az újratelepült Alsó-Endréd faluk újra fizettek a törököknek és a Balaton túlsó partján magasodó Tihany várának. A fenti kettős adózás terhelte még Szántó, Teleki, Csege, Nagy- és Kis-Kapoly falvakat is.[504]

Hasonlóan kétfelé adóztak a magyar várak tövében élő magyar falvak is, mint például a Keszthely kolostorerőd tőszomszédságában fekvő Keszthely falu, melynek lakosai évenként fizettek a koppányi szandzsákbégnek, majd pedig a foki (siófoki) török palánk parancsnokának.[505] A volt magyar földesurak pedig továbbra is rendelkeztek török hódoltsági területen lévő vagyonukkal.

Miután a szentgotthárdi csatavesztés után a végvidéki török parancsnokok is komolyabban vették a határvidék nyugalmát, a bécsi Udvari Haditanács megbízottai sorra vizsgálták meg a balatoni végvidéki erődítményeket. Ennek során – 1665. április 7-én – Holst császári-királyi ezredes főszállásmester Zalavárt látogatta meg, melyről Montecuccoli táborszernagynak küldött jelentést. A vizsgálat megállapította, hogy Zalavár egy régi erőd, négyszögletű erődítmények veszik körül, egy mocsár közepén fekszik, s egy 2000 lépésnél hosszabb dorong úton és hidakon át közelíthető meg. Másként a várhoz eljutni nem lehet a magas vízállás miatt. Az erődítmény jelenleg rozoga állapotban volt, megerődítése viszont nagyon fontos, mert ha az ellenség elfoglalná netán, erővel lehetetlen lenne azt visszafoglalni, pedig Zalavár eleste nagyobb baj lenne, mint Kanizsa eleste! Pedig a várban a kilencven hajdú helyett csak négy ember volt található, s ezért „... Ha a kapitány az emelcsős kaput fel akarja vonni, asszonyokat kell segítségül hívni, mert férfi nincs kéznél!"[506]

Holst ezredes kérésére – három év múlva! – 1668. június 5-én utalt ki pénzt a pozsonyi Magyar Kamara Zalavár, Hidvég, Pölöske és Egerszeg várak helyreállítására.[507] Zsoldügyekben viszont a pozsonyi Magyar Kamara változatlanul tehetetlen volt. Babocsay Ferenc keszthelyi főkapitány 1668. május 14-én Montecuccoli tábornagynak írt jelentésében valamennyi társa nevében kijelentette, hogy a vitézek egyhangú határozata, hogy ha nem fizetik ki őket, távoznak Keszthely várából. 1669. március 4-én Babocsay Ferenc már arról írt a tábornagynak, hogy a katonák közül igen sokan – éhségtől űzve – török földre menekülnek, és török alattvalókká válnak. Hasonlóan írt ebben az időben gersei Pethő László zalavári kapitány is, akit beosztottjai Bécsbe küldtek, hogy részükre sürgesse meg a zsoldfizetést, mert „... Lovainkat és fegyvereinket már eladtuk, s most a falvakban koldulunk, portyáznunk már nem lehet, mert Batthyány generális a legszigorúbb fegyelemben tart bennünket!"[508]

Minden szigorú fegyelmezés ellenére a balatoni magyar végvidék katonái kénytelenek voltak kockáztatni a békeszegést, és török földre jártak rabolni. Az első ilyen esetre az 1669. március 21-e előtti napokban került sor. A Tapolca palánkban szolgáló magyar katonák az egerszegiekkel együtt török hódoltsági területre törtek, s a Tolna vármegyei Dorog falut feldúlták, „... mind az öregét (14 embert) vágták le, öt embert rútul összevagdaltak, tizennégy házat felgyújtottak, ahol a gabona, az ingóságok mellett még a bölcsőbeli gyermekek is bennégtek, s háromszáz marhával vonultak vissza!". A támadás áldozatai rácok voltak. Ez a véres akció csak a kezdet volt. Rövidesen Tapolca várának katonái a bácskai Zomborig nyargaltak, s rabságba hurcoltak „... zombori görög rácokat", természetesen gazdag váltságdíj reményében. A tapolcai magyar katonák hasonlóan kirabolták a bácskai Vigit falu rác lakóit, illetve Monostor faluból is elhurcoltak öt rác embert. Nem volt különb Babocsay Ferenc keszthelyi főkapitány sem, aki korábbi szerzeményeként birtokolta a távoli Mohács mezővárost. 1670-ben huszáraival Mohácsig nyargalt, és az adót megtagadó egyik mohácsi embert magával hurcolta, akiért aztán a mohácsiak „... adtak egy daruszőrű lovat, mely megért 28 tallért".[509]

A szerzett, rablott jószágnak talán a legnagyobb piaca a veszprémi vár alatt volt. Elsősorban a Szent Miklós-napi vásár volt forgalmas, ahová még a fehérvári török kalmárok is eljártak.

Az 1669. esztendő jelentős volt az egyik legrégibb balatoni vár, Csobánc történetében. A Gyulaffy család részletekben elzálogosította Csobánc várát és vártartományát. Az így eladósodott Gyulaffy család kénytelen volt galántai Esterházy Pálnak átengedni Csobánc várát és vártartományát, aki aztán sorra kiváltotta a zálogrészeket.

Az 1672-ben végrehajtott katonai összeírás oka az volt, hogy a bécsi Udvari Haditanács rendezni kívánta a végvidéki katonaság elmaradt zsoldját, olyan formában, hogy a tíz hónapi tartozásukat öt havi pénzben, valamint öt havi posztóban tervezték kifizetni.

A létszámadatok azonban a már előzőleg elrendelt katonai létszámcsökkentés utáni helyzetet tükrözték. Ugyanis 1671 decembere és 1672 áprilisa között az alábbi létszámú magyar katonákat bocsátották el a balatoni végvárakból:

Keszthely várából 50 lovast és 60 gyalogost, Tihany várából 5 lovast és 20 gyalogost, Vázsonykő várából 15 lovast és 44 gyalogost, Szigliget várából 5 lovast és 5 gyalogost, Csobánc várából pedig 15 lovast és 5 gyalogost.[510]

Az 1671–1672. évi elbocsátások alkalmával összességében a 11 000 főnyi magyar végvári katonaságból 8000 embert bocsátottak el.[511]

A magyar katonaság ilyen mértékű létszámcsökkentése részben a vasvári békekötéssel volt kapcsolatos, illetve az 1670 áprilisában leleplezett Wesselényi-féle főúri összeesküvéssel függött össze. A magyar főurak egy csoportja a törökökkel együttműködve fegyveres felkelést szervezett. Az 1671. december 11-i császári rendelet nyilvánvalóan a felkelés potenciális bázisát képező magyar katonaság létszámát igyekezett csökkenteni. A magyar főúri összeesküvés leleplezését követően, mivel ebben jelentős szerepet töltöttek be a protestáns (református és evangélikus) egyházak és lelkészek is, a Habsburg abszolutista hatalom az összeesküvés leleplezését egy általános protestánsellenes hajszával kötötte össze. Mivel a balatoni végvárak magyar katonasága zömében református volt, a hajsza több Balaton-vidéki magyar végvárra is kiterjedt. Javában zajlottak a kihallgatások, amikor az 1674. október 13-a előtti napokban Sümeg és Tapolca várak magyar katonái – egyesülve a Rábaköz, Bodonhely, Tüskevár és Szegvár magyar katonaságával – betörtek a török hódoltsági területekre, és Kaposvár török végházat felprédálták.[512]

Az előző évi Kaposvár elleni támadást a következő esztendőben – 1675 júliusában – a tapolcai hajdúk egy újabb támadással toldották meg: újra betörtek a török hódoltsági területekre, s feldúlták Pincehely falut. A részletek ismeretlenek.

A balatoni végvidéken uralkodó viszonylagos békességet több helyen az erődítmények javításával töltötték el. Így például 1676 elején Csernel Mihály zalavári főkapitány nagyobb építkezésekbe kezdett. A külső és belső kapukat renováltatta, hidakat építtetett. 1676. december 26-án az uralkodó Radonay Mátyás zalavári apáturat nevezte ki Zalavár kapitányává. Ő az erődítési munkákat befejezte, csak a várbeli német katonáknak építtetett házat.[513]

Minden valószínűség szerint ezekben az évtizedekben – az 1670–1680-as években – épült Balatonszentgyörgy közelében a Csillagvár elnevezésű kisméretű erődítmény, amelynek eredete és építése napjainkig rejtély! Ferenczy Károly leírása szerint: „A Csillagvár külső megjelenésében zárt, tömbszerű, sátortetővel fedett, téglából készült, vakolattal ellátott, földszintes épület. Lefelé vastagodó falai erőteljesen, határozottan a földhöz szegezik... Fölülnézetben – alaprajzában – ékalakúan előreugró sarkaival szabályos 16,5 x 16,5 méter törzsméretű, négysarkú építmény.

... Az épület körül – a védelmi jelleg további elvitathatatlan bizonyítékául – sáncárok rendszer húzódik. A vártól cca. 50-50 lépésre fasorokkal, bozóttal benőtt, szabályos négyzet alakú árok fut körül, négy sarkában körívesen előreugró földrondellával. A földmű pontos keresztmetszete általában elmosódott, de egyes helyeken még ma is közel 4 méter széles, 1,5 méter mély árokszakasz található. A sáncárokkal körülvett vár belső területére a Kis-Balatonra néző oldal északi sarka mellett vezetett be az út. A bejárat védelmére párhuzamos sávokban két elősáncot húztak... További nyomokból egy, természeti adottságokkal – meredek hegyoldal, erdő – összehangolt külső védővonal is sejthető."[514] Az erődítményről egyetlen írásos adat nem maradt fenn. A közvélemény török építménynek tartja, de ennek ellentmond, hogy építőanyaga Keszthely környéki kő!

Az 1670-es évek végén az Udvari Haditanács újra növelte a magyar katonák létszámát a balatoni végvidéken is. Kizárólag Szentgyörgyvárott (Békavárott) volt 1678-ban létszámcsökkentés.

Az 1679. évben egyetlen említésre méltó eset történt a balatoni végvidéken. A fehérvári török vár tömlöcében ülő hetven magyar rab – 1679. január 9-én – levelet írt Laskóy András veszprémi kapitánynak, vigyázzanak, mert a törökök támadásra készülnek: „... mert immár ágyút is vittek Fokra (Siófokra), azt költötték, hogy azért vittek Fokra ágyút, hogy mostan igen félnek, hogy az Balaton bé állott, de hamisság az dolgok!"[515]

A közel húsz éven át tartó békesség utolsó végvidéki csatája 1680. január 30-án zajlott le a Balaton vidékén. Csak annyi ismert, hogy Semptsei Ferenc, Vázsonykő várának tizennyolc esztendőkig való vicekapitánya embereivel Berhida mezővárosba vonult.

A megerődített templomnál jártak a vázsonykői vitézek, mikor fehérvári török katonák törtek rájuk. A vázsonykői, tihanyi és veszprémi magyar vitézek összecsaptak a török harcosokkal. Az összecsapás „Börhida hídjánál" tetőzött, ahol a magyarok közül többen hősi halált haltak, s köztük Semptsei Ferencnek is fejét vették a törökök. A halott vázsonykői vicekapitányt a veszprémi várhegy kinyúló nyúlványán, a Szentbenedek-hegyen álló kis kápolnában temették el.[516]

Az 1680-as évek elején egyre feszültebbé vált a helyzet a balatoni végvidéken is. Ennek hatására újabb német katonaságot vezényeltek több végvárba. Így a Müller regiment egy gyalogosszázadát, 264 katonát Zalavár, Kapuvár és Óvár erősségeiben osztottak szét.[517]

A török támadások növekvő veszélye miatt a végvidéken újra növelték 1683 áprilisától a magyar katonaság létszámát is. A Kanizsával szembeni végházakban az eddig ezerfős létszámot 3059 főre (892 huszár, 1167 gyalogos hajdú) növelték.

Ekkor már a levegőben lógott a háború, melyet 1683. január első napjaiban hirdetett ki IV. Mehmed török szultán. A török hadsereg 1683. április 1-jén kezdte meg felvonulását Magyarország ellen, s június 7-én egyesült a török fősereggel Thököly Imre fejedelem magyar had-ereje. Június 12-én, amikor a török seregek már Mohács körzetében vonultak, a Balaton-vidéki magyar végvárak kapitányai tanácskozást tartottak Pápa várában. Levélben fordultak Batthyány Ádám dunántúli főgenerálishoz, hogy gyülekező magyar hadaival maradjon Pápa közelében, s ígéretet tettek, hogy ők is mindent megtesznek váraik őrzésére: „... Nagyságod parancsolatja szerént mindent megcselekedni és elkövetni szegény Hazánk javáért és megmaradásáért készek leszünk!" A levelet Babocsay Ferenc veszprémi főkapitány, Bezerédy István pápai vicekapitány, Kéthelyi János tihanyi kapitány, Vörös Pál csobánci kapitány, Tóthi Lengyel János szigligeti örökös kapitány, Vörös István vázsonykői vicekapitány és Fejér János keszthelyi helyettes kapitány írta alá.[518]

Június 24-én a bécsi Udvari Haditanács parancsot küldött Veszprém, Tihany, Vázsonykő, Pápa várakba, hogy a várőrségek zöme vonuljon a Győrnél gyülekező császári-királyi főerőkhöz.

Ezekben a napokban a Bátaszéknél vonuló török ellátóoszlopok sorában szörnyű szerencsétlenség történt. Az élelmiszerekkel és lőporral megrakott szekerek között véletlenül elsült egy janicsárpuska. Először egy szekér robbant fel, majd ennek hatására a többi kilencven szekér is a levegőbe repült. A szekerekhez tartozó 360 ökör mind elpusztult, s 150 ember meghalt. A robbanás utáni zűrzavarban sok magyar szekérhajtó elmenekült. Ezek közül huszonöt ember Tihany várába menekült, s június 23–24-én

Kéthelyi János tihanyi kapitánytól kértek menedéket. A következő napon – 1683. június 25-én – Barkóczy Ferenc kétezer Thököly-párti magyar katonája megszállta Veszprém, majd Tihany és Vázsonykő várakat. Egyik vár sem fejtett ki ellenállást. Szörnyű tragédiával járt viszont az, hogy a török hadsereg déli szárnyán Murad Giraj tatár kán lovashadai vonultak végig a Balaton északi partvidékén. Egy későbbi tanúvallomás szerint: „... A tatár hadak Balaton mellékét rabolván, gyújtogatván, a népnek némely részét fogva vitte, többit elszéllesztette, s akkor a Balaton melléki faluk pusztulásra jutottak!”[519] A török Rasid effendi udvari történetíró felsorolta mindazon magyarországi erősségeket, melyeket 1683. június–júliusban a török hadsereg elfoglalt. Ezek között szerepeltek: Veszprém, Tihany, Vázsonykő, Csobánc, Keszthely, Szigliget, Tapolca és még számos vár és erősség neve.[520] Sajnos a részletek ismeretlenek.

Az 1683. június–júliusi török átvonulás és az azt követő megszállás csak rövid ideig tartott. Az 1683. szeptember 12-én megindított ellentámadás során a Habsburg császári-királyi csapatok, a német had és a lengyel királyi sereg megsemmisítő csapást mért a török haderőre. A Bécs alól menekülő török hadakat üldöző csapatok egyenesen Buda ellen támadtak (s bár azt majd csak később, 1686. szeptember 2-ra tudták a töröktől visszafoglalni), megkezdődött Magyarországról a török sereg kiűzése.

Veszprémet és a balatoni várakat a Thökölypárti magyar és török csapatok – 1683. szeptember második felében – harc nélkül kiürítették, s a Balatontól délre lévő török várakba húzódtak vissza. A részletek ismeretlenek.

A következő esztendőben Magyarország különböző területein dúltak a harcok, a Balaton térségében csak 1684 szeptemberében játszódtak le jelentősebb katonai események. Babocsay Ferenc veszprémi főkapitány csapatai a Balaton déli partvidékén a Sió torkolatáig nyomultak előre, s elfoglalták a foki (siófoki) török erődöt és megerődített kikötőt.[521]

Szinte ezzel az eseménnyel egyidejűleg – ugyancsak 1684 szeptemberében – zajlott le a kanizsai török csapatok utolsó ismert támadása a Balatontól délnyugatra, Zalavár ellen. Nagy Ferenc vicegenerális vizsgálatot követelt, hogy „... az török miképpen ment be Szalavár alá, mivel nem kicsiny veszedelemben volt az a végház!” A vizsgálat során a várbeli magyar katonák elmondták, hogy Radonay Mátyás apát és főkapitány „... országutat csináltatott bé az török partról, mind az maga számára marhákat hajtatván be... Azon (ti. az épített úton) mentek be a törökök éppen a Palánkig, az istállókat fel is verték!”[522] Szerencsére nagyobb baj nem történt.

Radonay fentebb említett útépítésével kis híján vesztét okozta Zalavárnak. Azonban az útépítés mellett jelentékeny építkezésekbe is kezdett: raktárakat, szállásokat, kenyérsütő kemencéket készíttetett. Legjelentősebb munkája az volt, amikor 1686-ban a közeli Zala folyót is bevezettette a vár árkaiba.

1685 őszén Palota, Fehérvár és Buda várak még szilárdan a török hadsereg birtokában voltak, a keresztény seregek Érsekújvár körül és Felső-Magyarországon hadakoztak. A Dunántúl keleti-délkeleti térségében húzódó török utánpótlási vonalak zavarására – 1685 októberében – a balatoni várak magyar katonasága kapott parancsot. Többek között Keszthely várának parancsnoka, Thury Farkas is utasítást kapott arra, hogy vonuljon táborba csapatával. Miután ez megtörtént, a keszthelyi katonaság és a hozzájuk csatlakozott tapolcai és sümegi hadinép együttesen tört be a török hódoltsági terület-re.[523]

Negyedik esztendeje tartott már a török elleni hadjárat, mikor 1686. június 18-án a szövetséges keresztény hadak ostrom alá fogták a magyarországi török hódoltsági területek központját, Buda várát. Buda ostromához a balatoni végvárak katonaságának egy részét is felvezényelték. Többek között Buda alatt volt Tóti Lengyel János keszthelyi főkapitány, valamint Festetics Pál vicekapitány is. Az ostromtáborában voltak még: Zichy Imre vázsonykői főkapitány, Babocsay Ferenc veszprémi főkapitány és még sokan mások.[524] Buda várának 1686. szeptember 2-i visszafoglalása után a szövetséges keresztény hadak megindították támadásukat a Dunántúl déli-keleti térségében lévő török várak ellen. Miközben a keresztény seregek ostrom alá fogták Simontornya, Kaposvár, majd Pécs és Siklós várakat, a török csapatok harc nélkül kiürítették a Balatontól keletre lévő erősségeiket: Ozorát, Hidvéget, Endrédet, Karádot, Koppányt, Koroknát, Lak várát, Bolondvárt, Csákányt, Szenyért. A legvitézebbül Kaposvár török őrsége védekezett: a kis téglavárat a török katonák huszonnégy ágyúval tizenhárom napon át védték, s csak 1686. november 12-én kapituláltak szabad elvonulás mellett. Ezt a vitézi védelmet csak a szigetvári török őrség szárnyalta túl: ők 1686. október végétől 1689. január 26-ig védekeztek az ostromlókkal szemben. Kanizsa várának török őrsége csak 1690. április 13-án adta meg magát.

Ekkor a balatoni végvárak magyar katonaságát is harcba vetették. Radonay Mátyás zalavári apát és főkapitány parancsnoksága alatt hatszáz magyar katona Mohács török palánkot támadta meg. Miközben a támadó magyar csapatok mindössze hét embert vesztettek, a külső vár elfoglalása után a törököt a belső várba szorították, ahol aztán megadták magukat.[525]

A támadó szövetséges keresztény hadakkal szemben 1686 decemberében a török hadvezetés nagyarányú ellentámadást tervezett Eszék körzetéből. A török ellentámadás hírére Babocsay Ferenc veszprémi főkapitány 1686. december 29-én körlevelet írt a „Vázsonyi, Tihanyi, Csobánci, Szigligeti, Tapolcai és Keszthelyi Fő és Vicekapitányoknak”. Közölte velük a veszedelem hírét, s gyülekezésre szólította őket, „... hogy Isten segítsége által az Pogány Ebek föltett szándékának ellent állhassunk egyesült erővel”.[526]

Miközben a szövetséges keresztény fősereg 1688 végén és 1687 elején Mohács–Villány–Siklós térségében vonult fel, a Batthyány Ádám dunántúli főgenerális parancsnoksága alatt harcoló magyar csapatok – köztük a balatoni végvidék erői is – Mohács, Pécs, Siklós, Kaposvár váraiban összpontosultak.

A török hadsereg 1687 június–júliusában valóban megkezdte felvonulását Eszék–Baranyavár térségében. A támadás azonban teljes kudarccal végződött. Az 1687. augusztus 12-én Villány térségében kibontakozó hatalmas ütközetben a török seregek teljes vereséget szenvedtek a szövetséges keresztény hadaktól. A villányi csata örökre véget vetett a törökök dunántúli uralmának. Csak három török erőd – Székesfehérvár (1688. május 19-ig), Szigetvár (1689. január 26-ig) és Kanizsa (1690. április 13-ig) – dacolt az őket körülzáró keresztény csapatokkal, majd szabad elvonulás feltételével megadták magukat.

Kanizsa várának 1690. április 13-i kapitulációjával a balatoni végvidéken mindörökre megszűnt a török háborúk másfél évszázados időszaka. A nagy múltú végvári katonaság még egy ideig élte a maga megszokott életét. Egy 1695. évi összeírás adatai szerint a Kanizsa körül fekvő végházakban még 1092 huszár és 1367 gyalogos hajdú teljesített szolgálatot, ezeken belül a balatoni öt kis végvárban 190 huszár és 274 gyalogos hajdú élt.[527] 1687 augusztusában Esterházy Gáspárt nevezték ki zalavári és szentgyörgyvári kapitánynak. Zalavár őrségéről adatok nincsenek, viszont Szentgyörgyvárott (Békavárban) 1690-ben 47, 1696-ban 36 zsoldos katona szolgált.

Csobánc várában Tallián Sándor volt a kapitány az 1690-es években, parancsnoksága alatt állt ötven „szabad legény" és három császári lovas katona. A vár egyik vajdája (gyalogoskapitánya) volt a Rákóczi-szabadságharc híres brigadérosa, Béri Balogh Ádám.

Keszthely várában – 1696-ban – hetven lovas és gyalogos katona szolgált.

Tihany várának lakói még 1696-ban is zsoldos lovas és gyalogos katonák voltak. Zsoldjuk mellett volt 145 hold szántóföldjük és 22 hold szőlőjük, melyen 95 akó boruk termett.[528]

A balatoni várak pusztulása

A Habsburg és az Oszmán Birodalmak 1699. január 26-án Karlóca városában békét kötöttek, s így a nagy török háborúk és a hódoltság kora véglegesen befejeződött. A Magyar Királyság területén – így a Balaton vidékén is – szükségtelenekké váltak a régi várak és végházak. Habsburg I. Lipót 1701. november 9-én kiadott rendeletében megszüntette mind a végvárakat, mind a bennük szolgálatot teljesítő végvári katonaságot. A bécsi Udvari Haditanács elsőnek – 1702. január 26-án – Kanizsa várának teljes lerombolását rendelte el. Ezt követően – csak a Dunántúlon – elrendelték Székesfehérvár, Palota, Tata, Simontornya, Pápa, Veszprém, Zalavár, Körmend, Kaposvár, Dombóvár erődítményeinek lerombolását. A balatoni várak közül csak Zalavár lerombolását rendelték el. Itt nemcsak az erődítményeket, hanem a középkori bencés rendi apátság még megmaradt épületeit és templomát is felrobbantották, és építőanyagát elhordták. A vár hadfelszereléseit – elsősorban az ágyúkat – a budai katonai szertárba szállították. Ugyancsak 1702 tavaszán a tihanyi várat is lerombolták: a bástyákat és erődfalakat felrobbantották, palánkjait lebontották. A volt várőrség a faluban telepedett le, s a vár köveiből építették fel – 1719–1754 között – a napjainkig álló bencés rendi monostort és a templomot. Szintén 1702 tavaszán lerombolták a tapolcai plébániatemplom körül épült erődítményeket és palánkokat.

A korszerű erődítményeknek már nem minősíthető középkori várakat – mint Csobáncot, Szigligetet és Vázsonykőt – nem romboltatták le, azokkal a nemtörődömség végzett a XVIII. század folyamán.

A császári-királyi rendelkezés – természetesen – a Balatontól délre lévő volt török erődítményekre és palánkokra is vonatkozott, s ezeket is nyomtalanul elpusztították. Egyedül a foki (siófoki) „... elhagyott török végház...” állt még 1704-ben is.

A volt végvári magyar katonaság további sorsát is megpecsételte a királyi rendelet. Egy részük – költözési szabadságuk megőrzése mellett – átlépett a „vitézlő rendből” a szabad menetelű árendás-taksás paraszti rétegbe. A Keszthelyt ekkor még birtokló gersei Pethő család a keszthelyi várban katonáskodó hajdúkat a róluk elnevezett Hajdú (ma Bem József) utcában telepítette le, s ez a népesség a békeidők bekövetkeztével részben mezőgazdasági tevékenységre (főleg szőlőművelésre), részben pedig ipari munkára tért át. Számos egykori kiváltságukat – újra és újra hivatkozva korábbi katonai szolgálatukra – azonban sokáig megőrizték. Szinte minden korábbi kiváltságukat megtartották a csobánci katonák. Ezek az emberek még az 1710-es években sem fizettek semmiféle úrbéri árendát, nem teljesítettek robotot.

A legkedvezőtlenebb helyzetbe a tihanyi ka-

A keszthelyi kolostor az erődítmények lerombolása után

tonaság került, ugyanis az uralkodó az apátságot 1701. augusztus 11-én az ausztriai altenburgi bencés apátságnak adományozta. A volt katonaságot az új apátság földesúri alárendeltségébe utalta.[529]

Javában folyt a végvári rendszer felszámolása, amikor 1703 júniusában Északkelet-Magyarországon II. Rákóczi Ferenc vezetésével rendi-függetlenségi felkelés robbant ki.

Az országos méretekben kibontakozó szabadságharc a Dunántúl – és ezen belül a Balaton – vidékére csak 1704 januárjában ért el. A Veszprém felé előnyomuló Károlyi Sándor generális hadaihoz a volt magyar végvári katonák mindenütt csatlakoztak. Elsők között voltak a tihanyiak, akik 1704 januárjában megtagadták a földesúri szolgáltatásokat, lefoglalták a kolostort, s fegyverrel kergették el az új apáturat.[530]

A balatoni várak volt katonasága részt vett a Balatontól dél-délkeletre végrehajtott kuruc támadásban, majd innen a Balaton környékére húzódtak vissza.[531]

Az 1704. április–májusi császári-királyi ellentámadás rövidesen a Dunántúl kiürítésére kényszerítette a kuruc csapatokat. A Bottyán János generális vezette kuruc hadak ebben a hadjáratban is csak a Dunántúl középső térségét – Sümeg, Pápa, Veszprém, Palota és a Balaton-felvidék körzetét – voltak képesek elfoglalni. A Balatontól délre csak Igal – volt török – palánk került kuruc kézre. Egy 1706. május 1-jén kelt levél szerint az igali kuruc őrség a Siótól délre lévő rác (szerb) falvakra támadt, mire a rácok is támadtak és a Balatontól keletre, illetve a Siótól délre fekvő magyar falvakat feldúlták.[532]

Tihany várának volt katonasága a confederált rendek (kurucok) mellé állt, aminek fejében a tihanyiak az 1706. március 20-án Füreden (Balatonfüreden) szemlére felvonuló kuruc hadakhoz egy előre megírt védlevelet adtak át. A védlevél szerint „... a méltóságos Fejedelem és a confederált nemes magyar haza hűségére hajolván, személyekben, ingó és ingatlan, belső és külső, s akármely névvel nevezendő javakkal és jószágokkal ezen levél erejével speciális protectio (különleges elbánás) alá vétődnek!”. Az előre megírt védlevelet Bercsényi Miklós főgenerális Nagyszombat városában írta alá.[533]

A zömében kelet-magyarországi kuruc csapatok azonban sok bajt okoztak a Balaton-vidéki magyar lakosságnak is. Fokszabadi (Balatonszabadi) magyar lakossága – 1706. augusztus 16-án – egyenesen II. Rákóczi Ferenc fejedelemnek írt panaszkodó levelet. Leírták ebben, hogy nemcsak a császáriak, de a kuruc csapatok is súlyos károkat okoztak náluk. Ezek a panaszok olyannyira gyakoriak voltak, hogy Fejér és Veszprém vármegyék vezetősége is hasonló panasszal fordult a fejedelemhez![534]

A kuruc háború idején a Balaton-vidéken csak 1707 februárjában alakultak ki jelentősebb harcok. Ez abból adódott, hogy a Rabutin de Bussy császári tábornagy Erdélyből elindított hadteste Székesfehérvárra érkezett, honnét 1707. február 10–11-én folytatták előnyomulásukat a Balaton irányába. A Rabutin-hadtest a Pálffy-vértesezred részeiből, a Salm-, a Tollet-, a Virmond-, a Neuburg-, az Althan- és a Thürheimb császári sorgyalogezredekből, valamint a Harboan-, az Osten-, a Maltzan- és az Endom dán zsoldosezredekből (1466 dán gyalogos és 895 dragonyos), továbbá a Nehem-lovasezred szerb huszáraiból állt, összesen mintegy 12 ezer katonával. A Rabutin-hadtest előrevetett osztagai heves harcokban elfoglalták Csíkvár (Battyán) erősséget a kuruc csapatoktól, majd a Polgárdi és Füle faluk körzetében elsáncolt táborba vonultak. Ebből a táborból Rabutin két csapást akart mérni Palota és Simontornya várak ellen. Miután Simontornya elleni támadásuk kudarccal végződött, Palotát már meg sem támadták.

Közben a Veszprém várában tartózkodó Bottyán János vezénylő tábornok, a dunántúli kuruc hadak főparancsnoka sürgős ellenintézkedéseket tett. Veszprém körzetébe vezényelte a Béri Balogh Ádám vezetése alatt álló lovasdandárt, amely a Béri Balogh Ádám, Sándor László, Somogyi Ádám és Kisfaludy László vezetése alatt álló négy huszárezredből állott. Domonkos Ferenc gyalogezrede Palota körzetében összpontosult, a Sió vonalán pedig Sélley Gábor alezredes kuruc csapatai helyezkedtek el. A kuruc csapatok a császári hadtest várható útjában fekvő Balaton-felvidék falvait kiürítették, a lakosságot a környező erdőségekbe kergették, s az üres falvakban minden élelmet és takarmányt felégettek.

A császári Rabutin-hadtest 1707. február 20-án folytatta előnyomulását a Füle, Csajág, Balatonkenese közti utakon. Az elő- és az utóvédet ezer-ezer szerb huszár képezte, középütt pedig, a társzekerek két sora között az osztrák, cseh és dán gyalogezredek meneteltek. Február 23-án a császári hadtest előrevetett osztagai elérték a Balatonkenesétől északra fekvő Hosszúmezőpuszta körzetét. Itt érte őket Béri Balogh Ádám lovasdandárának első rohama. Az összecsapásban a kuruc huszárok száz császári gyalogos és ötven lovas katonát vágtak le, illetve sok sebesültet és foglyot szállítottak Veszprém várába. A február 23-i csata után a Rabutin-hadtest két hadoszlopra bontakozva vonult tovább: az egyik a Balaton északi partvidékén (az ún. római úton), a másik pedig a Felsőörs, Vámos, Tótvázsony közti régi hadiúton vonult Tapolca felé. Veszprém várát mintegy 6 kilométerről kerülték el déli irányba, s annak ostromát meg sem kísérelték. A balatoni falvak sorsáról egy évtizedekkel később – Alsóörsön 1756. január 9-én – lezajlott tanúvallomásból értesülünk (melyet már idéztünk az 1683. júniusi török átvonulással kapcsolatosan). Könczöl András – aki Rabutin hadjáratakor 37 esztendős volt – az alábbiakat vallotta: „... Az legközelebb elmúlt Kurucz háborúban ismét elszaladtanak azon Alsó-Eőrsiek [ti. a felsőörsi fallal erődített templomba – Sz.] addig, míg az Rabutin földulván – s égetvén azon Falut (ti. Alsóörsöt) a Paróchia és Templommal edgyütt, de azonnal által takarodván rajta, vissza mentek azon lakosok (ti. Alsóörse).” Egy másik tanú is hasonlóan vallott: „... Azt pedig jól tudgya, hogy az Kurucz Háborúban, nem tovább csak egy-két nap vették félre magukat az lakosok az Erdőre, azon Ellenségtül való félelmekben az Prédikátoraikkal edgyütt, de megértvén elmenetelüket [ti. észrevevén az ellenség távozását – Sz.], azonnal haza telepedtek...” Nemes Tóthy Zsuzsanna úrnő, alsóörsi birtokos (aki 1707-ben tizenkét esztendős leányka volt): „... Az Fatens több háborús időrül nem tud felelni, csak csupán Rabutin járásárul, és tudgya, hogy akkor sem pusztultanak el ezen Helységek (ti. Alsó- és Felsőörs) annyira, hogy senki nem maradt volna meg bennek..., hanem amíg által takarodott Néppel edgyütt [ti. Rabutin – Sz.] két-három nap alatt, addig vették félre az lakosok magukat...” Danka István agilis (félnemes) – aki Rabutin támadásakor kb. 40 éves volt – is hasonlóan tanúskodott: „... Hanem Rabutin járásakor, mikor egy dél tájon reájuk ütvén az Német és rácz, elfuttanak, amíg népével által takarodott volt, de másnap ismét mintegy dél tájban, mind Prédikátorjaikkal edgyütt haza telepedtenek.”

Az északi, jobb szárnyon menetelő császári hadoszlop 1707. február 24-én a délelőtti órákban elérte Tótvázsony–Csepely faluk körzetét, ahol a császári előrevetett osztagok kuruc csapatokba ütköztek. Ugyanis Vázsonykő katonasága, Győri Nagy János ezredes 900 főből álló kuruc dragonyosezrede, valamint Zala és Veszprém vármegyék nemesi felkelése és telekkatonasága felvonult a csepelyi mezőkön, hogy útját állja a Rabutin-hadtestnek. A kibontakozó ütközet – a Rákóczi-szabadságharc legjelentősebb Balaton vidéki csatája – 1707. február 24-én a déli óráktól az est beálltáig tartott. Miután a vármegyei csapatok visszavonultak, a kuruc katonai alakulatok Vázsonykő vára alá húzódtak vissza, a Rabutin-hadtest pedig folytatta útját a Tapolcai-medence felé.

A császári csapatok 1707. február 25-én érték el a Tapolcai-medencét Hegyesd mellett. Ebben az időben Keszthely, Szigliget, Tapolca és Csobánc körzetében Rétey György kuruc huszárezrede és Moóry István gyalogsága összpontosult.

Csobánc várában – Szász Márton vicehadnagy parancsnoksága alatt mintegy harminc kuruc hajdú volt, valamint a várban gyülekezett a környékről mintegy harminc felfegyverkezett nemesember is. Fegyverzetük két darab kétfontos vastarackból és egy ötcsövű seregbontó ágyúból állott, két bécsi mázsa (azaz kb. 100 kg) lőporral ellátva.

Amint a császári csapatok menetoszlopa megjelent a Csobánc vára alatti utakon, a várban lévő kuruc katonák ágyúlövéseket adtak le rájuk. Ezek a lövések, valamint az a hír, hogy a környék nemessége sok értékével Csobánc várába menekült, arra késztette a császári csapatok egyik parancsnokát, Kreutz ezredest, hogy a kis hegyi várat rohammal elfoglalja. A császári gyalogság egyik alakulata három rohamoszlopban mászta meg a meredek és 375 méter magas várhegyet. A német gyalogos katonák feljutottak a várhegy platójára, ott beásták magukat a várral szemben elterülő fennsíkon, majd berobbantották Csobánc várának kapuját. A Szász

Csobánc várának alaprajza 1860 körül (Berg Károly rajza)

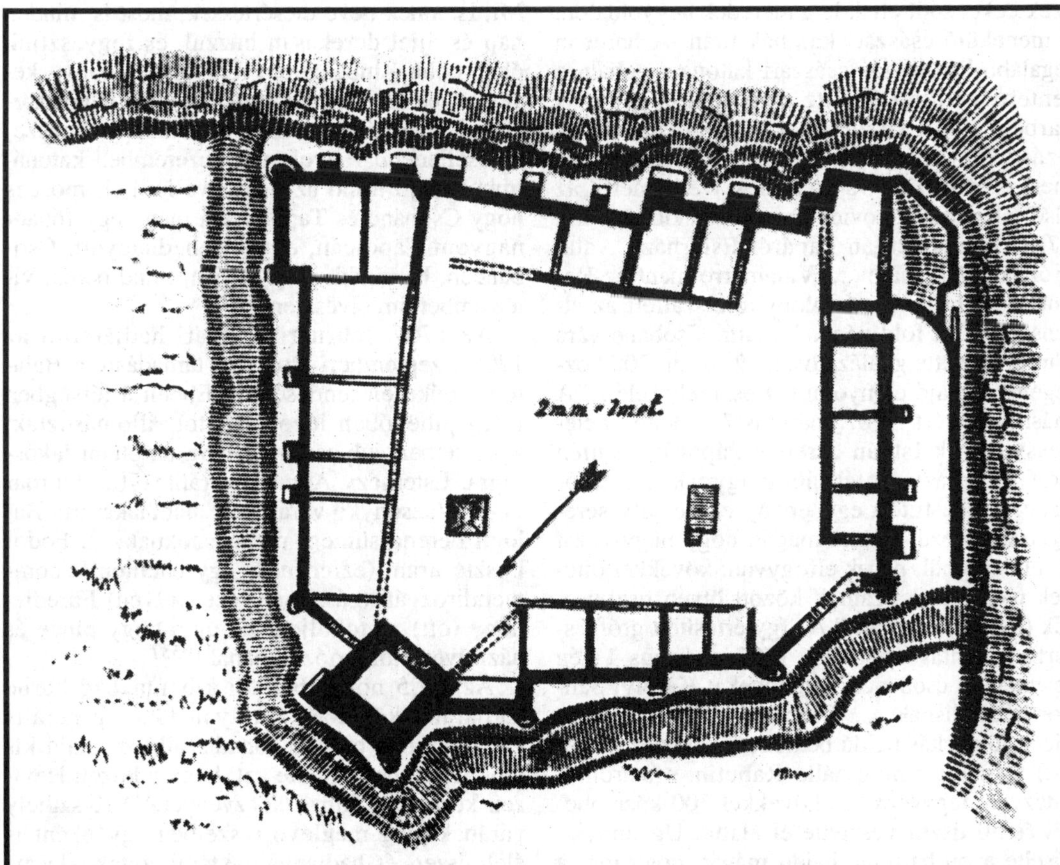

Márton vicehadnagy vezette kuruc hajdúk s a Dóczy Péter uradalmi tiszttartóval az élen harcoló nemesek minden fegyverükből lőtték a támadókat. A rohamra induló császári katonák már-már betörtek a vár kapuján, amikor egy puskagolyó Kreutz ezredest homlokon találta. A vár falára csak egy német katona jutott fel, de a védők őt is a mélybe taszították. A védők ekkor kirohantak a várból, s véres közelharcban verték le a hegyről a császári katonákat. Mivel a lőporuk már elfogyott, kövekkel megrakott szekereket zúdítottak le a meredek hegyoldalon, a menekülő császári katonák után. A harcban legalább háromszáz császári katona meghalt, a fentebb említett Kreutz ezredessel együtt. A várbeli védők veszteségei ismeretlenek, csak Szász Márton vicehadnagy hősi halála ismert.[535] Csobánc várának hősi védelméről az első jelentést Palkovics Ferenc főhadbiztos írta 1707. február 28-án Pápáról Esterházy Antal gróf tábornagynak: „... Valamerre ment az Rabutin: egynéhány mérföldnyire elszállott az ellenség elől a föld népe. Rabutin Csobánc vára alul elvesztette gyalázatosan 52 tisztit, 300 közlegényét, majd előnyomult Keszthely felé..." A másik jelentést 1707. március 7-én tette Thelekessy Török István ezredes Pápáról, szintén gróf Esterházy Antal tábornagynak: „... Csobánc várába futott egynéhány ember oly serényen és vitézül viselte magát, hogy négyszázat az ellenségbül, poruk elfogyván, kövekkel öltenek meg, kinek számok között ötven tisztviselők (tisztek) valának!" Az így értesített gróf Esterházy Antal tábornagy 1707. március 11-én jelentette a csobánci eseményeket Károlyi Sándor generálisnak: „... Csobánc várában harmincig való puskás hajdú bémenvén, ellenek (a várat) formaliter megszállá Rabutin, s ostromot intézvén, fegyverrel és kövekkel 300 közemberét és 50 tisztit vesztette el alatta. Úgyannyira viselte azon harminc hajdú magát, hogy már a kapuját is belővén az ellenség, belőle vágták ki!"

„... Az erdéli német armada – írta 1707. március 1-jén Pápa várából maga Bottyán János generális –, Tapolca és Sümeg között szállott meg, Csobánc vára alól gyalázatos elmenése után."

A visszavonuló Rabutin-hadtestet Béri Balogh Ádám lovassága „csipkedte''. Erről, az üldözésről tett jelentést 1707. március 3-án Béri Balogh Ádám gróf Esterházy tábornagynak: „... Mi, Istennek neve dicsértessék, most is minden nap és éjjel derekasan húzzuk és fogyasztjuk őket, noha – megvallom Kegyelmes uram – kevés-kevés káraink nékünk is minden napon történnek katonáinkban. Én kiváltképpen legszerencsétlenebb vagyok: mert ezerembeli katonáimbul majd mind az java-java hull el, most is hogy Csobánc és Tapolca alá ment, egy főhadnagyom Tapolcán, egy vicehadnagyom Csobáncon, harmadik meg Türjén, mind derék, vitéz embereim elvesztenek!"[536]

Az 1707. februári császári hadjárattól az 1709. szeptemberi általános támadásig a Balaton vidéke elcsendesedett. Ebben a térségben főleg pihenőben lévő csapatok állomásoztak, sok esetben súlyos terhet róva az ottani lakosságra. Esterházy Antal generális 1708. február 12-én Vázsonykő várából az alábbiakat írta Balogh Ferenc sümegi parancsnoknak: „.. Fodor László uram (ezredének) egy batalionját commendirozván (zászlaját vezényelvén) Füredre, hogy (ott) rostokoljon, de úgy, hogy pince és házfölveréstől tartózkodjanak!"[537]

Az 1705 novemberétől kibontakozó kuruc hadjáratot követően, Bottyán János generális Pápa várában tartotta főhadiszállását, majd kis időre Keszthelyre tette azt, hogy a közeli Hévízen kezeltesse kínzó köszvényét.[538] Keszthely várának még meglévő részeiben egyébként is élelmiszer- és hadianyagraktárai voltak a kuruc hadseregnek. Innen Keszthelyről ment Bottyán János Sümeg várába, hogy ott – 1707. december 25-én Rákóczi Ferenc fejedelem utasítására – átadja gróf Esterházy Antal altábornagynak a dunántúli főparancsnoki tisztet. Az átadás után Bottyán visszatért Keszthelyre, majd 1708. január 10-én innét távozott véglegesen a Dunántúlról.[539]

A viszonylagos nyugalom idején gróf Esterházy Antal altábornagy ideiglenesen – 1708. február 17-től március 14-ig – Sümeg várából Vázsonykőbe tette át főhadiszállását.

1708 nyarától újra kibontakoztak a harcok, majd 1709 áprilisától egyre inkább várható volt a császári-királyi hadsereg általános támadása. Április 11-én gróf Esterházy altábornagy dunántúli főparancsnok parancsot adott ki: „... Az ellenség Veszprém várának attakérozására (megrohamozására) készül. Ezért Veszprém várát és a környező várakat – köztük Vázsonyt – amennyire lehet, defendálni (védelmezni) kell!" A császári-királyi hadsereg általános dunántúli támadása 1709. július 19-én indult meg. Az egyik hadoszlop – Petrás alezredes 500 magyar hajdúval Sümeget foglalta vissza harc nélkül, majd ugyanezen csapatok szintén harc nélkül vonultak be a balatoni erősségekbe. Harcra-ostromra egyedül Veszprém váránál került sor 1709 szeptemberében.

Közel tíz hónapja volt már a Dunántúl császári-királyi uralom alatt, amikor 1710. július 15-én egy kuruc sereg – Palocsay György és Béri Balogh Ádám parancsnokságával Pentelénél átkelt a Dunán és benyomult a Dunántúlra. A sereg elővédje – Borbély Gáspár főkapitány parancsnoksága alatt – megközelítette Csíkvárt, majd Hidvég (Szabadhídvég) felé nyomultak előre, „... fel akarván verni a Hidvégen lévő németet, mely nyolcvan lovas német és harminc lovas labanc (magyar) volt". Hidvég császári őrsége azonban visszavonult Veszprém vára alá, s így a kuruc hadtest a Balaton melletti kenesei (Balatonkenese) rétekig nyomult előre. Innen erős felderítő lovasságot indítottak Veszprém váráig, egészen annak kapujáig! Július 19-én a kuruc hadtest Füredre vonult: „... megszállottam az nap Füredi rétekre Tihon ellenébe." Innen indítottak portyázókat, akik július 20-án „... hoztak három labancot (császári-királyi oldalon szolgáló magyart) rabul, négyet levágtak, újabb portásom (portyázók) pedig vagyon Keszthelyre és Tapolcára, Bakács és több tisztek megfogásokra minden órán bevárom őket!". A császáriak oldalára átállt Bakács Lukács keszthelyi kapitányt – és sok más labanccá vált nemesurat – a kuruc portyázók elfogtak.[540] A dunántúli lakosság azonban már belefáradt a háborúskodásba. Ezt látva Béri Balogh Ádám brigadéros – feladva Simontornya várát –, megkezdte visszavonulását. Azonban Szekszárdnál – 1710. október 28-án – a szerb csapatok és a kurucok ellen forduló magyar lakosság megtámadta és szétverte a kuruc csapatok maradványait. A Rákóczi-szabadságharc ekkor már végóráit élte: 1711. április 30-án a magyar szövetkezett rendek és a király képviselői Szatmáron aláírták a békekötést, majd másnap – 1711. május 1-jén – a kuruc csapatok a közeli Majtény falunál letették a fegyvert, s az általános amnesztia alapján a kuruc katonák szabadon hazatérhettek otthonaikba.

A Rákóczi-szabadságharcot követően közel száz évig (1809-ig) a Balaton vidékét háború nem érte. A Balaton északi térségében álló középkori várak lakatlanná váltak, s az elhagyatottság és az idő múlása romhalmazokká változtatta azokat. Legkorábban – még a XVI. század végén – Rezi és Tátika várai dőltek romba. Szigliget várát 1697-ben villámcsapás gyújtotta fel, s ettől kezdve már a nevét sem említették többé. Csobánc várát – az 1707. évi ostrom után – 1708-ban a császári csapatok lerombolták. Farkas István szolgabíró 1722-ben írott levele szerint „... arx diruta Csobáncz...” – azaz „Csobánc lerombolt vár!” Vázsonykő várát az új birtokosok uradalmi börtönné, majd pálinkafőzővé alakították át. Tihany várát teljesen lerombolták, s a köveiből – 1719 és 1754 között – felépítették a mai kolostort és templomot. Zalavárt – a régi monostorral és templommal együtt – véglegesen lerombolták, épületanyagát elhordták, s helyébe nem épült semmi. A keszthelyi kolostor körül lerombolták az erődítményeket, de még 1715-ben is – Clemens angol utazó szerint – az épületeknek mintegy negyedrésze volt csak tető alatt, a többi fal csupaszon meredt az égnek. Ekkor már – 1712 óta – a gersei Pethő családtól a Festetics család vette meg Keszthelyt. Az új birtokos erőszakkal igyekezett a nemes szabad hajdú lakosságot a hűbéri igába visszakényszeríteni. Az évtizedes per 1757-ben ért véget, s a „... régen semmi földesuraság hatalma alá nem vetett, fegyverrel szolgáló és civilis szabad fundusokon lakó szabad nép” újra visszasüllyedt a korábbi jobbágyi állapotba.

Simontornya vára napjainkban

A XVIII. század első évtizedeiben tökéletesen lerombolták Csány, Szentgyörgyvár (Békavár), Hidvég és Komár várait is, melyeknek ma már a helye sem látszik.

A Balatontól délre épült török erősségek is nyomtalanul eltűntek. Kizárólag Simontornya és Ozora – még a középkorban épült – várai maradtak meg részeikben. Endréd várának egyetlen fala áll az 1772-ben épült templomba építve, s még néhány sáncárka is észrevehető. A balatonszemesi Bolondvárnak is csak néhány sáncárka látszik az 1900. évben épült üdülő közelében. Fonyód várának néhány falmaradványa és árkai még ma is megtekinthetők. Csány palánkból és az erőddé kiépített Csákányból ugyancsak a középkori templomok állnak. Marcali erőssége nyomtalanul eltűnt, s a közeli Korokna (Nagybajom) várából és Karád erősségéből is csak néhány sánc és nagyméretű vizesárok maradt. Lak vára is nyomtalanul eltűnt. A hajdani erős Koppány (Törökkoppány) erődítményeiből is csak néhány sáncmaradvány látható napjainkra, de nyomtalanul eltűnt a hajdani Kanizsa vára is.[541]

Közel száz évvel a kuruc hadakozások után – a napóleoni háborúk során, 1818-ban – újra felmerült az őskori sáncokkal megerődített Tihany katonai jelentősége: „... Keszthelyre visszatértemben a Tihany melletti Aszófőn mentem keresztül – írta egy Michael Eissl nevű osztrák utazó –, és láttam, nem új az én elgondolásom, hogy ez a sziget hadászati szempontból fontos, mert pár nappal az én ottlétem után egy császári-királyi műszaki tiszt érkezett Bécsből, azzal az utasítással, hogy ezt a helyet térképezze!” Bár a következő évben – 1809 júniusában – a francia hadsereg megközelítette a Balatont, Tihany megerődítésére nem került sor.

Kereken negyven esztendővel később – 1849 júniusában – az 1. magyar hadsereg parancsnokának, Görgei Artúrnak terveiben felmerült annak gondolata, hogy csapataival nem vonul a Kossuth Lajos kormányzó által kijelölt Temesvár körzetébe, hanem két hadtestét Komárom várában, két másik hadtestét pedig a megerődített Tihanyi-félszigeten összpontosítja. Bizonyos volt abban, hogy az orosz hadsereg – a tomboló kolerajárvány miatt – 1849 őszén kivonul Magyarországból, s a szabadságharcot fel lehet újítani az osztrák seregek ellen. Bár a hadmérnöki munkák előkészületei megkezdődtek, a tervből nem lett semmi.

A történelem során – 1944. december 3-tól 1945. március 30-ig – a Balaton újra két ellenséges erő határvonalává vált: miközben a szovjet 3. Ukrán Front hadseregei a déli parton jelentek meg, a tó északi partvonalán a 3. magyar- és 6. német hadseregek részei igyekeztek védőállásokat kiépíteni, mely „balatoni védőállásoknak” – melyek részei voltak a Margit-vonalnak – egyik fontos bástyája volt a Tihanyi-félsziget. Ebben a védelmi rendszerben – Tihanyon kívül – a hajdani balatoni váraknak már semmi szerepe nem volt.

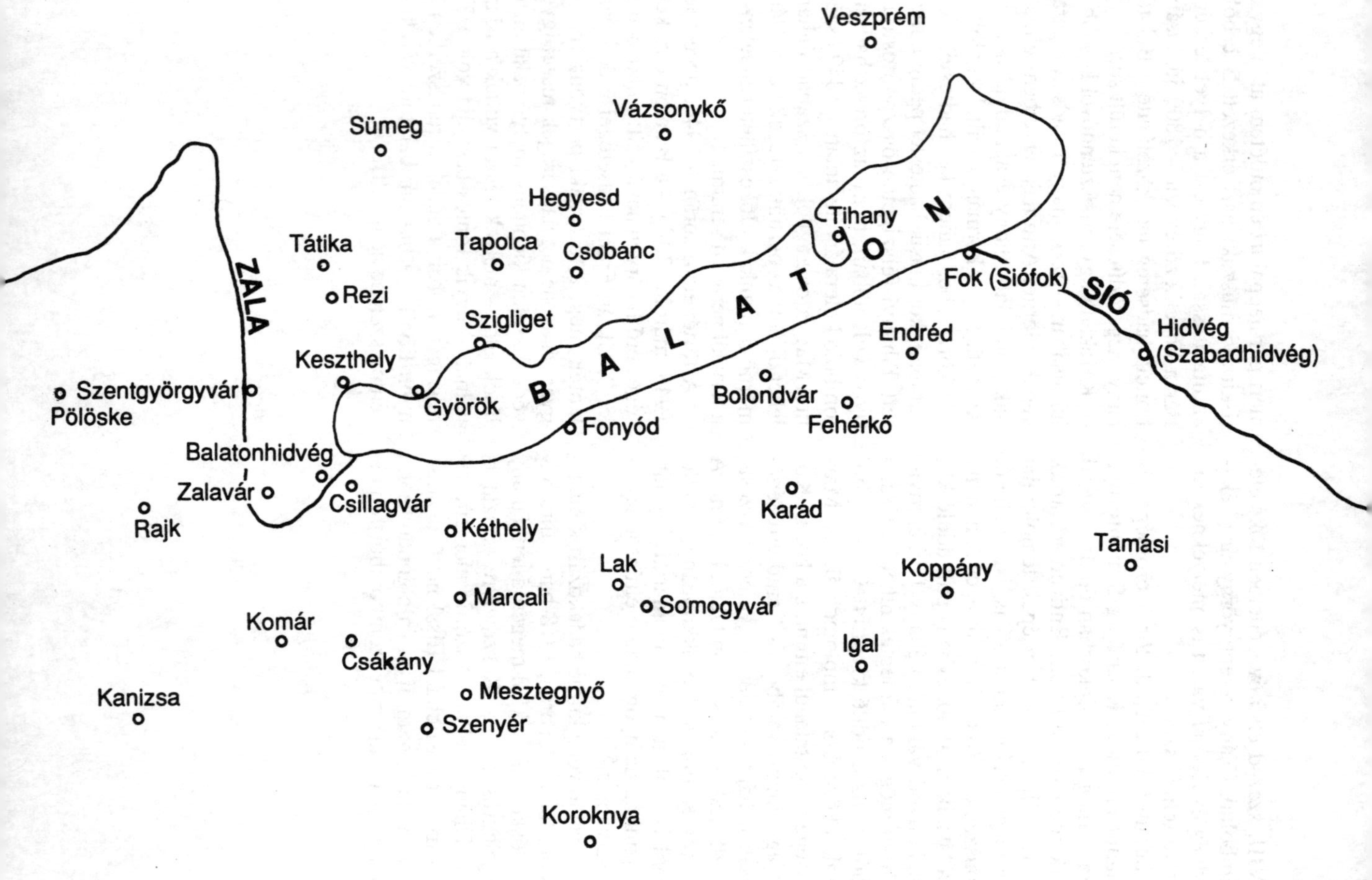

A Balaton térségében lévő várak helyszinrajza

Rövidítések

Acsády–1888 = Acsády Ignác: Végváraink és költségeik a XVI–XVII. században. HK. 1888.

Bakay–1975 = Bakay Kornél: Jelentés a somogyvári apátság feltárásáról. Somogyi Múzeumok Közleményei. 2. 1975. Kaposvár. 1975.

Barabás–1898 = Barabás Samu: Zrínyi Miklós, a szigetvári hős életére vonatkozó levelek és okiratok. Budapest. 1898.

Bedy–1934 = Bedy Vince: A felsőörsi prépostság története. Veszprém, 1934.

Békeffy–1907 = Békeffy Remig: A Balaton környékének egyházai és várai a középkorban. Budapest, 1907.

Bende–1968 = Bende Lajos: Szigetvár 1566. évi ostroma. HK. 1968.

Bendeffy–1976 = Bendeffy László: Mikovinyi Sámuel Somogy megyei térképei. Somogy Megye Múltjából. 1976. Kaposvár, 1976.

Bereck–1925 = Bereck Sándor: Kaposvár rendezett tanácsú város története. Budapest. 1925.

Berkeszi–1886 = Berkeszi István: Gróf Zrínyi Miklós horvát bán téli hadjárata 1663–1664-ben. SZ. 1886.

Boncz Ö.–1909 = Boncz Ödön: A szentgyörgyvári Bakács-család. Turul. 1909.

Bontz–1896 = Bontz József: Keszthely város monográfiája. Keszthely, 1896.

Borsa–1984 = Borsa Iván: A szenyéri uradalom a török időben. Somogy Megye Múltjából. 15. 1984. Kaposvár, 1984.

Borsa–1986 = Borsa Iván: A szenyéri várkastély öt leltára a XVI. századból. Somogy Megye Múltjából. 1986. Kaposvár, 1986.

B. Thomas–1969 = B. Thomas Edit: Újabb római kori kutatások a Balaton-felvidéken. VMMK. 1969.

Budai basák–1915 = A budai basák magyar nyelvű levelezése. I. 1553–1589. (Szerkeszti: Takáts Sándor, Ekhart Ferenc, Szekfü Gyula), Budapest, 1915.

Czigány–1995 = Czigány István: Várrendszer, haditeher és hadigazdálkodás a XVII. században. In: Végvár és környezet. Studia Agriensia. 15. Eger. 1995.

Csalog–1960 = Csalog József: Híd- és dorongutak Zalavár környékén. (Göcseji Múzeum Jubileumi Emlékkönyve. 1950–1960. Zalaegerszeg, 1960.

Csánki = Csánki Dezső: Magyarország történelmi földrajza a Hunyadiak korában. I–II–III.,V. Budapest, 1890–1913.

Csorba–1974 = Csorba Csaba: Erődített és várrá átalakított kolostorok a Dél-Dunántúl török kori végvári rendszerében. Somogy megye Múltjából. Levéltári Évkönyv. 5. Kaposvár. 1974.

Cs. Soós–1976 = Cs. Soós Ágnes: Megjegyzések a zalavári ásatások jelentőségéről és problematikájáról. Zalai Gyűjtemény, 6. Zalaegerszeg, 1976.

Darnay (Dornyai)–1942 = Darnay (Dornyai) Béla: Keszthely török okiratai a Balatoni Múzeumban. Balatoni Múzeumi füzetek. 4. Keszthely. 1942.

Dávid Géza–1982 = Dávid Géza: A simontornyai szandzsák a 16. században. Akadémiai Kiadó. Budapest. 1982.

Dornyai–1935 = Dornyai Béla: Keszthely végvár a török világban. Keszthely, 1935.

Egyháztörténeti emlékek = Egyháztörténeti emlékek a magyarországi hitújítás korából. Szerk.: Bunyitay Vince, Rapaics Raymund, Karácsonyi János, Kollányi Ferenc, Lukcsics József. I–V. Budapest. 1902–1912.

Erdélyi–1908 = Erdélyi László dr.: A tihanyi apátság története. Első korszak. Az apátság önállósága. 1055–1701. Budapest. 1908.

Evlia Cselebi = Karácson Imre: Evlia Cselebi török világutazó magyarországi utazásai. Budapest. 1904–1908. I–II.

Fejér: Cod. dipl. = Codex diplomaticus Hungariae ecclkesiasticus ac civilis, Studio et opera Georgii Fejér. I–XI. Budae. 1829–1844.

Ferenczy–1958 = Ferenczy Endre: A magyar föld népeinek története a honfoglalásig. Gondolat Kiadó. Budapest. 1958.

Fügedi–1977 = Fügedi Erik: Vár és társadalom a 13–14. századi Magyarországon. Akadémiai Kiadó. Budapest. 1977.

Füssy–1902 = Füssy Tamás: A zalavári apátság története. Budapest. 1902.

Gutheil–1979 = Gutheil Jenő: Az Árpád-kori Veszprém. Második kiadás. Veszprém, 1979.

Geőcze–1894 = Geőcze István: Hadi tanácskozások az 1577-ik évben. HK. 1894.

Gerő–1975 = Várépítészetünk. (Főszerkesztő: Gerő László). Műszaki Könyvkiadó, Budapest, 1975.

Györffy–1970 = Györffy György: Koppány lázadása. Somogy Megye Múltjából. Levéltári Évkönyv. I. Kaposvár, 1970.

Györffy–1977 = Győrffy György: István király és műve. Gondolat. Budapest, 1977.

HK = Hadtörténelmi Közlemények

HL = Hadtörténeti Levéltár (Budapest)

H.O. = Hazai Okmánytár. Codex Diplomaticus Patrius. Kiadják: Nagy Imre, Páur Iván, Ráth Károly, Véghely Dezső, Ipolyi Arnold. I–VIII. Győr, Budapest. 1865–1891.

Holub–1933 = Holub József: Zala megye története. Pécs, 1933. (Kézirat)

Holub–1941 = Holub József: Egyházi nagybirtok élete a középkor végén. Pannónia. VII. évf. 1941–1942. (Pécs).

Hornig–1912 = Hornig Károly: Veszprém város múltja és jelene. Veszprém. 1912.

Horváth–1972 = Horváth László: A balatonfőkajári kelta temető leletmentése. VMMK. 11–1972. Veszprém, 1972.

Hunfalvi–1876 = Hunfalvi Pál: Magyarország ethnográphiája. Budapest. 1876.

Hungler–1986 = Hungler József: A török kori Veszprém. Veszprém, 1986.

István király emlékezete = István király emlékezete. Magyar Helikon, 1971.

Iványi–Sági–Takács–1961 = Iványi Béla dr. – dr. Sági Károly – Takács Kálmán: Hegyesd, Tátika, Rezi. A Veszprém Megyei Tanács Idegenforgalmi Hivatalának kiadványa. Balatonfüred, 1961.

Iványi–Péczely–Sági–1962 = Dr. Iványi Béla–Péczely Piroska–dr. Sági Károly: Keszthely. Veszprém Megye Tanácsának Idegenforgalmi Hivatala. 1962.

Iványi–1958 = Iványi Béla: Végvári élet a Dunántúlon a XVII. században. (Kézirat). Budapest, 1958. Magyar Tudományos Akadémia Kézirattára. Ms. 5301/7.

Iványi–1960 = Iványi Béla: Zalavár és a balatonhidvégi átkelő a török időben. Göcseji Múzeum Emlékkönye. 1950–1960. Zalaegerszeg, 1960.

Jeney–1963 = Jeney Ferenc: Pázmány Miklós veszprémi főkapitány. VMKK. 1–1963.

Juhász–1936 = Juhász Lajos: A porta története. 1526–1648. SZ. 1936. Pótfüzet.

Káldy-Nagy Gy.– 1966 = Káldy-Nagy Gyula: Török adólajstrom Baranyából a XVI. századból. In: Szigetvári emlékkönyv. Szigetvár 1566. évi ostromának 400. évfordulójára. Szerkesztette Ruzsás Lajos. Akadémiai Kiadó, Budapest, 1966.

Káldy-Nagy Gy.–1977 = Káldy-Nagy Gyula: A budai szandzsák 1559. évi összeírása. Pest megye Múltjából. 3. Budapest, 1977.

Kalicz–1970 = Kalicz Nándor: Agyag istenek. A neolitikum és a rézkor emlékei Magyarországon. Corvina Kiadó. 1970.

Karácsonyi–1924 = Karácsonyi János: Szent Ferenc rendjének története. II. k. Budapest, 1924.

Kárffy–1912 = Kárffy Ödön: Hírek a kanizsai török rabokról. HK. 1912.

Károlyi–Szalay–1882 = Károlyi Árpád és Szalay József: Nádasdy Tamás nádor családi levelezése. Budapest, 1882.

Kelenik–1995 = Kelenik József: A kanizsai védelmi övezet és természetföldrajzi adottságai a XVI. század 70-es éveinek végén. In: Végvár és környezet. Studia Agriensia. 5. Eger. 1995.

Kiss Ákos–1970 = Kiss Ákos: Miskey István Veszprém várának főkapitánya. VMMK. 9–1970.

Kiss Gábor–1984 = Kiss Gábor: Várak, várkastélyok, várhelyek Magyarországon. Panoráma. 1984.

Komáromy–1895 = Komáromy András: A kanizsai török rablásai. HK. 1895.

Komáromy–1904 = Komáromy András: Magyar levelek a XVI. századból. T. T. 1904., 1907., 1910.

Komárony–1912 = Komáromy András: Magyar Bálint életéből. HK. 1912.

Kovács–1977 = Kovács Tibor: A bronzkor Magyarországon. Corvina Kiadó. Budapest, 1977.

Kozák–1960. = Kozák Károly: Szigligeti vár. Budapest, 1960.

Kugotowitz–1930 = Kugotowitz Károly: Dunántúl és Kisalföld írásban és képben. I. Szeged. 1930.

Lipp–1884 = Lipp Vilmos dr.: A keszthelyi sírmezők. Budapest, 1884.

Magyar levelestár–1861 = (Lásd: Szalay–1861. sz. alatt)

Magyarok elődeiről–1958 = A magyarok elődeiről és a honfoglalásról. Kortársak és krónikások híradásai. Sajtó alá rendezte Györffy György. Gondolat Kiadó, 1958.

Magyar levelek a XVI. századból (Közli: dr. Komáromy András) T. T. 1904., 1907., 1910.

Magyarország története. Előzmények és magyar tör-

ténet 1242-ig. Akadémiai Kiadó. Budapest. 1984.
Makay–Mezei–1960 = Makai–Mezey: Árpád-kori és Anjou-kori levelek. Budapest, 1960.
Maksay–1969 = Maksay Ferenc: István „koppányi püspök". Történelmi Szemle. 1969. 1–2. sz.
Martonfalvay–1986 = Török Bálint deákjának, Martonfalvay Imrének naplótöredéke és emlékirata. 1555–1585. Magyar Nyelvtudományi Társaság. Budapest, 1986.
Merényi–1894 = Merényi Lajos dr.: A török végek őrhada 1577-ben. HK. 1894.
Mészáros–Vértes–1955 = Mészáros Gyula–Vértes László: Őskőkori festékbánya Lovason. Archeológiai Értesítő. 1955.
Metzner–1928 = Metzner Károly: A törökdúlás békeévei. II. Mátyás kora. Szeged, 1928.
Müller R.–1975 = Müller Róbert: A fonyódi járás középkori településhálózata. (X–XV. század). Somogy Megye Múltjából. Kaposvár, 1975.
Müller V.–é.n. = Müller Veronika: Thury György kanizsai kapitánysága. Év és hely nélkül.
Müller V.–1978 = Müller Veronika: A zalai végek mindennapos problémái a XVII. század első felében. Zalai Gyűjtemény. 8. Zalaegerszeg, 1978.
Nagy Iván–1857–1868 = Nagy Iván: Magyarország családai czimerekkel és nemzékrendi táblákkal. I–VIII. Pest, 1857–1868.
Nagy László–1961 = Nagy László: A Bocskai-szabadságharc katonai története. Akadémiai Kiadó, Budapest, 1961.
Németh G.–1901 = Németh Gábor: Adatok Nagy-Vázsony történetéből. Veszprém, 1901.
Németh P.–1969 = Németh Péter: Újabb avar kori leletek a történeti Veszprém megyében. VMMK. 8–1969.
Nováki–1969 = Nováki Gyula: Földvár ásatások a bakonyi Cuhavölgy környékén. VMMK. 8–1969.
OL = Országos Levéltár (Budapest).
Pauler–1888 = Pauler Gyula: Néhány szó hadi viszonyainkról a XI–XIII. században. HK. 1888.
Pákay–1942 = Pákay Zsolt: Veszprém vármegye története a török hódoltság korában a rovásadó összeírása alapján. (1531–1696). Veszprém, 1942.
Pákay–1987 = Pákay Zsolt: Adalékok a tapolcai és a sümegi járás török kori történetéhez a rovásadó-összeírások alapján. (1531–1696). VMMK. 17–1984.
Pálffy–1995 = Pálffy Géza: Katonai igazságszolgáltatás a királyi Magyarországon a XVI–XVIII. században. Győr, 1995.
Radnóti–Gerő–1952 = Radnóti Aladár–Gerő László: A Balaton régészeti és történeti emlékei. Budapest, 1952.
Rónai Horváth–1891 = Rónai Horváth Jenő: Az 1664.-ik évi hadjárat és a szentgotthárdi csata. HK. 1891.
Rosthy–1856 = Rosthy Zsigmond: A tatárjárás történelme. Pesten, 1856.
Sági–1960 = Sági Károly: A zalacsányi török kori várak. A Göcseji Múzeum Jubileumi Emlékkönyve. 1950–1960. Zalaegerszeg, 1960.
Sági–1963 = Sági Károly: A vörsli longobard temető újabb ásatási eredményei. VMMK. 1–1963.
Sági–1968 = Sági Károly: A Balaton szerepe Fenékpuszta történetének alakulásában. Antik Tanulmányok. 15. 1968.
Sági–1972 = Sági Károly: Ókeresztény bazilikának vélt villa rustica hitelesítő ásatása Kékkúton. VMMK. 11-1972.
Sági–1989 = Sági Károly: Adatok a fenékpusztai

erőd történetéhez. A Tapolcai Városi Múzeum Közleményei. 1–1989. Tapolca, 1990.

Sebestyén–1905 = Sebestyén Józsa: Gyulaffy Lestár történeti maradványainak művelődéstörténeti vonatkozásai. Budapest. 1905.

Simonyi–1962 = Simonyi Dezső: Fenékvár ókori neve. Antik Tanulmányok. 9. 1962.

Soós Á.–1963 = Soós Ágnes: Die Ausgrabungen Géza Fehér's in Zalavár. Archeologia Hungarica. XLI. Budapest. 1963.

Soproni–1975 = Soproni Sándor: Előzetes jelentés az Alsóhetény késő római erőd feltárásáról. Somogyi Múzeumok Közleményei. 2–1975. Kaposvár, 1975.

Sörös–1903 = Sörös Pongrác: A pannonhalmi főapátság története. Budapest, 1903.

Sörös–1905 = Sörös Pongrác: Guaray Miklós prefektus jegyzéke a XVII. század végéről. Magyar Gazdaságtörténeti Szemle. (I–XI). Budapest, 1894–1906.

Sörös–1912 = Sörös Pongrác: Az elenyészett bencés apátságok. Budapest. 1912.

SZ = Századok

Szabó–1971 = Szabó Miklós: A kelták nyomában Magyarországon. Corvina Kiadó, 1971.

Szakály F.–1981 = Szakály Ferenc: Magyar adóztatás a török hódoltságban. Akadémiai Kiadó, Budapest, 1981.

Szalay–1861 = Szalay Ágoston: Négyszáz magyar levél a XVI. századból. 1504–1560. Pest. 1861.

Szántó–1860 = Szántó Imre: Egy dunántúli falu. Alsópáhok története. Tankönyvkiadó. Budapest, 1960.

Szántó–1986 = Szántó Imre: A balatoni várak övezete a dunántúli védelmi rendszerben. (1541-1690) VMMK. 18-1986.

Szántó–1989 = Szántó Imre: Tapolca és környéke 1550–1555 között Sforza Pallavicini levelezésének tükrében. In: A Tapolca Városi Múzeum Közleményei. (Szerkeszti: Törőcsik Zoltán.) Tapolca, 1990.

Szendrei–1888 = Szendrei János: Váraink rendszere és fölszerelése. HK. 1888.

Szentpéteri–1923 = Szentpéteri József: Az Árpádházi királyok okleveleinek kritikai jegyzéke. Budapest, 1923.

Szigetvári levelek–1982 = Szigetvári levelek a török hódoltság korából. Válogatta: dr. Pataki János. Fordította: Molnár Imre. A Szigetvári Várbaráti Kör kiadása. 1982.

Szőke–1976 = Szőke Béla Miklós: Zalavár. Zalai Gyűjtemény. 6. Zalaegerszeg, 1976.

Takáts S.–1904 = Takáts Sándor: Kísérletek a magyar haderő feloszlatására. SZ. 1904.

Takáts S.–1905 = Takáts Sándor: Vizsgálat Zrinyi Miklós ellen. SZ. 1905.

Takáts S.–1908 = Takáts Sándor: A magyar gyalogság megalakulása. Budapest, 1908.

Takáts S.–1913 = Takáts Sándor: A kalauzok és kémek a török világban. SZ. 1913.

Takáts S.–1914 = Takáts Sándor: Thengöldi Bornemissza János. HK. 1914.

Takáts S.–1915 = Takáts Sándor: Magyar erősségek. Rajzok a török világból. Budapest, 1915. I–II.

Takáts S.–1915 HK. = Takáts Sándor: Rátóthy Gyulaffy László. HK. 1915.

Takáts S.–1922 = Takáts Sándor: Régi magyar kapitányok és generálisok. Budapest. 1922.

Takáts S.–1926 = Takáts Sándor: A magyar múlt tárlójáról. Budapest, 1926.

Takáts S.–1929 = Takáts Sándor: Emlékezzünk eleinkről. I–II. Budapest, 1929.

Takáts S.–1934 = Takáts Sándor: Magyar küzdelmek I. k. Révai. Budapest, 1934.
Takáts S.–1956 = Takáts Sándor: Bajvívó magyarok. Móri Könyvkiadó. 1956.
Takáts S.–1915/HK. = Takáts Sándor: Erdődi Pálffy Tamás. HK. 1915.
Tatárjárás emlékezete = A tatárjárás emlékezete. Magyar Helikon, 1981.
Thury–1890 = Thury József: Az 1663–1664. évi hadjárat. HK. 1890.
Thury–1893 = Thury József: Török történetírók. I–III. Budapest. 1893.
TIGy = Törökkori Iratok Gyűjteménye (HL Budapest)
Tímár–1974. = Tímár György: XVI. századi rovásadó összeírások a mai Baranya megye területéről. Baranyai Helytörténetírás. A Baranya Megyei Levéltár Évkönyve. 1974.
T. Mérei–1966 = T. Mérey Klára: Somogy megye pusztulása Szigetvár vár eleste után. Szigetvári Emlékkönyv. Szigetvár 1566. évi ostromának 400. évfordulójára. 1966.
Topográfia–1966 = Veszprém megye régészeti topográfiája. A keszthelyi és tapolcai járás. Írta: Bakay Kornél, Kalicz Nándor, Sági Károly. Akadémiai Kiadó, Budapest, 1966.
Topográfia–1969 = Veszprém megye régészeti topográfiája. A veszprémi járás. Írta: Éri István, Kelemen Márta, Németh Péter, Torma István. Akadémiai Kiadó, Budapest, 1969.
Tóth–1958 = Tóth Gyula: Balogh Ádám kuruc brigadéros. Bp. 1958.
Tóth–1975 = Tóth Endre: A késő római belsőpannóniai erődök kérdéséhez. Somogyi Múzeumok Közleményei. 2–1975.
Török–magyar oklevéltár–1914 = Török–magyar oklevéltár. 1533–1789. (Ford.: Karácson Imre). Budapest, 1914.
T. T. = Történelmi Tár.
Úriszék–1958 = Úriszék. XVI–XVII. századi perszövegek. Akadémiai Kiadó. Budapest, 1958.
Varga J. J.–1981 = Varga J. János: Szervitorok katonai szolgálata a XVI–XVII. századi dunántúli nagybirtokon. Akadémiai Kiadó. Budapest, 1981.
Varga J. J.–1995 = Varga J. János: „Az nagy széles mező, az szép liget, erdő sétáló palotájok!” In: Végvár és környezet. Studia Agriensia. 5. Eger, 1995.
VBM = Veszprémi Bakonyi Múzeum (1990-től Veszprémi Laczkó Dezső Múzeum).
Vass E.–1972 = Vass Előd: Törökkoppány 1556. évi első török összeírása. Somogy megye Múltjából. Levéltári Évkönyv. 3. Kaposvár, 1972.
Velics–Kammerer = Velics Antal–Kammerer Ernő: Magyarországi török kincstári defterek. I. k. 1543–1635. Budapest, 1886, II. k. 1540–1639. Budapest, 1890.
VeML = Veszprém megyei Levéltár.
Veress D. Cs.–1983 = Veress D. Csaba: Várak a Bakonyban. A veszprémi, pápai és palotai vár hadtörténete. Zrínyi Katonai Kiadó. Budapest, 1983.
Veress D.Cs.–1984 = Veress D. Csaba: A Kál-völgy története. I. rész. VMMK. 17–1984. Veszprém, 1985.
Veress D. Cs.–1986 = Veress D. Csaba: A szegedi vár. Zrínyi Katonai Kiadó. Budapest. 1986.
Veress D. Cs.–Siklósi–1990 = Székesfehérvár, a királyok városa. Zrínyi Kiadó, Budapest, 1990.
Veress D. Cs.–1992 = Veress D. Csaba: Felsőörs évszázadai. Veszprém, 1992.

Veress D. Cs.–1993 = Veress D. Csaba: Az évezredes Paloznak. Veszprém, 1993.

Veress D. Cs.–1994 = Veress D. Csaba: Tótvázsony múltja és jelene. Veszprém, 1994.

Visy–1989 = Visy Zsolt: A római limes Magyarországon. Corvina. 1989.

V. Molnár–1987 = V. Molnár László: Kanizsa vára. Zrínyi Katonai Kiadó. Budapest. 1987.

Vp = Veszprém

Vp. regeszták–1953 = Veszprémi regeszták (1301–1387). Összeállította: Kumorovitz L. Bernát. Akadémiai Kiadó. Budapest. 1953.

Vp. Érseki lt. = Veszprém, Érseki Levéltár

Vp. Kápt. m. lt. = Veszprémi Káptalan Magánlevéltára.

VMMK = Veszprém Megyei Múzeumok Közleményei

Wenczel–1874 = Wenczel Gusztáv: Árpád-kori új okmánytár. Budapest, 1874.

Wertner–1907 = Wertner Mór: Adalékok a XIV. századbeli magyar világi archontológiához. T. T. 1907.

Zákonyi–1963 = Zákonyi Ferenc: Balatoni várak hiteles rajzai. Műemlékvédelem. 1963/3. sz.

Zákonyi–1988 = Zákonyi Ferenc: Balatonfüred. Veszprém, 1988.

Z. O. = Zalai Okmánytár. (Zala Vármegye Türténete. Oklevéltár. Első kötet. 1024–1363. Budapest, 1886., Második kötet. '1364–1498. Budapest, 1890.

Zsiray–1984 = Zsiray Lajos: A vázsonykői végvár története. In: Tanulmányok Veszprém megye múltjából. Veszprém, 1984.

Jegyzetek

[1] Mészáros–Vértes–1955. 3–18, Topográfia–1969. 125.
[2] Bendeffy–1973. 114, Kalicz–1970. 68., 25., 48.
[3] Topográfia–1969. 224. 51/l.lh.
[4] Kalicz–1970. 61–62., 64., vö.Kalicz–1969. 83–90.
[5] Kovács–1977. 14–16.
[6] Topográfia–1969. 224., 51/l.lh., vö. Bándi–1972. 41–58.
[7] Topográfia–1969. 191. 44/13.lh.
[8] Uo. 197. 45/13. lh.
[9] Kovács–1977. 23–24., 77–78., Nováki–1969. 135–140.
[10] Ferenczy–1958. 48., 52–53.
[11] Radnóti–Gerő–1952. 24.
[12] Topográfia–1969. 197., vö. Radnóti–Gerő–1952. 26.
[13] Erdélyi–1908. 503., 488., Z.O.–II. 403. II. 43.
[14] Topográfia–1969.223.
[15] Uo.223., Topográfia–1966. 68.
[16] Topográfia–1966. 115.
[17] Uo. 58.
[18] Uo. 63.
[19] Uo. 131.
[20] Uo. 180.
[21] Radnóti–Gerő–1952. 24.
[22] Uo. 25.
[23] Uo. 27.
[24] Uo. 26.
[25] Topográfia–1966. 29/9., 31/4., 48/4., 51–52/9., 99/2., 110/3., 125/5., 163/1., 166/1. lh.
[26] Radnóti–Gerő–1952. 29.
[27] Uo. 30–32.
[28] Horváth–1972. 93–119.
[29] Ferenczy–1958. 62.
[30] Szabó–1971. 72–73., 15.
[31] Radnóti–Gerő–1952. 33.
[32] Szabó–1971. 18.
[33] Uo. 29–30.
[34] Radnóti–Gerő–1952. 35–36.
[35] Visy–1989.
[36] Dr. Lipp–1884. 4.
[37] Sági–1989. 262.
[38] Koppány–Péczeli–Sági.
[39] Topográfia–1966. 57–58.
[40] Topográfia–1969. 191., Topográfia–1966. 191.
[41] Erdélyi–1908. 472–473.
[42] B. Thomas–1969. 141–145.
[43] Veress D. Cs.–1993. 11–12.
[44] Makay–Mezey–1960.51.
[45] Veress D. Cs.–1994.14–15.
[46] Koppány–Gerő–1952. 39–40.
[47] Ferenczy–1958. 79–80.
[48] Soproni–1975. 173–174., 178.
[49] Tóth E.–1975. 183–189.
[50] Sági–1989. 268–269., Topográfia–1966. 83–87.
[51] Radnóti–Gerő–1952. 56.
[52] Sági–1989. 26–267., 282., 283.
[53] Bendeffy–1973. 114., Sági–1989. 292–298., 300
[54] Magyarország története–1984. I. k. 293.
[55] Sági–1972. 121–137.
[56] Sági–1963. 39–80.
[57] Sági–1989. 301–302., Németh P.–1969. 153.
[58] Veress D. Cs.–1994. 12.
[59] Sági–1989. 303–304.
[60] Simonyi–1962. 29.

61 Sági–1968. 44–45.
62 Füssy–1902. 14., A magyarok elődeiről – 1958. 154.
63 A magyarok elődeiről – 1958. 155.
64 Lásd: 62. sz. jegyzetet.
65 Szalós Mihály társulati igazgató mérnök 1894. évi műszaki leírásából. In: Cholnoky Jenő: A Balaton hydrográfiája. A Balaton Tud. Tan. Eredményei. 1918. 211–212.
66 Szőke–1976. 72., Mesterházy Károly könyvismertetése: VMMK, 2–1964. 473–475., Soós Á.–1963.
67 Csalog–1960. 137–147.
68 Sághi–1989. 304.
69 Hunfalvy–1870. 199.
70 A magyarok elődeiről – 1958. 164.
71 Uo. 166.
72 Uo. 131., 130.
73 Koppány–Péczeli–Sági.
74 Lásd: 66. sz. jegyzetet.
75 Képes Krónika. Kálti Márk krónikája a magyarok tetteiről. Magyar Helikon. 1959., 90., Bíborbanszületett Konstantin: A birodalom kormányzása. (Ford.: Moravcsik Gyula). Budapest, 1950. 179.
76 Veress D. Cs.– 1984. VMNMK. 17.–1984. 604
77 Bakay–1975. 194., 193.
78 Veszprémi regeszták – 1953. 173.
79 Topográfia–1966. 83.
80 Györffy Gy.–1970. 17.
81 Györffy Gy.–1977. 121.
82 István király emlékezete – 1971. Magyar Helikon, 1971. 44., 57., 68.
83 A magyar középkor irodalma – 1984. Szépirodalmi, 205.
84 Topográfia–1969. 223.
85 Gutheil–1979. 259.
86 Simonyi–1962. 30., Sági–1968. 42.
87 Kiss G.–1984. 376.
88 Cs. Soós Á.–1976. 108., 112–113., 123.
89 Szentpétery–1923. I. 35., Holub–1933. 959.
90 Erdélyi–1908. 488. e.
91 Tatárjárás emlékezete–1981. 312., 145.
92 Erdélyi–1908. 23.
93 Müller–1975. 39–40.
94 Pauler–1888. HK. 1888. 520.
95 Wenczel–1874. II. k. 320–321.
96 Gutheil–1919. 217–218., Fügedi–1977. 204., Kiss–1984. 541., Z.O.I. 69. sz. okl.
97 Topográfia–1969. 58–59., Kiss–1984. 479–480., Fügedi–1977. 119., Gerő–1975. 297., Fejér: Cod. Dipl. Hung. VII/4. 147., VII/5. 377., IX/7. 728., Vp.kt.m.lt.: Gyulakeszi–5. sz. okl.
98 Kugotowitz Károly: Dunántúl és Kisalföld írásban és képben. I. Szeged, 1930. 151.
99 Fügedi–1977. 199., Gerő–1975. 276.
100 Kiss–1984. 482., Fügedi–1977. 141.
101 Kiss–1984. 500.
102. Erdélyi–1908. 526. (21. sz. okl.)
103 Uo. 31.
104 Uo. 25., vö.: Oklt. 22., 23. sz. okl., 25. sz. okl.
105 Kiss–1984. 370–372.
106 Uo. 373.
107 Uo. 374–375.
108 Gutheil–1979. 230., 231–232.
109 Holub–1933. 116–117., H.O.IV. 116–117.
110 Wenczel–1874.IV. 341.
111 Gutheil–1979. 115.
112 Kiss–1984. 574–575.
113 Fejér: Cod. dipl. VIII/III. 214.
114 Topográfia–1966. 26.
115 Vpi, regeszták–1953. 335., 336., 339., 364.
116 Anjou-kori Okmánytár. IV. 621., V. 309.
117 Erdélyi–1908. 42.
118 Z.O.I. 427.
119 Wertner Mór: Adalékok a XIV. századokbeli magyar világi archontológiához. T. T. 1907. 189
120 H.O.IV. 147., Z.O.I. 601.
121 Holub–1933. 264.
122 Iványi B.–1960. 167–168.
123 Topográfia–1966. 186–187., Gedai István: A zalavári bécsi dénárlelet. A Göcseji Múzeum Jubileumi Emlékkönyve. 1950–1960. Zalaegerszeg, 1960. 151–156.
124 Németh G.–1901. 30.
125 Veszprémi regeszták. 1953. 816., 854.
126 Kiss–1984. 502., 542.
127 Uo. 502., Z.O.II. 532–433.
128 Uo. 483.
129 Uo. 517.

[130] Uo. 520.
[131] Uo. 372., Koppány T.–Sági K.: A kereki Fehérkő vár története. Kaposvár, 1967. 17–18.
[132] Holub – 1933. 790., Z.O. II. 502-503., 549.
[133] Holub–1933. 794.
[134] Kiss–1984. 574.
[135] Csánki II. 667., Kiss–1984. 570.
[136] Z.O. II. 263., Holub – 1933. 829.
[137] Z.O.II. 272., 270., 536.
[138] Füssy–1902. 96.
[139] Z.O.II. 456
[140] Vp. Érseki levéltár: Decimae Epp.–26. (1450).
[141] Csánki III. 15., Békefi–1907. 281.
[142] H.O.II. 347–348., IV. 398–401.
[143] Füssy–1902. 100., 102., Z.O.II. 618., 625.
[144] Gerő–1975. 206–212., Kiss–1984. 483., Csánki III. 15., Z.O.II. 621–622.
[145] Kiss–1984. 483., Csánki III. 15., Z.O.II.621–622.
[146] Koppány T.– Sági K.: A kereki Fehérkő vár története. 22–23.
[147] Tubero: Commentarii. In: Schwandtner: Scriptores Rerum Hungaricarum. 1746. II. 170.
[148] Z.O.II. 631–632.
[149] Z.O.II. 632., Kiss–1984. 480–481., Békefi–1907. 276.
[150] Békefi–1907. 272.
[151] Békefi–1907. 295–296., Holub–1933. 9–10., 792., Csánki–1897. 11. Sörös Pongrác: A Pannonhalmi főapátság története, Budapest, 1903. 760–761.
[152] TT. VI. k. 8–13., 66., 5., 6.
[153] Holub–1941. 281–283., 296., 299., 302–307.
[154] Erdélyi–1908. 73. (Oklevéltár: 150. sz. okl.)
[155] Füssy–1902. 115.
[156] Martonfalvay–1986. 7
[157] Gerő–1975. 272
[158] Szántó–1960. 64.
[159] Thury–1893. 352., 353.
[160] Füssy–1902. 117–118.
[161] Kechety Márton veszprémi püspök diáriuma. T.T.VI.k. 1859. 88.
[162] Erdélyi–1908. Oklt. 153. sz. okl.
[163] Uo. 76.
[164] Martonfalvay–1986. 10–11.
[165] Bessenyei József: A Héttorony foglya Török Bálint. Helikon Kiadó, é.n. 67.
[166] T.T.VI.1859. 84., Békefi–1907. 302.
[167] Erdélyi–1908. 76–77.
[168] Egyháztörténeti emlékek... III. k. (1538. aug. 7-i levél).
[169] Martonfalvay–1986. 20.
[170] Kiss–1984. 407., Borsa–1984. 87.
[171] Dávid Géza–1982. 9., Erdélyi–1908. Oklt. 244. ss. okl., Thury–1893. II. 383.
[172] Velics–Kammerer. I.k. 50.
[173] Kiss–1984. 359
[174] Koppány T.–Sági K.: A kereki Fehérkő vár. története 25.
[175] Kiss–1984. 370., 359.
[176] Dávid Géza–1982. 9–10.
[177] Káldy–Nagy Gy.–1977. 8.
[178] Dávid Géza–1982. 27., 21.
[179] Uo. 84–85.
[180] Magyar Törvénytár., 1526–1608. Budapest, 1899. 180–181.
[181] Dr.–y–s.: Végváraink a XVI. század közepén. HK. 1892. 544.
[182] Uo.
[183] Füssy–1902. 135.
[184] Pákay –1984.
[185] Szendrey–1888. 418., Csorba Cs.–1974. 18–19.
[186] Kiss–1984. 362., 574.
[187] Uo. 555.
[188] Topográfia–1969. 187.
[189] Dornyai–1935., Bontz–1896. 88.
[190] Szendrey–1888. 95–96.
[191] Czigány–1995. 61.
[192] HL.TIGy.: 1548. Nr. 73. „Extractus ex Literis Valentini Magyar. Somogy, 1548. okt. 29."
[193] Pákay–1986. Lásd a nevezett falvakat.
[194] Dávid Géza–1982. 64–65., 66., Velics–Kammerer. I. k. 54.
[195] Velics–Kammerer. I. 21.
[196] Uo. II. 116.
[197] Sörös Pongrác: Az elenyészett bencés apátságok. Budapest, 1912. 164.
[198] Károlyi–Szalay–1892. 79.

199 OL. Nádasdy-levéltár. Missiles. Ádám deák levele 1551. szeptember 1-én és 4-én. vö.: Takáts S. – 1929. I. k. 145.
200 Takáts S.–é.n. I. k. 268., Takáts S.–1913. 326.
201 Komáromy A.–1904. 273–274.
202 Erdélyi–1908. Okmt. 235. sz. okm., 154–155., 221.
203 Zsiray–1984. 242., 243., 244.
204 Komáromy Á.–1912. 247., 157., Magyar levelestár. T. T. 1907. I.k.: Magyar Bálint levele Nádasdy Tamáshoz, 1552. aug. 23., Takáts S.-é.n.I.k. 239.
205 Vegyes közlések. T. T. 1880. 601.
206 Szántó–1989. 340–341., Szántó–1986. 265.
207 Füssy–1902. 124., 130.
208 Iványi–1960. 162–163.
209 Füssy–1902. 610–611.
210 Barabás–1898. 212–213.
211 Erdélyi–1908. 152., Takáts S.–1922. 195., Szántó–1986. 271., Szántó–1960. 67., Komáromy–1912. 262–263., Szalay–1861. 364–365., Magyar levelek. 402–403., 545.
212 Komáromy–1912. 266–268., Erdélyi–1908. 160 sz. okl., 148., Magyar levelestár. I. TT. 1907. 402., 410.
213 Magyar levelestár. I. TT. 388–389., Erdélyi–1908. 147.
214 Acsády–1888. 74., Takáts S.–1915. 57., Bendeffy–1976. 148., 114., 117.
215 Káldy–Nagy–1977.
216 Dávid Géza–1982. 84–85.
217 Velics–Kammerer. I. k. 79–80., 79.
218 Dávid Géza–1982. 18., 27., Velics–Kammerer. II. k. 188., 338., I. k. 248–250.
219 Magyar levelek a XVI. századból. T. T. 1907. 389.
220 Takáts Sándor: Rátóthy Gyulaffy László. HK. 1915. 479., Takáts Sándor – 1922. ts. I. 270–271.
221 Zsiray–1984. 245., Szántó–1989. 342.
222 A budai basák...–1915. 3. sz. levél.
223 Bereck–1925., Kiss–1984. 374., Bende–1968. 281–308., Borsa–1984. 93.
224 Bontz–1896. 88.
225 Magyar Levelestár. I. 167–169., Komáromy Á.–1912. 259–260.
226 H.K.1911. 367–368. (Közli: dr. Kárffy Ödön.)
227 Magyar levelestár. I. 170.
228 HIL. TIGy. 1556/17. sz. irat
229 Magyar levelek a XVI. századból. T.T.1907. 418., Bors–1984. 95–96.
230 Komáromy–1912. 264.
231 Magyar levelek a XVI. századból. T.T.1907. 391.
232 Uo. 392.
233 Szalay–1861. Okirat (1557).
234 Sinkovics István: A török elleni védelem fő kérdései. HK. 1966–4. sz. 781.
235 Karácson–1904–1908. II.k. 30–32.
236 Velics–Kammerer. II. 235., 346.
237 Vass E.–1972. 57–73.
238 Maksay–1969. 1–2., 129.
239 Komáromy Á.–1912. 263., Borsa–1984. 102., 105–106.
240 Magyar levelek a XVI. századból. T. T. 1907. 394.
241 Komáromy Á.–1912. 264.
242 Hegyi K.–1995. 89.
243 Uo.109.
244 Füssy–1902. 141–142.
245 Takáts S.–1908. (Előszó), Magyar levelek a XVI. századból. T.T. 1907. 396.
246 Takáts S.–1926. 143.
247 Szalay–1861. 210., Magyar levelek a XVI. századból T.T.1904. 284.
248 Magyar levelek a XVI. századból. T.T. 1907. 395–396.
249 Uo. 398–399.
250 Uo. 399.
251 Uo. 400.
252 Uo. 401.
253 Uo. 406–408
254 Erdélyi–1908. 149–151., 162. sz. okl.
255 Magyar levelestár. T.T. 1907. 80.
256 Bontz–1896. 92., 94., 120.
257 Zsiray–1984. 246.
258 Füssy–1902. 143., 138.

[259] Magyar levelek a XVI. századból. T.T.1907. 123–124., 126.
[260] Dávid Géza–1982. 84–85., Velics–Kammerer. II. k. 237., 251.
[261] Barabás–1898. I. k. 477., Magyar levelek a XVI. századból T.T. 1907. 404.
[262] Komáromy Á.–1912. 253., Magyar levelek a XVI. századból. T. T. 1907. 407–408.
[263] Szalay–1861. 330., Takáts S.–1922. I.k. 246., Komáromy–1912. 268. Szalay–1861. 334–335., Magyar levelek a XVI. századból. T. T. 1907. 409–410.
[264] Magyar levelek a XVI. századból. T. T. 1907. 410.
[265] Uo. 156, Okmt. 169. és 175. sz. oklevelek.
[266] Bedy–1934. 67.
[267] Erdélyi–1908. Oklt. 235. sz. okl.
[268] Magyar levelek a XVI. századból. T.T. 1909. 217–218.
[269] Vp. Érseki Lt. Vp. käpt. m.lt.: Episcopatus Praga, 1559.
[270] OL. Nádasdy–lt. Missiles. (1560. dec. 31.)
[271] Szendrei–1888. 621.
[272] Sági K.–1960. 131–134.
[273] Magyar levelek a XVI. századból. T. T. 1907. 152.
[274] Uo. T. T. 1904. 417–418.
[275] Uo. T.T. 1911. 552.
[276] Uo. T.T. 1909. 219.
[277] Magyar levelek a XVI. századból. T. T. 1907. 132., 134., Takáts S.–1913. 277.
[278] Magyar levelek a XVI. századból. T. T. 1907. 133.
[279] HL. TIGy. 1561/Nr. 297.
[280] Magyar levelek a XVI. századból. T. T. 1907. 134–135.
[281] HL. TIGy. 1561. május 2./3. sz. irat.
[282] Magyar levelek a XVI. századból. T. T. 1907. 135.
[283] Uo. T. T. 1907. 135–136.
[284] Uo. T. T. 1907. 136–136.
[285] Uo. T.T. 1907. 136–137.
[286] Uo. T.T. 1907. 137.
[287] Szántó–1960. 67–68., Iványi–1960. 168.
[288] Magyar levelek a XVI. századból. T.T. 1904. 429.
[289] Uo. T.T.- 1907. 141–142.
[290] Uo. T.T. 1907. 143., 142–145.
[291] Uo. T.T. 1904. 420–421.
[292] Uo. T.T. 1904. 431., TT. 1907. 147–148.
[293] Uo. T.T. 1907. 149.
[294] Uo. T.T. 1907. 149–151.
[295] Takáts S.–1913. 402.
[296] Komáromy Á.–1912. 270., Magyar levelek a XVI. századból. T.T. 1909. 219–222., Borsa–1986. 77., Zsiray–1984. 248–250.
[297] Magyar levelek a XVI. századból. T.T. 1907. 153–156., 159.
[298] Takáts S.–1922. I.k. 85–89., HL. TIGy. 1562/299. sz. i.(L562).
[299] Komáromy Á.–1912. 271.
[300] Sebestyén Józsa: Gyulaffy Lestár történeti maradványainak művelődéstörténeti vonatkozásai. Budapest, 1905. 7.
[301] Komáromy Á.–1912. 271–272.
[302] OL. Kamarai Levéltár. Missiles: 1562. április 5., Palota., Takáts S.–1913. 402.
[303] Komáromy Á.–1912. 273–274., HL. TIGy. 297. sz. irat., Magyar levelek a XVI. századból. T.T. 1904. 432.
[304] Füssy–1902. 151., Borsa–1984. 118–119.
[305] Magyar Törvénytár. 1526–1608. i.m. 505.
[306] Takáts S.–1922. I. k. 252–253., Komáromy Á.–1912. 277.
[307] Takáts S.–1905. 892.
[308] Hornig Károly: Veszprém város múltja és jelene. Veszprém, 1912. 37., 39–40., Erdélyi–1908., 77., 157.
[309] A budai basák–1915. 16., Török–magyar oklevéltár–1914. 78., 56.
[310] Veress D. Cs.–1983. 96–98.
[311] Csorba Cs.–1974. 21., Karácsonyi János: Szent Ferenc rendjének története. II. k. Budapest, 1924. 24.
[312] Mükker v.-é.n. 26., A budai basák–1915. 27.
[313] Corpus Juris Hungarici 1526–1608. évi törvénycikkek. Budapest, 1899. 566–567.
[314] Takáts S.–1956. 239., Takáts S.–1915. 487., 486.
[315] Erdélyi–1908. Oklt. 170., 172. sz. okl., 158.

[316] Takáts S.–1915. 488–490.
[317] Erdélyi–1908. Oklt. 173. sz. okl.
[318] Csorba Cs.–1974. 21.
[319] Müller V.-é.n. 71–72.
[320] Erdélyi–1908. 159.
[321] Uo. 100.
[322] H. Balázs Éva: Jobbágylevelek. Budapest. 1951. 28–30.
[323] Erdélyi–1908. Oklt. 176. sz. okl.
[324] Dávid Géza–1982. 86., A budai basák – 1915. 363. sz. levél
[325] Müller V.-é.n. 72–73., 81., 71–72., 76.
[326] A buai basák – 1915. 39. sz. levél., Takáts S.–1914. 14–18.
[327] Forgách Ferenc: De statu Reipubl.Hungaricae Ferdinando, Johannes, Maximiliano regibus. In: Monumenta Hungariae Historica. XVI. Pest, 1866., Istvánffy Miklós: A magyarok történetéből. Budapest, 1961. 363–365.
[328] Erdélyi–1908. 353., Oklt. 208. sz. okl., 353., 402.
[329] Szántó–1986. 267.
[330] Komáromy Á.–1912. 277–278.
[331] A budai basák–1915. 64. o.
[332] Uo. 69. o.
[333] Takáts S.–1922. I. 257., Takáts S.–1914. 246.
[334] Takáts S.–1914. 255–257., Juhász Lajos: A porta története. 1526–1648. Sz. 1936. Pótfüzet. 544.
[335] A budai basák–1915. 116.
[336] Erdélyi–1908. Oklt. 186. sz. okl., 166.
[337] A budai basák–1915. 137. o.
[338] HL. TIGy. 1577/2. sz. i. (1577. V. 14.), 363. sz. i.
[339] Erdélyi–1908. 167., Oklt. 188., 189., 190. sz. oklevelek, HK. 1894. 708.
[340] Takáts S.–1922. II. k. 478–479., Takáts S.–1915. HK. 111., Topográfia–1969 35., 50., Herk Mihály: Karád története. Karád, 1985. 21–22., 27–28.
[341] Takáts S.–1922. 481., A tüzérségi és hadiszer-állomány Magyarországon 1577-ben. Dunántúli kerület. HK. 1894. 708.
[342] Geőcze–1894., Kelnik–1995. 163–172.
[343] A buda basák–1915. 149., 151. o.
[344] HL. 1578. dec. 26/27. sz. i.
[345] Dávid Géza–1982. 47.
[346] A budai basák–1915. 209. és 210. o.
[347] Török–magyar oklevéltár–1914. 259–272.
[348] Velics–Kammerer. I. 167–168., II. 331–333.
[349] Csorba Cs.–1974. 26.
[350] Erdélyi–1908. Oklt. 192., 193. és 194. sz. okl.
[351] Pákay–1984. 249.
[352] Szendrei–1888. 100.
[353] A budai basák–1915. 241., 264. o.
[354] Takáts S.–1956. 160.
[355] A budai basák–1915. 278. o.
[356] Uo. 289–290.
[357] Istvánffy N.: Pannonii Historiarum. Lib. XXV., 560.
[358] A budai basák–1915. 309.
[359] Uo. 311.
[360] Veress D. Cs.–1983. 125–126.
[361] V. Molnár–1987. 66.
[362] A budai pasák – 1915. 316-317.
[363] Pákay–1984.
[364] A budai basák–1915. 320–321., 329–330.
[365] Uo. 333.
[366] Dávid Géza–1982. 28–29.
[367] A budai basák–1915. 354.
[368] Dávid Géza–1982. 30., 28–29.
[369] A budai basák–1915. 365., 391. o.
[370] A Fugger bankház hadiírnokának jelentése Koppány megrohanásáról. Pápa, 1587. február 26., Győr, 1587. március 10. HK. 1897. 632–634.
[371] V. Molnár–1987. 68.
[372] Erdélyi–1908. 170.
[373] HL. TIGy. 1588/5. sz. i., 1588/6. sz. i.
[374] V. Molnár–1987. 68.
[375] HL. TIGy. 1588/26., 27., 28. sz. i.
[376] Takáts S.–1956. 152–253.
[377] Erdélyi–1908. 174–175.
[378] Uo. Oklt. 196. okl.
[379] Tihanyi vár regsztruma. T. T. 1879. 135., 130., Erdélyi–1908. 174–175.
[380] A budai basák–1915. 439., 441–442., 444., 453.
[381] Uo. 454., Takáts S. –1956. 153.
[382] HL. TIGy. 1589. január 31/6. sz. i.
[383] A budai basák–1915. 458.
[384] Uo. 468.

[385] Takáts S.–1956. 162–163., A budai basák–1915. 473–474., 478–479., HL. TIGy. 1589. március 10/7. sz. i.
[386] Kárffy–1912. 644–645.
[387] Bencés rend pannonhalmi levéltára.
[388] Hl. TIGy. 1589. március 31/8. sz. i.
[389] Erdélyi–1908. Oklt. 195. sz. okl.
[390] HL. TIGy. 1589. május 11/14. sz. i., 1589. május 19/17. sz. i.
[391] Uo. 1548. május 21/20. sz. i., 1589. június 21/27. sz. i.
[392] Erdélyi–1908. 174.
[393] Uo. 218–220.
[394] HL. TIGy. 1589. október 6/37. sz. i., Erdélyi–1908. 197. sz. okl.
[395] Erdélyi–1908. Oklt. 730. sz. okl.
[396] Kiss–1984. 575., Füssy–1902. 194.
[397] V. Molnár–1987. 69.
[398] Szántó–1986., Iványi–1958. 2.
[399] Hl. TIGy. 1592/1. sz. i.
[400] Veress D. Cs.–1983. 137., 141.
[401] Erdélyi–1908. Oklt. 200. sz. okl., 221.
[402] Zsiray–1984. 254.
[403] Hl. TIGy. 1593. október 21/53. sz. i.
[404] Dávid Géza–1982. 30.
[405] Erdélyi–1908. Oklt. 201. sz. okl.
[406] Lovag Fehrenteil–Gruppenberg László dr.: Mercoeur lotharingiai herceg magyarországi szereplése. HK. 1937. 212–230.
[407] Hegyi K.–1995. 103., 104., 109.
[408] Veress D. Cs.–1983. 147.
[409] Szántó–1986. 372.
[410] V. Molnár–1987. 76–77.
[411] Bontz–1896. 89., 381–382.
[412] Nagy Iván–1862. IX. k. Pest. 264.
[413] Kjatib Cselebi elbeszélései. In: Török–magyar kori történelmi emlékek. V. Török történetírók. III. Sajtó alá rendezte: Szekfü Gyula. Budapest. 1916. 295–296.
[414] V. Molnár–1987. 78–81.
[415] Szántó–1986. 274., Magyar Országgyűlési Emlékek. IX. k. 516–517.
[416] Szántó–1986. 273., 294. (246. sz. jegyzet).
[417] Iványi–1958. 2., Varga J. János: „Az nagy széles mező, az szép liget, erdő sétáló palotájuk!” In: Végvár és környezet. Studia Agriensia. 5. Eger, 1995. 139–140.
[418] Sági K.–1960. 133.
[419] Szántó–1986. 274.
[420] Veress D. Cs.–Siklósi Gy.–1990., 135–146., Boncz Ödön–1909. 11.
[421] Velics–Kammerer. II. 687., 705., 709.
[422] Hungler–1986. 90–91.
[423] Szántó–1960. 78.
[424] Wathay Ferenc: Énekes Könyve. Magyar Helikon, 1976. II. k. 152
[425] Kiss–1984. 359.
[426] V. Molnár–1987. 94–95.
[427] Uo. 97–98.
[428] Hegyi K.–1995. 112.
[429] Nagy L.–1961. 272–275., Zsiray–1984. 274.
[430] Zsiray–1984. 255.
[431] Uo. 257.
[432] Bontz–1896. 91., Iványi–1958. 7.
[433] Evlia Cselebi török világutazó magyarországi utazásai. 1660–1664. (Ford.: Karácsony Imre). II. Budapest, 1904. 11–12.
[434] Szántó–1986. 272
[435] Boncz Ödön–1909. 7–8., vö.: Noszlopi Tivadar: Bakács Besenyei báró ősei. Turul. 1910. 88.
[436] Iványi–1960. 165.
[437] Uo. 166.
[438] Erdélyi–1908. Oklt. 203. sz. okl., 736.
[439] Uo. 353., 79–80., 205. sz. okl., 223.
[440] Jankovics Alfréd: A tihanyi apátság története. Pécs, 1889. 62–63.
[441] Szakály F.–1981. 215.
[442] Szakály F—1981.
[443] Fekete, Ludwig: Türkische Schriften aus dem Archive des Palatinus Nikolaus Esterházy. 1606–1645. Budapest. 1932. 64.
[444] Uo. 198., 211.
[445] Metzner Károly: A török dúlás békeévei. II. Mátyás kora. Szeged, 1928. 41–42.
[446] Szántó–1986. 294., 246. sz. jegyzet.
[447] Erdélyi–1908. 221–222.
[448] Kiss–1984. 370.
[449] T.T.I. 202.

450 Zákonyi–1988. 104., Hegyi–1995. 112., 114., 103., 195., 218.

451 Iványi–1958. 34–36., Müller Veronika: A zalai végek mindennapos problémái a XVII. század első felében. Zalai Gyűjtemény. 8. Zalaegerszeg, 1978. 82.

452 Bontz–1896. 95–96., Szántó–1986. 276., 278.,

453 Németh G.–1901. 52., VeML. Veszprémi káptalan hiteleshelyi jegyzőkönyvei. 128. iratok.

454 Erdélyi–1908. 223., 228., Zeiller, Martin: Beschreibung des Kőnigreichs Ungarn und dazu gehörigen Landen, Städte und vornehmsten Öester. u. s. f. Ulm, 1644. 300–303.

455 Merényi Lajos: A kanizsai végek történetéhez. HK. 1897. 259., Komáromy András: A kanizsai török rablásai 1630–1640. HK. 1895. 79–92.

456 Iványi–1960. 166–167., Zákonyi–1988. 105.

457 Iványi–1960. 168.

458 Szántó–1986. 277.

459 Fenyvesi László: Az igali portya és a körmendi kótyavetye balkáni tanulságai. In: Magyar és török végvárak (1663–1684). Studia Agriensia. 5. Eger, 1995. 200–201., 206., 209–212., Varga J. J.–1981, 105–106., 110–112., 127., 130.

460 Szigetvári levelek. 28–29., Hungler–1986. 113.

461 Iványi–1960., 167., Szántó–1986., 277., Iványi–1958. 3–4.

462 Szántó–1986. 278., Iványi–1960. 167.

463 Szántó–1986. 274.

464 Erdélyi–1908. Oklt. 268. sz. okl., 228–229.

465 Zákonyi–1963. 231–233.

466 Dornyai Béla–Zákonyi Ferenc: Szigligeti séták. A Veszprém megyei Tanács Idegenforgalmi Hivatalának kiadványai. 3. É. n. 32., Topográfia–1966. 154–155.

467 Markó Árpád: Zrínyi Miklós levelei. Budapest. 1950. 20.

468 Zákonyi–1966., Iványi–1958. 9., Boncz Ö.–1909. 12.

469 Zsiray–1984. 265–266.

470 VeML. Veszprémi káptalan hiteleshelyi jegyzőkönyve. 1647/318. sz. i.,

471 Hungler–1986. 116.

472 Iványi–1960. 168–170.

473 VeML. Veszprémi káptalan hiteleshelyi jegyzőkönyve: 1647/318. sz. i., Takáts S.–1934. I. 163.

474 Iványi–1958. 36., Müller V– 1978. 86., Jenei Ferenc: Pázmány Miklós veszprémi főkapitány. VMMK. 1–1963., 168–169., Szántó–1986. 277.

475 Iványi–1960. 170., Magyar Törvénytár. Budapest. 1900. 433., 457., Iványi–1960. 171.

476 Hungler–1986. 120., Varga J. J.–1981. 124.

477 Szőllősi Mihály: Rátóti krónika. Veszprém, 1995. 40–41.

478 VeML. Veszprémi káptalan hiteleshelyi jegyzőkönyve: 1648/399. sz. i., Szántó–1986. 278–279.

479 Iványi–1960. 171., Bontz–1896. 96., Szántó–1986. 277., Iványi–1960. 174.

480 Zákonyi–1988. 106., Zsiray–1984. 265., Iványi–1960. 171.

481 Takáts S.–1934. I. 111–112., Iványi–1958. 28. 4.

482 Hungler–1986. 212., Kiss Ákos: Miskey István, Veszprém várának főkapitánya. VMMK. 9–1970. 60., Iványi–1960. 171–172., 174–175., Iványi–1958. 10. 15., 43., Iványi–1960. 175–176.

483 Szántó–1960., 85., Hungler–1986. 129., Varga J. J.–1981. 117–118., 158–159.

484 Erdélyi–1908. Oklt. 272. és 273. sz. okl., 277. sz. okl., Iványi–1958. 4., Iványi–1960. 177.

485 Vp. Érseki lt.: Vp. kápt. m. lt.: Epp. Miscellanea. 1656., Iványi–1958. 4., Nagy Iván–1857. I. k. Pest. 79.

486 Szántó–1960. 85.

487 Iványi–1960. 172–173., 174.

488 Zákonyi–1988. 103.

489 Uo. 105.

490 Úriszék. XVI–XVII. századi perszövegek. Akadémiai Kiadó. Budapest. 1958. 600–603.

491 Müller V – 1978. 87–88.

492 Vp. Érseki lt.: Conscriptiones et acta bonorum episcopalium. 320–322.

493 Berkeszi–1886. 257.

494 Thury–1890. 516–517., Evlia Cselebi. i. m. II. 1660–1664. 21.

495 Rónai Horváth J.–1891. 607–609.

496 Szántó–1986. 284.

[497] Zsiray–1984. 267.
[498] Evlia Cselebi. II. 51.
[499] Úriszék. XVI–XVIII. századi perszövegek. 615–621.
[500] Evlia Cselebi. II. 51., 77–78.
[501] HL. TIGy. Nr. 821. (1664. aug. 14.)
[502] HL. TIGy. 1664/21. sz. i.
[503] Evlia Cselebi. 32–33.
[504] Erdélyi–1908. 357–358.
[505] Darnay (Dornyai) Béla: Keszthely török okiratai a Balatoni Múzeumban. Balatoni Múzeumi Füzetek. 4. Keszthely, 1942. 301–307.
[506] Füssy–1902. 205., Iványi–1960. 177., Takáts S.–1908. 246.
[507] Hungler–1986. 128.
[508] Takáts S.–1934. I. 207., 210.
[509] Szakály F.–1981. 274., 272.
[510] Merényi Lajos: A végek magyar őrhada 1670 után. HK. 1895. 401–402.
[511] Takáts S.: Kísérletek a magyar haderő feloszlatására 1671–1702. In: Rajzok a török világból. Bp., 1915. II. k. 126., Takáts S.–1934. 218–219.
[512] Hungler–1986. 131., 133.
[513] Hungler–1986. 134.
[514] Ferenczy Károly: A balatonszentgyörgyi „Csillagvár". Műemlékvédelem. II. évf. 2. sz. Budapest, 1958. 95–103., Iványi–1960. 177–178.
[515] Jenei Károly: Székesfehérvár körülzárása és visszafoglalása 1688-ban. In: Fejér Megyei Történeti Évkönyv. 5. Székesfehérvár. 1971. 167.
[516] Zsiray–1984. 270–271.
[517] Acsády Ignác: Végváraink. HK. 1888. 258.
[518] Az 1683-iki táborozás történetéhez. Gróf Batthyány Kristóf és Ádám dunántúli tábornokok levelezéséből. T. T. 1887. 124.
[519] Uo. 127. Zala megyei Levéltár: Közgyűlési jegyzőkönyv (1753).
[520] Karácson Imre: A török sereg átvonulása Magyarországon 1683-ban. HK. 1896. 345–346.
[521] Zákonyi–1988. 104.
[522] Iványi–1960. 178.
[523] Uo. 65.
[524] Károlyi Árpád: Buda és Pest visszavívása 1686-ban. A 250 éves évfordulóra átdolgozta Wellmann Imre. Budapest, 1936. 110., 114., Nagy László: A végvári dicsőség nyomában. Zrínyi Katonai Kiadó, Budapest, 1978. 219., 222.
[525] Füssy–1902. 210., Fölker János: Mohács története. Mohács, 1900. 38.
[526] Hungler–1986. 143.
[527] Takáts Sándor: Kísérletek a magyar haderő feloszlatására. Sz. 1904. 324.
[528] Füssy–1902. 212., Szántó–1960., 88., Pákay–1984. 248., Topográfia–1966. 94., Bontz–1896. 95–96., Pákay–1942.
[529] Erdélyi–1908. 37., 297–298., Zala megyei Lt. IV. Ált. összeírás. 9/9. 1715. p. 326., pp. 84–85.
[530] Erdélyi–1908. 297–298.
[531] Veress D. Cs.,–1992. 191.
[532] Bánkúti Imre: Iratok a Rákóczi szabadságharc középdunántúli eseményeihez. (1704–1708). VMMK. 13–1978. 174.
[533] Jalsovics Aladár: A tihanyi apátság története. Pécs. 1889. 66–67.
[534] Lásd: 608. sz. jegyzetet. 177.
[535] Uo. 454.
[536] Rákóczi hadserege. 1703–1711. Zrínyi Katonai Kiadó, Budapest, 1976. 334.
[537] Gróf Esterházy Antal tábori könyve. 1706–1709. 1708. február 12.
[538] Archivum Rakoczianum. IX. k. Budapest. 465.
[539] Thaly Kálmán: A dunántúli hadjárat 1707-ben. Sz. 1879. 155–156., Thaly Kálmán: Ki volt Csobánc megvédője Rabutin ellen 1707-ben? SZ. 1881. 66.
[540] Archivum Rakoczianum. IX. k. Budapest. 1883. 352.
[541] Kiss–1984. 359., 364., 373., 380.

Tartalom

Zrínyi Kiadó

A kiadásért felel Eszes Máté igazgató
Felelős szerkesztő Mészáros Károly
Műszaki vezető Bogdán Marianna
A fedéladaptáció Zlochné Mátrai Mária munkája

A szedés a Zrínyi Kiadó fényszedő üzemében készült

Nyomás, kötés: Agroprint Nyomda Kft, Gyál
Felelős vezető: Tóth László ügyvezető igazgató